A ARTE DE VIVER EM DEUS

Timothy Radcliffe

A ARTE DE VIVER
EM DEUS

Dados Internacionais de Catalogação na Publicação (CIP)
Angélica Ilacqua CRB-8/7057

Radcliffe, Timothy
　　A arte de viver em Deus / Timothy Radcliffe ; tradução de Artur Morão. – São Paulo : Paulinas, 2023.
　　440 p. (Coleção Travessias)

　　ISBN 978-65-5808-234-7
　　Título original: Alive in God: a Christian imagination

　　1. Vida cristã 2. Deus (Cristianismo) I. Título II. Mourão, Artur III. Série

23-4957　　　　　　　　　　　　　　　　　　　　CDD 248.4

Índice para catálogo sistemático:

1. Vida cristã

Título original da obra: Alive in God
© Timothy Radcliffe 2019.
Tradução publicada por acordo com Bloomsbury Publishing Plc.

1ª edição – 2023

Direção-geral:	*Ágda França*
Editores responsáveis:	*Vera Ivanise Bombonatto*
	Marina Mendonça
Copidesque:	*Andréia Schweitzer*
Coordenação de revisão:	*Marina Mendonça*
Tradução:	*Artur Morão*
	© *Instituto Miss. Filhas de São Paulo*
Revisão:	*Sandra Sinzato*
Gerente de produção:	*Felício Calegaro Neto*
Capa e diagramação:	*Muta Photo & Design*
Imagem de capa:	*"Noite estrelada sobre o Ródano" (1888), de Vincent van Gogh, Musée d'Orsay (Paris)*

Nenhuma parte desta obra poderá ser reproduzida ou transmitida por qualquer forma e/ou quaisquer meios (eletrônico ou mecânico, incluindo fotocópia e gravação) ou arquivada em qualquer sistema ou banco de dados sem permissão escrita da Editora. Direitos reservados.

Cadastre-se e receba nossas informações
www.paulinas.com.br
Telemarketing e SAC: 0800-7010081

Paulinas
Rua Dona Inácia Uchoa, 62
04110-020 – São Paulo – SP (Brasil)
📞 (11) 2125-3500
✉ editora@paulinas.com.br

© Pia Sociedade Filhas de São Paulo – São Paulo, 2023

"Ponho diante de vós a vida e a morte, a bênção e a maldição.
Escolhe, pois, a vida para viveres, tu e a tua descendência"
(Dt 30,19).

"Eu vim para que tenham vida e a tenham em abundância"
(Jo 10,10).

"Não receie que a sua vida chegue ao fim,
mas, sim, que ela nunca tenha um começo"
(John Henry Newman).

"Ao tentar compreender como funciona a vida – e por que algumas
pessoas lidam melhor do que outras com a adversidade –,
deparo-me com algo que tem a ver com dizer sim à vida,
que é amor à vida, mesmo que inadequada,
e amor a si mesmo, independentemente de como descoberto.
Não à maneira de "primeiro, eu!",
que é o contrário da vida e do amor,
mas com uma determinação salmonídea de nadar contra a corrente,
por mais agitada que esta seja,
porque é justamente a sua corrente"
(Jeanette Winterson).

Sumário

IMAGINAÇÃO

1. Galinhas sem asas e de três pernas 11
2. Escolhe a vida 25

VIAGEM

3. A aventura transcendente 43
4. Um Deus para as nossas dores e penas 69
5. Combates iniciais 87
6. Crescendo 103
7. Pecado e perdão 129

ENSINAMENTO

8. Ensinar: a imaginação dogmática 151
9. Amizades impossíveis 169
10. A imaginação não violenta 189
11. Em casa 211
12. A ecologia da fé 231
13. Aflição 249

RESSURREIÇÃO

14. A vida espiritual: ar fresco 271
15. Vida corpórea: santificando os sentidos 289
16. A imaginação sacramental *versus* a imaginação tecnocrática 311
17. A imaginação litúrgica: a providência de Deus 339
18. A vida de oração: a poesia da esperança 365
Conclusão 389
Notas 395
Bibliografia 423

IMAGINAÇÃO

1. ## Galinhas sem asas e de três pernas

Durante o jantar com dois velhos amigos, cristãos comprometidos, falamos dos seus dois filhos. Um é católico fervoroso, e o segundo, aparentemente, não tem qualquer interesse por religião. Isso nada tem a ver com a inteligência ou bondade deles. Ambos são jovens brilhantes que se preocupam com a justiça e querem fazer algo pelo nosso planeta. Acontece que um deles não é motivado por religião, enquanto o outro acredita que ela ilumina o mundo. Já tive conversas com centenas de pais que se culpam por não terem transmitido a sua fé aos filhos; mas, para milhões de jovens, a linguagem da fé não tem significado algum. Está tão fora de moda como a máquina de escrever. Pertence a outro mundo e fala outra língua.

Em junho de 2016, Stephen Bullivant publicou um relatório sobre a situação do Cristianismo na Inglaterra e no País de Gales.[1] A percentagem da população que se identificava como "sem religião", 48,5% no censo de 2014, era quase o dobro do censo de três anos antes, 25%. Era maior o número das pessoas que se identificavam como "sem religião" do que como cristãs. A Grã-Bretanha está se transformando, muito rapidamente, num país pós-cristão. John Lennon cantava: "Imagine there's no heaven; it's easy if you try" [Imagine que não há céu; é fácil, se você tentar]. Cada vez mais gente na Europa, mesmo sem tentar, se torna descrente.

Neste livro pretendo pesquisar como a fé cristã pode ter sentido para os nossos contemporâneos. Os crentes não habitam uma bolha imaginária e bizarra, desligada das experiências e das aspirações das demais pessoas. Como se trata de escolher a vida, a plenitude da vida, suas principais crenças cruzam-se com as esperanças e os sonhos de todos os que querem viver, e não apenas sobreviver. Qualquer um, independentemente da sua crença (ou falta dela), que entenda a complexidade de estar vivo, apaixonar-se, mergulhar numa confusão, tentar recomeçar a vida, encarar a doença e a velhice, pode também ajudar os cristãos a captarem o sentido da nossa fé. O crítico e poeta australiano Clive James não tem, aparentemente, nenhuma fé religiosa, mas a sua poesia, diante de uma doença terminal, ajudou-me muito, quando fiquei acamado, após as cirurgias de câncer, imaginando o que poderia acontecer. Assimilava um poema por dia, com a mesma regularidade com que tomava os meus remédios.

Ficaria encantado se este livro abrisse uma porta para a imaginação cristã aos secularistas e ateus, e espero que ele também ajude os cristãos. Somos todos filhos desta era secular, e os seus pressupostos infiltram-se na linguagem que falamos. Sem dúvida, passo mais tempo prestando atenção aos meios de comunicação seculares do que lendo os Evangelhos. Se conseguirmos perceber como tudo, no Cristianismo, tem a ver com estar vivo, espero que a fé consiga iluminar tudo o que fazemos e somos. Não há necessidade de existir uma lacuna entre o mundo religioso do domingo e o mundo secular dos dias de semana.

Mas o surgimento do secularismo é apenas uma face da moeda. No mundo inteiro, a religião se expressa cada vez mais clamorosamente na esfera pública e, amiúde, de forma agressiva. Afirma Neil MacGregor que, "em medida raramente vista na Europa desde o século XVII, a fé agora molda grandes partes do debate público global".[2] O Oriente Médio está dilacerado por conflitos inter-religiosos; as políticas de Israel e do Paquistão, ambos fundados como Estados seculares, tornaram-se cada vez mais confessionais; o Partido do Povo Indiano [*Bharatiya Janata Party* – BJP] na Índia, tradicionalmente um país de tolerância religiosa, está incitando uma forma estrita de Hinduísmo, e alguns políticos advogam, inclusive, a expulsão dos não hindus; o governo militar budista de Mianmar expulsou do seu país centenas de milhares de Rohingya – uma minoria muçulmana. A administração Trump tentou impedir a entrada de muçulmanos nos Estados Unidos. A religião ocupa a cena central na Nigéria, na Indonésia, na Malásia, na Rússia, na China, e assim por diante.

O secularismo e as religiões fundamentalistas são os irmãos rivais do nosso tempo. Lutam pelo domínio do mundo. Podem parecer completamente diferentes, cada um a negação do outro, mas nasceram do mesmo ventre. Ambos – a religião fundamentalista sempre e o secularismo muitas vezes – têm em comum uma visão reducionista da realidade. Vivemos numa era de fundamentalismos: económico, nacionalista, científico e religioso. As formas rígidas de religião que vemos difundirem-se em todo o mundo não são o regresso da Idade Média. São filhas da modernidade, que, por vezes, é afligida por uma atrofiada imaginação literalista.

John Henry Newman escreveu que "a imaginação, e não a razão, é a grande inimiga da fé".[3] Ele não pretendia dizer que os cristãos deveriam ter pouca imaginação. Ele mesmo foi abençoado com uma imaginação fecunda. Mas, sim, que o modo como os seus contemporâneos imaginavam o mundo não deixava muito espaço para o transcendente.

Não quero perder tempo com definições fastidiosas, mas tenho de distinguir, com brevidade, três sentidos em que a palavra "imaginação" e outras similares são usadas. Neste livro, normalmente a utilizarei para indicar o modo como alguém encara o mundo. Ela é o prisma pelo qual acedemos à realidade. William Lynch, sj, escreveu que "a tarefa da imaginação é imaginar o real".[4] Alguém que, como eu, nasceu entre 1945 e 1964 (um *baby boomer*) habitará um mundo imaginativo diferente dos *millennials*, nascidos após o início da década de 1980 até, aproximadamente, o final do século, habitantes do continente digital. O mundo de um londrino do século XXI difere do mundo de um criador mongol de iaques. Veremos como a "imaginação sacramental" e a "imaginação tecnológica" têm perspetivas diferentes de mundo.

Por vezes, utilizarei a palavra no sentido de uma visão viva e vibrante do mundo, ou seja, imaginativa. Nesta acepção, Jesus tinha uma imaginação viva. Suas parábolas cativam nossa imaginação. Suas palavras fazem "arder nosso coração" (Lc 24,32). Por fim, "imaginação" será usada, às vezes, para indicar o modo como imaginamos coisas que não existem, que são "imaginárias". C. S. Lewis, em *As crônicas de Nárnia*, e J. R. R. Tolkien, em *O Senhor dos Anéis*, evocam mundos imaginários: o mundo que é descoberto atrás da porta do armário, e a Terra Média. Mas estes frutos da imaginação podem incorporar verdades profundas. Tolkien concebeu as suas narrativas como explorações da sua fé cristã. Em vez de estar sempre indicando, de forma monótona, o sentido preciso em que utilizo a palavra, confio que o contexto o tornará óbvio.

Galinhas sem asas

O Padre Adolfo Nicolás, ex-superior geral dos jesuítas, acredita que a ameaça mais profunda à nossa civilização é a "globalização da superficialidade", consequência da trivialidade de grande parte da comunicação nas redes sociais. "Todas as grandes civilizações se viram confrontadas com questões fundamentais: o que significa ser humano? Em que consiste a nossa felicidade? Terá o nosso universo um destino derradeiro ou encaminhar-se-á para uma extinção absurda? A comunicação ininterrupta, o envio de mensagens (*texting*) e de alusões ou convites eróticos (*sexting*) infinitos tendem a suprimir a exploração de tais questões em profundidade".[5]

Essa percepção reducionista do mundo entorpece o nosso sentido do transcendente. Enfraquece a imaginação partilhada da nossa cultura.

As políticas globais são cada vez mais manipuladas por *tweets* e *slogans* simplistas: "Faça a América grande de novo", "Brexit significa Brexit". O Presidente Trump ficou fascinado pelo Twitter quando, num tuíte, declarou por que usava garfo e faca para comer pizza e espantou-se com a resposta de centenas de milhares de seguidores.

É num mundo assim, superficial e ingênuo, que prosperam formas violentas de religião.

Roger Scruton evoca o conceito do "nada além do que..." [*nothing buttery*] de Mary Midgley: "Há um hábito generalizado de declarar que as realidades emergentes não são 'nada além do que' as coisas nas quais as percebemos. O ser humano não é 'nada além do que' um animal humano; o direito não é 'nada além do que' as relações de poder social; o amor sexual não é 'nada além do que' o impulso para a procriação; o altruísmo não é 'nada além do que' a estratégia genética dominante descrita por Maynard Smith; a *Mona Lisa* não é 'nada além do que' uma difusão de pigmentos numa tela; a *Nona Sinfonia* não é 'nada além do que' uma sequência de sons modulados de timbres variados".[6]

Semelhante reducionismo elimina e neutraliza qualquer sentido de transcendência.

Flannery O'Connor argumentou que uma "imbecil" recensão do seu conto "A good man is hard to find" [Um bom homem é difícil de encontrar], na revista *The New Yorker*, demonstrou como "o sentido moral foi erradicado de certos setores da população, tal como a certas galinhas se cortam as asas para produzirem mais carne. Esta é uma geração de galinhas sem asas; suponho que era isso o que Nietzsche queria dizer, ao afirmar que Deus morreu".[7] A escritora acredita que nossa cultura contemporânea exterminou nossa imaginação, levando à perda do sentido do transcendente. Como conseguiremos restituir as asas às galinhas, acorrentadas à terra do nosso tempo?

O romance *O quarto*, de Emma Donoghue, descreve uma mãe que foi sequestrada e aprisionada num galpão de 11 m², onde teve um filho, Jack. O menino nunca conheceu nada além do galpão. Tudo o que ele consegue ver do mundo exterior é através de uma pequena claraboia e da tela da televisão. Ele cresce convencido de que tudo o que vê na televisão, tudo o que está fora do galpão, é irreal, construído. Tudo o que existe é o "Quarto". Mas, um dia, a mãe explica a ele que fora dali existe um mundo amplo e colorido, de que ela sente falta. Jack diz: "Você já viveu um dia na TV?". "Já lhe disse, não é a

TV. É o mundo real, você não imagina como ele é grande!" Ela abre os braços e aponta para todas as paredes. "O quarto é apenas uma pequenininha e fedorenta porção do mundo."[8] Um dia, Jack foge e, pouco a pouco, descobre a beleza e a imensidão do mundo fora do "Quarto". Esta narrativa evoca, certamente, um dos grandes mitos da civilização ocidental, a alegoria platônica da fuga de uma caverna sombria para o mundo real.[9]

A imaginação é a porta pela qual escapamos dos limites de qualquer modo reducionista de ver a realidade. William Blake escreveu: "Que Deus nos guarde da visão única e do sono de Newton".[10] Qualquer artista ou pessoa criativa, qualquer um com uma noção das questões fundamentais que os seres humanos enfrentam, podem ser artesãos da nossa fuga e aliados da nossa evasão.

No seu poema "Skylight" [Claraboia], o poeta irlandês Seamus Heaney descreve como a sua esposa quis instalar uma claraboia no teto da sua casa de campo. Ele resistia. Gostava "da sensação claustrofóbica de ninho do telhado":

> *Mas quando as telhas foram retiradas, irrompeu,*
> *Extravagante, o céu, e abriu-se em uma grande surpresa.*
> *Senti-me, durante dias, como um habitante*
> *Daquela casa onde o paralítico*
> *Foi descido pelo teto, teve seus pecados perdoados,*
> *Foi curado, pegou sua maca e foi-se embora.*[11]

Para Heaney, a poesia convoca-nos a modos de existir mais ricos, mais humanos: "Objetivo ilimitado. Vento que refresca o conhecimento" e "ozônio refrescando sua visão/ Além do limite ao qual você pensou que estava conformado".[12] Sopra por buracos abertos nos estreitos limites de toda a acanhada percepção do mundo. Muitas vezes, os poetas encaram a sua tarefa como um abrir de portas e janelas, deixando entrar ar fresco e acolhendo estranhos. E eis agora Czesław Miłosz:

> *O propósito da poesia é lembrar-nos*
> *Como é difícil permanecer apenas uma pessoa,*
> *Pois a nossa casa está aberta, não há chaves nas portas,*
> *E os convidados invisíveis entram e saem à vontade.*¹³

A ciência pode, neste esforço, ser nossa aliada. Albert Einstein foi um pensador tremendamente imaginativo: "A imaginação é mais importante que o conhecimento. Porque o conhecimento é limitado a tudo o que conhecemos e entendemos agora, ao passo que a imaginação abrange o mundo inteiro e tudo que houver para conhecer e entender".¹⁴ Robert Gilbert, professor de biofísica em Oxford e sacerdote anglicano, descreve a ciência como "espiritualidade uniformizada",¹⁵ complementando, assim, a afirmação de Jennifer Yane, segundo a qual a arte é "espiritualidade travestida"!

Quando Charles Darwin, ainda jovem e crente, visitou a floresta tropical brasileira, foi tocado pelo sublime: "Trepadeiras enroscando-se em trepadeiras – como cabelos trançados –, belos lepidópteros, silêncio – hosana... Sublime devoção era o sentimento predominante". Mas, com o seu crescente ateísmo, surgiu nele o enfraquecimento do sentido de beleza radiante. Nick Spencer notou que "a sensibilidade de Darwin perante o sublime murchava à medida que ele ia envelhecendo. Na sua autobiografia, lamentou-se de, após os 30 anos, já não conseguir apreciar a poesia, as pinturas ou a música".¹⁶ Descansava, deitado na cama, enquanto sua mulher lia romances água-com-açúcar, o equivalente vitoriano de Mills & Boon.

Não é, pois, a ciência que mina a imaginação religiosa. Paul Kalanithi foi um jovem e brilhante neurocirurgião na Stanford University, mas também estudou literatura inglesa e filosofia; formou-se, assim, como cientista e também em humanidades. Aos 36 anos, descobriu que tinha câncer, que veio a revelar-se terminal. Na sua luta por compreender o que estava vivendo, e, ao encarar a sua morte próxima, deu-se conta de que a ciência não bastava. "A ciência pode fornecer a forma mais prática de organizar dados de forma empírica e replicável, mas seu poder de fazer isso é prejudicado por sua incapacidade de alcançar os aspectos mais essenciais da vida humana: esperança, medo, amor, ódio, beleza, inveja, honra, fraqueza, empenho, sofrimento, virtude."[17] Paul regressou à prática da fé da sua infância, sem jamais abandonar sua confiança na ciência, dentro da sua própria área.

Muitos cientistas são crentes devotos. Copérnico era um católico praticante, cônego e membro da fraternidade leiga dominicana; e um padre católico belga, George Lemaître, foi o primeiro a propor a teoria do Big Bang. O que sufoca "a eternidade no coração humano" (Ecl 3,11) é a ilusão de que toda a verdade é cientificamente verificável, o literalismo laborioso.

No romance *Os crentes*, de Zoe Heller, Rosa esforça-se por recuperar a sua ancestral fé judaica: "Não seria possível que sua objeção ao *mikvá* tivesse surgido de uma falha de imaginação? Uma incapacidade de apreciar a metáfora? Ela estava sempre acusando os ortodoxos de terem uma mentalidade literal sobre a Torá; talvez fosse *ela* a culpada pela mentalidade literal... Talvez acreditar fosse como poesia nesse sentido. Talvez exigisse uma delicadeza ou sutileza de espírito que ela ainda não havia alcançado".[18]

Eu diria que a crença não é só como a poesia; é sempre poética, embora nem toda a poesia seja teísta.

Os discípulos, no caminho de Emaús, recordavam-se de que o coração deles ardia, quando o estrangeiro, que encontraram no caminho, lhes interpretava as Escrituras (Lc 24,32). Temos uma oportunidade de incendiar o coração de nossos contemporâneos, se lhes oferecermos uma linguagem mais rica. Um jovem sacerdote em Cracóvia, de nome Karol Wojtyla, era poeta e ator. Quando o Cardeal Wyszyński estava à procura de um novo bispo auxiliar, não quis Wojtyla, que considerava um sonhador, um homem que tinha a cabeça nas nuvens. O cardeal buscava alguém para combater os comunistas com astúcia política. Os comunistas inclinavam-se para Wojtyla pela mesmíssima razão, mas ele acreditava no "teatro de resistência" ou na "poesia de resistência". A única maneira de contrariar a ideologia rasa do comunismo era enriquecer a imaginação dos poloneses, dando-lhes belas palavras.[19] No momento em que os poloneses conseguissem novamente imaginar um mundo radiante, o mundo gasto do comunismo implodiria. Isso aconteceu quando Wojtyla foi eleito Papa João Paulo II e dirigiu à nação palavras que ajudaram a derrubar a Cortina de Ferro.

Santo Agostinho declara que os mestres deveriam comunicar-se com *hilaritas*, de modo a suscitar agrado e deleite nos seus estudantes.[20] *Hilaritas* traduz-se habitualmente por "jocosidade" – o que sugere que deveríamos avivar o nosso ensino com alguns chistes, para impedir que os ouvintes adormecessem. Por vezes, assim faço. Mas aqui *hilaritas* aproxima-se mais da exuberância, da alegria extática. A *hilaritas* arranca-nos de nós próprios. É a alegria jubilosa, característica do Judaísmo Ortodoxo e, talvez, de todas as grandes crenças. Disse um imã sufista do século XV, Mulá Nasrudin: "Falo durante todo o dia, mas, quando vejo brilhar os olhos de alguém, então escrevo".[21] Isso é o que Ronnie Knox chamou de "fulgor do assentimento".[22] O encontro de Israel com o seu Deus é renovado quando Moisés vê a sarça ardente no deserto e diz para si mesmo: "Vou aproximar-me para ver esta grande visão: por que razão não se consome a sarça?" (Ex 3,3). Fixemo-nos nas palavras: arder, consumir, fulgor.

Um sentido atento do transcendente liberta, pois, a nossa mente da trivialidade da cultura contemporânea, da sua tendência em ser redutora e simplista. É o que Flannery O'Connor tem em mente ao falar de galinhas sem asas.

Galinhas de três pernas

Shigeto Oshida, dominicano japonês, disse-nos também para termos cuidado com a "terceira perna das galinhas". Trata-se do conceito abstrato de uma perna de galinha, que não é nem a perna esquerda nem a direita, mas uma simples perna de galinha em geral: "Quando 'a terceira perna das galinhas' começa a andar por si mesma é um desastre!".[23] A linguagem precisa se enraizar na arenosa particularidade das coisas, mantendo firmes os nossos pés no terreno da experiência vivida. Pregadores que falam abstratamente de amor ou liberdade estão muito distantes do confuso ofício de amar outra pessoa e, por isso, suas palavras tornam-se vazias.

Quando Oshida pregava retiros, sobretudo a bispos habituados à vida sedentária, divertia-se em mandá-los plantar arroz nos arrozais, ignorando os protestos deles sobre a dor nas costas. Escreveu ele: "Um camponês que trabalha duramente, da aurora ao pôr do sol, sabe que um grão de arroz não é produto seu, algo feito por seu próprio esforço, mas algo que lhe é dado por Deus. Oferecerá o grão de arroz a Deus que está oculto, mas que tudo dá. Ele dirá: 'Isto é seu'".[24]

As galinhas sem asas não podem voar. Não conseguem alçar-se ao transcendente. A terceira perna das galinhas é demasiado abstrata para descer às complexidades da experiência concreta. Estes fracassos talvez pareçam contraditórios, mas não são, porque o infinito se revela através do que é particular.

A terceira perna das galinhas pertence ao que William Lynch chamou de "mentalidade unívoca": "Esta mentalidade pretende aplanar e reduzir tudo aos limites da sua própria mesmice, já que não consegue lidar com as diferenças difíceis e complexas, com os ziguezagues e as surpresas do concreto. É, pois, impaciente, rígida, inflexível, intolerante e até implacável".[25] Escreve Nicolas Steeves: "Imaginar é embrenhar-se no real com as suas cores e seus sons, com um tato, com um odor e com um sabor que irrompem mais vivos e vivificantes".[26]

Robert MacFarlane observou que uma nova edição do *Oxford Junior Dictionary* eliminou estas palavras: "acorn, adder, ash, beech, bluebell, buttercup, catkin, conker, cowslip, cygnet, dandelion, fern, hazel, heather, heron, ivy, kingfisher, lark, mistletoe, nectar, newt, otter, pasture e willow. As palavras introduzidas na nova edição incluíam: attachment, blockgraph, blog, broadband, bullet-point, celebrity, chatroom, committee, cut-and-paste, MP3 player and voice-mail".[27]

O problema não é se vamos nos tornar velhos rabugentos, que se queixam da modernidade e da destruição da vida rural, mas sim que devemos prestar atenção ao mundo real em toda a sua gloriosa natureza física, porque é aí que encontramos Deus e nos encontramos uns aos outros. Santo Tomás de Aquino gostava de citar Aristóteles, o filósofo do dedo indicador: "Nada existe na inteligência se, primeiro, não residir nos sentidos" (*Nihil est in intellectu quin prius fuerit in sensu*). Em *Middlemarch*, George Eliot escreveu: "Se tivéssemos uma visão viva e atenta e se fôssemos sensíveis a toda a vida cotidiana, seria como ouvir a erva crescendo e a pulsação de um esquilo, e morreríamos com o rugido que reside no outro lado do silêncio".[28]

Uma imaginação cristã abre-nos, pois, ao transcendente, porque atende ao particular, ao individual. Acreditamos no Deus que é absolutamente transcendente, além de todas as nossas palavras literais e que, no entanto, se tornou um de nós, um singular indivíduo judeu. A nossa única imagem de Deus é a de um judeu do século I, pendurado num madeiro:

> *Cristo morreu*
> *Neste monte*
> *Num dado tempo*
> *Não em qualquer monte*
> *Mas neste monte.*[29]

Nosso encontro com o divino passa sempre pelo finito. O nosso Deus inimaginável tornou-se carne e sangue. Aqui, mais uma vez, podemos ser ajudados pelo poeta e pelo cientista, e também pelo jardineiro e por quem quer que mantenha os olhos abertos. Gerard Manley Hopkins compraz-se na textura complexa da criação:

> *Tudo o que seja contra, original, sobressalente, estranho;*
> *Tudo o que seja inconstante, sardento (quem sabe como?)*
> *O rápido, lento, doce, azedo, deslumbrante, escuro;*
> *Ele gera sempre aquilo cuja beleza não muda:*
> *Louvai-o.*[30]

Num episódio da série televisiva *The West Wing – Nos bastidores do poder*, Josh Lyman, vice-chefe de gabinete, lida impacientemente com uma delegação da NASA que requisita financiamento para uma expedição tripulada a Marte. A sua imaginação está moldada por orçamentos e padrões de votação. Ele nega o pedido com irritação. A prioridade deles não deveria ser a ida a Marte, mas sim evitar as primeiras páginas dos jornais, que constantemente criticam o desperdício do dinheiro dos contribuintes. Um dos cientistas, porém, leva-o para longe das luzes noturnas de Washington. Josh, através de um telescópio, contempla, pela primeira vez, os planetas na sua beleza e avista o espetáculo portentoso da explosão de uma galáxia. Sua imaginação transfigura-se!

Donna, sua assistente, esforça-se, como habitualmente, por compreender o que está acontecendo. Ele se torna quase poético, ao tentar partilhar o que vislumbrou: "A *Voyager*, se for encontrada por extraterrestres, transporta fotos da vida na Terra, saudações em 55 idiomas e um conjunto de músicas, desde o canto gregoriano a Chuck Berry. Incluindo *Dark Was The night, Cold Was The Ground*, de Blind Willie Johnson, aquele *bluesman* dos anos 20, cegado pela madrasta quando tinha sete anos, atirando uma garrafa com soda cáustica nele, depois que seu pai a espancou por ela tê-lo traído com outro homem. Ele morreu sem um tostão, de pneumonia, depois de dormir enrolado em jornais úmidos nas ruínas da sua casa, que tinha pegado fogo. Mas a sua música foi além do sistema solar".

A contemplação da beleza radiante das estrelas liberta sua mente dos cálculos abstratos e ressoa, por isso, com poesia e música.

Não admira que as grandes orações da Igreja, durante os últimos quinze séculos, tenham sido poemas. Ao longo das horas de cada dia, cantamos os velhos poemas israelitas, os Salmos. Precisamos da poesia para manter vibrante nosso sentido do transcendente e resistirmos à sedução de uma cultura utilitarista. É uma poesia jubilosa, vibrante, por vezes também violenta e até bárbara. Fervilha com o louvor do divino e mergulha na vida de temperamentos individuais complexos como o rei Davi, amado de Deus, mas também assassino e adúltero. Celebramos a pequena Sião, cujas portas o Senhor ama mais do que todas as moradas de Jacó (cf. Sl 87,2). Várias vezes, ao longo do dia, alguns de nós interrompemos o que estamos fazendo e vamos cantar poesia, para nos lembrarmos da nossa meta final e refrescarmos a nossa imaginação, de modo a podermos vislumbrar as indicações do fim da jornada.

Nada humano é estranho a Cristo

Uma das razões para a perda da fé dos nossos antepassados é, pois, uma cultura muito peculiar, que Lynch rotula de "mentalidade unívoca", o mundo simplista de *tweets* e *slogans*, que obscurece o nosso sentido do transcendente e do particular. "As galinhas sem asas" de Flannery O'Connor e "a terceira perna das galinhas" de Oshida evocam a banalidade de grande parte da linguagem contemporânea. Se não olharmos para o fundo e mergulharmos na complexidade aprazível do nosso mundo (pensemos nas trezentos e cinquenta mil espécies de escaravelhos já identificadas!), como olharemos para o alto e contemplaremos o infinito?

Na renovação da nossa imaginação religiosa precisamos da ajuda de pessoas criativas, cujos olhos estão abertos. Simon Tolkien comparou essas pessoas a garimpeiros que percebem o brilho de uma pepita de ouro no meio da lama.[31] Uma imaginação cristã reconhece, no meio das coisas comuns, pistas de significado derradeiro e uma promessa de cumprimento extremo. Os seres humanos não são, como afirmou Stephen Hawking, "refugo químico num planeta de tamanho médio, orbitando uma estrela muito mediana, no subúrbio extremo de um milhão de galáxias".[32] Somos chamados a um encontro que saciará toda a nossa fome de alguma plenitude de sentido, que abarca todas as pequenas modalidades de darmos sentido a nossa vida.

Disse o dramaturgo romano Terêncio: "Sou humano, e nada humano é estranho a mim".[33] Para os cristãos, nada de humano é alheio a Cristo. Todas as tentativas de lidarmos com as questões fundamentais das nossas vidas – como amar, como ser justo, como ser livre, como enfrentar o sofrimento e a morte – nos ajudam a compreender Cristo, aquele que é o mais humano de todos.

Disse Jesus aos habitantes de Jerusalém, quando a crise da sua morte se avizinhava: "Quantas vezes quis congregar teus filhos como a galinha congrega seus pintinhos sob as asas, mas não quiseste!" (Mt 23,17). Em Cristo, Deus reúne todas as coisas na unidade. Do mesmo modo que, após ele ter alimentado cinco mil, tudo é recolhido para que nada se perca (Jo 6,12), também nenhuma migalha de sabedoria ou intuição humana será desperdiçada.

Numa carta a sua irmã, Rainer Maria Rilke descreveu-se a si mesmo "como um homem que colhe cogumelos e ervas medicinais no meio das ervas daninhas"; como poeta, seu papel "é estar no meio do que é humano, ver tudo e nada rejeitar".[34] E assim, de uma forma minúscula, tento neste livro juntar as ervas medicinais, os vislumbres que encontrei em todo tipo de lugares estranhos. É um exemplo muito pequenino, assim espero, do modo como na nossa tentativa de compreendermos quem somos e para onde vamos, somos devedores não só dos crentes, da nossa fé ou de outros credos, mas ainda de todos aqueles que têm olhos e ouvidos abertos e que ousam admirar-se, em ambos os sentidos da palavra.

Sou profundamente consciente de quão modestos são os meus recursos. Não tenho grande perícia literária ou artística. Leio os livros que meus amigos recomendam e, praticamente, só assisto a filmes em aviões. Esta é uma das razões pela qual eu adiei escrever este livro, além das urgências de outros compromissos. Quando estava me recuperando do câncer e me vi forçado a cancelar, durante meses, todos os compromissos de conferências, percebi que não havia maneira de evitá-lo e, por isso, lancei-me à tarefa. Ele reflete as minhas limitações de idade, sabedoria, cultura, sexo e experiência. Dou-lhe, por este motivo, o nome de "uma imaginação cristã", e não o de "a imaginação cristã". Espero que também envolva a imaginação de outras pessoas.

2.

Escolhe a vida

Como pode, então, o Cristianismo envolver a imaginação dos nossos contemporâneos? Vou focar numa só questão – há muitas mais – que é o cerne da nossa busca pela fé, além de ser uma preocupação de todos os seres humanos: o que significa estar vivo? John Lennon escreveu na sua canção *Beautiful boy*: "A vida é o que acontece enquanto você está ocupado fazendo outros planos".[35] Ele não está muito longe da advertência de John Henry Newman: "Não receie que a sua vida chegue ao fim, mas que ela nunca tenha um começo".[36] No romance *Music & Silence* [Música e silêncio] de Rose Tremain, uma das personagens assevera que "o segredo de uma vida bem-sucedida é não morrer antes da sua morte".[37]

Tudo na fé cristã implica o que significa estar vivo. Disse Jesus: "Eu vim para que tenham vida e a tenham em abundância" (Jo 10,10). Ireneu escreveu: "*Gloria Dei, homo vivens*: a glória de Deus é um homem totalmente vivo".[38] É aqui que a nossa fé pode arrastar a imaginação dos nossos contemporâneos seculares, que tentam viver de forma plena. É aqui que temos muito a aprender e muito a ensinar.

O meu interesse pela Ordem Dominicana foi despertado pelo seu lema: *Veritas*, "Verdade". Quando jovem, senti-me estimulado pela questão de saber se os ensinamentos do Cristianismo eram ou não verdadeiros. Mas a decisão de me aventurar a viver na Ordem foi tomada pela minha impressão de que os confrades pareciam estar sedutoramente vivos. Subi no trem rumo a Stroud, no Oeste da Inglaterra, para visitar o noviciado. Eu estava bem-vestido, de terno e gravata – o que pode gerar surpresa a algumas pessoas – e fui abordado na estação por dois homens malvestidos – o mestre de noviços e seu assistente –, que me levaram imediatamente a um *pub*. Fui cativado pela humanidade e liberdade dos dois. Falamos de tudo. Nenhum tema era tabu. Mostraram-me que a vocação em que eu estava pensando era uma vida, não um emprego. Poderia ser uma vida para mim.

No dia seguinte, um deles explicou-me como os sacramentos abençoam os dramas comuns da vida: nascimento e morte, alimento e bebida, e também o sexo. A graça de Deus opera a sua libertação no âmago das lutas mundanas pela nossa humanidade. Nossa fé é terrena, é uma questão de carne e sangue, mas também de mente e espírito.

O monge cisterciense Thomas Merton proferiu a sua última conferência em Bangkok, pouco antes de morrer eletrocutado no chuveiro. Depois da palestra, falou com uma religiosa que lhe perguntou por que ele não havia tentado converter os ouvintes ao Cristianismo. Suas últimas palavras conhecidas foram estas: "Penso que hoje é mais importante deixarmos Deus viver em nós, para que outros possam senti-lo e acreditar nele, porque percebem como Deus vive em nós".[39] Uma pessoa só se deixará atrair pela fé naquele que ressuscitou dos mortos se conseguir descobrir o que significa estar vivo, para começar.

Isso implica enfrentar as ásperas e complexas lutas que todos os seres humanos suportam, quando se esforçam por ser justos e amáveis, fazendo, amiúde, das nossas vidas uma confusão, mas sempre famintos de vida. Nosso Deus fez-se carne e sangue num homem do século I, que viveu o drama amargo e belo de ser humano. Se as nossas palavras não passarem de palavreado e de abstrações, da "terceira perna das galinhas", não falaremos da encarnação. O Papa Francisco desafia os católicos a tornarem-se reais! Na periferia de Buenos Aires, ele descobriu quão difícil é, para as pessoas, viver, casar e criar uma família, quando não se tem segurança de emprego, não se possui uma casa própria nem privacidade.

Nos meus primeiros anos como dominicano, fui muito influenciado por Cornelius Ernst, op, que nasceu no Sri Lanka, de pai cristão de origem holandesa e mãe budista. Ele estudou na universidade de Ceilão, tornou-se ateu e comunista, mas foi expulso do partido, quando se negou a fazer uma resenha positiva de um livro que ele considerava medíocre. Em 1944, foi para Cambridge a fim de estudar sob a direção de Wittgenstein. Converteu-se ao Catolicismo e foi acolhido na Ordem Dominicana. O que o levou à fé foi uma visão coerente do significado derradeiro da nossa vida humana, o que não lhe parecia um assunto estritamente religioso.

Pouco tempo antes da morte, escreveu no seu diário: "Em última análise, não consigo aceitar a moldura de experiência exigida e pressuposta pela tradição eclesiástica ortodoxa. Tenho de enfrentar isto, creio eu, com consequências que são impossíveis de antever. Há outra tradição que respeito quase de igual modo – e, de certa maneira, ainda mais –, a tradição do coração humano: romances, arte, música, tragédia. Não consigo admitir que Deus só possa ser adorado em espírito e verdade pelo indivíduo introvertido, curvado sobre si e desligado de tudo o que poderia perturbar e solicitar o seu coração. Deve ser possível descobrir e adorar a Deus na complexidade da experiência humana".[40]

Sermões e homilias com banalidades acerca do amor a todos e da simpatia não convencem ninguém.

A oferta de Jesus de uma vida abundante só se vislumbra na sua beleza, se nos atrevermos a enfrentar "a complexidade da experiência humana". Romances, filmes, música e pintura ajudam-nos a compreender melhor as nossas próprias existências, "vivendo e vivendo parcialmente".[41] Vejamos, por exemplo, os romances recentes de dois escritores ingleses contemporâneos, *Sweet Caress: The Many Lives of Amory Clay* [Doce carícia],[42] de William Boyd; e *Mothering Sunday: A Romance* [O domingo das mães],[43] de Graham Swift. Ambos exploram o que significa estar vivo. O romance de Boyd abre com uma citação de uma personagem histórica que aparece no livro,

Jean-Baptiste Charbonneau: "Por muito que dure a sua estadia neste pequeno planeta, e seja o que for que aconteça durante ela, a coisa mais importante é que – de tempos a tempos – sinta a doce carícia da vida".[44] A personagem principal do romance, Amory Clay, tem uma vida complexa de amores e desilusões, criando uma família e sendo correspondente de guerra. À medida que o romance se aproxima da sua conclusão, ela assiste à destruição do seu corpo por uma doença que a paralisa. Senta-se numa cadeira, com comprimidos fornecidos pelo seu clínico geral e uma garrafa de bom uísque, pensando no modo de acabar com tudo.

Ao olhar retrospectivamente para uma vida rica e dramática, ela percebe que a sua "doce carícia" reside na complexidade que a caracteriza. "Os meus 70 anos foram ricos e intensamente tristes, fascinantes, cômicos, absurdos e aterrorizantes – por vezes – difíceis, penosos e felizes. Em outras palavras, complicados." Era a complexidade que a fascinava: "Sim, a minha vida foi muito complicada, mas noto que as complicações é que me envolveram e fizeram-me sentir viva".[45]

No romance de Swift, Jane Fairchild, empregada numa casa de campo, tem uma relação amorosa com o filho de uma família rica. É o começo de uma vida nova. Ela escapa das limitações do serviço doméstico, descobrindo a literatura, sobretudo Joseph Conrad, e torna-se uma romancista muito conhecida. "Contar histórias, contar contos. Sempre a sensação de que se está negociando mentiras. Mas, para ela, seria sempre a tarefa de chegar ao imediato, ao âmago, ao cerne, à medula: o comércio de dizer a verdade... Tratava-se de ser fiel ao cerne da vida, tratava-se de tentar apreender, embora nunca se conseguisse, a própria sensação de estar vivo."[46]

A autobiografia de Jeanette Winterson, *Por que ser feliz quando se pode ser normal?*, é uma narrativa hilariante da sua busca do que significa viver. Ela nasceu duas vezes, da sua mãe perdida e da sua mãe adotiva, um tipo estranho de cristã carismática, que falava sobre nascer de novo: "Então, compreendi algo. Compreendi que nascer duas vezes nada tinha a ver com estar vivo, mas com escolher a vida.

Optar por estar vivo e comprometer-se conscientemente com a vida, em todo seu caos exuberante e sua dor [...] Viver com vida é muito difícil. Na maioria dos casos, fazemos de tudo para abafar a vida – para sermos domesticados ou devassos. Para estarmos tranquilos ou furiosos. Os extremos têm o mesmo efeito; isolam-nos da intensidade da vida. E os extremos – da apatia ou da fúria – impedem-nos, com êxito, de sentir".[47]

As nossas palavras devem envolver-nos na substância confusa das vidas das pessoas, no que elas sofrem e apreciam; caso contrário, serão vazias. Não espelharão "a Palavra que se fez carne e habitou entre nós" (Jo 1,14) e que nos convida a partilhar a sua vida abundante. Se formos verdadeiros às complexidades das lutas dos outros na prossecução do seu caminho e na tomada da decisão menos ruim, às nossas atrapalhadas expressões de amor, talvez as pessoas parem e prestem atenção ao que nós, cristãos, temos a dizer. Teremos autoridade, se formos humildemente atentos à serena e heroica honestidade com que tantos seguem sua vida da melhor maneira possível.

Chamados a viver

Mas os cristãos parecem ter uma ideia estranha do que significa estar vivo. Deus diz aos israelitas, no deserto: "Ponho diante de vós a vida e a morte, a bênção e a maldição. Escolhe a vida" (Dt 30,19). Viver é uma resposta a um convite. Ousaremos dizer sim? Benedict Green era um monge anglicano, com doença de Parkinson desde a juventude. Por fim, tornou-se-lhe impossível falar de modo compreensível. Enviou uma carta aos seus amigos, pedindo que rezassem por ele, mas não fossem vê-lo. Já não era mais capaz de falar nada. E terminava, citando as palavras de Dag Hammarskjöld, o segundo secretário-geral das Nações Unidas: "Por tudo o que foi, obrigado. Para tudo o que há de ser, sim".

Esse "sim" é inerente à essência do estar vivo. Todas as religiões abraâmicas partilham a ideia do viver como uma resposta afirmativa a um convite à vida. Jonathan Sacks, rabino-chefe da Grã-Bretanha entre 1991 e 2013, escreveu: "O verbo bíblico *likro*, que passou a significar 'ler', originalmente significava 'chamar'. O nome hebraico para a Bíblia, *Mikra*, significa um chamamento, uma proclamação... Para compreender a Bíblia é necessário, por vezes, *ouvi-la* em vez de lê-la".[48] Os muçulmanos ouvem, várias vezes ao dia, o apelo à oração, como um convite a viver.

Na Bíblia, a existência de todos os seres é uma espécie de *sim* jubilante ao Criador:

> *Ressoe o mar e tudo o que ele contém,*
> *O mundo inteiro e os que nele habitam.*
> *Batam palmas os rios,*
> *E as montanhas, em coro, gritem de alegria*
> *(Sl 98[97],7-8).*

"Passando ao longo do mar da Galileia, viu Simão e André, seu irmão, que lançavam as redes ao mar, pois eram pescadores. E disse-lhes Jesus: 'Vinde comigo e farei de vós pescadores de homens'. Deixando logo as redes, seguiram-no" (Mc 1,16s). Jesus não lhes está oferecendo uma oportunidade de trabalho, como nos deliciosos versos de Andrew Lloyd Webber: "Sempre tive a esperança de vir a ser um apóstolo. Sabia que o conseguiria, se tentasse".[49] Aqui não é o patrão a oferecer uma promoção, um *upgrade* de peixes para seres humanos. Dizer *sim* é abrir-se à aventura de viver.

Somos, pois, confrontados com uma questão fundamental. Poderá a ideia de que viver é dizer "sim" ter algum sentido para os nossos contemporâneos seculares, ou será ela apenas uma experiência religiosa, opaca aos que não creem? Segundo Pia, filha de Ingrid Bergman, sua mãe adorou o papel de Santa Joana d'Arc, uma pobre jovem camponesa, chamada por vozes celestes a lutar heroicamente contra os ingleses. Bergman não era religiosa e, no entanto, acreditava que, no fundo, sua vida de atriz era uma espécie de vocação, embora ela não conseguisse nomear quem a chamara. O papel de Joana d'Arc expressou o seu sentimento de que estar viva era ser chamada a algum propósito.

E, de novo, Jeanette Winterson: "Ao tentar compreender como funciona a vida – e por que algumas pessoas lidam melhor do que outras com a adversidade –, deparo-me com algo que tem a ver com dizer sim à vida, que é amor à vida, mesmo que inadequada, e amor a si mesmo, independentemente de como descoberto. Não à maneira do 'primeiro, eu!', que é o contrário da vida e do amor, mas com uma determinação salmonídea de nadar contra a corrente, por mais agitada que esta seja, porque é justamente a sua corrente".[50]

A vida não é apenas eletricidade no cérebro e o pulsar do sangue. É dinâmica e cheia de metas, como o salmão abrindo caminho rio acima, contornando açudes, saltando sobre cascatas, nadando contra a corrente, até chegar ao local da incubação, depositar os seus ovos e morrer. Essa existência vigorosa talvez enfrente a morte, mas isso não suprime a nossa fome de viver, agora, de forma plena.

> *Se a morte for um homem com uma arma*
> *não vá acenando para ele*
> *deixe-o vir*
> *e que lhe encontre muito ocupado em viver.*[51]

O romance *Um retrato do artista quando jovem*, de James Joyce, termina justamente com um enfático "sim": "Bem-vinda, ó vida, vou encontrar, pela milionésima vez, a realidade da experiência e forjar na minha alma a consciência incriada da minha raça". Eis o *sim* à sua vocação artística. Toda a verdadeira vida tem esse impulso de busca. Somos seres humanos, e o nosso ser é um devir. Sobreviver é, por vezes, tudo o que conseguimos gerir, "vivendo e parcialmente vivendo", mas que, no fim, não é suficiente.

Os artistas reconhecem, muitas vezes, que viver é uma espécie de resposta a um convite. Somos encaminhados. David B. Gowler, da Emory University, afirma que toda grande arte espera uma resposta, até mesmo nosso consentimento. "Mikhail Bakhtin sublinha que a arte inclui uma obrigação moral. Uma das suas obras capitais, *Art and Answerability* [Arte e responsividade], começa com estas palavras: 'Tenho de responder com a minha própria vida por aquilo que experimentei e compreendi na arte, para que tudo o que experimentei e entendi não permaneça infrutífero na minha vida'".[52] Além disso, como observa W. J. T. Mitchell, acerca das imagens de todo gênero: "A pergunta que se há de fazer aos quadros, do ponto de vista da poética, não é sobre o que eles significam ou fazem, mas sobre o que *querem* – sobre o que nos reivindicam, e como temos de responder".[53] Um ícone é uma pintura que olha para nós de modo convidativo.

A vida do poeta alemão Rainer Maria Rilke foi transformada pela contemplação do torso sem cabeça de Apolo. Tinha tanta energia e vitalidade, que o desafiou. "Em vez de ele olhar para o torso, cada parte deste parecia fitá-lo, dando-lhe a clara, reanimadora e desconcertante instrução: 'Du must dein Leben *ändern*'" [Você deve mudar sua vida].[54]

O escritor espiritual holandês Henri Nouwen teve a experiência deste apelo sob a forma de um pôster de Rembrandt da pintura do regresso do filho pródigo: "No outono de 1983, ao ver pela primeira vez o pôster que mostrava a parte central da pintura, senti logo que eu era chamado, pessoalmente, a alguma coisa. Agora, já mais familiarizado com toda a pintura e sobretudo com o significado da testemunha proeminente à direita [o filho mais velho], estou mais do que nunca convencido do enorme desafio espiritual que esta pintura representa".[55]

Responder ao convite de uma obra de arte, de uma pintura, de um poema ou de uma música, ou das Escrituras, exige silêncio interior. Devemos estar serenos e dar tempo à peça para que ela nos fale. Jennifer Roberts, historiadora de arte em Harvard, pede aos estudantes que escolham uma pintura e, em seguida, se sentem diante dela durante três horas. Ela escreveu: "Em todos os meus cursos de História da Arte, de graduação e de pós-graduação, todos os alunos têm de redigir um ensaio de pesquisa intensiva, baseado numa única obra de arte de livre escolha. E a primeira coisa que lhes peço para fazerem, no processo de pesquisa, é passar um tempo penosamente longo olhando para esse objeto".[56] A maioria das pessoas gasta alguns segundos, antes de formular um juízo sobre uma pintura e seguir em frente. Depois de uma olhadela, gosta-se dela ou não, tal como as pessoas se tornam amigas ou não na internet. Mas, se quiser *ver* uma pintura, é necessário esperar que ela se mostre. Se quiser *ouvi-la*, é preciso estar em silêncio. Quando, pela primeira vez, você olha para uma pintura, a tentação é situá-la nos seus próprios pressupostos: renascentista, impressionista, cubista, abstrata ou figurativa. Recebe um rótulo e é silenciada. Mas, se você esperar, ela mostrar-se-á nos seus próprios termos. Ensinar-lhe-á o seu dialeto.

Entre os pintores contemporâneos, um dos meus favoritos é o dominicano coreano Kim En Joong, cujas telas estão cheias de vivas e rodopiantes cores abstratas. Fiquei encantado, quando ele me deu uma delas para o meu escritório em Roma, depois de eu lhe ter insinuado o meu interesse. Cheio de orgulho, mostrei-a à minha mãe, quando ela me fez a sua visita anual; fitou-a com ceticismo, durante uns segundos: "Parece sua roupa, depois de muita bagunça no café da manhã". O quadro falava num idioma que ela ainda não aprendera, como eu, quando ouço chinês.

Conversas com Deus

Talvez alguém alegue que a possível resposta dada a uma pintura ou até a um filme é completamente diferente da obediência que as Sagradas Escrituras exigem dos fiéis. Deus no Monte Sinai ordena: "Não terás outro Deus além de mim; não matarás; não cometerás adultério", e assim por diante. Na praia, Jesus ordena aos discípulos: "Segue-me". Não há espaço para a negociação. Obedece-se ou não.

No interior da Igreja, pressupõe-se a exigência de semelhante obediência. Papas, bispos e padres geralmente indicam o que os fiéis devem fazer. Muitas vezes, é assim. Há cinquenta anos, antes de se tornar habitual, já no convento de Blackfriars, dávamos a comunhão sob as duas espécies, a hóstia e o vinho. Quando o grande arcebispo de Birmingham, George Patrick Dwyer, soube disso, escreveu ao abade e ordenou que tal prática terminasse. Como comunidade, refletimos sobre o que se havia de fazer, e o abade escreveu ao arcebispo, perguntando se poderíamos encontrar-nos com ele para discutir o assunto. A resposta veio sem demora. Esbravejava o arcebispo: "Então vocês, dominicanos, não sabem o que é a obediência? Eu disse para parar". Outra reunião, outra carta ao arcebispo requisitando uma discussão. Por fim, a resposta chegou, e dizia que poderíamos fazer o que quiséssemos. Tudo, menos a discussão! Não será esta a obediência dos fiéis, à Bíblia e a Deus?

Mas o apelo à vida, na Bíblia cristã, raramente é uma ordem imperiosa. Surge na conversação. Adão e Eva falam com Deus no jardim, após a queda; Jeremias e Isaías respondem a Deus, expressam seus receios e sua relutância; na narrativa de Lucas sobre o chamamento dos discípulos, Pedro fica alarmado com a ingente pescaria e nada quer ter a ver com este homem estranho: "Afasta-te de mim, Senhor, porque sou um pecador" (Lc 5,8). O Evangelho de João é uma série de conversas que levam a decisões, desde o diálogo de Jesus com o cético Nataniel até suas palavras ao nervoso Pedro, na praia, após a Ressurreição.

Escreveu o Papa Bento XVI: "A novidade da revelação bíblica consiste em que Deus se dá a conhecer através do diálogo que ele deseja ter conosco".[57] A vida de Deus é o eterno diálogo do Pai e do Filho no Espírito. A Revelação é o convite que Deus nos faz para nos sentirmos em casa, neste eterno colóquio. A Revelação não é a recepção de ordens, a partir de uma divina estação de rádio no espaço exterior, com exegetas, tentando desesperadamente decifrar ruídos estranhos, como Alan Turing no Bletchley Park.

A Revelação consiste em ser incorporado na infinda e vivífica conversa que é Deus. Nessa conversa, sou convocado e respondo. A minha vida floresce à medida que sou introduzido no diálogo com Deus, livre de limitações estreitas, meus preconceitos se desfazem e meu amor se aprofunda. Respondemos às palavras com aquilo que o teólogo anglicano Ben Quash chama de "uma espécie de atenção expectante",[58] semelhante à dos estudantes de Jennifer Roberts. Atemo-nos ao texto, abrimo-nos a ele, questionamo-lo e deixamos que ele nos interrogue. Os cristãos devem obediência à Palavra de Deus, mas não se trata de uma submissão irrefletida. Jesus foi inteiramente obediente ao Pai, mas não era um robô. A verdadeira obediência é inteligente, questionadora, não tem medo de duvidar e experimentar na sua busca pela verdade. É uma conversação paciente com um texto que, por vezes, parece um amigo, mas amiúde é um estranho.

São Paulo fala da obediência da fé (Rm 1,5). Isso parece implicar uma submissão da mente, como se alguém tivesse de renunciar à dignidade da sua independência. É famosíssimo aquele momento da conversão de C. S. Lewis: "É preciso me imaginar, sozinho, naquele quarto do Magdalen College [Oxford], noite após noite, sentindo, sempre que a minha mente se alçava, mesmo que só por um segundo, do meu trabalho, a aproximação permanente e inexorável daquele com quem, tão seriamente, não desejava encontrar-me. O que tanto receava irrompeu, por fim, sobre mim. No período do Trinity [terceiro e último termo do ano acadêmico na Universidade de Oxford], em 1929, sucumbi, reconheci que Deus era Deus, ajoelhei-me e rezei".

Isso parece completamente oposto à liberdade intelectual, da qual o Iluminismo tanto se envaidece. Mas não é. Quando, no verão de 2018, proferi uma série de conferências a docentes das escolas católicas no estado de Vitória, Austrália, foi-me oferecido um pequeno leitor de CD para, mais uma vez, poder ouvir música. No fim desse ano, deitado na minha cama, pude ouvir um dos últimos quartetos de Beethoven. Rendi-me à música. Era uma forma de obediência profunda, na qual me dispunha a acolher o que ela oferecia. Fui obediente ao convite da música para seguir com ela e ver aonde me levava.

Jonathan Sacks, ex-rabino-chefe da Grã-Bretanha, afirmou que "o *homo sapiens* é um animal em busca de sentido".[59] Quando nos deparamos com o sentido, nossa obediência à sua promessa é libertadora. Dizemos *sim*. Foi nessa acepção que Simone Weil escreveu que a obediência era o "alimento necessário da alma", e todo aquele que dela "se encontra privado está doente".[60] Essa obediência é uma atenção profunda que aceita os apelos que possam perturbar a vida de alguém e os encaminha a um lugar novo. "O nosso pensamento deveria, acima de tudo, estar vazio, à espera, nada procurar, mas estar pronto a receber, na sua desnuda verdade, o objeto que nele se há de infiltrar."[61]

A obediência da fé assemelha-se mais a ouvir, numa atitude expectante, um quarteto de cordas de Beethoven do que a obedecer a um agente policial. É uma resposta à autoridade do seu sentido, que ressoa na nossa humanidade sedenta de significado. O crente acredita que o texto é uma convocação à vida, mas uma convocação que analisamos e questionamos. O teólogo dominicano Herbert McCabe afirma que "a noção de obediência cega faz tanto sentido na nossa tradição quanto a aprendizagem cega".[62]

Quando Maria ouviu a mensagem de um anjo, ponderou-a no seu íntimo. "Ela ficou desconcertada com essa palavra e perguntava-se que tipo de saudação era essa." E perguntou: "Como acontecerá isso, pois não conheço homem?" (Lc 1,29.34). Não se submeteu passivamente. Elizabeth Schüssler Fiorenza imagina a cena:

> *Expressei-me a mim mesma*
> *Reclamei a minha voz*
> *Não tive medo de perguntar*

> *Mantive-me no meu terreno*
> *Dei o meu sim*
> *Olhando diretamente para os olhos do anjo*
> *(qualquer jovem escrava poderia ser espancada ou violada por menos)*
> *Não havia aqui domínio*
> *Nada me foi tirado*
> *Tudo foi dado*
>
> *Eis-me aqui:*
> *Vê*
> *Estou ouvindo.*[63]

Os judeus, por vezes, viram melhor as coisas do que os cristãos: as conversas com Deus podem tornar-se acaloradas. Se elas mexem com o cerne da sua vida, seria estranho se, por vezes, não o fizessem. O Presidente Bartlet, católico piedoso e licenciado pela University of Notre Dame, num episódio da série *The West Wing – Nos bastidores do poder*, está furioso com Deus, por causa da morte absurda de sua secretária. Acaba gritando com Deus em latim! "Vá pregar-se numa cruz!". E, como desafio, apaga um cigarro no chão da catedral. Só se reagirmos livremente às Escrituras, com toda a honestidade, teremos uma relação adulta com o divino. Livrar-nos-emos das nossas raquíticas visões de Deus, tal como Bartlet se libertou do jansenismo da sua educação católica irlandesa e ingressou numa fé amadurecida. Se nos zangarmos com Deus, estaremos envolvidos, e, se estivermos envolvidos, poderemos chegar a algum lugar.

Essa conversa da humanidade com o texto bíblico prossegue ao longo dos séculos. À medida que ouvimos e respondemos, geração após geração, somos cada vez mais atraídos para a sua profundidade. O texto é sagrado, ou seja, é inesgotável. Nunca o dominamos. Há sempre mais para entender, assim como a interpretação de *Hamlet* nunca está acabada, simplesmente se abre para a infinidade.

Pensemos na escravidão. Paulo escreveu que em Cristo "não há judeu nem grego, não há escravo nem livre, não há macho e fêmea"

(Gl 3,28). Soa como se ele estivesse negando a realidade da escravidão, mas, na sua Carta a Filêmon, parece tolerá-la. Considera o escravo Onésimo como seu filho, e quer vê-lo tratado como um irmão amado, mas não desafia a instituição da escravidão. Ela era universal, e a sociedade sem ela era impensável. Só na época de Bartolomeu de las Casas, um dominicano do século XVI, é que a escravidão começou a ser repudiada. As palavras da Escritura entendiam-se agora com uma nova profundidade. Os dominicanos espanhóis persuadiram o Papa a denunciar a escravidão na Encíclica *Sublimis Deus*, em 1537. Daí em diante, todos os papas denunciaram a escravidão, embora sem grande resultado.

Mas havia ainda um longo caminho a percorrer. No século XIX, Charles Dickens despertou-nos para a nova escravidão da fábrica, com os trabalhadores acorrentados às suas máquinas. Hoje, assistimos à escravização de mulheres no comércio sexual. O tráfico humano é uma indústria ingente. Mercados de escravizados estão novamente abertos na Líbia. Portanto, a Palavra foi pronunciada de uma vez por todas em Jesus, mas continua a ecoar, questionando-nos, desafiando-nos e impulsionando-nos. A conversa com a Palavra é infinda, já que ao longo dos séculos aprendemos o que significa dizer *sim* à vida. Quem sabe quais novas formas de escravidão seremos chamados a rejeitar no futuro?

São Paulo escreveu aos Coríntios: "Desse modo, o Filho de Deus, Jesus Cristo, que foi por nós – por mim, Silvano e Timóteo – proclamado entre vós, não foi 'sim' e 'não', mas somente 'sim'. Todas as promessas de Deus tornaram-se nele 'sim'. Assim também, por seu intermédio, seja nosso 'Amém', para a glória de Deus (2Cor 1,19-20)".

Nossa primeira conclusão é esta: a compreensão cristã, e até religiosa, da vida como um *sim* não é uma afirmação tola, sem ressonância na experiência cotidiana. É uma intuição partilhada por muitos que continuam a levantar as derradeiras questões e a tentar dar sentido a suas vidas, independentemente da crença religiosa. Também eles sabem que ser humano significa ser chamado. Isso não quer dizer que temos de ouvir vozes estranhas, à noite, a dizer-nos o que temos de fazer.

Os que não acreditam podem ajudar os cristãos a compreender melhor o que significa o apelo a viver e como obedecer nas circunstâncias sórdidas e confusas da vida humana cotidiana. Toda inquirição da complexidade de tentar ser virtuoso, a tensão de viver com outras pessoas e a arte de manter vivo o amor frágil deveriam deter os cristãos nos seus caminhos e convidá-los a tornarem-se realistas. Gosto de ler romances e de ver filmes porque, além de me divertirem, obrigam-me a descer à terra, e a verdade cristã é acerca do Deus que se tornou carne e sangue no nosso mundo.

No restante do livro, abordarei o modo como os Evangelhos nos incitam a florescer. Na parte "Viagem", acompanharemos os discípulos no seu caminho para Jerusalém, tentando compreender aquele que os chamou, crescendo e tornando-se livres.

Na parte "Ensinamento", lidaremos com o último discurso de João. Aqui, Jesus ensina aos discípulos como abraçar a abundância da vida. Nossa sociedade supõe, com frequência, que doutrina é endoutrinação. Nessa parte, veremos como o ensino expande e liberta a mente e o coração. Abordaremos o ensinamento de Jesus sobre a amizade e a renúncia à violência. Em seguida, iremos encarar a angústia que engole Jesus, verdadeira antítese da vida.

Na parte "Ressurreição", veremos como, mesmo agora, partilhamos a vida do Senhor ressuscitado, no plano espiritual e físico, através da justiça, da liturgia e da oração. A espiritualidade cristã é profundamente física. Nosso ser é corpóreo. A vida de oração ordena as nossas vidas na esperança e na expectativa. A oração mantém vivo o nosso *sim*. Há muitos outros tópicos que eu poderia ter desenvolvido, mas, se assim o fizesse, o livro nunca seria finalizado. Comecemos, pois, com aquilo que foi o início para os discípulos, quando Jesus os convidou a segui-lo e a embarcar na perigosa aventura de se tornarem vivos.

VIAGEM

3. A AVENTURA TRANSCENDENTE

Se os nossos contemporâneos seculares vissem que a nossa fé é um convite a vivermos em abundância, talvez ficassem animados. A arte, na maioria das suas manifestações – romances, filmes, poesia ou qualquer outra coisa –, explora o que significa viver. O Cristianismo faz arder o coração das pessoas no seu íntimo – tal como os discípulos no caminho de Emaús –, se elas virem que ele não é um código moral criado para nos manter na ordem, mas um modo vibrante de vida. Nas religiões abraâmicas, esse caminho inicia-se com um apelo. No capítulo anterior, afirmei que isso não significa vozes estranhas à noite. A grande arte nos convoca; os nossos pais, amigos e professores podem também fazê-lo. O encontro dos cristãos com o Senhor não é um acontecimento bizarro, alheio à experiência dos outros seres humanos. Existe, pelo menos, um sentido persistente, mesmo na cultura ocidental, de que a vida, como Henry Ford afirmou, não é apenas uma confusão atrás da outra, mas uma vocação. A vida nos acena.

Depois de serem chamados pelo Senhor, o que a seguir acontece aos discípulos é estranho. Jesus convoca os pescadores a segui-lo numa aventura que os leva, confusos e consternados, a Jerusalém. Aí, eles serão testemunhas da sua morte horrível, e dali serão enviados pelo Senhor ressuscitado até os limites do mundo conhecido. Deixariam para trás tudo o que lhes dera uma identidade e um modo de vida, e tornar-se-iam "pescadores de homens" – uma tarefa além da sua compreensão. Interrogar-se-iam, amiúde, acerca de quem eles eram e do que se tratava tudo aquilo. Seguir Cristo os enviaria em uma terrível e mortal aventura. Quase todos acabaram assassinados. Daniel Berrigan, sj, ativista da paz, gostava de dizer: "Se quiser seguir Jesus, é melhor olhar bem para o madeiro".[64]

O Cristianismo apresenta a estranha pretensão de que estar plenamente vivo significa embarcar numa perigosa jornada, que nos pode custar tudo. Eis algo que a nossa sociedade, avessa ao risco, tem dificuldade em compreender. A nossa cultura é temerosa. As guerrinhas de castanhas [ou de mamonas, no Brasil] devem ser evitadas, porque alguém pode se machucar. Um supermercado recusa-se a vender facas a um garoto de 16 anos, para não serem utilizadas como armas. Nas universidades, os estudantes exigem espaços seguros onde possam se refugiar, se alguém vier a confrontá-los. Essa é a *Generation Snowflake* [Geração Floco de neve], como Claire Fox a chamou:[65] composta por jovens que consideram um direito seu serem protegidos de tudo o que os possa incomodar. A compreensão cristã do que significa estar vivo é inteiramente contracultural. Deveria apresentar uma advertência relativa à saúde. Seguir o Senhor da vida é uma aventura arriscada, para a qual não há apólices de seguro. Herbert McCabe, op, gostava de dizer: "Se você ama, vai se machucar e possivelmente morrerá; se não ama, já está morto".

A palavra "mártir" vem de uma palavra grega que significa testemunha. Os mártires mostram-nos, de modo enérgico, que estar vivo significa estar preparado para morrer. A Igreja, desde o início, condenou a busca pela morte. Aqueles que explodem a si mesmos em nome da religião não são mártires. Os verdadeiros mártires mostram-nos que estar vivo é muito mais do que sobreviver, porque brota de um amor que é maior do que a morte.

Neste capítulo, lidaremos, pois, com a asserção cristã de que estar vivo é uma aventura perigosa. Afirmaremos que isso não implica que todos seremos martirizados, embora ser batizado signifique abraçar tal possibilidade. Mas o drama real dos discípulos, ao seguirem Jesus, pode ser vivido em toda parte, sem deixar para trás as redes, porque se trata do drama de ingressar na infinidade do amor de Deus. Podemos viver esse drama numa cela solitária ou numa família comum. Mas, para começar, encararemos a ideia da vida como uma aventura. Haverá aqui algum apoio ou atrativo para a nossa imaginação contemporânea?

A vida como aventura

Na origem das imaginações hebraica e grega estão aqueles que partem para aventuras, Abraão e Ulisses. Seria interessante descobrir até que ponto outras culturas apreciam igualmente a aventura. Pensemos em Li Po, o poeta da dinastia Tang, que escreveu *A difícil jornada*:

> *Difícil é a jornada,*
> *Difícil é a jornada,*
> *Tantas voltas,*
> *E agora onde estou eu?...*
>
> *Então, quando uma brisa sopra as ondas,*
> *Trazendo bom tempo,*
> *Uso uma nuvem como vela,*
> *Cruzo os azuis oceanos!*[66]

Walt Whitman exulta: "Firme e contente, sigo ao longo da estrada aberta".[67] O livro *A Estrada*, de Cormac McCarthy, vencedor do Prêmio Pulitzer de 2007, descreve um homem e seu filho numa futura viagem distópica, através de uma América destroçada, numa busca por um objetivo indefinido.[68] É uma história soturna em que os dois lutam por se agarrar a qualquer vislumbre de sentido e, todavia, são assediados pela discreta presença de Deus. Há ecos da Eucaristia, quando se deparam com alimento num lugar semelhante a um túmulo. Entram num barco com um nome que faz lembrar o Espírito

Santo, *Pájaro de Esperanza* [Pássaro da Esperança]. Encontram um homem já idoso e confuso, Ely, em cujo nome ecoa um dos títulos de Deus no Antigo Testamento. Sejam quais forem as intenções do autor, e o seu nome aponta para uma herança católica irlandesa, a obra evoca, para mim, de forma brilhante, a imagem da vida como uma aventura da qual nunca está ausente a sombra de Deus. As palavras finais são sugestivas: "Nos vales profundos onde eles viveram, todas as coisas eram mais velhas do que o homem e retiniam de mistério".[69] Se a aventura que é o Cristianismo pudesse ser bem contada, encontraria a sede de transcendência, sempre tão discretamente insinuada como nessa poderosa narrativa.

Paradoxalmente, os livros mais populares do século XX são histórias de aventuras de inspiração cristã. *O Hobbit* e *O Senhor dos Anéis*, de J. R. R. Tolkien, narram o convite de Gandalf a Bilbo e, mais tarde, a Frodo para embarcarem numa aventura:

> *Gandalf:* Estou procurando alguém para participar de uma aventura que estou organizando, e está muito difícil achar alguém.
>
> *Bilbo:* Acho que sim, por estes lados! Nós somos gente simples e acomodada, e eu não gosto de aventuras. São coisas desagradáveis e desconfortáveis! Fazem que você se atrase para o jantar! Não consigo imaginar o que as pessoas veem nelas.

Mas nem ele nem muitos outros conseguem resistir. *O Senhor dos Anéis* vendeu cento e cinquenta milhões de cópias em todo o mundo, e foi eleito o "Livro do século".

J. R. R. Tolkien nunca ocultou o fato de que as suas histórias têm inspiração religiosa: "*O Senhor dos Anéis* é, sem dúvida, um trabalho de fundo religioso e católico, de forma inconsciente a princípio, mas conscientemente na revisão".[70] A fé cristã de Tolkien foi uma aventura romântica. Eis o que ele escreveu ao filho Michael, pouco antes da sua primeira comunhão: "Apresento-lhe a única grande coisa digna de ser amada na terra: o Santíssimo Sacramento. Aqui encontrará romance, glória, honra, fidelidade e o verdadeiro caminho de todos os seus amores na terra". Ou recordemos as histórias de Nárnia de C. S. Lewis. As histórias de Harry Potter de J. K. Rowling também foram inspiradas pela fé: "Para mim, os paralelismos religiosos sempre foram óbvios", disse a autora. "Mas eu nunca quis falar muito abertamente sobre isso, porque pensei que poderia mostrar às pessoas interessadas na história para onde estávamos indo."[71]

Como é possível que as obras de ficção mais populares do século XX recontem a aventura cristã, justamente no momento em que o Cristianismo já não capta a imaginação desses mesmos leitores? De que modo poderemos contar a narrativa de Cristo e seus apóstolos de forma que seja novamente arrebatadora, como acontece com as histórias de Bilbo e Frodo, das crianças que se aventuraram a ir além da porta do guarda-roupa e como ocorre com Harry Potter?

Durante a maior parte da história cristã, era evidente que o Batismo era um mergulho na mais dramática de todas as histórias, a qual abarcava todos os tempos. Ao entrarmos numa catedral medieval, vemo-nos envolvidos na longa história da salvação, materializada em pedra e vidro. Estamos livres dos dramas mesquinhos do mercado aqui fora, das divisões de status e riqueza. Ingressamos na igreja através das suas grandes portas, sobre as quais habitualmente se encontrava Cristo sentado no Juízo Final, o único julgamento que realmente importa, pelo Senhor misericordioso. E eis-nos rodeados de imagens dos santos, nossa verdadeira e fiel comunidade, e envolvidos pelo drama da expulsão do Paraíso, pelo Dilúvio, por Babel e pelo Êxodo, pelo nascimento de Cristo, por seus últimos dias, sua morte e ressurreição. Vemo-nos ainda, uns aos outros, banhados pela luz que jorra através dos vitrais que iluminaram a nossa própria história, ou seja, a participação na aventura do abraço de Deus à humanidade.

Cada igreja proclamava: este é o verdadeiro drama das nossas vidas, e não se alguém foi promovido no trabalho ou ganhou muito dinheiro. Ser humano é ser introduzido na vida de Deus. Ao longo de quase toda a história cristã, estar vivo é aceitar a transfiguração, a divinização ou rejeitá-la. É inimaginável uma história mais emocionante. Ninguém a poderia rejeitar por ser entediante. No século V, o Papa Leão Magno, no seu maravilhoso sermão de Natal, lembra aos seus ouvintes: "Ó cristão, lembra-te da tua dignidade, já que agora participas da própria natureza de Deus".

As *Mystery Plays* medievais representavam esse drama nas ruas das cidades da Europa. Eram, na sua maioria, ciclos longos, com duração de vários dias, reconstituindo as cenas da nossa salvação, desde Adão e Eva até o Juízo Final, muitas vezes, por obra das guildas dos artesãos locais. O público não era apenas espectador, mas participante. Tratava-se da história de sua própria vida. As peças de mistério incluíam as preocupações da época, e até os jogos mais recentes. Um dos pastores, na Wakefield Mystery Play, apresenta e oferece a Jesus uma bola de tênis, algo moderno, sem dúvida:

> *Oi! Estende a tua mão.*
> *Trago apenas uma bola:*
> *Pega, brinca com ela,*
> *E vai jogar tênis.*[72]

Hoje, ele talvez oferecesse a Jesus um videogame, embora pareça um entretenimento demasiado individualista. Os pastores eram, nessas peças, porta-vozes dos seus contemporâneos e expressavam suas queixas. Em vernáculo atual, resmungavam: "Estamos tão oprimidos, sobretaxados e sobrecarregados, somos explorados pela nobreza". Proferiam piadas grosseiras, queixavam-se das suas esposas e não conseguiam entender o latim dos anjos. Essas peças bíblicas eram, pois, interpretações dramáticas da vida de seus ouvintes. Para eles, a Bíblia acontecia naquele exato momento, tal como os judeus, ao celebrarem a Páscoa, são participantes dos eventos que recordam. Relembram, reúnem-se em comunidade e inserem os seus ouvintes numa história que abrange toda a humanidade. Mesmo numa pequena aldeia, a vida de uma pessoa participava de um drama que se estendia a todos os tempos e o introduzia na divindade. Era uma história imaginativamente sedutora. Apossou-se da imaginação cristã, durante mil e quinhentos anos.

A domesticação da religião

No século XVI, sobretudo no Norte da Europa, esse drama cósmico começou a perder força. Martinho Lutero abandonou os monges agostinianos e foi desfrutar da felicidade da vida em família, com a ex-freira Catarina von Bora, num antigo mosteiro, o Schwarzes Kloster [Abadia Negra]. A santificação da vida familiar foi um fruto maravilhoso desse novo momento, e por ele temos muito que agradecer a Lutero; Charles Taylor, porém, afirma que isso custou um alto preço. O grande e árduo drama da vida cristã, que abrange os ápices das nossas alegrias e os abismos do nosso sofrimento, desvaneceu-se da mente comum.

A fé, sobretudo no Norte da Europa, deixou de apelar ao heroísmo. Qual a necessidade de gestos radicais, como o martírio ou mesmo entrar na vida religiosa? Afirma Taylor: "Se o plano de Deus a nosso respeito consiste apenas em florescermos (e se florescemos pelo uso judicioso do trabalho e da razão instrumental), então, que utilidade poderia ter para ele um São Francisco que, num grande impulso de amor, chama os seus seguidores a dedicarem-se a uma vida de pobreza? Quando muito, isto faz baixar o PIB, ao excluir esses mendicantes da força de trabalho; mas, pior ainda, pode enfraquecer o moral de quem é produtivo. É melhor aceitar as limitações da nossa natureza, como criaturas egoístas, e tirar dela o melhor partido".[73]

Nosso destino derradeiro torna-se uma casa de repouso celestial, com os cuidadores substituídos por anjos. E de novo Taylor: "Existe uma tendência para conceber a vida após a morte em termos de paz, repouso e reunião com os entes queridos. O horizonte de transformação, sobretudo relativamente à nossa vida presente, retrocede".⁷⁴ A religião é domesticada aqui e na vida futura. Recentemente, um jornalista, ao registrar, através do telefone, a notícia de um falecimento, entendeu o termo latino *Requiescat* [descanse em paz] como significando *"Requires a cat"* [requisite um gato!]; era, decerto, uma paz doméstica muito adequada. A fé já não desencadeia uma aventura gloriosa. Moralizou-se. A vida divina consiste em obedecer regras. Torna-se fastidiosa. Os romances foram inventados para oferecer a comoção que a fé já não enseja. Se a fé já não é um drama, nós mesmos temos de compor outros dramas, embora nunca estejam à altura do drama de Cristo.

Assim como a nossa autocompreensão se individualizou cada vez mais, também o drama dos Evangelhos se distanciou, algo acontecido há muito tempo. As pessoas começaram a questionar como é que a ressurreição de um homem, morto dois mil anos atrás, pode afetá-las. Seria algo semelhante a um sem-teto que vive nas ruas e lê que alguém ganhou na loteria. Ótimo para ele, mas de que me serve isso?

A felicidade humana é suficiente – chegou-se a pensar. O drama derradeiro de ser arrebatado pela própria vida de Deus, a divinização, o amor infinito que, desde o início, incendiou os corações cristãos, acaba parecendo um sonho louco, e até inumano. O encantador poema de W. H. Auden, "Lay Your Sleeping Head, My Love" [Reclina a sua cabeça, meu amor], alude ao áspero êxtase do eremita, mas, por fim, alinha-se com a alegria menos heroica. A felicidade mortal é suficiente:

> *Que sopre suave o vento errante*
> *Da aurora sobre a tua cabeça adormecida,*
> *Desvelando um dia de tanta doçura*
> *Que agracie o olhar e o coração pulsante,*
> *Bastando-lhes o mundo mortal.*⁷⁵

A aventura perigosa

À medida que as pessoas se afastam das igrejas, é uma tentação "vender" um Cristianismo agradável e seguro, não demasiado exigente. Uma espiritualidade gentil talvez fosse mais simpática e sedutora. Acender uma vela e praticar uma técnica de autoconhecimento. O apelo da fé torna-se apenas uma sugestão sem compromisso. Como, com graça, escreve Ronnie Knox:

> *Com amável cortesia, temperando o meu fervor,*
> *Corrigi, de "Creio em..." para "Parece-me que...".*[76]

Semelhante "marketing" do Cristianismo está condenado a falhar, sobretudo, porque a espiritualidade cristã é tudo, menos segura. Uma fé domada atraiçoa o que constitui o seu cerne, que é a aventura da transcendência. O Cristianismo é atrativo, porque nos convida a ser ousados e a entregar nossa vida incondicionalmente. É a porta aberta para o infinito.

Tragicamente, centenas de jovens muçulmanos do Ocidente, muitas vezes convertidos à sua nova fé na prisão, afluíram ao Oriente Médio para combater em prol do Estado Islâmico, grupo considerado terrorista por diversos países, além da ONU e da União Europeia. São jovens que se veem sem futuro, sem reconhecimento e, por isso, arrastados pelo engodo de uma grande aventura que tudo lhes exige e promete, incluindo setenta e duas virgens no paraíso. Ainda que o califado tenha sofrido muitas baixas e esteja enfraquecido na Síria e no Iraque, o Estado Islâmico parece conservar algum poder no Oriente Médio e continua realizando atentados pelo mundo, seduzindo jovens sem esperança.

Os cristãos devem, pois, atrever-se a desafiar a nossa sociedade medrosa e avessa ao risco, com a sua sufocante multiplicação de regulações sobre a saúde e a segurança, e com o seu medo da vida. No século XVI, missionários das ordens católicas – dominicanos, franciscanos, jesuítas, carmelitas e muitos outros – viajaram em grande número para a Ásia, a fim de pregar o Evangelho. Metade deles nunca chegou a seu destino. Morreram em naufrágios e de doença; foram capturados por piratas, martirizados e, no entanto, atreveram-se a continuar, sem qualquer seguro médico ou de viagem.[77] Hoje, tais aventuras seriam consideradas loucura.

Samuel Mazzuchelli nasceu numa rica família de Milão, em 1806. Com 17 anos, surpreendeu a sua família, ao entrar na Ordem Dominicana, que, esmagada por Napoleão, se encontrava quase extinta na França e na Itália. Com apenas 22 anos, e ainda não ordenado, foi enviado pelo Mestre da Ordem numa missão aos limites extremos dos Estados Unidos. Fundou a Igreja nas margens superiores do Vale do Mississipi, onde passava a maior parte do tempo inteiramente sozinho, centenas de quilômetros distante de seus confrades. Passou meses longe de outros colonos, vivendo com os indígenas americanos, aprendendo a sua língua. Já ali se encontrava antes da chegada dos mineiros irlandeses, para os quais construiu escolas e igrejas, que ainda estão de pé. Era conhecido como o "Padre Matthew Kelly". Escreveu ele: "Acordemos, pois, abramos nossos olhos com caridade apostólica e, se formos chamados, vamos para qualquer lugar onde o trabalho é grande e difícil, mas onde também, com a ajuda daquele que nos enviou, abriremos o caminho para o Evangelho".[78] Foi uma loucura enviar esse jovem irmão, tão inexperiente, sozinho, para um lugar tão inóspito. Oxalá conservemos um pouco da sua coragem e da sua santa loucura.

Pensemos em Serge de Laugier de Beaurecueil, nascido em 1917, de pais franceses aristocratas. Foi atraído à Ordem Dominicana pela alegria dos frades. Enviado para o Cairo, fundou o Centro de Estudos Islâmicos da Ordem e especializou-se no estudo do misticismo sufi. Em seguida, foi mandado para Cabul, Afeganistão, onde ensinou o sufismo a jovens muçulmanos e viveu numa casa com uma multidão de crianças de rua, abandonadas, por ele adotadas. Durante anos, foi o único sacerdote católico no país, "um hóspede na casa do Islã". Quando os russos intervieram, foi expulso do país e regressou triste à França. Escreveu ele: "Pertenço a ele [Deus], e ele é livre para fazer de mim o que quiser. 'O vosso Deus é um Deus ciumento'... Quando põe as mãos sobre alguém, nem sempre é agradável".[79] Quando o encontrei em Paris, já idoso e cansado, a alegria era ainda esfuziante. Gostava das palavras de um confrade dominicano do século XIV, Fra Angelico: "A escuridão do mundo não passa de uma sombra. Por detrás e apesar dela, ao nosso alcance, encontrar-se-á a alegria. Nessa escuridão existe um esplendor e uma alegria inefáveis. Só precisamos enxergá-los".[80]

Mas o cerne dessa aventura não é viajar para lugares distantes e perigosos. É ser introduzido na infinidade do amor divino, é transfiguração. Podemos entrar nessa senda sem deixar nossa casa. São João da Cruz, encarcerado durante algum tempo por seus irmãos carmelitas, é o poeta dessa arrojada e perigosa aventura amorosa, vivida sem ser preciso deixar seu priorado.

> *Em uma noite escura,*
> *De amor em vivas ânsias inflamada*
> *Oh! ditosa ventura!*
> *Saí sem ser notada,*
> *Já minha casa estando sossegada*
>
> *Na escuridão, segura,*
> *Pela secreta escada, disfarçada,*
> *Oh! ditosa ventura!*
> *Na escuridão, velada,*
> *Já minha casa estando sossegada.*[81]

Santa Teresa de Lisieux, outra carmelita, nascida em 1873, foi atormentada por um desejo irrealizado de martírio. Sentiu-se aliviada, ao perceber que poderia viver essa grande aventura através do amor, começando no seio da sua comunidade. "O amor é, de fato, a vocação que inclui todas as outras; é já em si um universo, abarcando todo o tempo e espaço – é eterno. Fora de mim pela alegria, bradei: 'Jesus, meu amor, encontrei a minha vocação, e a minha vocação é o amor'".[82] Isso pode soar piegas, mas amar as suas irmãs religiosas exigiu, de fato, uma boa dose de coragem, uma morte e ressurreição. Suspeito que o martírio, no sentido literal, talvez tivesse sido mais fácil!

Estar plenamente vivo é amar infinitamente. Não basta a felicidade mortal. Abrir-se ao amor infinito que é Deus é fonte de transformação. Um dos meus amigos, cientista em Oxford, desposou uma mulher jovem, brilhante e radiosa. Mas chegou o dia em que ela sucumbiu à doença de Alzheimer, e a sua memória, pouco a pouco, esvaiu-se. Ela já nem sequer conseguia lembrar-se de quem ele era. Quando se casaram, ele nunca poderia imaginar que seu amor significaria dar banho e vestir alguém que o fitava com olhos vagos e apagados. Todo amor é arriscado.

Os irmãos Knox, descritos com tanta beleza por Penélope Fitzgerald, eram avessos à religião, mas partilhavam a convicção, como Mazzuchelli, de que se deve ousar fazer o que é mais difícil. É inerente à nossa humana dignidade enfrentar os desafios mais difíceis, mesmo se falharmos. Eles ridicularizavam o King's College, em Cambridge, porque, na opinião correta ou errada deles, a universidade se encontrava então acorrentada pela tradição "de que ninguém deveria fazer coisa alguma pela primeira vez"![83]

Há certa loucura na ideia cristã de estar vivo, uma atração para o impossível, o infinito, o ilimitado. Deveríamos recusar-nos a ficar confinados naquilo que o mundo considera possível e concebível. Asseverou o poeta irlandês Pádraig Pearse: "Esbanjei os luminosos anos que Deus brindou à minha juventude – tentando coisas impossíveis, supondo que só elas eram dignas do esforço. Senhor, se mais anos eu tivesse, faria tudo de novo".[84] Disse São Richard Chichester: "Gastei o que tive, perdi o que guardei, mas tenho o que dei".[85]

No amor pelos outros, no trabalho, na vida cotidiana, os apelos do infinito acham-se no fazer o máximo, o mais difícil. Abraham

Verghese, professor na Faculdade de Medicina da Stanford University, escreveu um romance acerca da prática da medicina, na Etiópia e nos Estados Unidos, *O décimo primeiro mandamento*. Nele, Marion Stone, futuro cirurgião, conta-nos como descobriu a sua vocação:

> Viemos sem convite a esta vida e, se tivermos sorte, encontraremos um propósito que supere a fome, a miséria e a morte prematura que, não esqueçamos, é a herança comum... Escolhi a especialidade de cirurgia por causa de Matron, aquela presença constante durante a minha infância e adolescência. "Qual é a coisa mais difícil que você possivelmente pode fazer?", disse ela, quando lhe fui pedir conselhos sobre o dia mais escuro da primeira metade da minha vida. Eu contorcia-me. Com que facilidade Matron sondou o fosso entre ambição e conveniência. "Por que tenho de fazer o que é mais difícil?" "Porque você, Marion, é um instrumento de Deus. Não mantenha o instrumento guardado na caixa, meu filho. Use-o! Não deixe sem explorar nenhuma parte do seu instrumento. Por que se contentar com uma cantiga de ninar, se você pode tocar o 'Glória'?"[86]

W. H. Auden era atormentado pela ideia de que, no Juízo Final, Deus recitaria "os poemas que teríamos escrito, se a nossa vida tivesse sido boa".[87] O que conta, porém, não é o êxito, mas abrir-se ao impossível, ao deslumbrante dom da graça, que nos impele para a frente e nos levanta quando, inevitavelmente, caímos de cara no chão. Pedro e Paulo, os dois pilares da Igreja, foram, em certo sentido, grandes fiascos – um negou a Cristo e o outro participou no assassínio dos primeiros cristãos –, mas lançaram-se ao caminho. Tudo o que alguém pode fazer é tentar dar um primeiro passo. O resto está nas mãos de Deus.

Mais além das pequenas identidades

O chamamento de Jesus impeliu aqueles pescadores galileus para além do mundo conhecido por eles, mas também para além de toda a compreensão de quem eles eram. Já não serão pescadores de peixes, mas pescadores de homens. Que serão eles, então? Num momento crucial da aventura, em Cesareia de Filipos, Jesus faz-lhes uma pergunta difícil: "E vós, quem dizeis que eu sou?" (Mt 16,15). Simão Pedro toma a palavra e diz: "Tu és o Cristo, o Filho de Deus vivente". Jesus, então, responde: "Bem-aventurado és, Simão, filho de Jonas! Porque nem carne nem sangue te revelou isso, mas meu Pai, que está nos céus. Agora te digo eu: tu és Pedro, e sobre esta rocha edificarei minha igreja, e as portas do Hades não triunfarão sobre ela. Dar-te-ei as chaves do Reino dos Céus; assim, o que ligares na terra terá sido ligado nos céus, e o que desligares na terra terá sido desligado nos céus" (Mt 16,17-19).

Tanta coisa, aqui, para apreender e assimilar! O recém-nomeado Pedro, "a pedra", está só começando a compreender quem é Jesus, mas não tem ideia de quem ele próprio é. Descobrirá isso quando seguir com Jesus para Jerusalém e, em seguida, até os confins do mundo. Por enquanto, é uma pessoa singular e sem qualquer semelhança com uma rocha. Sua identidade encontra-se mais à frente. Seu novo nome encarna uma esperança para o futuro, para o seu destino. Tal como acontece com o novo nome de Abrão, Abraão. Significa "pai de muitos", e foi-lhe dado quando não tinha filhos e se afigurava improvável que viesse a tê-los.

João, naquele que é talvez o meu texto preferido no Novo Testamento, escreve: "Caríssimos, agora já somos filhos de Deus, mas não se manifestou ainda o que havemos de ser. O que sabemos é que, quando ele se manifestar, seremos semelhantes a ele, porque o veremos tal como ele é" (1Jo 3,2). Ainda não sabemos quem somos. Tornamo-nos cada vez mais profundamente vivos à medida que, pouco a pouco, nos libertamos de identidades que são demasiado constritivas. Terry Eagleton afirma que são precisamente "os que se agarram às suas identidades como náufragos a pedaços de madeira à deriva que acham difícil ou impossível morrer".[88]

Em 2010, um filme francês, *Homens e deuses* (*Des Hommes et des Dieux*) realizado por Xavier Beauvois, ganhou o Grande Prêmio no

Festival de Cinema de Cannes. Nos cinco primeiros dias do seu lançamento na França, foram vendidos cerca de meio milhão de bilhetes. Eu assisti em Oxford com um amigo meu, ateu, embora me atreva a esperar que, um dia, ele talvez se torne agnóstico. A sala estava cheia de estudantes e acadêmicos de Oxford. No fim, reinava um silêncio total, como se fosse impossível interromper o encanto da história. Até agora, já vi o filme pelo menos cinco vezes. Por que essa história de alguns monges deixa tanta gente inteiramente fascinada?

Trata-se da história verdadeira de uma pequena comunidade de monges, instalada a uma hora ao sul de Argel. Os monges estavam profundamente integrados na vida dos camponeses muçulmanos locais, amando-os e sendo amados por eles. Nos anos 1990, começa a violência em que o país mergulharia, a violência dos terroristas e do exército. Os monges argelinos descobrem, pouco a pouco, quem eles hão de ser. O mais jovem explode e diz que não se tornou monge para morrer. Replica o prior: "Mas você já entregou a sua vida". Imediatamente antes do fim, ele diz a um monge que regressava de uma ausência: "Penso que cada um de nós descobriu para onde Jesus Cristo nos aponta e acena. É para nascermos. Nossa identidade como pessoas vai de um nascimento para o outro. E, de nascimento em nascimento, acabaremos por trazer ao mundo o filho de Deus que somos".

O paradoxo é que, quanto mais eles se conformam a Cristo, mais se tornam eles próprios, tal como Pedro, pouco a pouco, se solidificou na rocha, que é a sua identidade prometida e futura. Muitos receiam que ser um cristão comprometido seja transformar-se num santo de plástico, inautêntico, inumano, com um sorriso fixo e um bolso cheio de vulgaridades piedosas. Pelo contrário: é a longa e penosa gestação de quem, sozinho, você é chamado a ser. Quanto menos nos preocuparmos com quem somos, tanto mais nós próprios nos tornaremos.

Thomas Merton dizia aos noviços da Abadia de Nossa Senhora do Getsêmani: "Vocês vieram para se tornarem vocês mesmos, para descobrirem a sua plena identidade, serem você mesmos. Mas a contrapartida é que, decerto, a nossa plena identidade como monges e cristãos é Cristo. É Cristo em cada um de nós... Tenho de me tornar eu, de tal forma que eu seja o Cristo que só pode ser o Cristo em mim. Há um Cristo Louis [Louis era o seu nome de Batismo] que deve vir à existência e que ainda não amadureceu. É longo o caminho que ele tem de percorrer".[89]

Os antigos sábios judeus compreendiam isso muito bem: "Quando um homem faz muitas moedas a partir de um molde, elas são todas iguais, mas o Supremo Rei dos reis faz cada ser humano segundo a mesma imagem e, no entanto, são todos diferentes".[90]

São Paulo foi um dos indivíduos mais corajosos e perspicazes da Antiguidade, hipersensível e passional. Não havia ninguém como ele. Todavia, foi ele que escreveu: "Já não sou eu que vivo, mas é Cristo que vive em mim" (Gl 2,20).

Conformado a Cristo, ele é mais ele próprio do que nunca. O mesmo acontece com aqueles monges, cada um deles é Cristo, mas inteiramente diferente. Cada um torna-se a palavra única que os chamou à existência. E, assim, a aventura do Cristianismo inclui tornar-se si mesmo, através do esquecimento de si. Somos libertados das identidades estritas que construímos para nos defendermos dos outros e os mantermos a distância.

Gregory Boyle, sj, trabalha com membros de gangues, em Los Angeles. Criou uma organização sem fins lucrativos chamada Homeboy Industries, onde eles aprendem capacidades básicas, a fim de se prepararem para a vida fora dos bandos. Quando lhes perguntava de que é que mais precisavam, a resposta surpreendente era: a remoção das tatuagens.[91] Um indivíduo tinha tatuado um insulto na testa. Como era de se esperar, não conseguia trabalho. Eles eliminavam as tatuagens que representavam suas identidades anteriores – geralmente agressivas – que os ligavam a suas gangues. Para embarcar na aventura das suas vidas, são libertados do seu passado à medida que as tatuagens são apagadas da pele, revelando-lhes o rosto. Gerry W. Hugues, sj, ficou surpreendido, quando um estudante de medicina lhe disse: "Não creio que você saiba quem é". Refletiu nisso, durante a sua peregrinação a Roma, e concluiu: "Sou feliz por não saber quem sou":

> Deus é mistério. Nele vivemos, nos movemos e existimos. Somos feitos à imagem de Deus, e como não podemos definir claramente a Deus, também não conseguimos definir-nos explicitamente a nós próprios. Suplicava Santo Agostinho: *"Noverim te, noverim me"* [Que eu te conheça para que eu me conheça]. O autoconhecimento é um processo de infinda exploração. Como na criação tudo está essencialmente relacionado, um conhecimento claro e pleno de nós próprios só seria possível se conhecêssemos todas as coisas.[92]

Não se trata aqui de ter uma identidade vaga, mas de uma que é aberta, pronta a ser ampliada.

Numa época de crescente xenofobia e populismo, quando a luta pela identidade – nacional e étnica – é cada vez mais amarga e até violenta, o Cristianismo deveria oferecer a aventura da libertação de tudo o que mantém o outro a distância, abrindo-se a uma plenitude da identidade que se encontra sempre mais à frente. Ainda não sabemos plenamente quem somos. Não deveríamos preocupar-nos demasiado em prosperar e florescer. Ao criar os filhos, os pais descobrem quem eles são como pais. Vivo numa comunidade onde se formam jovens frades. Cada ano chegam novos confrades, e tenho de descobrir não só quem eles são, mas também, de novo, novamente, outra vez, quem eu sou com eles. Os caranguejos eremitas ficam indefesos, quando saem das suas conchas e buscam uma maior; assim também nós ficamos vulneráveis, ao deixarmos para trás autointerpretações que se tornaram demasiado restritas. Um mestre de noviços nas Filipinas tinha uma placa em sua porta: "Sou uma obra em andamento". Vivemos com identidades provisórias enquanto seguimos nossa jornada. Reflito, com embaraço divertido, sobre as atitudes do meu eu mais jovem, tentando novas identidades, até que comecei a não me preocupar demais com quem eu sou.

Toda relação profunda desdobra alguma dimensão da identidade individual, que até agora era desconhecida. No romance de Madeleine Thien sobre imigrantes chineses nos Estados Unidos, *Do Not Say We Have Nothing*, uma das personagens diz: "Nunca tente ser uma só coisa, um ser humano indiviso. Se tanta gente gosta de você, poderá, francamente, ser só uma coisa?".[93]

Existe uma lenda "acerca de uma bela conversa que uma boa mulher teve com o Mestre Eckhart": "Uma filha [de Deus] foi a um priorado dominicano e perguntou pelo Mestre Eckhart. O porteiro perguntou: 'A quem devo anunciar?'. Ela respondeu: 'Não sei'. Ele diz: 'Por que não sabe?'. Ela diz: 'Porque não sou nem donzela nem esposa, nem homem nem mulher, nem viúva nem virgem, nem senhora nem criada ou serva'".[94]

Depois de falar com ela, Eckhart disse: "Encontrei a pessoa mais pura que já conheci, ou assim ela me parece".

A coragem do tímido

Os discípulos são, pois, convidados a seguir Jesus e a empreender o caminho, sem saber aonde este os levará. Têm de deixar para trás suas antigas identidades e serão enviados aos confins da terra, onde morrerão. São convidados a participar na liberdade de Jesus e a ingressar no mistério do amor infinito que é Deus. Sem surpresa, pode surgir neles e em nós o receio de partir, ou de perder o entusiasmo após algum tempo. Quando Pedro ouve o chamamento para seguir Jesus, sua primeira reação, na narrativa de Lucas, é recusar: "Afasta-te de mim, Senhor, porque sou um pecador!" (Lc 5,8). Quando Jesus diz ao jovem rico que venda tudo o que tem e dê aos pobres, ele afasta-se com tristeza (Mc 10,17-27).

Muitos dos convertidos ao Cristianismo, assim como os muitos jovens que entram numa Ordem religiosa, iniciam com valentia a senda da santidade. Eu estava convencido de que nunca mais teria um pensamento impuro! A perfeição estava logo ali, ao virar a esquina. Eu seria tão puro quanto o meu hábito branco. Passado algum tempo, descobri que eu não estava assim tão diferente. Seria um longo trajeto, e é fácil sucumbir a sonhos menos heroicos. Disse-me um membro de outra Ordem religiosa: "Professamos apenas um voto, o voto do conforto". Muitos casamentos – suponho eu – iniciam-se com o sonho de um amor infinito, de deleite ilimitado no outro, de generosidade perfeita, mas por quanto tempo? Embarcar na aventura da transcendência, acolher o dom da liberdade e do amor de Jesus, exigem coragem e perseverança.

Aspiramos à liberdade de Jesus e receamo-la. Os israelitas foram libertados da escravidão no Egito e adentraram no deserto, mas começaram logo a ter saudade da comodidade da servidão: "Quem nos dará carne para comer? Estamos lembrados dos peixes que comíamos de graça no Egito, dos pepinos, melões, verduras, cebolas e alhos. Agora estamos definhando à míngua de tudo. Não vemos outra coisa senão maná" (Nm 11,4-6). A liberdade dá medo. Fiódor Dostoiévski narra a história do Grande Inquisidor, o qual afirma que "nada há nem nunca houve tão intolerável para o homem e para a sociedade! [...] hão-de depô-la a nossos pés, a essa liberdade, e dirão: 'Fazei de nós escravos, mas alimentai-nos'".[95]

Ao longo da sua história, a Igreja proclamou o apelo de Jesus à liberdade, mas também o receou: temeu os profetas e os inconformados, temeu os que fazem perguntas difíceis e agitam novas ideias. A Igreja suscitou a Teologia da Libertação e também se inquietou perante ela. Não surpreende, pois, que não tenhamos atraído e captado a imaginação dos nossos contemporâneos.

Será que a coragem do tímido mexe mais conosco? Quando os timoratos fazem coisas corajosas, comovemo-nos, porque eles são semelhantes a nós, como o padre alcoólatra no romance de Graham Green, *O poder e a glória*. A Igreja no México estava sendo perseguida. A maioria do clero fugira, tinha sido presa ou morta. Esse padre sem nome vivia de forma escandalosa. Tinha uma amante e um filho; era alcoólatra. Quando jovem sacerdote, fora arrogante e clerical. Agora, era caçado como um animal, consciente das suas muitas falhas, mas continuava a exercer seu ministério no meio do povo. É capturado, encarcerado e, na noite antes de ser fuzilado, está com muito medo: "Só o *brandy*, que acabara por volta de duas da manhã, lhe deu algum sono. Estava assustado, com dores de estômago, e a sua boca estava seca por causa da bebida. Começou a falar alto consigo mesmo, porque já não conseguia suportar o silêncio. Lamentava-se miseravelmente: 'Está tudo muito bem... para os santos', e depois: 'Como é que ele [o tenente] sabe que isso [a morte do padre] dura apenas um segundo? Quanto tempo demora um segundo?'. Depois, começou a chorar, batendo suavemente com a cabeça na parede".[96]

Na manhã seguinte foi levado para a execução: "Sentia apenas um enorme desapontamento, porque iria para Deus com as mãos vazias, sem nada ter feito. Naquele momento, afigurou-se-lhe que teria sido muito fácil ter sido um santo. Teria bastado apenas um pouco de autodomínio e um pouco de coragem. Sentia-se como alguém que, por segundos, deixou de encontrar a felicidade num lugar combinado. Sabia agora que, no fim das contas, só uma coisa valia a pena – ser santo".[97]

Esse homem amedrontado, sem saber, aponta para Deus de um modo que uma pessoa naturalmente corajosa não conseguiria; daí o título do livro, extraído do final do Pai-Nosso em alguns manuscritos antigos: "Porque *vosso* é o Reino, o poder e a glória".

Testemunhas assim tão frágeis são mais provocadoras do que heróis inequívocos, e desse modo os santos são, por vezes, expurgados das suas faltas e dos seus combates, transformados em imagens de gesso, em vez de surgirem como seres humanos fracos que respondem timidamente, mas com bravura, ao Senhor. É o que acontece sem demora ao nosso padre alcoólatra. Um garoto ouve a sua mãe contar-lhe acerca dos mártires:

"E o que hoje foi fuzilado", diz o rapaz, "também foi um herói?".
"Sim."
"Aquele que sempre esteve conosco?"
"Sim. Foi um dos mártires da Igreja."
"Tinha um cheiro esquisito" [uísque!], disse uma das meninas.
"Nunca mais diga isso", disse a mãe. "Ele pode ser um dos santos."[98]

A hagiografia pode sugar totalmente a vida de um santo. Quando alguém louvou Dorothy Day (a ativista da paz e fundadora do Movimento Operário Católico) e seus colaboradores, ela respondeu com palavras bastante conhecidas: "Não nos chamem de santos. Não queremos ser dispensados assim tão facilmente!".[99]

A verdadeira coragem não é não ter medo; é não ser prisioneiro dos seus temores. Como John Wayne, estrela de centenas de filmes de caubói, se expressou à sua maneira familiar e simples: "Coragem é estar morto de medo, mas ainda assim selar o cavalo". Um dos meus confrades, um canadense chamado Yvon Pomerleau, vivia em Ruanda, trabalhando em projetos de desenvolvimento. Quando o país mergulhou no caos e na violência, ele estava fora, em visita a um campo de refugiados, na República Democrática do Congo. Soube que o exército andava atrás dele e, no entanto, regressou a Kigali, a capital de Ruanda. Uma noite, soldados entraram no priorado em busca dele. Os confrades, que eram hutus e tutsis (os grupos étnicos hostis entre si, que constituíam a maior parte da população de Ruanda), foram obrigados a deitar-se no chão e, com uma arma apontada para suas cabeças, perguntaram-lhes se sabiam onde estava o monge canadense. Nenhum deles o traiu. Ele permaneceu deitado no chão, nervoso e com receio de ser atraiçoado, não por um dos confrades, mas porque estava tremendo de medo. Eis a coragem que aponta para Deus.

No filme *Homens e deuses*, os monges têm de decidir se irão ficar ou partir. Um deles diz aos seus vizinhos muçulmanos: "Somos como aves num ramo, aves que não sabem se hão de fugir ou permanecer no ramo". Os camponeses replicam: "*Nós* somos as aves; vocês, o ramo. Se partirem, não teremos onde pousar". Os monges decidem ficar, sabendo que isso, provavelmente, lhes custaria a vida.

Aqui, como tantas vezes acontece, a aventura mais exigente é permanecer e não fugir. Quando tantos debandaram do Iraque, quase sempre por boas razões, admiro os meus confrades e irmãs que ali permaneceram. Esse é um sinal da sua confiança no Senhor, que promete: "Eu estarei sempre convosco até o fim dos tempos" (Mt 28,20). O ato mais corajoso talvez seja permanecer numa relação que é vacilante, continuar fiel a um amigo que caiu em desgraça ou prosseguir num trabalho que não dá grande lucro, mas que serve a comunidade. Talvez precisemos até de coragem para persistir na Igreja, quando, com as suas falhas e traições, ela se tornou uma fonte de vergonha e escândalo. Permanecer firme pode ser a coisa mais corajosa. O Padre do Deserto, o Abade Moisés, disse estas palavras famosas: "Permanece na sua cela, e a sua cela lhe ensinará todas as coisas".[100]

Quando Christian, o abade da comunidade, representado no filme *Homens e deuses*, convoca uma reunião da comunidade, ele está convencido de que a comunidade deve ficar, mas os outros estão receosos. Um dos monges protesta dizendo que eles não o elegeram para decidir as coisas sozinho. Outro clama: "Que acontecerá, se eles vierem ao mosteiro? Vamos deixar que nos matem, calmamente?". Replica o abade: "É um risco, sim. Mas fomos chamados a viver aqui neste país, com estas pessoas que também têm medo. Vamos viver com este destino desconhecido, sim". Christophe, o monge mais jovem, protesta: "Mas eu não vim para cá para participar de um suicídio coletivo". Podemos identificar-nos com esses monges, porque eles professam uma fé e têm medo de vivê-la. Consentiram em seguir o seu Senhor, que os chama a enfrentar a morte, mas, quando chega a tribulação, eles recuam, como também poderia acontecer conosco. Impressionou-me mais o assentimento gradual dos monges temerosos do que a coragem segura do prior. Eu não era como ele, mas poderia assemelhar-me ao demais. É uma aventura heroica para pessoas normais, que cambaleiam e tropeçam ou, se for necessário, aguentam em pé. Foram beatificados em 8 de dezembro de 2018, em Orã, na Argélia.

Evolução

Uma palavra final: o Cristianismo perdeu a sua força na imaginação popular quando deixou de ser o drama cósmico de Deus e da humanidade, que se estende da Criação até o Reino. A fé de muitos reduziu-se à história do indivíduo e à esperança de uma simples felicidade mortal. Perdemos o enredo. A história cósmica passou a ser contada em termos científicos, do Big Bang a um fim gélido e mortal. Se o Cristianismo tentar captar a imaginação da nossa sociedade com uma narrativa cósmica da relação amorosa de Deus com a humanidade, como é que isso irá interagir com a narrativa científica, que quase todos os cristãos aceitam?

Paradoxalmente, nossa cultura contemporânea tem, ao mesmo tempo, um sentido reduzido de tempo – a *Now Generation* [Geração do Agora] – e uma narrativa que se estende para a frente e para trás em milhares de milhões de anos. Não poderia a ciência ajudar a imaginação cristã a abrir-se, mais uma vez, à *longue durée*?

> *Quando contemplo os céus, obra das tuas mãos,*
> *a lua e as estrelas que tu criaste:*
> *que é o homem para te lembrares dele,*
> *o filho do homem para com ele te preocupares?*
> *(Sl 8,4-5).*

Vivemos para o "agora", com uma capacidade de atenção praticamente igual à de um peixinho dourado, mas habitamos numa história vastíssima que remonta a treze milhões de anos. O sangue vermelho nas nossas veias contém ferro nascido nas estrelas. Escreveu o teólogo e cientista de Oxford, Arthur Peacocke: "Cada átomo de ferro no nosso sangue não existiria, se não tivesse sido produzido numa explosão galáctica, há milhares de milhões de anos, e se, por fim, não se tivesse condensado formando o ferro na crosta da terra, da qual emergimos".[101] A real substância dos nossos corpos é inimaginavelmente antiga.

Não poderia o Cristianismo, por seu turno, alargar a imaginação científica, afirmando que a emergência dinâmica da vida complexa e da consciência, que a teoria evolucionista urde, não acaba num universo esgotado, mas encontra uma realização para lá do alcance da ciência? Se, como pensava a personagem no romance de Boyd, somos apenas "um certo tipo de macaco num pequeno planeta, orbitando uma estrela insignificante, num sistema solar que é parte de um universo em expansão incompreensivelmente vasto", alguma coisa terá sentido? Será a vida, como afirma Macbeth, somente uma história "contada por um idiota, cheia de som e fúria, sem sentido algum"?[102]

A evolução ajuda-nos a compreender melhor o dinamismo de estar vivo numa história que se estende por milhares de milhões de anos. Por isso, a teóloga católica Elizabeth Johnson argumenta, no seu livro *Ask the Beasts* [Pergunte às feras], que os cristãos não deveriam recear as teorias da evolução. Darwin ajuda-nos a compreender a energia inerente à evolução do nosso planeta, com a sua assombrosa capacidade de novas formas de vida. Nós, cristãos, podemos abraçar a evolução e situá-la numa narrativa maior com a qual não compete nem subverte, mas sim confere um significado mais profundo do que ela consegue articular por si mesma. Toda essa vibrante criatividade se encaminha para algures, para uma fruição que supera todas as nossas palavras. Tal como os discípulos partiram em seguimento a Jesus, a criação inteira está a caminho de algo maior do que aquilo que conseguimos expressar.

Sempre que recitamos o Credo, professamos a nossa fé no Espírito Santo, "o Senhor que dá a vida". Escreve Johnson: "A palavra latina traduzida como aquele que dá a vida, *vivificantem*, ilumina o dinamismo almejado. O Espírito é o vivificador, aquele que apronta, anima, agita, estimula e dá vida, mesmo agora, ao engendrar a vida do mundo que há de vir".[103] E "a atividade criadora de Deus traz à existência um universo provido da capacidade inata para evoluir mediante a operação dos seus próprios poderes naturais, fazendo dele um parceiro livre na sua própria criação".[104] A história do cosmo não é simplesmente uma série de mutações casuais, mas a aventura da vida emergente, que transcende as limitações e alcança um florescimento mais rico. "O verdadeiro devir implica que a natureza supere a si mesma, atinja uma maior plenitude de ser, alcance um crescimento interior de ser próprio de si... e o faça não para acrescentar algo a si, mas a partir de seu interior. Deus fez o mundo assim, conferindo às criaturas uma capacidade extraordinária de se tornarem algo mais."[105]

A narrativa cristã aprofunda, pois, a nossa compreensão da pujante capacidade da criação para a novidade e a transcendência da limitação. São Paulo alude a isso na sua Carta aos Romanos: "Sabemos que toda a criação geme e agoniza até o momento presente, e não somente ela, mas também nós, que temos as primícias do Espírito, gememos interiormente aguardando ansiosamente a adoção filial, a libertação de nosso corpo" (Rm 8,22-23).

A ciência ajuda-nos a compreender o "como", a assombrosa capacidade da natureza de se renovar, de fazer evoluir o olho e o ouvido, a emaranhada interdependência de tudo, e o Cristianismo fornece um vislumbre do "porquê", o propósito de tudo. Isso totalmente compatível com a compreensão que Tomás de Aquino tinha do modo como a graça providencial de Deus atua na nossa natureza: "A graça não destrói a natureza, mas a aperfeiçoa".[106] A graça atua, não com uma causalidade mecanicista e extrínseca, mas na revelação, a partir do íntimo, de uma vida sempre mais inesperada. "Vou realizar algo de novo" (Is 43,19). Minha aventura é uma pequena participação na aventura da criação.

Em suma, os discípulos na praia da Galileia recebem o apelo para uma grande e perigosa aventura. É um convite para participarem na história amorosa entre Deus e a humanidade. No fim das contas, creio que em cada coração humano espreita o desejo de um amor que é infinito e até divino. Se formos ousados, fiéis a esse apelo radical e resistirmos à tentação de "mercadejar" um Cristianismo temeroso e seguro, talvez toquemos a imaginação dos nossos contemporâneos seculares que, como nós, estão sedentos de vida.

Essa aventura arriscada da fé pede-nos, às vezes, que embarquemos em novas aventuras e, outras, a coragem de permanecermos, como os monges na Argélia. A sabedoria reside em saber distinguir. Faz com que ultrapassemos o que é familiar, além de qualquer pequena identidade herdada ou construída. Quem somos ainda será revelado. Ao acompanharmos os discípulos na sua caminhada com Jesus, ficaremos sabendo melhor o que significa estar vivos: vivos no plano imaginativo, emocional, mental e espiritual. Não tentarei explorar todos os modos em que a fé nos convoca a viver plenamente, porque semelhante livro nunca ficaria completo. A primeira coisa que os discípulos descobriram sobre Jesus foi que ele era alguém bem comum naquela sociedade, alguém que cura os doentes.

4.
Um Deus para as nossas dores e penas

Os discípulos partiram, pois, com Jesus, mas inicialmente não se viam envolvidos num grande drama. Os primeiros dias do seu chamamento são relativamente comuns. Acompanham-no, enquanto ele cura os enfermos e expulsa os demônios. Os curandeiros e os exorcistas eram figuras familiares na Palestina do século I. Aquele que os cristãos hão de confessar como "Deus verdadeiro de Deus verdadeiro" não reúne um exército nem proclama uma reforma política. Em vez disso, vagueia pelas redondezas, prestando assistência a pessoas doentes. Começa a pregar (Mc 1,38), mas as pessoas anseiam pela cura, e é isso o que ele faz. Cura a sogra de Simão, para que ela possa preparar a sua refeição.

Ao encontrar os enfermos, suas primeiras palavras, habitualmente, são: "Que queres?". Interroga o leproso: "Queres ficar são?" (Jo 5,6); e, quando o cego Bartimeu abre caminho através da multidão para chamar a atenção de Jesus, este pergunta-lhe: "Que queres que te faça?" (Mc 10,50). Jesus não cura as pessoas para fazer delas seus discípulos. Normalmente, após a cura, ordena-lhes que voltem para casa. Ele as cura porque lhe pedem o seu restabelecimento, a fim de poderem prosseguir com a sua vida normal. A cura não faz parte de um recrutamento para a sua nova comunidade.

Não será isso um pouco decepcionante? No capítulo anterior, afiancei que o discipulado cristão consistia em embarcar na aventura da transcendência, na jornada para o amor infinito que é Deus. Então, por que tudo começa assim de forma tão prosaica: um homem curando as pessoas de seus males e doenças? Mas, para a imaginação cristã, o infinito sempre se aproxima de nós no finito. Deus fez-se carne num indivíduo particular, um judeu de um lugarejo sem importância. Convém que aquele que oferece a plenitude da vida surja em cena, primeiro, de forma modesta, ofertando ajuda para aquilo que mais incomoda as pessoas, as dores e as penas que habitam a vida comum.

William Lynch recorre à imagem do peixe para explicar por que a imaginação cristã se baseia no finito: "Ele deve respirar o seu ar (o infinito) em plena água (o finito); se perseguisse a sua meta de modo mais direto, o processo de abandonar a água para obter o ar terminaria em agonia e morte".[107] Então, Deus começa entrando em cena na ponta dos pés, atendendo às necessidades comuns. Nossa imaginação eleva-se aos céus ao ser trazida para a terra.

> *Ver um mundo num grão de areia*
> *E um céu numa flor do campo*
> *Segurar o infinito na palma da sua mão*
> *E a eternidade numa hora.*[108]

O historiador de arte americano, Thomas Mathew, afirma que uma das razões para a conversão do Império Romano ao Cristianismo foi porque a arte cristã deu-nos um vislumbre surpreendente de um Deus que realmente se aproximou de nós nos nossos sofrimentos: "Essas imagens nas catacumbas, esses mosaicos deslumbrantes impressionavam porque mostram como Deus se aproximou. Mostrou-se como um deus do 'homem comum', um deus 'das genuínas bases populares'... um deus providente, preocupado com a nossa perda da visão, a artrite ou o mal-estar dos problemas menstruais... De repente, Deus foi *visto* caminhando no meio do seu povo, tocando, acariciando, confortando, pressionando sobre eles as suas mãos quentes e vivificantes... Era um poder radicalmente novo e a concorrência nada tinha de comparável".[109]

Ao pregar sobre o texto "Até os cabelos da vossa cabeça estão todos contados" (Mt 10,30), um dos meus confrades descreveu a retirada de piolhos do couro cabeludo dos meninos de rua em Glasgow, fio por fio. Deus contando os cabelos das nossas cabeças – uma tarefa cada vez mais fácil no meu caso – é uma imagem, não de uma inútil onisciência divina, mas da infinita ternura e paciência da sua solicitude. Nada é demasiado pequeno para sua atenção.

Nas orações de petição, durante a Eucaristia, podemos ter a impressão de estarmos implorando a ajuda de uma divindade remota, decerto preocupada com coisas muito mais importantes como desastres naturais e guerras violentas. Por que incomodar Deus com as nossas pequenas preocupações? Mas, nos Evangelhos, ele quer ouvir o que se passa na nossa mente: "Que posso fazer por você?". Na canção *What if God Was One of Us* [E se Deus fosse um de nós], Joan Osborne deseja que Deus seja gentil e comum:

> *E se Deus fosse um de nós?*
> *Simplesmente um desleixado como um de nós*
> *Apenas um estranho no ônibus*
> *Tentando regressar a casa.*

Mas existiu sempre uma ambiguidade a propósito de ter um Deus comum e familiar. Os deuses não deveriam ser figuras remotas, grandiosas e distantes? No século XVII, as pessoas ficaram chocadas com a *Madonna di Loreto* de Caravaggio porque os camponeses que adoram Jesus nos braços de sua mãe têm pés sujos e roupas velhas e rasgadas.[110] Quando Max Ernst exibiu a sua pintura de Maria, dando palmadas no menino Jesus, a indignação pública foi tão explosiva que a pintura ficou escondida durante anos. Não porque as pessoas considerassem a palmada uma escandalosa forma de punição – era uma forma de disciplina aceita na época –, mas sim por ver Deus retratado como uma criança comum, como um de nós. É mais fácil viver com um Deus que se mantém à distância e não respirando em nosso cangote. A intimidade com Deus é perturbadora demais. Como Pedro, podemos ser tentados a dizer: "Afasta-te de mim..." (Lc 5,8). Volta para o céu e deixa-me em paz. Jó lamenta-se: "Ele não me deixará tomar fôlego" (Jó 9,18).

Os cristãos ansiaram por desfrutar da proximidade de Deus. Os franciscanos no século XIII popularizaram o presépio, uma devoção que aproximou Deus dos que eram pobres ou sem-teto. Margaret Kempe teve visões em que ela preparou para Maria "um bom mingau de aveia e vinho com especiarias" para confortá-la depois da crucifixão de seu Filho.[111] Mas, às vezes, empurramos Deus de volta para o céu. Como os discípulos logo descobrem, quem deixa Deus se aproximar demais, logo começa a ser perturbado e enredado em aventuras temerárias.

Solicitude do Cristianismo pelos enfermos

Ser discípulo incluía, em primeiro lugar, cuidar dos enfermos. Como poderemos pregar a oferta da vida divina de Deus, se não nos preocuparmos com a vida humana comum? O evangelista Lucas talvez tenha sido médico (Cl 4,14), e seu Evangelho está cheio de curas. Depois de Pentecostes, a missão da Igreja também é iniciada com uma cura, a do homem coxo de nascença (At 3,1-10). Os cristãos na Roma pagã surpreenderam seus contemporâneos com a coragem dos mártires e por cuidarem dos doentes que não eram cristãos.

Durante a terrível praga de 260 d.C., quando um terço da população morreu, Dionísio, bispo de Alexandria, descreveu na sua carta de Páscoa a impressão que essa atitude causou na população: "Em todo caso, a maioria de nossos irmãos, por excesso de seu amor e de seu afeto fraterno, esquecendo-se de si mesmos e unidos uns com os outros, visitavam os enfermos sem precaução, serviam-nos com abundância, cuidavam-nos em Cristo e até morriam contentíssimos com eles, contagiados pelo mal dos outros, atraindo sobre si a enfermidade do próximo e assumindo voluntariamente suas dores. E muitos que curaram e fortaleceram outros, morreram, transferindo para si mesmos a morte daqueles e convertendo então em realidade o dito popular, que sempre parecia ser de mera cortesia: 'Despedindo-se deles humildes servidores'. Em todo caso, os melhores de nossos irmãos partiram da vida desde modo, presbíteros – alguns –, diáconos e laicos, todos muito louvados, já que este tipo de morte, pela grande piedade e fé robusta que envolve, em nada parece ser inferior mesmo ao martírio".[112]

Dionísio comprazia-se em comparar isso com a forma como os pagãos se comportavam: "até afastavam os que começavam a adoecer e repeliam até aos mais queridos, e lançavam os moribundos para as ruas e cadáveres insepultos ao lixo, tentando evitar o contágio e a companhia da morte, tarefa nada fácil até para os que usavam mais engenho em esquivá-la".[113]

Os hospitais foram uma invenção cristã, erigidos por São Sansão, em Constantinopla, e, por São Basílio, bispo de Cesareia. A palavra deriva do latim *hospes*, que tanto pode significar hóspede como hospedeiro. Os doentes eram hóspedes, mas também anfitriões, como representantes de Cristo. Diz a *Regra de São Bento*: "Antes de tudo e acima de tudo deve tratar-se dos enfermos de modo que se lhes sirva como verdadeiramente ao Cristo, pois ele disse: 'Fui enfermo e visitastes-me'".[114] Durante toda a história da Igreja, esse cuidado veio "antes de todas as coisas e acima de tudo". Escolher a vida significa sobretudo cuidar daqueles cujos corpos e mentes precisam de cura. Quando Florence Nightingale fundou a enfermagem moderna, foi inspirada pelas freiras e irmãs católicas que trabalhavam com os pobres nas novas cidades industriais. Ela perguntou a um médico americano que estava de visita: "Acha que é inconveniente e descabido para uma jovem inglesa dedicar-se a obras de caridade em hospitais e em outros lugares, como fazem as irmãs católicas? Acha que seria uma coisa terrível?". Quando foi para a Crimeia em 1854, levou, com o apoio do Cardeal Manning, 38 enfermeiras que tinha treinado, incluindo 15 irmãs católicas.[115]

Hoje, as igrejas cristãs contribuem mais para os cuidados de saúde do que quaisquer outras organizações, sobretudo no mundo em desenvolvimento. Calcula-se que, globalmente, a Igreja Católica administre 26% de todas as unidades de saúde,[116] incluindo 5.500 hospitais. Eles não existem para ganhar convertidos. Tal como acontecia com Jesus, as pessoas são tratadas apenas porque estão doentes. Um funcionário da Catholic Relief Services of America disse: "Somos chamados a ajudar os outros, não por eles acreditarem ou porque um dia podem vir a acreditar, mas porque *nós* acreditamos".[117]

Visitei recentemente o mosteiro nas montanhas do Atlas, ao sul de Argel, onde viveram os monges retratados no filme *Homens e deuses*. Ele tornou-se um lugar de peregrinação para cristãos e muçulmanos. O monge mais venerado é o velho Irmão Luc, o médico da aldeia muçulmana vizinha. Era a ele que todos recorriam em busca de cura. Até os terroristas lhe pediram tratamento e remédios para levarem. Ele recusou este último pedido, porque não queria que os aldeões ficassem privados de medicamentos. Mas ele cuidava de qualquer um que viesse, incluindo os terroristas. Os aldeões muçulmanos procuravam o Irmão Luc para a cura dos seus corpos e também das feridas das mentes. No filme, uma jovem partilha com Luc suas dúvidas a propósito do amor, e pergunta se ele alguma vez tinha se apaixonado. Ele responde que sim, várias vezes, mas depois "encontrei outro amor, ainda maior. E respondi a esse amor. E já faz algum tempo – mais de 60 anos". Os moradores ainda visitam o mosteiro, sobretudo em peregrinação ao seu túmulo.

A vocação de cuidar dos enfermos, independentemente das suas crenças ou do seu status, é talvez a contribuição do Cristianismo à nossa cultura contemporânea. Quando estive no hospital para ser operado de um câncer, surpreendi-me com o cuidado gentil e profissional que, na enfermaria, eu e todos os outros recebemos. Jovens e velhos, ricos e pobres, todos recebemos a mesma atenção segura, só pelo fato de sermos seres humanos, independentemente de nossa fé ou da falta dela, por parte dos médicos e dos enfermeiros.

Henry Marsh, um neurocirurgião, estava de regresso a casa, após um dia exaustivo na sala de cirurgia. Parou no supermercado para comprar o jantar, mas ficou preso numa longa fila de pessoas no caixa: "'E o que vocês fizeram, hoje?' Tive vontade de lhes perguntar, aborrecido pelo fato de um importante neurocirurgião como eu ter de ficar à espera, após um triunfante dia de trabalho. Mas, depois, refleti e vi como o valor do meu trabalho, enquanto médico, é medido apenas à luz do valor da vida dos outros, e isso incluía as pessoas à minha frente, na fila do caixa. Então, repreendi-me e resignei-me a esperar. Além disso, tive de admitir e reconhecer que, dentro em breve, serei velho e aposentado e, então, já não valerei grande coisa no mundo. Poderia já agora me acostumar a isso".[118]

Isolamento

Como nós, cristãos, que não somos médicos nem enfermeiras, podemos ainda dar testemunho dessa bela vocação, a qual, segundo São Bento, se situa antes e acima de tudo? Neste mundo de tratamentos altamente complexos, para os quais os profissionais precisam de anos de treino, e em que o cuidado é cercado por uma regulamentação igualmente complexa, que temos nós a oferecer? A cura dos doentes por Jesus oferece algumas pistas. Em primeiro lugar, devemos debelar a solidão, que aflige muitas pessoas doentes.

Estar enfermo na época de Jesus era bem mais terrível do que hoje. A não ser que a pessoa fosse muito rica, a doença rapidamente podia levá-la à miséria e ao isolamento. Os doentes viviam à margem e, na melhor das hipóteses, parcialmente visíveis. Pensemos em Lázaro, deitado junto do portão do homem rico, com cães lambendo as suas feridas (Lc 16,19-31). Escreve José Pagola: "Os doentes que Jesus conheceu sofriam das moléstias que são de esperar num país pobre e subdesenvolvido: havia cegos, paralíticos, surdos-mudos, pessoas com doenças dermatológicas, doentes mentais. Muitos eram incuráveis, abandonados ao seu destino, sem meios de ganhar a vida; mancavam ao longo da existência como mendigos, constantemente confrontados com a miséria e a fome. Jesus os via caídos à beira da estrada, à entrada das aldeias ou das sinagogas, rogando a piedade dos transeuntes".[119]

Ainda hoje, no mundo eufemisticamente rotulado de "em desenvolvimento", a doença e a marginalização estão profundamente ligadas. Para os doentes, a pobreza é, muitas vezes, inevitável e, para os pobres, a doença é, frequentemente, fatal. Em 2014, a esperança de vida em Mônaco era de 89,52 anos, enquanto no Chade era apenas de 49,81 anos. No romance de Katherine Boo, *Em busca de um final feliz*, que gira em torno dos catadores de lixo nas favelas de Mumbai, perto do moderno aeroporto internacional, as crianças revolvem os resíduos para ganhar a vida, mas Abdul sabe que o seu ganha-pão leva inexoravelmente à morte:

> Para impulsionar o seu sistema, ele viu que teria de se tornar um catador melhor. Isso implicava não se deter no óbvio: que a sua profissão pode destruir um corpo em muito pouco tempo. Arranhões derivados do mergulho em lixeiras aumentavam e infeccionavam. Onde a pele se rompia, entravam os vermes. O cabelo enchia-se de piolhos, a gangrena inchava os dedos, a panturrilha engrossava como troncos de árvores, e Abdul e os seus irmãos mais novos continuavam a fazer apostas sobre qual dos catadores seria o primeiro a morrer.[120]

No filme *Eu, Daniel Blake*, cujo enredo se situa em Newcastle, uma doença temporária empurra um sujeito decente para a pobreza e a humilhação e, por fim, para a morte.

A solidão dos enfermos, nos tempos de Jesus, era reforçada pela crença comum de que a doença era o resultado do pecado e, por isso, eles eram excluídos da vida normal e de oração: "Nem cego nem coxo entrarão no templo" (2Sm 5,8). Quando Jesus vê um homem cego de nascença, seus discípulos perguntam-lhe: "Rabi, quem foi que pecou para este homem ter nascido cego?" (Jo 9,1). Os doentes eram estigmatizados. Eis uma suposição que ainda assoma nas etimologias das palavras inglesas: "O termo inglês *health* [saúde] deriva, no fim das contas, de um antigo vocábulo sânscrito que significa *whole* [todo], e é semelhante a palavras como *holy* [santo] e *hale* [saudável]. Em contrapartida, *ill* [doente] vem de uma palavra nórdica, *illr*, que fundamentalmente significa 'mau', 'maligno' ou 'prejudicial'".[121]

Ninguém foi mais marginalizado no tempo de Jesus do que o leproso. Não se tratava necessariamente da lepra – hanseníase, na moderna acepção da palavra – mas de qualquer doença de pele que originasse furúnculos, erupções, descoloração e que rompesse a superfície corpórea que resguarda e preserva a vida. Os leprosos eram banidos para as margens da sociedade, sob os gritos de "impuro, impuro", caso se se aproximassem de alguém (Lv 13,45). Eram vistos como uma ameaça à pureza e à santidade do povo de Deus. Ainda hoje, quando a lepra é facilmente curada, eles são temidos e banidos.

Durante a minha visita à província dominicana da Nigéria, em 2000, fui conduzido por grande parte do país, desde Ibadan até Port Harcourt. A lepra grassava. Os doentes, incluindo milhares de crianças, usavam chapéus de palha diferentes. Os inúmeros buracos nas estradas secundárias implicavam que circulássemos lentamente, e o carro era rodeado por multidões de pessoas colocando o que restava de seus braços através das janelas e clamando por esmolas. Continuo assombrado pelos olhares das crianças. O rendimento de um mês da receita do petróleo poderia acabar com a lepra na Nigéria. Mas eram pessoas pobres, então, quem se importava? Os pequenos catadores, no romance de Katherine Boo, rapidamente aprendem que a vida deles não tem valor para ninguém. Uma criança tem uma revelação surpreendente, no momento em que quase cai de um telhado: "Mas o que percebeu no telhado, ao inclinar-se, ao pensar no que aconteceria se ele se curvasse demasiado, foi que a vida de um menino ainda poderia ser importante para ele".[122]

Mesmo para nós, que vivemos nos prósperos países ocidentais, a doença pode trazer consigo a solidão. Confina as pessoas em suas casas. A doença mental pode ser uma prisão. A dor pode dificultar o relacionamento com outras pessoas. A falta de confiança, de energia ou de força pode trancar alguém em si mesmo e no seu apartamento. E quem é que se importa? Virgínia Woolf escreve com humor sobre quão frequentemente as pessoas saudáveis têm pouca simpatia pelos doentes, os quais pensam que os seus sintomas são de enorme interesse para todos. Os sãos não têm tempo para isso. "Mas não podemos ter simpatia. O destino mais sábio diz não. Se os filhos dela, já esmagados pela tristeza, tivessem de carregar também esse fardo, acrescentando na imaginação outras dores às suas próprias, os edifícios deixariam de crescer, as estradas desapareceriam e tornar-se-iam trilhos cheios de grama; seria o fim da música e da pintura."[123]

Não há tempo para simpatia pelos doentes, escreve ela.

Clive James tem uma doença terminal, mas continua com uma surpreendente criatividade. "O fim está perto, mas não tão perto assim." Ele reconhece o desafio do isolamento, e tão surdo está que é difícil "acompanhar as conversas",

> Mas envio sinais tácitos com a minha face
> Que afirmam que não sucumbi à solidão
> E posso estar pronto para entrar em ação.[124]

Há 40 anos, fui operado de ambos os ouvidos. Durante algumas semanas, não consegui ouvir absolutamente nada. Receei que nunca mais pudesse ouvir. Trouxe para o hospital um despertador grande e barulhento. Ao longo do dia, ajustava-o, com a esperança de ouvir ainda que fosse só um som discreto; mas, durante algum tempo só havia silêncio. Apenas as vibrações sentidas pelos meus dedos me garantiam que ele estava tocando. Meus confrades vinham, todos os dias, de Oxford a Londres, e sentavam-se ao lado da minha cama. Era terrivelmente angustiante estar com eles, incapaz de me comunicar. Pelo menos quando não havia ninguém, minha surdez era menos desoladora. Sozinho não me sentia tão só.

Então, como é que nós, não sendo enfermeiros nem médicos, podemos viver o ministério terapêutico de Jesus? Rejeitando o isolamento dos doentes. Na cena do Juízo Final, em Mateus 25, quando o Filho do Homem separa as ovelhas das cabras, os bem-aventurados são os que visitaram os doentes e os prisioneiros. Talvez nada mais tivessem a oferecer, exceto a sua presença: "estava doente e me visitastes, no cárcere e viestes a mim".

São Martinho de Porres foi um dominicano do século XVII, irmão leigo, em Lima (Peru), nascido de um pai nobre espanhol e de uma mãe indígena. Tratava os doentes com ervas medicinais e, sobretudo, trazia-os para o priorado, irritando muito alguns dos seus confrades. O prior ordenou a Martinho que deixasse de encher o claustro de doentes.[125] Um dia, deparou-se com um leproso na cama de Martinho. "Desobedeceu-me!" Martinho replicou que a compaixão era mais importante do que a obediência – e ele ainda foi canonizado! Nossa presença junto dos doentes é um sinal de que, mesmo quando eles se sentem muito sós, Deus ainda está perto. Escreveu o Mestre Eckhart: "Se não consegue imaginar-se perto de Deus, deve ainda pensar nele junto de você".[126] "Acaso pode uma mulher esquecer-se do seu bebê, não ter carinho pelo fruto das suas entranhas? Ainda que ela se esquecesse dele, eu nunca te esqueceria. Eis que eu gravei a tua imagem na palma das minhas mãos" (Is 49,15-16).

Nos Evangelhos, os que buscam a cura muitas vezes recusam o isolamento que lhes é imposto. A mulher que tinha fluxo de sangue havia doze anos, ritualmente impura e, por isso, obrigada a manter-se a distância, abriu caminho por entre a multidão para tocar Jesus por detrás, como se receasse ser repelida (Mc 5,25); o cego Bartimeu não aceitou ser silenciado pelos discípulos, que tentavam calá-lo, e gritou: "Jesus, filho de Davi, tem misericórdia de mim!" (Mc 10,48). Deveríamos aliar-nos aos enfermos na recusa do silêncio e da marginalização.

Jean-Dominique Bauby era um jornalista francês, editor da *Elle*, até ser fulminado por um grave acidente vascular cerebral. No livro *O escafandro e a borboleta*, ele narra como, depois de ficar inconsciente durante sete semanas, acordou e descobriu que só conseguia comunicar-se com o olho esquerdo.[127] Com o seu fonoaudiólogo, inventou uma maneira de se comunicar. Foram necessárias duzentas mil piscadelas para escrever o livro, e cada palavra levava, em média, dois minutos. Ele morreu dois dias após a publicação do livro. Jamais me queixarei do esforço de escrever um livro!

O primeiro passo é, pois, estar presente junto dos que estão doentes, recusando isolamento e a marginalização deles. Diz a Carta de São Tiago: "Algum de vós está doente? Chame os presbíteros da Igreja, e que estes orem sobre ele, ungindo-o com óleo em nome do Senhor" (Tg 5,14). Reunimo-nos à volta do leito do enfermo, e o paciente está no centro. Talvez o doente aproxime a comunidade e nos ofereça os seus dons.

O toque de cura

Perante esses filhos de Deus, que eram evitados, Jesus faz algo de perigoso e até proibido. Toca neles. Adentra o fosso criado pela aversão e pelo medo, e coloca suas mãos sobre a pele deles. Eis o início do regresso deles para casa. Ele não os recruta nem exige que o sigam. Seu toque os restaura e os devolve às suas comunidades.

Os enfermeiros e médicos mais habilidosos sabem que o toque é o coração da sua vocação. Paul Kalanithi, o altamente treinado e bem-sucedido jovem neurocirurgião americano, que mencionei no primeiro capítulo, era graduado em literatura inglesa, filosofia e história, além da medicina. O mundo estava a seus pés. Aos trinta e poucos anos, descobriu que tinha um câncer terminal. O que poderia fazer com o resto da sua vida? Deveria tornar-se pai, enquanto podia, lecionar ou prosseguir com a cirurgia? "Eu não sabia. Mas, mesmo em dúvida, eu tinha aprendido alguma coisa, uma coisa que não se encontra em Hipócrates, em Maimônides ou em Osler: o dever do médico não é evitar a morte do paciente ou devolvê-lo à sua vida anterior, mas tomá-lo pelo braço e trabalhar até que ele consiga resistir, encarar e entender o sentido da própria existência."[128]

Abraham Verghese, professor de Medicina na Stanford University e romancista, insiste que o toque está no centro de toda cura.[129]

O toque do médico no paciente não é apenas diagnóstico. É um ritual que os une. Segundo ele, "é catártico para o médico e necessário ao paciente. Sua omissão pode ter consequências". O toque é uma aliança que sela o relacionamento. Há que bater no peito, ouvir o batimento cardíaco, examinar sob a pálpebra, sentir o abdome, centrar-se na pessoa. Verghese relata a sua visita a um moribundo, já nas últimas horas de vida, que ergueu os dedos esqueléticos e apontou para o seu peito, como se dissesse: "Examine-me, toque em mim. Destrua a solidão que ameaça engolir-me".

A atual prática médica corre o risco de perder essa intimidade curativa. Muitas vezes, hoje, a equipe discute o caso reunida diante da tela do computador e não à volta da cama do doente. Corremos o risco, afirma ele, de esquecermos o paciente de carne e osso e nos concentrarmos no *iPatient* – na imagem do paciente no monitor do computador. Uma mulher texana, com câncer de mama, procurou na internet o melhor centro para tratamento; marcou a consulta, mas voltou para casa, desapontada. Encontrou especialistas incomparáveis, "mas não tocaram nos meus seios". O cuidado atende o indivíduo singular, mortal, único, afetado pelo seu sofrimento e pelo toque. A imensidão do amor encarna no menor gesto de uma mão que toca a pele.

Depois da minha segunda operação de câncer, mal conseguia olhar-me no espelho. Uma das bochechas estava terrivelmente inchada, e o meu pescoço estava retalhado com uma cicatriz muito profunda, com 19 pontos que lembravam desenhos animados. Parecia um esquilo, de uma bochecha só, criado por Frankenstein num dia ruim. Uma jovem enfermeira, que havia acabado de chegar da Romênia, ungiu delicadamente o meu pescoço. Esse toque terapêutico foi adotado pela Igreja no sacramento da Unção dos Enfermos. Em Blackfriars, antes da operação, fui ungido com óleo: "Por esta santa unção e pela sua infinita misericórdia, o Senhor venha em teu auxílio com a graça do Espírito Santo". Os enfermeiros e os médicos também, a seu modo, são ministros dessa santa unção.

*Dá ao médico a honra que lhe é devida,
por causa do seu trabalho,
pois foi o Senhor que o criou.
Porque do Altíssimo provém a cura
e do rei recebe o pagamento
(Eclo 38,1-2).*

Bem, nem sempre se é tão bem pago pelo rei ou pelo governo, hoje! Mas cada um de nós pode ser ministro desse toque medicinal.

Os dons dos enfermos

Por fim, todos podemos estar abertos aos dons que os enfermos nos oferecem. Eles percebem coisas que escapam às pessoas saudáveis. Virginia Woolf observa que aqueles que estão bem não conseguem, muitas vezes, ver o céu, mas os doentes têm tempo para fazer isso. Os seus olhos estão abertos. Escreve Clive James: "Não há pássaros que pousem nas árvores, sem que eu os veja". Quando se interroga e pensa no que lhe foi dado, nos anos de declínio físico, responde:

*Apenas isto: consegue ver o cosmo flamejando
E sente a sua grandeza, mesmo contra a sua vontade,
Porque ele lhe lembra, só por existir,
Que é aqui que vivemos ou, então, em lugar nenhum.*[130]

Vemos aqui, de novo, a complementaridade dos dons. James convida-nos a viver aqui "ou, então, em lugar nenhum". Acho que ele recusa o que considera consolações ilusórias de uma vida após a morte. Como cristão, gostaria de lhe dizer: "Obrigado. Tem toda a razão! Devemos, de fato, viver aqui e agora, porque só assim é que concebo e acolho a vida eterna. A vida eterna começa agora, e recebemos esta dádiva vivendo neste tempo e neste lugar, dom presente de Deus".

Morei, muitos anos, com o irmão Vincent Cook, op, que era cego de nascença. Na sua juventude, conseguia dizer se as luzes estavam acesas ou apagadas, mas nunca viu um rosto humano. Foi um dos frades mais queridos de nossa província. Era um catalisador para a comunidade, reunindo-nos à sua volta. Era independente, no melhor sentido da palavra. Uma vez, foi a Liverpool, cidade que nunca antes havia visitado. Adorava contar como, ao sentir e seguir o caminho com a sua bengala branca, chegou a uma rua movimentada e perguntou a alguém se poderia atravessá-la em sua companhia; o assentimento foi imediato e de bom grado. Atravessaram a via pública, ao som de carros passando e buzinando. Ele agradeceu, então, a ajuda recebida do outro homem, que respondeu: "Não, você é que me ajudou. Eu sou cego!".

Vincent unia-nos em comunhão, porque ninguém pode viver com uma pessoa completamente cega sem pensar constantemente nela. Sempre que alguém empurrava uma porta, Vincent poderia estar do outro lado. Os vários tipos de leite tinham de estar corretamente arrumados na geladeira, para que ele pudesse encontrar o seu preferido. Não pensar em Vincent teria sido uma grave falta de caridade fraterna. Mais que isso, ele nos mostrou que não há nada de errado em precisar dos outros. Ele desafiou a tola suposição ocidental de que podemos ser autossuficientes. Precisamos uns dos outros, e Deus abençoa a nossa mútua dependência. Diz o Senhor a Santa Catarina de Sena: "Eu poderia muito bem ter assistido a cada um em todas as suas necessidades, espirituais e materiais. Mas quis tornar-vos dependentes uns dos outros, para que cada um de vós seja meu ministro, dispensando as graças e os dons que de mim recebestes".[131]

Quem é, então, Jesus, o curador?

Havia muitos curandeiros na Palestina, na época de Jesus. Por que, então, as pessoas ficavam maravilhadas com ele? Quando curou o paralítico, descido do telhado, "todos se maravilhavam e glorificavam a Deus, dizendo: 'Nunca vimos coisa assim!'" (Mc 2,12). Ele não recorre a rituais mágicos, não usa feitiços, amuletos ou palavras secretas. Profere apenas, com autoridade, uma palavra de cura. Ao curar o escravo do centurião (Lc 7,2-10), nada diz. "Jesus era contagiante com vida e saúde."[132] As curas de Jesus não são apenas o lidar de uma pessoa gentil com alguns problemas de saúde. Suas palavras tinham uma autoridade perturbadora. E por isso, quando chega o confronto final com a instituição religiosa, perguntam-lhe: "Com que autoridade fazes estas coisas?" Ou seja: "Quem te deu esta autoridade para que faças estas coisas?" (Mc 11,28). Seus discípulos vislumbram que ele é mais do que apenas outro curandeiro, mas vinculado a Deus, aquele que concede toda a vida. "Eu sou o Senhor que te cura" (Ex 15,26). "Eu é que dou a vida e dou a morte. Eu firo e curo" (Dt 32,39). Sua palavra de cura é a Palavra de Deus. Suas curas são o primeiro sinal da vinda do Reino de Deus. A cura promete a totalidade e a santidade. Um coxo que caminha é o primeiro sinal de que a plenitude da vida se aproxima.

É o que transparece de modo muito belo na cura do cego de nascença (Jo 9). Jesus diz aos discípulos que "este homem não nasceu cego porque alguém pecou, mas para que as obras de Deus se possam nele revelar" (Jo 9,3-4). A doença e a deficiência não eram somente problemas físicos que precisavam de solução. Eram um sinal de que o Reino ainda não chegara. A criação não atingira ainda o seu propósito. No Reino, já não haverá doença. No mundo futuro, "ninguém dirá: 'Estou doente'" (Is 33,24). Jesus, nesse caso, não diz uma palavra. Cospe no chão, faz lama com a saliva e unge com ela os olhos do homem. Não se trata de uma prática mágica. A palavra hebraica para "lama" é *adamah*, da qual provém o nome Adão. "Humano" vem de *humus*. Somos terrenos.

Jesus cura, de forma criativa, o Adão inacabado que é cada um de nós. Realiza esse ato no sábado, o dia em que Deus descansou após ter completado a criação. No mundo da Palestina do século I, o cego de nascença era um ser inacabado. Jesus completa agora o que seu Pai havia começado. Pesquisadores, ao descobrirem novos medicamentos ou novos tratamentos para as enfermidades, estão a serviço do Reino, fazendo ver o cego, restituindo a audição ao surdo e ajudando o coxo a caminhar. São colaboradores de Deus, instrumentos do Reino.

Jesus não dá apenas a visão, mas também uma voz. O homem chega a dizer: "Sou eu". No início da narrativa, os discípulos falam do cego, mas não falam com ele. Só Jesus o faz. Depois de curado, os vizinhos falam dele, mas nada lhe dizem, até que ele próprio se manifesta: "Sou eu mesmo". Em seguida, ele é levado aos fariseus, e novamente estes começam a falar dele, em vez de a ele se dirigirem. Os fariseus convocam os seus pais, mas estes recusam-se a falar por ele. Dizem: "Já tem idade para falar por si". E ele assim o faz, cada vez com mais força, culminando na sua confissão de fé: "Eu creio, Senhor".

João narra a história de alguém que encontra a própria voz, que deixa de ser um objeto de conversa e se torna um sujeito. É a *sua* história. As primeiras palavras que ele profere – "Sou eu mesmo" – são até mais significativas no texto grego: *Ego eimi* ("eu sou"), o nome divino revelado a Moisés, na sarça ardente. Ele torna-se alguém que consegue dizer "sou eu mesmo", por seu próprio direito. Iago, o inimigo perverso e destruidor do Otelo de Shakespeare, "a negação da bondade", ao destruir o seu inimigo, afirma orgulhosamente: "Eu *não* sou o que sou".[133]

Como filhos de Deus, participamos da sua dignidade e até dizemos com ele: "Sou eu". Não somos apenas os objetos das opiniões das outras pessoas, estatísticas nas análises do governo, sujeitos às manipulações das campanhas de publicidade. Tal como Daniel Blake, no espantoso filme com esse nome, podemos dizer: "Não sou um cliente, consumidor ou usuário dos serviços. Não sou um vagabundo, um mendigo ou um ladrão. Não sou meu número do Seguro Social, nem um pontinho numa tela. Pago as minhas obrigações, não sonego um centavo e tenho orgulho disto. Não me curvo a ninguém. Olho meus vizinhos nos olhos e ajudo-os se puder. Não aceito nem quero caridade. Meu nome é Daniel Blake. Sou um homem, não um cão. Portanto, exijo meus direitos. Exijo que me tratem com respeito".

Vi o filme, durante um voo para a Austrália, em maio, e chorei, para espanto e alarme da comissária de bordo!

Dizemos com a confiança dos filhos de Deus: "Sou eu!". Pela Europa afora, enquanto escrevo, os que protestam envergam coletes amarelos, nos quais se lê: "Olhe para mim! Sou eu". Na América Latina, a Igreja criou numerosas estações de rádio, para que a voz dos silenciados seja ouvida. A CAFOD [Catholic Agency for Overseas Development] – Cáritas da Inglaterra e do País de Gales –, registra o momento admirável em que uma camponesa dos Andes descobre a sua voz e fala na rádio: "Sim, era a sua voz saindo do aparelho mágico! Durante toda a sua vida, tinham-lhe dito para se calar; o pai, o professor, o marido, os padres e até os filhos. Como por aqui se diz: as mulheres devem ser vistas, mas não ouvidas. Durante anos, tinham-na convencido de que ela era apenas boa para trabalhar, na cozinha e na cama. Mas sempre em silêncio, obediente. Agora, a sua voz chegava através da rádio, e a sua amiga Hipólita, os seus vizinhos e toda a sua família a estavam ouvindo".[134]

A criação não é apenas o que Deus fez no princípio. É a obra de Jesus, e também a nossa obra. É a conclusão da instauração de um mundo justo, que Deus constrói. A criação não é propriamente um Big Bang, mas sim a nossa tarefa comum. Disse Jesus aos seus discípulos: "Em verdade, em verdade vos digo: quem crê em mim também fará as obras que eu realizo; e fará obras maiores do que estas, porque eu vou para o Pai" (Jo 14,12). O cuidado dos doentes, por obra de enfermeiras e médicos, ou de amigos e parentes, não é apenas um ato de compaixão. É um pequeno sinal da irrupção do Reino, no qual já não haverá feridas, dor, solidão, isolamento, nem desprezo.

5. COMBATES INICIAIS

"Ponho diante de vós a vida e a morte, a bênção e a maldição. Escolhe a vida" (Dt 30,19). A oferta que Jesus faz da vida abundante é um começo assaz modesto, aliviando as pessoas das suas moléstias, curando uma mulher que, durante anos, sofria perdas de sangue, abrindo os olhos ao cego e fazendo andar o paralítico. Eis os primeiros pequenos sinais do que está por vir, a vitória da Páscoa, a plenitude da vida pela qual anseiam todos os seres humanos.

A escolha da vida implica o combate contra tudo o que subverte a vida, tudo o que é destrutivo e suga a alegria de viver, tudo o que é mesquinho, opressivo e nega a vida. A campanha de Jesus contra todo esse niilismo começa, pois, de forma não muito dramática, expulsando o demônio ocasional. Ser um curador e um exorcista eram dois aspectos da mesma escolha, a favor da vida e contra tudo o que é letal. Mas essas curas e esses exorcismos são precisamente os conflitos iniciais no grande combate que chegará na Sexta-feira Santa e no Domingo de Páscoa, quando o Senhor da vida triunfa. Veremos o que isso significa na última parte deste livro, quando encararmos a vida ressuscitada. Agora nos ocuparemos apenas das contendas iniciais, antes das coisas agravarem-se.

É relativamente fácil entender as curas. As visitas ao médico e ao hospital fazem parte da vida cotidiana. Mas o que dizer dos exorcismos? A doença é uma limitação óbvia da nossa existência, mas, para a maioria de nós – religiosos ou não – que respiramos o ar secular da nossa sociedade, esses exorcismos podem ser constrangedores.

O Papa Francisco é amado por milhares de milhões, mas, quando fala do demônio, como muitas vezes acontece, alguns se sentem incomodados, como se um velho tio muito amado deixasse escapar a crença em fadas. Que sentido se pode ver nas lutas de Jesus contra os demônios? Serei breve, porque já em outro lugar escrevi, com extensão, acerca disso.[135]

O exorcismo não é algo comum e habitual na experiência cristã contemporânea. Está associado a filmes de terror, como *O exorcista*, pensados para provocar arrepios. Todavia, no Evangelho de Marcos, o primeiro ato de Jesus após ter chamado os discípulos é o de expulsar um demônio. Para muita gente, na Antiguidade tardia, Jesus foi, acima de tudo, um exorcista. O seu nome encontra-se em papiros mágicos desde o século I ao V. Era literalmente um nome com que se esconjurava. Como pode uma imaginação secular encontrar um caminho para esse mundo estranho? O que isso tem a ver com estar realmente vivo? Comecemos por apresentar o contexto da contenda de Jesus com o elemento demoníaco.

Uma era de ansiedade

Os demônios e os maus espíritos quase não são mencionados no Antigo Testamento. Espreitam no deserto e nas ruínas. Se alguém não frequentasse tais lugares, eles não seriam um problema relevante. Rondavam os arrabaldes da civilização e eram periféricos à imaginação religiosa. Mas, no tempo de Jesus, a preocupação com os demônios espalhava-se à volta do Mediterrâneo. Peter Brown afirma que eles eram invocados tão frequentemente como hoje o são os micróbios. Eram até responsabilizados pelas más recensões de um livro. Brown afirma que "o odor forte de uma luta invisível pairava sobre o mundo religioso e intelectual do homem da Antiguidade tardia. Pecar já não era simplesmente errar; era consentir em ser vencido por forças ocultas. Errar já não equivalia a enganar-se; era ser inconscientemente manipulado por algum poder maligno invisível".[136]

Os demônios estavam em toda parte. Um rabino afirmou que toda a área que produzisse meia medida de trigo era a morada para quatro medidas de demônios.

Sem pretender negar, por um momento, a realidade do elemento demoníaco, do qual tive experiência pessoal, essa intensa obsessão com os demônios estava associada a um sentido de impotência. Era, na famosa expressão de E. R. Dodds, "uma era de ansiedade".[137] As pessoas sentiam não estar já na posse e no controle das suas vidas. Isso se devia à ascensão do Império Romano, que significou que os centros de decisão se afastaram ainda mais dos tradicionais centros de poder. As populações, na sua maioria, sentiam-se como peões nas mãos dos poderosos. Não tinham voz.

No mundo de Jesus, a intensidade da preocupação pessoal com os demônios equivalia, mais ou menos, ao grau de impotência social. Os saduceus, a rica classe sacerdotal aristocrática, eram influentes, embora sob a vigilância romana. Não se preocupavam muito com os maus espíritos. No outro extremo do espectro, estavam os essênios, que se retiraram inteiramente da sociedade: viviam no deserto e nada tinham a dizer sobre os negócios do Estado. Como era de esperar, tinham um profundo interesse pelo elemento demoníaco e acreditavam que a história era um gigantesco combate entre os bons e os maus espíritos. Os fariseus situavam-se algures no meio.

Sem surpresas, no Judaísmo do tempo de Jesus, o elemento demoníaco estava ligado a um temor de forças invencíveis, de coisas incontroláveis, ao caos. Os demônios estavam, sobretudo, associados à desordem, à imundície, ao esterco. No Talmude, deparamo-nos com um demônio feminino especialmente nojento, chamado *Shibetta* ou *Shbita*, que agredia as crianças que não lavavam as mãos de manhã. Se alguém encontrasse pelo caminho o inominável, ao caminhar de noite, um bom estratagema seria dizer: "A cabra do açougue é mais gorda do que eu", e esperar que o demônio fosse em busca de uma presa mais suculenta. O meu quarto, habitualmente mal-arrumado e caótico, poderia ser visto como um lugar adequado para uma multidão de demônios.

Os exorcistas, na época de Jesus, viam-se enleados numa operação fundamentalmente defensiva. Repeliam os demônios, defendiam as muralhas e protegiam as comunidades. Por vezes, as fronteiras oscilavam um pouco, mas o mal não chegava a ser radicalmente desafiado.

Havia simplesmente que se viver com os demônios, como nós, hoje, com os vírus. Eles são "impuros". Tomavam-se todas as precauções necessárias, recitavam-se encantamentos, procedia-se à sua expulsão no banho e esperava-se a vinda do Reino de Deus, quando, por fim, eles seriam rechaçados para sempre. Como acontece com um novo vírus, era possível limitar e, durante algum tempo, ver-se livre de uma infestação do terrível *Igrath* e dos seus cento e oitenta mil anjos destruidores, mas havia mais de onde estes tinham vindo.

Jesus não era como esses exorcistas. Afugenta os demônios com uma palavra, enxotando-os como moscas. Na realidade, eles são os minions do Senhor das Moscas – o Belzebu. A seguir ao primeiro exorcismo, dizem as pessoas: "Que é isso? Eis um novo ensinamento, e feito com tal autoridade que até dá ordens aos espíritos malignos e eles obedecem-lhe!" (Mc 1,27). Ele nunca toca nos possessos, como faz com os doentes. Limita-se a dizer aos demônios para saírem. Quando liberta o homem possesso, no território dos gerasenos (Mc 5,1-13), diz apenas: "Sai desse homem, espírito maligno!". Como se dissesse: "Sai daí, coisa nojenta". Curiosamente, o nome do demônio é *Legião*, uma unidade do exército romano de ocupação. Jesus não organiza as defesas, desbarata o inimigo. Nele, o Reino já está presente: "Se eu expulso os demônios pela mão de Deus, então o Reino de Deus já chegou até vós" (Lc 11,20). Naturalmente, a batalha decisiva contra o mal ainda não aconteceu. Ele espera por Jesus na

Sexta-feira Santa, quando estiver suspenso na cruz. Esses encontros são antecipações do que está por vir. Aqui, Jesus ganha as batalhas, mas a guerra ainda não terminou.

Isso explica a estranha reação das autoridades religiosas diante de Jesus. Aquele que expulsa os demônios com a maior das facilidades é acusado de fazê-lo pelo poder do grande espírito maligno, Belzebu, o Senhor das Moscas que tende a rondar o excremento, a sujidade e a podridão (Lc 11,15). Aquele que derrota os demônios é acusado de ser demoníaco. Isso não é tão estranho como pode parecer. Os demônios eram considerados semeadores do caos, ameaçando a ordem das coisas. Mas Jesus é também, de outra maneira, uma ameaça para essa ordem estabelecida, desafiando as autoridades, enfraquecendo a interpretação farisaica da lei, virando tudo do avesso. A irrupção do Reino é, de fato, desorientadora e alarmante, e não surpreende, pois, que ele próprio seja olhado como demoníaco pelos seus adversários. Jesus perturba a ordem estabelecida. A irrupção criativa do Reino podia facilmente ser mal interpretada pelos que receavam o caos destruidor.

Uma nova era de ansiedade

As épocas de profunda mudança social suscitam uma intensa ansiedade, que se projetará nas populações temidas, em estranhos ou espíritos maus. No século XVI, os acusados de bruxaria carregavam a culpa. Na Idade Média, acreditava-se em bruxas, embora estas não desempenhassem um papel relevante na imaginação pública, tal como no antigo Israel se acreditava em demônios, mas sem haver grande preocupação com eles. Com a convulsão da Reforma protestante, as coisas começaram a mudar. A partir de 1560, intensificou-se a caça às bruxas. Curiosamente, onde a Inquisição era forte, como na Espanha e em Portugal, a perseguição às bruxas foi em geral menos intensa, porque os inquisidores exigiam provas, e estas, habitualmente, não existiam.[138]

Hoje, vivemos uma nova era de ansiedade. De acordo com o Instituto Nacional de Saúde Mental, os transtornos de ansiedade afetam agora 18% da população adulta dos Estados Unidos, ou seja, cerca de quarenta milhões de pessoas. Os ansiolíticos são um dos medicamentos mais prescritos nos Estados Unidos. O controle das nossas vidas está fugindo das nossas mãos. Há forças globais em ação que não conseguimos gerir. Os gigantes do Vale do Silício, com seus algoritmos misteriosos, moldam os nossos desejos e configuram as nossas vidas sem o nosso consentimento. Eric Schmidt, presidente executivo da Alphabet Inc., a empresa-mãe do Google, disse: "Não precisamos que você escreva. Sabemos onde você está. Sabemos onde você esteve. Podemos, mais ou menos, saber em que você está pensando".[139] Poderosas multinacionais transferem os seus negócios para onde o lucro é mais rápido e debandam assim que mão de obra mais barata fica disponível em outro lugar. Até os governos são relativamente impotentes para controlar os novos dominadores do mundo.

Sobretudo desde o 11 de Setembro, inclusive no Ocidente, as pessoas sentem-se ameaçadas pelo terrorismo. Os imigrantes que chegam às nossas praias provocam o aumento da xenofobia e do populismo. Existe um receio e um ódio crescentes ao estrangeiro. Como é habitual em tais períodos, o antissemitismo está levantando a sua cabeça repulsiva, e os judeus questionam se a Europa ainda é um lugar seguro para eles. O medo em relação ao Islã induz à violência contra muçulmanos pacíficos.

Em todo lugar há uma profunda desconfiança em relação a todo o poder político. Os políticos fazem promessas que são incapazes de cumprir. Se não fizessem essas promessas, nunca seriam eleitos. São obrigados pelos meios de comunicação a apresentarem-se como salvadores e, por isso, estão inevitavelmente condenados ao fracasso. Assistimos assim, em toda parte, à emergência de partidos antirregime, que expressam a ira e a indignação dos que se sentem marginalizados e são "deixados para trás". A eleição de Donald Trump nos

Estados Unidos, a presença do UKIP [Partido de Independência do Reino Unido] na Grã-Bretanha, o Movimento 5 Estrelas na Itália, o partido nacionalista Alternativ für Deutschland etc., atraem trabalhadores que, anteriormente, tinham votado na esquerda. O aumento do populismo exprime o desespero dos que se sentem esquecidos ou desprezados.

Nossa época não é, pois, diferente da de Jesus. As forças da morte e da violência parecem estar em ascensão. Em semelhante mundo febril, não surpreende que as alegações de possessão demoníaca estejam subindo e que os bispos enfrentem pedidos cada vez mais frequentes de exorcismos. A ansiedade, na maioria dos casos, encontra outras expressões. A obsessão com a saúde e a segurança, o desejo de que tudo seja medido, o receio do inesperado – tudo isso revela uma profunda insegurança. Isabella Tree mostra-se preocupada e afirma que a liberdade e a alegria da infância estão sendo minadas:

> As crianças de hoje, mesmo as que vivem no interior, estão sob vigilância quase constante, protegidas dos perigos da aventura e da independência. O fator medo entrou nas nossas vidas, embora não haja evidências que sugiram que o mundo esteja mais perigoso para as crianças hoje do que há cinquenta anos. Em 1971, 80% dos que tinham 8 e 9 anos iam para a escola sozinhos. Nos anos 1990, a taxa tinha descido para 9% e a percentagem é ainda mais baixa agora.[140]

Ela escreve acerca da "extinção da experiência". Temos de ser protegidos, afastar os perigos, higienizar a vida. Enquanto os contemporâneos de Jesus recorriam aos exorcistas, nós nomeamos administradores e gestores para afastarem a ameaça do caos. Não que os gestores sejam maus, mas tampouco o são os exorcistas!

Como poderemos, nesse contexto, escolher a vida e rejeitar a morte? Irei sugerir justamente três modos de podermos seguir Jesus e participarmos do combate contra as forças do mal. A exploração alargar-se-á à medida que o argumento do livro se desenrola. Devemos resistir ao impulso destruidor que espreita cada um de nós.

Podemos responder à banalidade do mal com atos irrelevantes de bondade. E podemos recusar juntar-nos à grande multidão que reclama vingança.

O impulso destrutivo

No livro *On Evil* [Sobre o Mal], Terry Eagleton analisa *Pincher Martin* e *O Senhor das Moscas* de William Golding; o horrível Pinkie, no romance *O condenado* de Graham Greene; o *Doutor Fausto* de Thomas Mann e alguns outros. A essência do mal, conclui ele, consiste em ser niilista. É a sede enfurecida de destruição. O mal "está ligado à destruição em vários sentidos. São unidos pelo fato de a destruição ser realmente o único modo de vencer o ato divino da criação. O mal preferiria, efetivamente, que nada existisse, porque não vislumbra o propósito das coisas criadas. Sente asco por elas, porque, como afirma Tomás de Aquino, ser é já uma espécie de bem. Quanto mais rica e abundante for a existência, tanto mais valor existe no mundo... O mal, porém, não vê assim as coisas. 'Tudo o que vem a ser / É digno só de perecer; / Seria, pois, melhor, nada vir a ser mais', como observa Mefistófeles, no *Fausto* de Goethe".[141]

Na vigília pascal, renunciamos às seduções e aos enganos do demônio; sua sedução intoxica-nos com a falsa euforia da destruição, e seu engano é fingir que não existe.

Um amigo meu, ao regressar do Norte da Nigéria, onde havia testemunhado os efeitos da violência infame do Boko Haram contra as comunidades cristãs locais, percebeu que tinha visto o demoníaco em ação. Esse impulso niilista de destruir e aniquilar encontra a sua forma mais pérfida, hoje, no culto da morte do Estado Islâmico. Crucificações, decapitações, homossexuais atirados dos telhados – tudo isso alimenta um desejo insaciável de extinguir a vida. Tendo passado algum tempo em Ruanda, durante o genocídio, no Burundi, no Congo e em Angola, durante as guerras civis, na Síria e no Iraque, não duvido da existência e da intervenção de forças maléficas contrárias a Deus.

É tentador injuriar os terroristas islâmicos como puro mal e manifestar um desejo furioso de eliminá-los da face da terra. Mas isso seria uma manifestação do mesmo niilismo que os domina, que também espreita a nossa cultura ocidental. O Estado Islâmico empreende uma campanha audiovisual inspirada pelos meios de comunicação de massa ocidentais: "O Estado Islâmigo utiliza os *memes* culturais do Ocidente – personagens, cenas e temas – contidos nos filmes de Hollywood, nos videogames e na música, por vezes, acenando para eles e, frequentemente, copiando-os de forma direta. O braço da propaganda do grupo utiliza o *Grand Theft Auto* (GTA), *Call of Duty* e *American Sniper* como exemplos a imitar. Ao apropriar-se da cultura ocidental, o Estado Islâmico consegue falar diretamente à audiência que ele mais deseja influenciar: jovens ocidentais sensíveis, marginais com uma tendência à violência".[142]

A violência do Estado Islâmico brada em voz alta uma sede de destruição que também existe em nós. Retido num hotel, perto do aeroporto de Boston, por causa de uma tempestade, mudei de canal em canal a televisão americana, com a minha mente estupidificada pelo infindo assassínio e violência.

Estado Islâmico, Boko Haram e Al Qaeda: os genocídios da nossa época podem parecer estar longe da maioria de nós, mas são manifestações extremas de um impulso destruidor que habita todo coração humano. Jean Vanier, o fundador das comunidades da Arca, nas quais convivem pessoas com e sem deficiência, é a pessoa mais gentil e pacífica que já encontrei, mas, com típica coragem e honestidade, encara a violência que pode envolver mesmo uma pessoa tão boa. Ele descreve a sua reação ao grito incessante de um jovem com deficiência intelectual chamado Lucien: "Cheguei a sentir a ira, a violência e até o ódio crescendo dentro de mim. Eu teria sido capaz de machucá-lo para que ficasse quieto... eu, que fui chamado a partilhar a minha vida com os fracos, tinha em mim a capacidade de ódio por uma pessoa fraca".¹⁴³

Sentado no meu escritório, ouvindo alguém tropeçando interminavelmente em um clichê após o outro, sinto a tentação de explodir com violência, mas sorrio contrafeito e anseio que a pessoa vá embora. Às vezes, eu mal consigo suprimir o desejo de gritar uma obscenidade. Em vez disso, dou um pontapé no armário depois da sua saída.

Jesus responde ao demoníaco com uma palavra apenas. Não precisa utilizar rituais e encantamentos. Eis como todos podemos começar a luta contra as forças do niilismo: proferindo palavras doadoras de vida que elevem e revigorem as pessoas. Oferecendo palavras que afaguem e deleitem. O demoníaco infecta a linguagem com desprezo. O movimento dos direitos civis nos Estados Unidos visou, em grande parte, à purificação da linguagem dos seus poderes de destruição.

Conta Martin Luther King Jr. que, na sua infância, ao viajar de carro com o pai, receberam de um policial branco a ordem de parar: "'Muito bem, garoto, estacione e mostre-me a sua carteira de motorista". Meu pai replicou, de imediato: 'Deixe-me esclarecer, desde já, que não está falando com um garoto. Se continuar a dirigir-se a mim como a um garoto, serei forçado a agir como se não ouvisse uma palavra do que está dizendo'".¹⁴⁴

O policial registrou a multa o mais depressa possível e fugiu!

Sempre que expressamos palavras de desprezo, conspiramos com o poder das trevas. Destruímos o mundo criado pela Palavra da vida. O Bispo Desmond Tutu, ao caminhar por uma calçada estreita na África do Sul, foi confrontado por um corpulento homem branco que vinha na direção contrária, o qual disse: "Não dou espaço para gorilas". Mas Tutu desviou-se, fez um gesto amplo e profundo e disse: "Mas eu dou". Irresistível! No capítulo 10, "A imaginação não violenta", irei explorar o modo como podemos libertar nosso coração da violência demoníaca e acolher a tranquilidade que o mundo não pode dar.

A banalidade do mal e a franqueza do bem

As más ações e palavras são, de certo modo, insignificantes. Atacamos às cegas. Difamar, ridicularizar e fofocar maliciosamente são ações fúteis e de todo infrutíferas. Como Hannah Arendt mostrou na sua análise do julgamento de Adolf Eichmann, o mal é banal e fastidioso.[145] Um dos modos de respondermos à banalidade insignificante do mal é com atos de bondade, que também podem parecer inúteis, mas realizados pelo bem em si. Escreve São Paulo: "Porque nós fomos feitos por ele, criados em Cristo Jesus, para vivermos na prática das boas obras que Deus de antemão preparou para nelas caminharmos" (Ef 2,10). O caminho para a frente, "o empurrão da vida", como chamou Martin Luther King, consiste em fazer os atos bons que nos são dados fazer, embora pareçam inúteis, pela simples razão de serem bons. Terry Eagleton afirma que "os atos mais florescentes são os realizados como se fossem os últimos, portanto, feitos não em vista das suas consequências, mas por si mesmos".[146]

Em Bagdá, as Irmãs da Caridade tratam de crianças com deficiência que foram abandonadas por suas famílias. Não consigo esquecer a face grave de Nora, nascida sem pernas ou braços, alimentando as crianças mais novas com uma colher em sua boca. Num outro dia, visitamos uma casa para mulheres idosas, cristãs, muçulmanas e yazidis, também abandonadas, sendo cuidadas por duas freiras católicas consagradas. Rimos e rezamos com elas. Dois lugares de amor tangível, no meio de uma zona de guerra. Que diferença fazem elas? Ao redor, a matança continua. Serão apenas como curativos para as feridas infligidas por nosso mundo violento? Conseguirão fazer alguma coisa? Eis as últimas palavras do romance *Middlemarch: um estudo da vida provinciana*, de George Eliot: "O crescimento do bem no mundo depende, em parte, de atos sem história; o fato de as coisas não estarem tão ruins para você e para mim como poderiam estar, deve-se em parte aos que viveram com fidelidade uma vida oculta e descansam em túmulos que não são visitados".

Há igualmente as boas ações que os muçulmanos fazem pelos cristãos. Pouco abaixo do mosteiro onde estive na Síria, em 2015, a meio caminho entre Damasco e Homs, situa-se a cidade de Qarah que, alguns anos antes, fora capturada pelo Estado Islâmico. Os ícones da nossa igreja foram desfigurados, os túmulos no cemitério cristão escavados e os corpos espalhados pela igreja, a fim de a conspurcar. Eis, mais uma vez, a imundice do demoníaco. Quando a cidade foi reconquistada, os cristãos não tinham lugar algum para celebrar o Natal, e o imã disse: "Venham e celebrem-no na mesquita".

Essas são boas ações feitas pelo bem em si, e não para servir como degraus ao Reino. Não são meios para um fim ou parte de um programa político. Não são o resultado de um cálculo utilitarista. A mais bela resposta aos atos absurdos de violência é, aparentemente, constituída por atos discretos e irrelevantes de amor. Confiamos que, de algum modo, de formas que não conseguimos imaginar nem sequer conhecer, esses atos darão fruto nas mãos do Senhor. Nós os fazemos porque devem ser feitos. O Senhor os fará frutificar como quiser. Ele é, como gostava de dizer São Oscar Romero, "o protagonista da história".

Thomas Merton escreveu a um amigo que estava desalentado porque a sua campanha de paz não produziu quaisquer resultados: "Não dependa da esperança de resultados. Quando estiver fazendo o tipo de trabalho com que se comprometeu... tem de lidar com o fato de o seu trabalho ser aparentemente inútil e até completamente infrutífero... À medida que se habituar a essa ideia, começará cada vez mais a concentrar-se, não nos resultados, mas no valor, na retidão, na verdade do trabalho em si".[147]

Se acreditamos que a vitória sobre o mal foi, no fim das contas, ganha por Jesus, cada ato de amor está do lado vencedor. Quer lutemos pela justiça ou contra os nossos próprios impulsos destruidores, a maré está do nosso lado. Mesmo que aparentemente não estivermos indo a lugar algum, a vitória futura irradia ainda a sua luz sobre o nosso mundo. No domingo da Pascoela, no domingo seguinte ao da

Páscoa de 1945, Dietrich Bonhoeffer estava finalizando a celebração de um serviço religioso simples, quando chegaram dois elementos fardados da Gestapo. Ele teve apenas tempo de escrever uma mensagem para o seu amigo George K. Allen Bell, bispo de Chichester, antes de o levarem para a morte. Ao ser transportado, disse a outro prisioneiro: "Isso é o fim, mas para mim é o começo. Com ele acredito no princípio da universal fraternidade cristã, que sobreleva todos os interesses nacionais. A nossa vitória é certa".

Foi expulso o acusador de nossos irmãos e irmãs

A nossa sociedade fervilha de acusações. H. G. Wells afirmou que "a indignação moral é a inveja com uma auréola". Os tabloides, em especial, estão sempre ansiosos por acusar. Cada pecado deve ser recordado, repetido, ampliado. O passado deve esquadrinhar-se nos seus malogros. As pessoas são definidas pelos seus pecados. Alguém que mente – e quem não o faz? – é para sempre "um mentiroso". Nada pode ser perdoado. Atiça-se a indignação. Disse Erich Fromm: "Talvez não exista um fenômeno que contenha tanto sentimento destruidor como a indignação moral".[148]

Pode o exorcista Jesus oferecer algo melhor do que o *Xanax* para a nossa época ansiosa e indignada? O Evangelho de João conta-nos o episódio da mulher apanhada em adultério (Jo 8,1-11), que é arrastada para a frente de Jesus por uma irada multidão e acusada do seu pecado. A multidão não está realmente interessada nela, porque a mulher é tão só um engodo para caçar Jesus. Não poderia ele, decerto, ignorar a lei e recusar-se a acusá-la? Mas, se o fizesse, onde estaria o perdão que ele oferece? Jesus, porém, mal parece aperceber-se. Curva-se na direção do chão e escreve, durante algum tempo, na areia. Em seguida, pronuncia estas palavras: "Quem de vós estiver sem pecado atire-lhe a primeira pedra!". "Ninguém te condenou? Também eu não te condeno. Vai e não tornes a pecar." Ele liberta os membros da turba linchadora da sua correria para a violência. O seu silêncio acalma-os. Chegaram como multidão e partem como indivíduos. "Ao ouvirem isto, foram saindo um a um, a começar pelos mais velhos." Porque os mais velhos, em primeiro lugar? G. K. Chesterton escreveu: "As crianças são inocentes e amam a justiça, ao passo que a maioria de nós é malvada e prefere o perdão".[149]

As eras de ansiedade engendram multidões que clamam por sangue. Quando os juízes do Supremo Tribunal da Grã-Bretanha, acerca do processo do Brexit, tomaram uma decisão que não agradou a imprensa popular, a manchete de um tabloide foi: "Inimigos do povo". Os juízes foram condenados sem julgamento ou o devido processo. A acusação é a principal arma do demoníaco. Aliás, é o que significa o nome "Satã", o acusador.

No livro *Undergoing God*, James Alison mostra como o culto se pode tornar satânico: "Você reúne pessoas e as coloca unidas em oração. Oferece-lhes música e marchas ritmadas. Consegue que elas vejam muitas pessoas uniformizadas, pessoas que já perderam sua individualidade e se tornam símbolos. Você lhes dá canções para entoar... Tudo isso serve para fazer as pessoas saírem de si; o normalmente contido torna-se apaixonado, vizinhos geralmente indiferentes passam a se ver sob uma nova luz de uma crescente *Bruderschaft* [irmandade]".[150]

Em seguida, incendiados por essa experiência extática, começam a ver os outros de modo distinto: "À noite, no caminho para casa, talvez sem se aperceberem, parte da magia do dia já se terá apagado. Olharão para o judeu no meio da rua sob uma luz diferente; aos seus olhos, ele terá perdido a sua personalidade, e tornou-se um representante daquela coisa que o *Führer* lhes sugeriu. Estarão muito perto de fazer vistas grossas e ignorar o seu desaparecimento, concordando que o velho sapateiro, o Sr. Silberstein, é de fato uma ameaça para a sociedade. À divinização de um [o *Führer*] corresponde a demonização do outro, a qual é a desumanização de todos eles".

Jesus carrega todas as acusações que os seres humanos fazem uns contra os outros. Sempre que estigmatizamos alguém como detestável, intolerável, lixo, Cristo transporta essa censura, porque "Cristo não procurou o que lhe agradava; ao contrário, como está escrito, 'os insultos daqueles que te insultavam caíram sobre mim'" (Rm 15,3, citando o Sl 69,9). Assim, numa época de populismo crescente, nossa fé deveria libertar-nos da sedução da multidão indignada, de esquerda ou de direita, e exigir que ninguém seja expulso ou demonizado, embora talvez tenhamos de discordar dela de forma enérgica. Acreditamos que em Jesus a vitória sobre o mal já foi ganha e, por isso, não há necessidade de entrarmos em pânico e procurarmos vítimas inocentes sobre as quais descarregar a censura.

Em Bagdá, alegrei-me com a recusa de muitos cristãos e muçulmanos em se "demonizarem" uns aos outros. Apesar da violência, perduraram amizades que eram uma espécie de exorcismo do fatalismo demoníaco. Num restaurante muçulmano em Bagdá, que oferecia "frango recheado com arroz", "cordeiro recheado de arroz" e *Maklub* (arroz árabe, feito com carnes e legumes), havia uma imagem da Última Ceia de Cristo com seus discípulos e uma lâmpada acesa diante de um ícone da Virgem e seu Filho. Brian Pierce, op, e eu demos uma palestra pública para quase 300 pessoas em Bagdá, das quais 70% eram muçulmanas. Elas suplicavam aos cristãos para ficarem. Um jovem disse: "Por que discutimos se os cristãos hão de ficar ou partir? Eles já estavam aqui, antes de os muçulmanos chegarem". O demônio da acusação está vencido e derrotado. O grito da vitória no livro do Apocalipse é este: "foi expulso o acusador de nossos irmãos" e irmãs (Ap 12,10).

6.

CRESCENDO

O aparecimento do Senhor da vida na cena pública começa de forma assaz modesta. Ele cura as pessoas das suas enfermidades. É um Deus para as nossas dores e as nossas penas. Eis um primeiro sinal da plenitude da vida que ele trouxe. Expulsa os demônios, essas forças de destruição que espreitam em cada um de nós e nas nossas sociedades, num combate inicial contra tudo o que é letal e mortífero. Em seguida, o drama esquenta, como diz Lucas: "Jesus dirigiu-se resolutamente para Jerusalém" (Lc 9,51), a fim de suportar a sua paixão. Os discípulos falam uns com os outros atrás dele, sem uma ideia muito clara do que está para acontecer, absorvidos em querelas bobas sobre quem é o maior, recusando-se a aceitar o que o futuro trará. Alguns se afastam – diz-nos João –, quando Jesus faz as estranhas afirmações sobre ser o pão da vida: "A partir daí, muitos dos seus discípulos voltaram atrás e já não andavam com ele" (Jo 6,66).

Essa jornada para Jerusalém serve-lhes de instrução. Os que aderem começam a crescer. Têm uma abrupta curva de aprendizagem. O tempo é escasso. À medida que se desvanece a popularidade inicial de Jesus como curador e exorcista, a oposição torna-se intensa. Os seus inimigos começam a murmurar que ele deve morrer. Jesus tem de ensinar-lhes tudo o que pode, antes de a crise estourar e ele lhes ser arrebatado. Quando isso acontece, eles continuam sem entender muita coisa. Diz Jesus aos discípulos no caminho para Emaús: "Ó homens sem inteligência e lentos de espírito para crer em tudo quanto os profetas anunciaram" (Lc 24,25).

Nós, discípulos – que, literalmente, significa "estudantes" –, estamos sempre no início da compreensão sobre o que significa estar vivo em Deus. Amadurecemos humanamente, atravessando crise após crise: nascimento, desmame, puberdade, saída de casa, compromisso com outra pessoa, crise da meia-idade e, por último, a morte. Tornar-se vivo com a graça de Deus implica momentos críticos semelhantes, à medida que a plenitude da vida se desdobra dentro de nós.

Pedro é particularmente lento. Bloqueia o caminho de Jesus para Jerusalém, recusa-se a aceitar que ele tenha de sofrer e morrer; não consegue compreender o que Jesus faz, quando lava os pés dos discípulos, na última noite antes da sua morte; nega-o três vezes. Até mesmo depois de Pentecostes, ele ainda não compreende. São Paulo perde a paciência em Antioquia (Gl 2,11-14), porque Pedro não é capaz de entender a sua liberdade e libertação da lei em Cristo. Segundo uma lenda, foge de Roma, durante a perseguição dos cristãos por Nero. Cruza com o Senhor, que caminha em sentido contrário, e pergunta-lhe para onde vai – *Quo vadis?* Jesus responde que vai para Roma, a fim de morrer novamente. Então, Pedro dá meia-volta e, por fim, cumpre o voto que fizera, na Última Ceia, de ser fiel ao seu Senhor até a morte. Pedro é o santo padroeiro de todos os que demoram para se desenvolver. Inspira coragem em pessoas como eu, que levam muito tempo para amadurecer.

O ser humano está em devir. A vida é vivida seguindo adiante. Compreendemos uma forma de vida, ao vermos as etapas percorridas rumo à maturidade. Crescer é diferente para um marisco, um babuíno ou uma borboleta. As sociedades diferem na sua compreensão do que significa amadurecer e percorrer a jornada, da infância à vida adulta. Por isso, o convite para escolher a vida implica uma visão do que significa crescer e tornar-se adulto, no plano humano e espiritual.

Jesus desafia os pressupostos herdados acerca da vida adulta. No Antigo Testamento, o homem maduro é alguém que é louvado pelos seus pares, junto às portas onde se reúne a assembleia dos anciãos para tomar decisões: "Aclamem-no na assembleia do povo e louvem-no no conselho dos anciãos" (Sl 107,32). A mulher adulta dirigia a economia doméstica, e a sua glória era ter seu nome exaltado pelos homens! "Que as suas obras a louvem às portas da cidade" (Pr 31,31). Jesus tem a ideia extraordinária de que ser verdadeiramente crescido é tornar-se semelhante a uma criança.

Quando os discípulos tentam impedir as crianças de se aproximarem de Jesus, ele diz: "Deixai vir a mim os pequeninos e não os afasteis, porque o Reino de Deus pertence aos que são como eles. Em verdade vos digo: quem não receber o Reino de Deus como um pequenino, não entrará nele". E, em seguida, "tomou-os nos braços e abençoou-os" (Mc 10,13-16). O mundo antigo[151] via as crianças, no máximo, como seres incompletos, ainda não plenamente humanos.[152] Jesus causou escândalo, ao colocar as crianças em primeiro lugar. Na realidade, nosso Deus tornou-se visível num bebê vulnerável e indefeso. Ser verdadeiramente adulto é ser uma criança do Reino.

É fácil aqui o mal-entendido. Uma acusação comum contra o Cristianismo é a de que a nossa fé nos infantiliza. Infelizmente, é verdade, muitas vezes, que os cristãos persistem colados a uma fé adolescente, com ideias infantis acerca de Deus, o grande *Papai do céu*. Para John Hooper, assim transparece na expressão italiana que mais se assemelha ao *something will turn up* [algo vai acontecer]: "Qualche santo providerà" [algum santo vai se encarregar].[153] Ser uma criança do Reino não significa ser imaturo. O Cristianismo só será um testemunho convincente do Senhor da vida, se incorporarmos uma maturidade que tenha algo da alegria e da espontaneidade da criança.

Semelhante visão é urgentemente necessária hoje, uma vez que nossa sociedade é afligida por uma crise da infância. As crianças são, amiúde, empurradas prematuramente para o mundo adulto, e muitos adultos não conseguem crescer. As sociedades tradicionais iniciavam os jovens nos seus papéis, como mulheres e homens adultos. Ensinavam-lhes o que deveriam ser e fazer. Neil MacGregor lamenta a perda: "Afastamo-nos muito de um modelo dos mais velhos que iniciam as crianças num mundo adulto – crianças que se juntam aos seus pais num novo papel, após uma transferência intergeracional de sabedoria. A tradicional festa de aniversário dos vinte e um anos, preparada pelos pais para os amigos e para a família, trazendo consigo o direito ao voto e a entrega das chaves da casa – sinais clássicos da vida adulta, nas esferas pública e privada –, em grande parte, desvaneceu-se. Em vez disso, os jovens iniciam-se uns aos outros nos mundos adultos que lhes são próprios – com alegres e ruidosos batismos de cerveja, canto e dança".[154]

Ele cita Linda Woodhead: "Acho que, como sociedade, estamos lutando com o problema de como hão de se transmitir os valores que são duradouros e não mudam".

Muitas vezes, os jovens carecem não só de ritos de passagem, mas também dos pais, que desapareceram, receosos da responsabilidade, ou porque já nem sequer sabem que têm filhos, ou devido à desintegração da família pelo divórcio e pela separação. "Muitos jovens, hoje, não sabem o que significa ser um homem, porque não têm um homem nas suas vidas. Infelizmente, as crianças irão para a cama à noite sem dizer boa-noite ao seu pai, porque este simplesmente não está ali."[155] Os adolescentes são empurrados para o mundo adulto, antes de estarem preparados. No Ocidente, crianças com a idade de 11 e 12 anos já lidam com o sexo, têm experiências sexuais, inclusive sem a oportunidade de passarem pelos anos desconcertantes da puberdade.

Em anos recentes, denunciou-se a escala maciça do abuso sexual de crianças em instituições de caridade, escolas, orfanatos, equipes desportivas, na indústria cinematográfica e, sobretudo, para nossa grande vergonha, na Igreja e em outras instituições religiosas. Esta é a pior crise do Cristianismo, desde a Reforma. Só lentamente estamos registrando a devastação causada pelo abuso, cujas sequelas persistem, muitas vezes, durante toda a vida. Um médico que tinha sido abusado por seu pai na infância disse-me que o abuso aniquila o âmago da identidade da criança.

Globalmente, milhões de crianças têm a sua juventude arrebatada pela violência e pela pobreza. Rami Adham era conhecido como "o contrabandista de brinquedos de Alepo". Contrabandeou milhares de brinquedos para as crianças na cidade cercada. "Fomos, nessa primeira vez, a um campo de refugiados, perto da fronteira. Levamos alimentos, mas, quando começamos a distribuir os brinquedos, criou-se uma grande confusão. As crianças acorriam de toda parte. Percebi que elas não estavam pensando em comida – só queriam um brinquedo. Queriam uma infância." No livro *What Is the What*, David Eggers oferece-nos a autobiografia ficcional de um garoto sudanês, Valentino Achak Deng. Ele foge com centenas de crianças da zona de guerra do Sudão, evitando as milícias e os leões, e procurando refúgio no Quênia: "Sei tudo o que se pode saber acerca da perda da juventude, acerca dos modos como os jovens podem ser usados".[156]

Por isso, neste tempo em que o caminho para a vida adulta está minado e é traiçoeiro, e muitos não conseguem percorrê-lo, poderá o Cristianismo oferecer uma visão de como se fazer a jornada? Apesar de todos os fracassos da Igreja em salvaguardar os mais jovens e vulneráveis, como poderemos apresentar a surpreendente visão de Jesus do verdadeiro adulto, que é a criança do Reino?

Irei explorar essa questão, recorrendo à parábola do filho pródigo. Não é esse o assunto da parábola, que é a resposta de Jesus aos que se escandalizaram por ele comer e beber com os pecadores. Veremos isso no próximo capítulo. Mas ela fala de um jovem que dá um salto prematuro para a vida adulta, envolve-se numa grande confusão, regressa à casa e, assim, recupera a liberdade para reiniciar o caminho rumo à verdadeira maturidade. Pode até tornar-se, um dia, como seu pai, um adulto com espírito de criança.

A parábola do filho pródigo (Lc 15,11-32)

"Um homem tinha dois filhos..." Três homens! Poderá essa história, predominantemente masculina, ajudar-nos realmente a amadurecermos? Não aparecem mulheres, exceto talvez como escravas. Mas uma parábola não é uma narrativa que reúne uma série plausível de personagens, embora essa parábola, por ser a mais longa do Novo Testamento, se assemelhe a uma história. Uma parábola é um fogo de artifício que, por momentos, se alça no céu escuro e explode, iluminando tudo de um modo novo. O seu intento não é ser um drama análogo à vida, mas subverter os nossos pressupostos e questionar a maneira como vemos o mundo. As parábolas abrem uma janela no estreito espaço da nossa imaginação e convidam-nos a sair para o ar fresco de Deus. Segundo Angela Leighton, ao ouvirmos poesia, "movemo-nos em mundos ainda não materializados".[157] As parábolas atuam da mesma forma.

Essa parábola é parte de uma exibição de pirotecnia em que Jesus dispara um foguete após o outro noite adentro. A parábola que imediatamente a precede fala de uma mulher que perdeu e encontrou uma moeda e se regozijou com as suas vizinhas. Leremos essa parábola do filho pródigo quase como se fosse um conto, interrogando-nos acerca dos motivos e da experiência dos atores, como hoje fazem quase todos os comentadores. Pertencemos a uma cultura de narrativas, que interpreta a experiência mediante os enredos de novelas, filmes, canções e podcasts, mas é bom lembrar que o seu gênero original é outro.

O feminino não está inteiramente ausente da sua interpretação. Henri Nouwen aludiu à pintura de Rembrandt sobre o regresso do filho pródigo, na qual as mãos do pai são o foco da pintura: uma, ampla, forte e masculina, e a outra mais delicada e feminina. "O pai não é simplesmente um grande patriarca. É, simultaneamente, uma mãe e um pai. Toca o filho com uma mão masculina e com uma mão feminina. Ele segura, e ela acaricia. Ele confirma, e ela consola. Ele é, de fato, Deus, no qual estão plenamente presentes a paternidade e a maternidade."[158]

O jovem, no colo do pai, tem a cabeça raspada, sugerindo uma criança que se chega à mãe, quase um recém-nascido junto do seio que o gerou. Então, essa história pode ser lida como a história de qualquer criança que se esforça por crescer. "[...] o mais moço disse a seu pai: 'Pai, dá-me a parte da herança que me corresponde'. E o pai repartiu os bens entre eles. Não muitos dias depois, o filho mais moço, tendo juntado tudo, partiu para uma região distante e ali dissipou sua herança, vivendo de maneira dissoluta."

Ele não pede apenas a herança que lhe é devida. Exige a vida adulta agora mesmo! Segundo Kenneth Bailey, ele diz a seu pai: "Já não consigo esperar a tua morte"[159]; "Sai do meu caminho". Ao crescermos, muitas vezes, corremos atrás de uma maturidade, para a qual ainda não estamos preparados. A maior parte de nós, em determinado momento da nossa juventude, sente a necessidade de se revoltar, de fugir da casa paterna, de exigir uma identidade que é sua e de experimentar, talvez, um pouco de devassidão. Eu deixei crescer o meu cabelo e juntei-me aos dominicanos!

O filme *Sociedade dos poetas mortos*, de 1989, dirigido por Peter Weir, conta a história de um novo professor, representado por Robin Williams, que, com o seu lema *Carpe diem* [aproveite o dia de hoje], entusiasma uma turma de jovens de uma escola tradicional. Encoraja-os a serem livres e a libertarem-se das tradições sufocantes da instituição escolar. Formam um clube, o Clube dos Poetas Mortos, inspirado numa frase de Henry David Thoreau: "Eu queria viver profundamente, e sugar a própria essência da vida". Mas, para eles, a essência da vida pouco mais é do que a rebelião contra seus pais, bebendo demasiado e correndo atrás de mulheres, embora para um deles isso acabe num trágico suicídio. Querem, como o *filho pródigo*, viver a vida ao máximo, mas ainda não cresceram o suficiente para saber como fazê-lo e, por isso, o desfecho é funesto.

No romance de Jennifer Egan, *A visita cruel do tempo*, sobre o crescimento, Stephanie observa retrospectivamente os seus anos de impetuosidade e irresponsabilidade juvenil: "Pré-casamento, pré--parentalidade, pré-independência econômica, pré-renúncia às drogas pesadas, pré-responsabilidade de todo tipo, quando eles ainda vagueavam pelo Lower East Side com Bosco, indo para a cama após o nascer do sol, aparecendo em apartamentos de estranhos, fazendo sexo quase em público, envolvendo-se em atos arriscados que, mais de uma vez, incluíram (para ela) injetar heroína, porque nada disso era sério. Eram jovens, afortunados e fortes – com o que haveriam de se preocupar? Se não gostassem do resultado, poderiam voltar atrás e recomeçar".[160]

Assim fez justamente o *filho pródigo*.

Philip Larkin culpabilizou seus pais:

> *Eles enchem você dos defeitos que tinham*
> *E ainda acrescentam outros, só para você.*

A única resposta é fugir e começar de novo, talvez numa terra distante.

> *De homem a homem passa a miséria.*
> *Afunda-se qual plataforma costeira.*
> *Saia o mais cedo possível,*
> *E não tenha filhos.*[161]

A rebelião juvenil parece ser o início de uma grande aventura, o emborcar do cálice da vida até o fim. *Carpe diem!* Mae West fez esta célebre afirmação: "Visto que a escolha é entre dois males, escolho aquele que nunca experimentei". Mas a ideia de que fugir dos pais resolverá tudo é uma ilusão. A irrupção prematura na vida adulta é tão antiga como a humanidade, mas Neil Postman assevera que ela está particularmente enraizada na cultura contemporânea, porque já perdemos, em grande parte, a ideia da infância. No livro *O desaparecimento da infância* assegura ele que houve tempos em que havia uma ideia da meninice como uma fase distinta entre a infância e a vida adulta.[162] Expressava-se nas brincadeiras das crianças, nas canções e roupas infantis: "As crianças eram classificadas, de muitas maneiras, como qualitativamente diferentes dos adultos; em centenas de casos, atribuía-se-lhes um estatuto preferencial e eram protegidas dos caprichos da vida adulta".[163]

As crianças eram resguardadas do mundo adulto e, sobretudo, do sexo. Não se falava de sexo na frente delas; era um mundo adulto secreto, do qual elas estavam excluídas, até estarem prontas e maduras. Quando eu tinha cerca de 12 anos, um antigo monge (talvez já quase quarentão) ofereceu-me o que se chamava "o sermão", em que tudo supostamente seria revelado. Não consegui entender nada. Tinha a vaga impressão de que aquilo se relacionava de algum modo com Winston Churchill.

A ideia da infância como período vital separado começou a ser abalada em finais dos anos de 1960. As crianças começaram a ver os mesmos programas que os adultos, vestir as mesmas roupas, jogar os mesmos jogos, e descobriam o sexo mais cedo do que a minha geração. A puberdade ocorria cada vez mais cedo. Em 1860, o início da puberdade, para as jovens, era por volta de 16,6 anos. Na década de 2010, caiu para cerca de 10,5 anos. Semelhantes mudanças aconteceram nos rapazes, com uma diferença de cerca de um ano.[164]

As crianças foram expulsas do jardim de infância. O outro lado é, naturalmente, que os adultos deixaram de crescer. Falam cada vez mais como crianças, utilizam um jargão infantil; usam os mesmos jeans que os seus filhos e, ainda que não se possa assegurar com absoluta certeza, cometem cada vez mais crimes sexuais contra as crianças. Escreve Postman: "O que isso [o aumento do abuso sexual] pode significar a não ser que o estatuto especial, a imagem e a aura da criança, foram drasticamente diminuídos?". Tais adultos não são como crianças. São infantis.

A rebelião da juventude inclui, muitas vezes, a rejeição da religião dos pais. Estes talvez se sintam culpados, porque os seus filhos deixam de ir à igreja. É consolador recordar que Israel era o filho de Deus, num estado de permanente rebelião contra o pai divino:

"Desde que vos conheço, fostes sempre rebeldes ao Senhor" (Dt 9,24). Israel apenas se avizinha da maturidade através de incessantes atos de desafio, escolhendo outros deuses, afastando-se do único que o ama. Só assim, testando repetidamente o amor de Deus, ele consegue aprender o amor fiel do Deus que nunca abandona o seu povo. Israel é como uma criança que testa os limites, fica de mau humor e tem acessos de raiva, e só assim descobre o amor duradouro de seus pais.

Quando Israel era criança eu o amava, do Egito chamei o meu filho. Quanto mais, porém, eu os chamava, mais de mim eles se afastavam. Sacrificavam vítimas aos Baals, queimavam sacrifícios a seus ídolos.

Sim, fui eu quem ensinou Efraim a andar, segurando-o pela mão. Só que eles não percebiam que era eu quem deles cuidava.
Eu os lacei com laços de amizade, eu os amarrei com cordas de amor; fazia com eles como quem pega uma criança ao colo e a traz até junto ao rosto. Para dar-lhes de comer eu me abaixava até eles.

[...]

Como poderia eu abandonar-te, Efraim? Como poderia entregar-te, Israel? Poderia abandonar-te como a cidade de Adama? Ou eu poderia tratar-te igual a Seboim? O coração se comove no meu peito, as entranhas se agitam dentro em mim!

Não me deixarei levar pelo calor de minha ira. Não, não destruirei Efraim! Eu sou Deus, não um ser humano, sou o Santo no meio de ti, não venho com terror! (Os 11,1-4.8-9)

Os primeiros teólogos não viram a queda de Adão e Eva como a arrogante rebelião de adultos fortes contra Deus; mas sim como dois adolescentes que se agarravam a tudo o que Deus dar-lhes-ia, quando chegasse a hora apropriada. Eram como crianças que correm para se apossar dos presentes de Natal antes do tempo, ou como uma criança que impulsivamente pega a chave do carro dos pais, antes de seus pés alcançarem os pedais.

Santo Ireneu de Lyon, no século II, comparou Adão e Eva a duas crianças sexualmente imaturas: "Por terem sido criadas há tão pouco tempo, não sabiam como gerar filhos; tiveram, primeiro, de crescer e, a partir de então, multiplicar-se desse modo".[165] Cristo veio até nós para que novamente pudéssemos receber de Deus a infância e, assim, crescêssemos bem até a maturidade. Não estamos irreparavelmente marcados pelas nossas remendadas tentativas de crescer.

O filho pródigo afunda-se na dissolução e na libertinagem. Também isso pode ser uma confusão após uma plenitude de vida que, segundo o seu juízo errôneo, o pai lhe negou. Uma pessoa sexualmente promíscua talvez busque, desesperadamente, o verdadeiro amor. No romance *A leste do Éden*, escreveu John Steinbeck: "A igreja e o bordel chegaram, simultaneamente, ao oeste. E cada um poderia sentir horror, ao pensar que ambos eram diferentes facetas da mesma coisa. Mas, decerto, ambos pretendiam realizar a mesma coisa: o canto, a devoção e a poesia das igrejas arrancavam o homem, durante algum tempo, da sua desolação e tristeza, e o mesmo faziam os bordéis".[166]

O bordel implica, sem dúvida, a brutal redução das mulheres à condição de mercadoria, mas talvez Steinbeck tenha razão ao dizer que alguns homens iam aos bordéis numa busca equivocada do calor e da poesia que deveriam ter encontrado na igreja, mas que não aconteceu.

Escreveu Simon Tugwell, op: "No seu hino à mulher que foi uma pecadora, Romano, o Melodista, insinua, com delicadeza, que Cristo foi quem verdadeiramente lhe concedeu o que ela em vão buscava em todos os seus amores precedentes. Se é importante a descontinuidade que a conversão implica, também o é a continuidade. O amor espúrio era uma experiência abortiva no amor: no fundo, essa mesma experiência é agora bem-sucedida com Cristo".[167]

Quando o filho mais novo se apropria da sua herança e parte, não há sinal algum de que se trate de um momento dramático. O pai não arma um escândalo nem pede que ele fique. A vida continua. Ele o deixa ir. Ao deixar o seu filho na escola, Cecil Day-Lewis descobre "como a individualidade começa com o partir, / E o amor experimenta-se no deixar ir".[168] Amamos criando espaço, suportando até a dor de os outros se distanciarem de nós, uma experiência comum para os pais de adolescentes.

Para um cristão adulto, o grande drama já aconteceu: "Cristo morreu, Cristo ressuscitou, Cristo há de vir de novo". Se a vitória é certa, como Bonhoeffer afirmou, não há necessidade de fazer um drama. Ok!, a igreja foi incendiada, o tesoureiro fugiu com o dinheiro e um dos padres teve uma aventura sexual. Mesmo assim, não há problema: Cristo ressuscitou dos mortos.

Ajudamos os jovens a crescer, se permanecermos calmos, façam o que fizerem. É próprio da juventude mergulhar na confusão, mas as desordens podem ser frutíferas. Escreveu Thoreau: "Como é que os jovens poderiam aprender melhor a viver do que tentando, sem demora, a experiência de viver?".[169] O Papa Francisco é da opinião de que não devemos recear um pouquinho de confusão. Durante a Jornada Mundial da Juventude no Rio de Janeiro, depois de chuvas torrenciais, ele disse: "Espero uma Jornada Mundial da Juventude confusa. Mas quero as coisas confusas e agitadas nas congregações". O Espírito Santo pairou sobre o caos no princípio, e a criação surgiu. O Espírito adeja sobre as confusões que fazemos das nossas vidas, e traz algo de novo.

> Depois de ter gastado tudo, houve uma grande fome naquela região, e ele começou a passar necessidade. Ele foi e começou a prestar serviço para um dos cidadãos daquela região, que o enviou para seus campos a cuidar de porcos. Ele queria fartar-se das bolotas que os porcos comiam, mas ninguém lhe dava. Entrando em si mesmo, disse: "Quantos empregados de meu pai têm pão em abundância, enquanto eu, aqui, morro de fome! Eu me levantarei, irei para meu pai e lhe direi: pai, pequei contra o céu e contra ti; já não sou digno de ser chamado teu filho; trata-me como a um de teus empregados".

"Entrando em si mesmo." Ele é livre para regressar a seu pai, porque pensou e entrou em si, talvez pela primeira vez. A jornada começa com a aceitação de quem ele é, o filho desse pai. Já não busca uma identidade alheia a seu pai ou a ele contrária. O pai não é seu rival, mas aquele que garante que toda a sua família tenha "pão em abundância". Mas, no momento em que aceita a sua filiação, renuncia a quaisquer direitos que ela lhe proporciona: "Já não sou digno de ser chamado teu filho". Sua identidade como filho é aceita e liberta. Que importa quem ele seja, desde que esteja de volta a casa, um membro da família, seja qual for a sua capacidade? No capítulo 3, sugeri que faz parte da aventura de ser chamado saber quem somos, e também não saber ou até nos preocuparmos. Crescer é sair da crisálida de si mesmo. Isso é o mais difícil.

Por isso, "entrar [ou cair] em si" implica uma descentração da sua identidade. O perdulário aprende que ele não é um ponto imóvel no centro do mundo. No romance de Zadie Smith, *Ritmo louco*, uma jovem mulher apercebe-se de que vê todos os outros à medida que eles se relacionam com ela: "Na minha mente, naquela altura – como talvez para a maior parte dos jovens – eu estava no centro das coisas, era a única pessoa no mundo verdadeiramente livre. Deslocava-me daqui para ali, observando a vida como ela se me apresentava, mas todos os demais nessas cenas, todos os personagens coadjuvantes, pertenciam apenas aos compartimentos em que eu os colocava".[170]

Cair em si mesmo é, para os outros, como voltar para casa.

Tal é a experiência de Abra, no romance de Steinbeck, *A leste do Éden*: "Quando criança, você é o centro de tudo. Tudo acontece para você. E as outras pessoas? São apenas fantasmas que se apresentam para que você fale com eles".[171] É como o homem que queria atravessar um rio. Viu alguém descansar debaixo de uma árvore na margem oposta e gritou: "Como faço para ir para o outro lado?". E aquele replicou: "Mas você já está do outro lado".

Andrew Halls, o reitor da King's College School, Wimbledon, vê nisso o desafio fundamental da educação no mundo dos iPad, dos iPhone, dos iPod, I, I, I: "As crianças fecham-se num mundo de incompreensão, com um entendimento cada vez mais bidimensional das outras pessoas, incapazes de criar relações concretas num mundo de carne e sangue: como o casal do Extremo Oriente [sic] que, por negligência, deixou morrer o seu bebê real, enquanto cuidava de um bebê 'virtual' nos seus computadores".[172]

Segundo Immanuel Kant, "o querido *ego* está sempre querendo aparecer".[173] É duro abandonar o que Irish Murdoch rotula de "atalhos familiares dos devaneios egoístas".[174] São Francisco de Sales disse que, se deixássemos de nos preocupar com nós mesmos, pelo menos meia hora antes da morte, já seria muito bom. Essa libertação do impulso gravitacional de si mesmo recorda o poder que é necessário para soltar um foguete da gravidade da terra, antes de ele entrar no espaço exterior, livre já da atração dos outros corpos. Tal é a liberdade dos santos, que se esquecem de si mesmos. Quando Robert Kennedy, o irmão assassinado do presidente dos Estados Unidos, jazia moribundo no chão, as suas últimas palavras foram: "Estão todos bem?".

Robert Cole abre a sua biografia de Dorothy Day, a ativista da paz, narrando o seu encontro com ela. Chegou à Casa do Operário Católico e encontrou Dorothy conversando com uma mulher aflita. Ela fez sinal para que ele se sentasse, e continuou a conversar com a mulher, que estava claramente bêbada e histérica. Por fim, quando se acalmou, Dorothy foi ao encontro de Cole e perguntou: "Estava esperando falar com uma de nós?". Uma das mulheres mais famosas da América não pressupôs que ela era o objeto da atenção ou que ninguém podia, possivelmente, querer falar com uma mulher embriagada. Sua santidade está resumida numa só palavra: "nós". O que ela era, afinal, senão um membro da casa de Deus ou da comunidade humana? Estava livre do fardo de ter de ser importante – o que Emily Dickinson, com gentileza, ridicularizou:

Não sou Ninguém! Quem é você?
Ninguém – Também?
Então somos um par?
Não conte! Podem espalhar!

Que triste – ser – Alguém!
Que pública – a Fama –
Dizer seu nome – como a Rã –
Para as almas da Lama![175]

São Domingos encarnava precisamente semelhante espiritualidade. Era conhecido como o Irmão Domingos, embora tivesse sido ordenado. Era um dos irmãos, um *frater*, um frade. É justo que a sua biografia mais antiga se encontre nas *Vitae Fratrum* [As vidas dos Irmãos], dos quais ele é justamente mais um. Tornar-se irmão ou irmã, os únicos títulos importantes no Cristianismo, é aprender a dizer "nós".

E, tendo-se levantado, foi ao encontro de seu pai.
Quando ainda estava longe, seu pai o viu e, tomado de compaixão, correu, abraçou-o e o beijou afetuosamente. O filho, então, lhe disse: "Pai, pequei contra o céu e contra ti; já não sou digno de ser chamado teu filho". Mas o pai disse a seus servos: "Depressa, trazei a melhor roupa e vesti-o; ponde um anel em seu dedo e sandálias nos pés; trazei o bezerro cevado e matai-o; festejemos com um banquete, porque este meu filho estava morto e tornou a viver, estava perdido e foi encontrado".

O pai vê o filho "quando ainda estava longe". Sabia que ele acabaria por regressar a casa, e por isso esperou. Crescer é um empreendimento difícil. O ritmo não pode ser forçado, como também não o pode ser o crescimento de uma árvore ou a chegada da primavera. Na Bíblia, Deus mostra uma grande paciência no seu restabelecimento da amizade com a humanidade. Depois do dilúvio, passam-se anos antes de Abraão ouvir o chamamento que o manda para a Terra

Prometida. Passam-se séculos, antes de Moisés tirar o povo eleito da escravidão do Egito; arrastam-se milénios, antes de o Filho de Deus se tornar um de nós em Jesus. E ainda estamos à espera do seu regresso.

A cultura do continente digital cultiva a impaciência. A unidade da nossa frágil comunidade é debilmente mantida pela comunicação instantânea. Mensagens frenéticas e semirrefletidas são enviadas de supetão, exigindo respostas imediatas e não digeridas. É difícil crescer num ambiente assim tão constrito. Não há tempo para isso. Sou por natureza impaciente. Reconheço que é parte da minha imaturidade. Quando eu era Mestre da Ordem, se me sentisse agastado com um provincial, escrevia de imediato uma carta. A tensão não resolvida afigurava-se insuportável. O secretário-geral, por vezes, guardava a carta e, depois de eu me acalmar, perguntava: "Quer realmente enviar isto?". A paciência é uma espécie de participação na vida de Deus. Escreveu São Cipriano, mártir do século III: "A paciência nasce dele, dele provém a sua claridade e dignidade. A origem e a grandeza da paciência dimanam de Deus, seu autor".[176] Amadureçamos na paciência. O adolescente imaturo apossa-se da vida adulta antes de ela ou ele estarem preparados, como Adão e Eva, segundo Ireneu. Deus, que é e foi e será, espera.

O pai foi paciente porque tinha confiança no seu filho. O rapaz acordará da hibernação mental, quando o inverno da sua tolice acabar. Quando São Domingos enviou os seus jovens noviços para pregar o Evangelho, os monges cistercienses pensaram que ele estava louco. Eles iriam, sem dúvida, misturar-se com mulheres vadias e nunca mais seriam vistos, mas São Domingos disse: "Estou certo de que os meus jovens serão enviados e hão de voltar; mas os seus estarão fechados e, ainda assim, hão de sair".[177]

Antes das Jornadas Mundiais da Juventude no Rio de Janeiro, o Papa Francisco pediu aos jovens que tivessem confiança. "O coração de vocês, coração jovem, quer construir um mundo melhor. Acompanho as notícias do mundo e vejo que muitos jovens, em tantas partes do mundo, saíram pelas estradas para expressar o desejo de uma civilização mais justa e fraterna. Os jovens nas estradas; são jovens que querem ser protagonistas da mudança. Por favor, não deixem para outros o protagonismo da mudança! Vocês são aqueles que têm o futuro! Vocês... Através de vocês, entra o futuro no mundo."[178] As nossas igrejas e paróquias deveriam mostrar confiança nos jovens, deixando-os experimentar, tentar ideias audaciosas, fracassar e começar de novo.

Se formos espiritualmente amadurecidos, devemos preparar os jovens para nos ultrapassarem e serem o que nunca conseguimos imaginar. Pregando numa profissão solene, o nosso austero provincial escocês, Ian Hislop, op, afirmou: "Aproximo-me do fim da minha vida religiosa e vós, agora, estais começando a vossa. Ao olhar para trás, para a minha vida religiosa, e ela já é muito longa, penso em tudo o que fiz para construir e resistir. Muitas vezes, trabalhei duro para construir algo, para deixar algum monumento, e então, inevitavelmente, algum idiota veio a seguir e derrubou tudo o que eu tinha construído e chamou isso de progresso. Por isso, quero dar-vos este conselho, sejam quais forem os projetos que alimenteis, sejam quais forem os planos que formuleis, estai certos de uma coisa: Deus há de frustrá-los!"[179]

Ele queria dizer que devemos praticar a *ars moriendi*, a arte de morrer, parte da qual é deixar o presente morrer para que o futuro possa irromper. É criar espaço para os jovens fazerem o que nós não conseguimos imaginar ou antecipar, aliviar as dificuldades do presente, atenuar o controle, de modo que o Espírito, soprando na mente e no coração dos jovens, nos possa levar a lugares que não conseguimos imaginar.

O pai veste o seu filho errante com a melhor túnica. O original grego diz "a primeira túnica".[180] Os teólogos antigos viram aqui uma referência à primeira veste que Adão envergou, antes de sua queda e da subsequente vergonha. Embora isso seja improvável, sugere que se trata de um ritual em que o jovem é libertado da vergonha. Na pintura de Rembrandt, o jovem regressa vestido num casaco rasgado e velho, e as suas sandálias estão rotas. Após a grande crise dos mercados de 1929, a Grã-Bretanha mergulhou na Grande Depressão. Muitos dos membros da paróquia dominicana de Newcastle upon Tyne eram tão pobres que não conseguiam comprar sapatos. Como poderíamos encontrar calçados, para que eles não tivessem vergonha de vir juntar-se à comunidade para a missa?

O pai encobre literalmente a vergonha do seu filho. Cobre-a também com o silêncio. Nem sequer responde à sua confissão de culpa. Em vez disso, pede roupas. E, quando o filho mais velho levanta objeções apontando os pecados do irmão, de novo o pai fica em silêncio: ele estava morto e agora está vivo; estava perdido e agora foi encontrado. Não é preciso dizer mais nada. Os pecados do jovem devem ser engolidos em silêncio.

Existe uma antiga tradição cristã segundo a qual, se for possível, não devemos mencionar as fraquezas e as quedas de alguém. Era algo importante na espiritualidade dos padres do deserto. "Um irmão interrogou o Abade Poemen, dizendo: 'Se eu vir o meu irmão pecar, deverei ocultar esse fato?'. O ancião respondeu: 'Sempre que ocultarmos as faltas de um irmão, Deus esconde também as nossas. Sempre que revelamos a falta de um irmão, Deus revela também a nossa'."[181]

Santo Tomás de Aquino ensinava que todos têm direito a um bom nome, mesmo que tivessem pecado. É a nossa posse mais preciosa neste mundo.[182] Isso contradiz e opõe-se totalmente à nossa atual cultura ocidental de exposição e acusação em nome de transparência. Os meios de comunicação enchem-se, todos os dias, de revelações acerca das falhas de pessoas, sobretudo das celebridades. Mas a nossa rejeição dessa sede de acusação de nenhum modo justifica o encobrimento do clero que abusou sexualmente de menores. A Igreja foi lenta em aprender que esta é uma negligência grave, absolutamente inaceitável no nosso dever de cuidar dos mais vulneráveis. Nem pode haver misericórdia para com o abusador à custa dos abusados, os quais tiveram sua infância roubada e foram lesados no seu crescimento. Por isso, para que os jovens cresçam, precisam da nossa paciência e da nossa confiança, a fim de não serem esmagados pelos erros que todos cometemos. Precisam de nós para cuidar da sua dignidade, para que não sejam mortalmente feridos pela vergonha. Eles velarão oportunamente pela nossa dignidade.

O pai tem em si algo de criança. Ele é o que os gregos chamavam de "homem grave e jovial", sério e alegre. Platão escreve que "a alegria e a seriedade são irmãs".[183] O único adulto verdadeiramente amadurecido é aquele que tem algo de criança. Disse Bruno Schulz, poeta judeu fuzilado pela Gestapo, em 1942: "O meu objetivo ideal é 'amadurecer' até a infância. Eis a genuína maturidade".[184]

É o que transparece em dois elementos da parábola: a espontaneidade do pai e o seu lado festivo e divertido. Sem hesitação, sem esperar sequer uma palavra do seu filho, corre para ele e o beija. Só o verdadeiramente jovem, inocente e efetivamente crescido, é que consegue, em parte, esquecer-se de si e ser espontâneo. Rapidamente se perde. Lembro-me da minha autoconsciência muito viva quando, com 8 anos de idade, eu receava que alguma tia minha aparecesse na minha escola com um chapéu horrível.

O filho mais velho vive subjugado pela conformidade com aquilo que ele pensa serem as expectativas do seu pai; o mais novo revolta-se contra elas. Nenhum dos dois, verdadeiramente, cresceu. É o pai, com algo de criança, que é livre para ser espontâneo. Quem é moralmente crescido recupera a espontaneidade dos mais novos. As boas obras nascem do âmago do nosso ser. Após décadas de treino e de prática, Novak Djokovic consegue bater, com espontaneidade, um *backhand* na quadra de tênis. Já ancião, Picasso gostava de dizer: "Passei toda a minha vida aprendendo a pintar como uma criança", com pinceladas sem hesitação. A disciplina da caligrafia zen ensina a fazer um gesto com uma naturalidade aprendida: "Essa consecução, habitualmente, ocorre em momentos de claridade espontânea, alcançada sem consciência, quando simplicidade materializada, espontaneidade e atenção plena se misturam no momento da execução".[185]

O pai e o filho dão um primeiro passo recíproco. O filho dá o primeiro passo ao ir para casa sem esperar uma garantia de ali ser novamente acolhido, e o pai dá o primeiro passo correndo ao seu encontro, sem esperar uma desculpa. Alguém que é verdadeiramente maduro não receia em dar o primeiro passo em direção ao outro, no afeto ou na reconciliação. Corre-se o risco da recusa ou da humilhação. Saímos primeiro das trincheiras, despojando-nos da armadura e oferecendo uma desculpa, mesmo quando acreditamos que o outro é que deveria fazer isso.

É impossível ter a liberdade da criança crescida do Reino, se existir uma preocupação excessiva com a sua própria dignidade. O filho mostra que ele nada quer saber da sua. Está preparado para regressar, mesmo como operário; o pai joga fora a sua dignidade patriarcal, correndo através dos campos como um louco, para abraçar o seu filho, antes de este dizer uma palavra. Qualquer tentativa de sermos dignos torna-nos risíveis. Pensemos em Peter Sellers, como o ridículo Inspetor Clouseau, nos filmes da *Pantera Cor-de-Rosa*, derrubando os móveis, quebrando vasos e disparando em seu próprio pé, enquanto tenta parecer grande e imponente.

O Papa Francisco critica e ataca constantemente o clericalismo, a ilusão de que o clero forma uma casta de elite, superior aos simples leigos, e cuja dignidade deve ser sempre respeitada com subserviência. Talvez a crise atual da Igreja nos venha libertar dessas ilusões. No seu livro *The Last Report on the Miracles at Little No Horse* [O último relatório sobre os milagres em Little No Horse], Louise Erdrich descreve de forma hilariante e muito engraçada uma mulher que se disfarça de sacerdote para se esconder numa reserva indígena. Ela tem de aprender como projetar uma imagem sacerdotal. Eis as regras sinistras, mas demasiado plausíveis, que ela tem de adotar para se fazer passar por um clérigo:

1. Fazer pedidos sob a forma de ordens.
2. Elogiar como se fosse um favor.
3. Fazer perguntas sob a forma de constatações.
4. Exercícios para fortalecer os músculos do pescoço.
5. Admirar o trabalho manual das mulheres com profuso espanto.
6. Andar vigorosamente balançando os braços; parar de repente, apresentar um ar circunspecto.
7. Afiar a navalha de barba todos os dias.
8. Não dar explicações.
9. Não aceitar explicações.
10. Cantarolar, de vez em quando, uma marcha resoluta.[186]

Infelizmente, o clericalismo não se restringe só aos sacerdotes; se alguém agir com a espontaneidade infantil do pai, arrisca-se a ser incompreendido. Jesus narra a parábola porque os escribas e os fariseus estão escandalizados por ele festejar com os cobradores de impostos e as prostitutas. Ele deve estar pactuando com o pecado. Imaginem-se as manchetes, se um bispo fosse hoje dar uma festa com as prostitutas locais. Os meus confrades no Brasil organizaram retiros para profissionais do sexo. Se alguém presidir a uma missa especialmente acolhedora para homossexuais, haverá um burburinho de denúncias no Twitter.

Na nossa sociedade timorata e avessa ao risco, somos avisados para não enviarmos "a mensagem errada". Não se deve confundir as pessoas. Mas, se alguém pregar o Evangelho, será inevitavelmente objeto de incompreensão. O mal-entendido cravou Jesus na cruz. Nós, provavelmente, não suportaremos mais do que palavras venenosas nas redes sociais. Mas, se alguém não se arriscar a ser mal-entendido, nunca dirá coisa alguma.

> E começaram a festa. O filho mais velho estava no campo. Quando voltava, já perto da casa, ouviu o som de músicas e danças; e, chamando um dos criados, lhe perguntou o que era aquilo. Este lhe disse:

"Teu irmão voltou, e teu pai mandou matar o bezerro cevado, porque o recuperou são e salvo". Ele ficou irritado e não queria entrar. O pai saiu e lhe suplicou, mas ele respondeu a seu pai: "Há tantos anos que te sirvo e nunca desobedeci a uma ordem tua; contudo, nunca me deste um cabrito para festejar com meus amigos; mas, quando chega esse filho teu, que consumiu teus bens com prostitutas, matas para ele o bezerro cevado". O pai lhe disse: "Meu filho! Tu estás sempre comigo, e tudo o que é meu é teu! Mas era preciso fazer festa e alegrar-se, porque este teu irmão estava morto e tornou a viver, estava perdido e foi encontrado".

Começaram a festa. A reação espontânea do pai pelo regresso de seu filho é a realização de uma festa. Eis a verdadeira festividade que o filho não conseguiu encontrar na sua libertinagem nas regiões longínquas. Crescer implica aprender como se há de ter uma festa alegre que não acabe na miséria da bebedeira, no esgoto ou na lama de uma propriedade de porcos. Essa foi a festividade que o rapaz saiu de casa para procurar, e que só encontrou quando regressou. É a alegria extática dos que vão além de si mesmos no deleite recíproco.

No livro *The New Wine of Dominican Spirituality: A Drink Called Happiness* [O novo vinho da espiritualidade dominicana: uma bebida chamada felicidade], Paul Murray mostra que os primeiros irmãos e irmãs falavam, amiúde, do Evangelho como "o vinho novo".[187] Na pregação, abre-se o barril, ficamos um pouco inebriados com o Evangelho, e começa a festa. Jordão da Saxônia, sucessor de Domingos, chamou o Evangelho de "vinho da esperança", um vinho que nos põe à vontade, nos eleva e nos torna felizes.[188] O milagre mais famoso de São Domingos aconteceu quando ele chegou a um convento, tarde da noite, acordou as freiras e pregou pra elas. Quando acabou, disse: "Seria bom ter algo para beber". A taça de vinho circulou e nunca se esvaziou, já que Domingos lhes dera a ordem de beber![189] Os confrades, decerto, deleitavam-se com o seu vinho. Um dos primeiros capítulos gerais determinou que, se eles bebessem demasiado vinho depois das Completas, teriam de recitá-las novamente.

As palavras atribuídas a Santa Brígida de Kildare refletem um gosto da celebração mais típico do Norte: "Eu gostaria de oferecer um grande lago de cerveja para o Rei dos Reis. Eu gostaria que os anjos do paraíso nele bebessem por toda a eternidade".[190]

O filho mais velho ouviu "o som de músicas e danças", mas recusou-se a entrar. É também esta a queixa de Jesus contra os seus críticos: "Com que posso comparar esta geração? São como crianças sentadas nas praças que gritam a outras: 'Tocamos flauta para vós e não dançastes'" (Mt 11,16-17). O irmão mais novo fugiu do círculo familiar, e agora o mais velho imita-o na recusa de entrar na roda da dança da comunidade. Fica emburrado, como um adolescente. Acusa o irmão mais novo de esbanjar dinheiro com prostitutas. Isso não está necessariamente pressuposto no comportamento dissoluto do jovem.[191] Mas, sem dúvida, o mais velho pensava em sexo e talvez ansiasse por uma escapadela até as prostitutas. Recusa-se até a pensar no rapaz como seu irmão: "Esse teu filho"!

Ambos os filhos atravessam a crise do crescimento. O pai quer partilhar a vida com eles, mas nenhum sabe como acolher semelhante dom. O mais novo apoderou-se do que queria, enquanto o mais velho não se atrevia a aceitar a dádiva. Henri Nowen, um filho mais velho, identifica-se com ele: "Interrogo-me, muitas vezes, se os filhos mais velhos não serão os que querem estar à altura das expectativas dos pais e ser considerados obedientes e probos. Eles querem sempre agradar. Com frequência, receiam desapontar os pais. Mas, muitas vezes, experimentam também, e muito cedo na vida, uma certa inveja dos irmãos e irmãs mais novos, que, aparentemente, se preocupam menos em agradar e são mais livres em fazer 'o que lhes apraz'".[192]

O mais velho está furioso e indignado, uma emoção característica do nosso tempo. Fraca substituta da virtude! No romance *Os escândalos de Clochemerle*, de Gabriel Chevallier, diz-se acerca do mestre-escola que ele "era um daqueles homens para os quais a indignação virtuosa era uma necessidade".[193] É uma maneira de estar no lado do bem, sem nada fazer a seu respeito. É, no fundo, uma emoção infantil, o grande grito, ao longo dos séculos, do "Não é justo!". É a reação furiosa dos irmãos de José à oferta que o pai fez de uma túnica colorida ao seu favorito. Recordemos as palavras de H. G. Wells, já acima citadas: "A indignação moral é a inveja com uma auréola".

O filho mais velho fica do lado de fora e ouve a alegria da festa. É retido por um acesso infantil de raiva. Conseguirá ele sair do seu aborrecimento narcisista e juntar-se à celebração? Escreveu Brian Pierce, op: "Em vez de se limitar à ideia tradicional de que a conversão é, acima de tudo, um modo penitencial de vida, como no caso dos discípulos de João, Jesus mostra aos seus seguidores que a conversão exige um passo para a prática radical da alegria do Evangelho".[194] No prefácio da Quaresma, alude-se a um alegre "tempo de salvação". Todas as sextas-feiras, em Laudes, cantamos o grande Salmo do arrependimento: "Faz-me ouvir palavras de gozo e alegria, e exultem estes ossos que trituraste" (Sl 50,10).

Jesus convida-nos a crescer e a participar na alegria de Deus. Não se trata de loquacidade sinistra, mas da ampla alegria que é a vida de Deus, ampla o suficiente para abarcar toda a dor e a transcender. A alegria do pai, na parábola, envolve o filho que voltou, com todo o seu sofrimento e dor, e está pronta a abraçar o filho mais velho, com todas as suas birras. É mais do que uma emoção. É a própria vida abundante de Deus:

> *A figueira não brotará e as vinhas não darão fruto;*
> *faltará o produto da oliveira e os campos não darão de comer.*
> *Não haverá ovelhas no aprisco, nem bois nos estábulos.*
> *Eu, porém, exultarei no Senhor, alegrar-me-ei em Deus, meu salvador.*
> *O Senhor Deus é a minha força, torna os meus pés ágeis como os da corça*
> *e faz-me caminhar nas alturas*
> *(Hab 3,17-19).*

É a alegria espontânea do adulto com espírito de criança, livre para dançar e brincar. Ele desafia-nos a imaginar de novo a infância e a transição para a verdadeira maturidade. Escreveu Richard Finn, op: "Podemos decerto, por vezes, ter uma alegria tensa, e com alguma razão. No fim das contas, há sempre quem seja tentado a divertir-se sem atender aos outros, aos seus sofrimentos. O aparelho de som portátil e o iPod podem ser símbolos de uma alegria que se busca isoladamente dos vizinhos, ensurdecedora ou surda em relação aos que nos rodeiam. Há quem procure alegria no esquecimento, no excesso de álcool ou numa euforia induzida por drogas, deixando para trás um mundo prosaico e trivial, que surge aos seus olhos como vazio ou insuficiente. Nesse processo, diminui sempre mais a capacidade de viver no mundo real... Mas a alegria do Espírito Santo permeia, corre por baixo dos sofrimentos reais, da tristeza real, como uma corrente subterrânea que, no momento certo, rasga a superfície e transborda, suscitando uma nova esperança em vez do desespero. Jorra na fé, na confiança na infinita bondade de Deus, na sua providência. Irrompe hoje [Dia de Natal] num festival jubiloso, numa liturgia que se exercita para a alegria infinda e perfeita do céu".[195]

Enquanto Jesus empreende o caminho para Jerusalém a fim de enfrentar a sua paixão, morte e ressurreição, ele ensina de forma urgente aos seus discípulos como estar vivo em Deus, como crescer e alcançar a maturidade humana e espiritual. Ele os convida a transcender e superar a sua rivalidade infantil e o seu mau humor adolescente; a perdoar como faz o Pai, para se tornarem livres e alegres como o pai da parábola. Mas os discípulos são lentos para aprender. Na Igreja de Corinto, vemos uma comunidade que, mais de vinte anos após a ressurreição, se encontra ainda dividida pela rivalidade e pela imaturidade. São Paulo desejou ardentemente alimentar a comunidade em Corinto com alimentos substanciais e consistentes, mas ela ainda não era suficientemente adulta: "Foi leite que vos dei a beber e não alimento sólido, que ainda não podíeis suportar. Nem mesmo agora podeis" (1Cor 3,2).

O ensinamento de Jesus seria bálsamo para a nossa sociedade, que atravessa uma crise de infância. As crianças são empurradas para o mundo dos adultos, antes de estarem preparadas, e assim muitos adultos nunca crescem. Estar vivo é encaminhar-se para a maturidade, ao passo que muitas manifestações da modernidade acorrentam as pessoas ao infantilismo. Mas, só conseguiremos partilhar essa boa-nova, se os nossos contemporâneos virem que as comunidades cristãs são escolas de maturidade, em que se aprende a florescer, humana e espiritualmente, com a graça de Deus. Temos de compreender a sede de vida dos jovens – *Carpe diem*! Embora possa desencaminhá-los, eles devem saber que podem voltar para casa, que sua vergonha será resguardada. Devemos ter confiança nos jovens para que possam preparar-se para um futuro que não conseguimos imaginar e viver vidas cristãs num mundo que não compreendemos. Se aprendermos a liberdade e a alegria espontâneas do pai, verdadeiramente adultas e repassadas do espírito de infância, tocaremos a imaginação dos nossos contemporâneos e, talvez, eles desejem juntar-se à festa.

7.
PECADO E PERDÃO

Jesus narra a parábola do filho pródigo porque os fariseus e os escribas murmuravam: "Este acolhe os pecadores e come com eles" (Lc 15,2). No seu trajeto para Jerusalém, os discípulos, tentando entender esse homem estranho, achavam particularmente difícil compreender o seu perdão ilimitado. A todos é oferecido o perdão, e vezes sem conta. "Então, Pedro aproximou-se e perguntou-lhe: 'Senhor, se o meu irmão me ofender, quantas vezes lhe deverei perdoar? Até sete vezes?' Jesus respondeu: 'Não te digo até sete vezes, mas até setenta vezes sete'" (Mt 18,21-22). Como poderia qualquer sociedade sobreviver se houvesse um perdão ilimitado? Certamente deve-se traçar uma linha em algum lugar.

Mas mais extraordinário ainda é que Jesus apresenta a si mesmo como aquele que tira os nossos pecados: "O Filho do Homem não veio para ser servido, mas para servir e dar a sua vida em resgate por todos" (Mc 10,45). No Evangelho de João, justamente no início do seu ministério, João Batista aponta-o à multidão e exclama: "Eis o Cordeiro de Deus, que tira o pecado do mundo" (Jo 1,29).

Para os seus seguidores, isso era muito difícil de compreender; para os seus inimigos, era um escândalo. Mas é também uma afirmação sem sentido para uma imaginação secular. Jesus, o único que oferece a plenitude da vida? Cativante, pelo menos, lá isso é. Todos os seres humanos querem viver plenamente. "Ponho diante de vós a vida e a morte, a bênção e a maldição. Escolhei a vida." Todo mundo consegue aceitar que escolher a vida é a chave para uma existência digna de ser vivida; por isso escolhi esse tema para abordar neste livro. Mas a afirmação de que a vida abundante provém da morte ignominiosa de um homem na cruz afigura-se estranha e até doentia. Que tipo de Deus sádico poderia exigir isso?

O Judaísmo, o Cristianismo e o Islã celebram e adoram, todos, um Deus misericordioso. Deus proclama no Monte Sinai: "Senhor! Senhor! Deus misericordioso e clemente, vagaroso na ira, cheio de bondade e de fidelidade, que perdoa a iniquidade, a rebeldia e o pecado" (Ex 34,6). Cada sura do Alcorão começa com o *Bismillah*: "Em nome de Alá, o misericordioso, o compassivo". Mas só o perdão é o próprio cerne do Cristianismo, cuja imagem central é a de um homem torturado até a morte. O que parece colocar, no coração da nossa fé, a morte e não a vida, a culpa e não a alegria. Se assim é, então não admira que Cristo não consiga tocar a imaginação dos nossos contemporâneos. Vejamos como a linguagem acerca do pecado e do perdão pode ser emancipadora.

Pecado

Quase todos, hoje, se sentem incomodados com a linguagem do "pecado". A nossa sociedade tem um forte sentido moral, articulado em termos de direitos humanos, de tolerância mútua, do imperativo de preservar o ambiente e do cuidado dos vulneráveis. Mas, quando se fala de pecado, alguns ficam incomodados. Isso atormenta a imaginação contemporânea, evocando uma tendência doentia de chafurdar na culpa. Mas, na minha versão da Bíblia, "pecado", que traduz uma porção de palavras hebraicas e gregas, ocorre quase mil e quinhentas vezes. Não é possível lidar com uma imaginação cristã, sem abrir o discurso do pecado e do perdão.

No dia seguinte ao Batismo do meu último afilhado, o seu pai enviou-me um furioso correio eletrônico: "Acho que o Padre X precisa se deitar num campo de papoulas ou coisa parecida, toda essa conversa de pecado, pecado e mais pecado deve estar afetando-o! Pensava que vocês já tinham deixado de insistir em quão grande é o complexo de culpa que todos devemos carregar, e de pensar em formas cada vez mais extremas de flagelação para mantê-lo sob controle!".

Ele tem razão. É algo estranho que comecemos cada celebração da Eucaristia pedindo aos fiéis que pensem nos seus pecados. Não é um começo promissor para um festejo alegre. Imaginemos, no começo de uma festa de aniversário, pedir a todos que se arrependam dos seus pecados. Seria estragar a celebração. Talvez estejamos menos à vontade com a linguagem do pecado do que com a da transgressão porque ela evoca uma perfeição inatingível. "Sede perfeitos como é perfeito o vosso Pai celeste" (Mt 5,48). "Aquele que se isentar de um só desses mandamentos menores e ensinar assim aos homens será chamado menor no Reino dos Céus" (Mt 5,19). Francis Spufford afirmou que o Cristianismo "realmente faz exigências impossíveis... Pressupõe que você deve abandonar todos os seus bens, renunciar a defender-se, amar tanto os estranhos como a sua família, comportar-se como se não houvesse amanhã. Tais princípios não combinam com um programa sustentável".[196]

Parece uma ética intolerável e inumana. A mãe de Jeanette Winterson, uma inflexível cristã do Movimento Nascido Novamente, perde a calma perante um grupo a entoar cânticos de Natal e explode: "Já suportei muita coisa", disse ela, olhando expressivamente para mim. "Sei que a Bíblia nos diz para oferecermos a outra face, mas são faces demais num só dia!"[197]

Semelhante demanda de uma perfeição impossível pode induzir a um autoexame incessante, à tristeza e a uma culpabilidade devastadora. No romance *A leste do Éden*, Samuel está casado com "a sua esposa irlandesa, uma mulher pequena e rigorosa e tão desprovida de humor quanto uma galinha. Ela tinha uma mente presbiteriana sisuda e um código de moral que imobilizava e arrancava do cérebro quase tudo o que era agradável de fazer". H. L. Mencken, o jornalista e crítico social norte-americano, definiu o puritanismo como "o medo assustador de que alguém, em algum lugar, possa ser feliz".[198]

Raramente encontrei a famosa "culpa católica" na minha infância. O catolicismo em que eu cresci e fui educado não estava sobrecarregado pelo escrúpulo. Para mim, o medo era a vergonha. O importante era não ser descoberto. Mas a culpa infectou algumas formas do catolicismo irlandês, tingido de escrupulosidade jansenista. Muitas vezes, mora no sexo. Timothy Egan recorda a sua educação na infância: "O sexo era sujo. O sexo era vergonhoso. O sexo era antinatural. Pensar nele era errado. A própria premeditação era pecado e também o flerte. O sexo tinha uma finalidade: a procriação, o ato sem alegria da reprodução".[199] Brian Moore começa uma das suas primeiras histórias com a frase: "No princípio era a palavra, e a palavra era NÃO".

Por isso, uma narrativa comum na nossa época é a do Cristianismo ter se libertado da preocupação com o pecado. O relato clássico é o romance de James Joyce, *Retrato do artista quando jovem*. O herói, Stephen Dedalus, é atormentado pela culpa e pela ameaça de queimar eternamente no inferno, até que se liberta de ser "um servo parvo e leal".[200] As palavras finais do livro, citadas antes, são quase o seu grito de liberdade: "Bem-vinda, oh vida! Eu vou encontrar pela milionésima vez a realidade da experiência e forjar na forja da minha alma a consciência incriada da minha raça". A "consciência incriada" estava, presumivelmente, aliviada da culpa católica.

Edna O'Brien disse numa entrevista: "Sou uma católica irlandesa e tenho um *iceberg* enorme de culpa".[201] Naturalmente, existe também uma culpa protestante. Conta-se que um pastor escocês estava pregando sobre as terríveis chamas do inferno, onde haverá choro e ranger de dentes. Foi interrompido por um membro da congregação: "Mas eu não tenho dentes". "Os dentes serão fornecidos!" E existe, sem dúvida, igualmente uma culpa judaica e muçulmana.

Por que exigir uma perfeição impossível? Parece que, de certo modo, as pessoas têm, primeiro, de se sentir culpadas, para depois aspirarem àquilo que a religião oferece, o perdão. Como um fabricante de sabão em pó, que pretende convencer-nos de que as nossas calças, razoavelmente decentes, estão inaceitavelmente sujas, a fim de comprarmos o seu produto. No nosso caso, é o sangue do Cordeiro que branqueará as nossas túnicas (Ap 7,14).

No romance direto e incisivo de Stephen Hough, *The Final Retreat* [O retiro final], acerca de um sacerdote que se envolve com jovens prostitutos, o padre confessa que "uma boa parte da tradicional devoção católica se assenta numa espécie de processo de inoculação: faz-se adoecer as pessoas com a culpa, em seguida fornece-se antídoto; inflige-se uma ferida e, de imediato, vejam só, tem-se o unguento mágico; monta-se uma sala de refrigeração, veem-se as pessoas ficarem azuis com hipotermia teológica, e, em seguida, liga-se o aquecimento. 'Os teus pecados estão perdoados. Vai em paz.' E elas vão. Faces rosadas, aquecidas. Com um sorriso de alegria. Se um placebo cura o paciente, não deverá o médico sentir-se feliz?".[202]

O caso contra a linguagem do pecado parece forte. Será possível mostrar que ele pode abrir a nossa imaginação a uma plenitude de vida? Ou é apenas opressivo e gerador de uma culpabilidade inútil e infrutífera? Será ele o galpão do romance *O quarto*, de Emma Donoghue, ou abrirá uma porta para a transcendência e para um amor ilimitado?

Amizade divina

No capítulo 3, citei Charles Taylor, segundo o qual uma das fontes da imaginação secular é a rejeição da busca de uma santidade radical. Basta ser decente. A participação no próprio ser de Deus, tão fundamental, durante o milênio e meio de Cristianismo, já não era concebível. Segundo Taylor, "metas propostas que ultrapassavam o florescimento humano eram encaradas como negações do direito à felicidade";[203] "Assim, por inúmeros caminhos, foi possível acabar por rejeitar o Cristianismo, porque, ao convidar a ultrapassar o desabrochar humano, era o inimigo implacável do bem humano". Por que torturarmo-nos com a busca de uma santidade irrealizável? Não basta sermos bons cidadãos que amam as famílias, afáveis com os animais e não causar mal a ninguém?

Deparamo-nos aqui com o paradoxo gravado no âmago da imaginação cristã. Jesus acolhe incondicionalmente os cobradores de impostos e as prostitutas. Não lhes pede que se arrependam e virem a página, antes de celebrarem com ele. É evidente que ele se alegra com a companhia deles e lhes oferece a sua amizade, sem olhar o que antes fizeram ou foram. Ele gosta das prostitutas. Como é que isso se coaduna com a sua exigência de serem perfeitos como o seu Pai celeste é perfeito? Como pode ele, ao mesmo tempo, aceitá-los sem condições e exigir-lhes santidade?

Para compreendermos isso, temos de dar um enorme salto imaginativo e ver que a santidade, para a tradição bíblica, não consiste em submeter-se a constrangimentos externos. Como já expliquei num livro anterior,[204] as exigências morais dos Dez Mandamentos formaram e modelaram Israel para a amizade com Deus. Para ser amigo de Deus, há que participar da sua liberdade. Os Mandamentos eram uma carta de alforria do culto dos outros deuses que escravizam os seus adoradores, da tirania do trabalho, das paixões destruidoras que induzem à violência e destroem a vida familiar.[205] Deus fala a Moisés como a um amigo. Os Mandamentos são uma declaração de amor e uma disciplina para o crescimento e a maturação. Os israelitas amavam os Mandamentos de Deus, porque estes nos formam e educam para participarmos da companhia de Deus e sermos o seu povo:

> *São mais desejáveis do que o ouro, o ouro mais fino;*
> *são mais doces do que o mel, o puro mel dos favos*
> *(Sl 19,11).*

Com a perda do sonho de transfiguração, a religião tornou-se moralista, e, assim, a Lei de Deus foi interpretada não como educadora para a virtude, mas como constrição da nossa conduta. A obediência deixou de ser a resposta àquele que nos convidou a viver, e tornou-se submissão cega ao policial celeste. Pediram-me, uma vez, para proferir uma lição sobre ética sexual a quinhentos adolescentes, nas Ilhas Maurício. Tentei explicar, sem qualquer êxito, que a ética sexual não lida primeiramente com aquilo que nos é permitido ou proibido fazer, tal como jogar futebol não consiste em obedecer a regras, embora estas sejam necessárias. A ética sexual nos forma para vivermos amorosamente. No fim da lição, no meio de muitas risadinhas, todas as questões eram variações de: "Posso fazer isto ou aquilo?". Para compreendermos o discurso sobre o pecado, devemos, antes de mais, imaginar uma ética que nos configure para a amizade, de uns com os outros e com Deus.

Toda amizade digna desse nome é transformadora. Espero não exagerar chamando de amigo Jean Vanier, o fundador das comunidades da Arca. A presença, o olhar dele, o modo como ele fala, quem ele é, estimulam-nos a ultrapassar a trivial obsessão com nós mesmos, as meias-verdades que dizemos e a enfastiante mediocridade. Jean Vanier, à luz da minha experiência, aconselha-nos a deixarmos de ser egoístas, mas é impossível estar na sua companhia sem desejar deixar para trás tudo que é mesquinho. Na presença da sua magnanimidade, desdobramo-nos, tentando libertar-nos da bolha daquilo que Iris Murdoch chama de "gorducho e implacável ego".[206] É o modo de ser de Jean que me toca. Seu olhar é um convite a crescer. Toda amizade particular faz surgir aspectos da existência pessoal que antes não tinham emergido, e é por isso que precisamos de muitos amigos.

Por recomendação de Jean, fui assistir ao filme *Intocáveis*, dirigido por Olivier Nakache e Éric Toledano, que estreou em 2011. Um empresário muito rico, que ficou tetraplégico após um acidente com parapente, contrata como seu cuidador Driss, um jovem senegalês problemático, sem preparação profissional para a função. Driss furta um ovo Fabergé[207] durante a entrevista para o trabalho: não é um começo lá muito promissor. O filme inspira-se numa história verdadeira de Philippe Pozzo di Borgo e do seu cuidador, Abdel Sellou. É uma comédia notável sobre dois seres, cuja amizade recíproca os liberta: a um, das limitações da incapacidade, e ao outro, de um mundo de drogas e de violência. O homem rico aventura-se e atreve-se novamente a amar, e o seu cuidador a ir em busca da bondade. Quando perguntam ao homem rico por que empregou uma pessoa tão rude, ele responde que a razão foi Driss olhar para ele sem piedade. Não há condescendência. O seu olhar liberta. A sua amizade solta cada um deles daquilo que os acorrentava. A porta se abre.

A verdadeira amizade encarna e expressa o que parece irreconciliável, a plena aceitação do outro e o convite a ser mais. É difícil alcançar o justo equilíbrio. *Lady Bird: a hora de voar*, um filme de 2017, concentra-se na relação atormentada entre uma mãe e sua filha, Lady Bird. A mãe ama a filha, mas o seu amor é tirânico. Ela, invariavelmente, exige a perfeição. Diz Lady Bird: "Eu apenas queria... Queria que você gostasse de mim". Replica a sua mãe: "Claro que amo você". "Mas você gosta de mim?" A resposta da mãe expressa um amor que não abraçou a filha no seu irritadiço embaraço: "Quero que você seja a sua melhor versão possível". "Mas e se esta *for* a melhor versão?". Um amor que não aceita inteiramente a outra pessoa em toda a sua fragilidade ferida é devastador. Mas uma verdadeira amizade aspira igualmente ao desabrochar do outro, à sua santidade, como dizem os cristãos. Se assim não fosse, seria também opressiva, porque sem esperança.

Essa tensão assedia ainda a aclamada *Tetralogia Napolitana* de Elena Ferrante. Em *A amiga genial* desenvolve-se uma intensa amizade entre duas jovens de um bairro pobre de Nápoles, Lila e a narradora, Elena. Lila é brilhante e audaz. Desafia Elena a fugir da pobreza por meio da educação. Incita constantemente Elena a fazer mais, a ler mais, a ter metas mais altas. Mas, apesar de toda a sua afeição recíproca, isso leva Elena a sentir-se um fiasco: "Deixei que me ensinasse como se dançava a quadrilha. Deixei que me mostrasse como sabia escrever todas as palavras italianas em alfabeto grego. Quis que eu também aprendesse aquele alfabeto antes de ir à escola, e me forçou a lê-lo e a escrevê-lo. Fiquei com o rosto ainda mais coberto de espinhas. Ia aos bailes na casa de Gigliola com uma sensação permanente de insuficiência e de vergonha".[208]

Nenhuma amizade humana pode alcançar o pleno equilíbrio. É igualmente difícil deixar os outros serem o que são quanto convidá-los a serem mais. O melhor que conseguimos é, frequentemente, oscilar entre uma coisa e outra, como alguém que tenta, numa bicicleta, manter-se equilibrado.

Imaginemos, então, a amizade com o Filho de Deus. Nos Evangelhos, os que encontram Jesus tentam compreender o que isso significa. O seu acolhimento dos pecadores leva os fariseus e os escribas a uma indignação justa, mas, quando Jesus convida o jovem rico a deixar tudo e a segui-lo, ele parte entristecido (Mc 10,22). Quando Jesus diz que é difícil aos ricos entrar no Reino de Deus, os seus discípulos ficam admirados e dizem uns aos outros: "Então quem pode ser salvo?" (Mc 10,26).

Todavia, os que aceitam essa amizade inabalável e exigente são transformados. Em *Jesus Cristo Superstar*, a ópera rock de Andrew Lloyd Webber e Tim Rice, de 1970, Maria Madalena, antiga prostituta, admira-se e pergunta por que estar perto dele a modificou:

Fui mudada. Sim, realmente mudada
Nesses últimos dias
Quando eu me vejo
Pareço-me com outra pessoa
Eu não sei como aceitar isso
Não entendo por que ele me comove
Ele é um homem. Ele é apenas um homem.

Qualquer amizade é alimentada por uma reciprocidade do olhar. Olhamos e deixamos que nos olhem. Os discípulos viveram nos olhos de Jesus durante os anos do seu ministério. Foi a isso que eles testemunharam. Sempre me senti nervoso perante essa passagem no Evangelho de Marcos: "Pois não há nada escondido senão para que seja manifestado, nem acontece algo oculto que não se torne manifesto" (Mc 4,22). Meu pai saberá que era eu que, quando ele ia para a cama, ia buscar a garrafa de uísque no armário, tomava uma golada e, em seguida, diluía o restante com água, esperando que ele não percebesse. Anos mais tarde, fiquei aliviado ao descobrir que todos os meus irmãos faziam a mesma coisa.

O olhar de Jesus é interpelativo, mas não porque cada pecado foi anotado. Pelo contrário, ele vê a nossa bondade invisível. John Milbank e Catherine Pickstock afirmam que o conhecimento de Deus se assemelha ao de um *rusticus*, um aldeão da província que conhece e gosta dos seus tomates, mesmo quando eles têm defeitos. "Deus conhece-os [a nós!] como um artífice, porque os faz. Deus conhece-os como o *rusticus*, porque Deus está intimamente presente neles na sua singularidade."[209] Deus deleita-se no nosso ser, na nossa bondade, mesmo que, por vezes, ela esteja encoberta. Ele vê o santo que cada um de nós é chamado a ser por sua graça. Disse São João: "mesmo quando o coração nos acusa, Deus é maior que o nosso coração" (1Jo 3,20). Escreveu o Papa Francisco: "Apesar das aparências, cada pessoa é imensamente sagrada e merece o nosso amor".[210]

Estar vivo é, para o cristão, desabrochar na amizade com o Deus vivo e com aqueles que ele criou. "Permanece na sua companhia e ficará sabendo."[211] A oração, segundo Santa Teresa d'Ávila, é falar com Deus como a um amigo. Ela brinda uma aceitação que é mais radical do que podemos imaginar, porque a nossa verdadeira existência é sustentada por Deus em cada momento. O seu comprazimento no nosso ser é sem limites. Gregory Boyle apresenta a Deus os seus garotos em situação de rua, em Los Angeles, dizendo: "Eis aquele que não consegue tirar os olhos de vocês".

Santa Teresa sabia, pois, que essa amizade é extremamente exigente. Uma história, talvez apócrifa, conta como, após um dia terrível de viagem, Teresa se queixou longamente a Deus. Disse ele: "Mas é assim que eu trato os meus amigos" – o que levou Teresa a replicar:

"Sim, Senhor, por isso é que são tão poucos".²¹² Essa amizade transfigura-nos e configura-nos para aquilo que está para além do nosso alcance e da nossa natureza, a santidade de Deus. É interpelativa porque oferece muito.

Tem razão Francis Spufford: Jesus faz exigências impossíveis. Tal perfeição não se pode alcançar por meio de uma austera determinação e autoflagelação. É um dom que se revela à medida que alguém persiste na sua companhia, habita na sua Palavra e partilha a sua vida nos sacramentos. Todos os outros animais, tanto quanto sei, encontram a sua realização em serem eles próprios. Um coelho realizado tem uma vida de coelho, comendo alfaces e procriando coelhinhos. Um cão feliz tem uma vida canina, roendo ossos e caçando coelhos. E é desse modo que eles são o que são. D. H. Lawrence recorda um lagarto, por ele ser justamente o que é, ao contrário de nós: "Se os homens fossem homens como os lagartos são lagartos, valeria a pena olhar para eles".²¹³ Num dos romances de Walter Percy, o herói contempla o seu indolente gato: "De repente, deu-se conta do seu erro, ali estava o gato, cem por cento gato, deitado ao sol, enquanto ele próprio nunca tinha sido cem por cento nada".²¹⁴ Nenhum de nós o é, porque ser cem por cento nós próprios é ser mais do que somos. A natureza humana é feita para um amor que ultrapassa a nossa natureza – sobrenatural –, uma participação na felicidade divina e na liberdade de Deus. As virtudes modelam-nos para vivermos além do que se afigura possível, como amigos de Deus.

O discurso sobre o pecado não deveria evocar o nojo de si mesmo, mas a infinidade do amor a que somos chamados. A essência do arrependimento não é sentir-nos mal acerca de nós mesmo, mas abrir-nos à amizade de Deus. Naturalmente, se magoarmos alguém, devemos sentir-nos mal por isso. Mas a tristeza é um sinal de que a graça de Deus já está atuando dentro de nós e de que Deus está perto. O remorso do pecado é mais do que o arrependimento. É saber que, na verdade, nunca quisemos profundamente praticá-lo, em primeiro lugar. Sucumbimos a pequenos desejos. Devoramos um lanche insípido, fechando a nossa mente à inimaginável festa que Deus nos oferece de graça.

Perdão

Há pessoas que se incomodam com a linguagem do perdão, já que isso parece, à nossa época moralista, suspender a acusação com demasiada facilidade. Diz-se, muitas vezes, que hoje "tudo é permitido e nada é perdoado". Vivemos numa sociedade permissiva e, no entanto, implacável. Os tabloides trazem fotografias de mulheres nuas na primeira página, enquanto se indignam irascivelmente com um toque inapropriado. Os meios de comunicação estão cheios de acusações. As nossas falhas ficam registadas para sempre na web. Nunca se consegue eliminá-las. Mas diz Hamlet: "Se dermos a cada homem o que merece, quem escapará do açoite?".[215]

O perdão tornaria triviais as nossas faltas, se fosse um mero esquecimento. Muitas vezes, a Bíblia fala como se assim o fosse. Em Isaías, Deus diz: "Eu, porém, é que apagava as tuas faltas, por mim, não me lembrava dos teus pecados" (Is 43,25). Deus deixou para trás todos os nossos pecados (Is 38,17). Esquecer é, às vezes, um elemento do perdão. Se fui ofendido por um amigo, o perdão poderá incluir que eu não deixe a minha mente habitar constantemente nessa ferida. Devo deixá-la para trás, se tivermos de continuar em frente, mas fazer do esquecimento a essência do perdão seria menosprezar a nossa dignidade como seres morais. A compaixão imensurável de Deus reduzir-se-ia a uma amnésia divina. Se eu matasse um dos meus confrades numa explosão de raiva, ficaria diminuído se Deus me dissesse: "Não pense mais nisso. Qualquer um o poderia ter feito". Se me dissessem para ir descalço em peregrinação à Terra Santa como penitência, pelo menos ficaria sabendo que o peso moral das minhas decisões para o bem ou para o mal teria sido reconhecido. Seria levado a sério.

Que é, então, o perdão? O primeiro momento do perdão é a recusa de infligir vingança. É interrompida a reação em cadeia da violência. Oferecemos a outra face. Terry Eagleton dá a isso o nome de "inação frutífera", e cita a advertência de um rei africano, no romance de Saul Bellow, *Henderson, o rei da chuva*. Um homem admirável, disse ele, "não quer passar a vida transmitindo a fúria [de uma ofensa cometida contra ele]. A bateu em B? B feriu C? – não temos um alfabeto suficiente para cobrir e explicar a condição... Ele deve guardar o golpe. Ninguém o receberá dele, e esta é uma ambição sublime".[216]

Antoine Leiris, cuja esposa, Hélène Muyal, foi morta em Paris por terroristas, em novembro de 2015, escreveu uma carta aberta aos assassinos dela: "Na noite de sexta-feira, vocês roubaram a vida de uma pessoa excepcional, o amor da minha vida, a mãe do meu filho, mas não terão o meu ódio. Não sei quem vocês são e não lhes quero conhecer, são almas mortas. Se o Deus por quem cegamente mataram os fez à sua imagem, cada bala no corpo da minha mulher é uma ferida no seu coração. Por isso, não, não lhes darei a satisfação de odiá-los. Vocês assim querem, mas responder ao ódio com a raiva seria sucumbir à mesma ignorância que os fez ser quem são. Vocês gostariam que eu tivesse medo e olhasse para os meus concidadãos com um olhar de suspeita, que eu sacrificasse a liberdade pela minha segurança. Perderam".[217]

Eis a "inação frutífera". O perdão renuncia à euforia da vingança e à lógica mecanicista do mundo. Começa por nada fazer. A criação é *ex nihilo*, a partir do nada. É a partir do nada, do não retaliar que uma janela se abre para o que é novo. Abre-se um espaço na apertada rede das interações humanas para que algo de inesperado aconteça. Sempre que alguém renuncia à vingança, a graça criadora de Deus torna fértil o espaço vazio. Abre-se uma porta no estreito espaço do olho por olho, através da qual posso escapar para a liberdade e para o ar fresco da misericórdia.

O perdão de Deus revela-se num túmulo vazio na manhã de Páscoa. Não há ninguém ali. Na Sexta-feira Santa, a humanidade crucificou aquele que, segundo cremos, é o amor de Deus feito carne. Esse ódio brutal acumulou toda a recusa de amor que alguma vez existiu. A ressurreição de Jesus dos mortos é a irrupção da graça criadora de Deus no nosso mundo, o começo da nova criação. Esse único ato divino de perdão é mais do que suficiente para tudo o que eventualmente possamos fazer. Cada ato de perdão é uma participação na misericórdia pascal de Deus. Escreve Terry Eagleton: "O perdão radical está, provavelmente, além do nosso poder. Não é deste mundo. O incondicional é a prerrogativa do divino. Uma das razões por que o perdão é tão difícil é que as crianças pequenas ainda têm de se tornar capazes dele, e crianças pequenas são, em larga medida, aquilo que nós continuamos a ser".[218] O perdão é um sintoma de crescimento. É tornar-se vivo em Deus.

Ousamos recordar essa Sexta-feira e dizemos que ela é santa. A cruz da aparente derrota é exibida em todas as igrejas e capelas. O perdão é um ato criativo que traz a marca da mestria de Deus. No Japão do século XV, alguém quebrou um belo vaso que pertencia a um general. Mandou consertá-lo, mas não ficou contente com o resultado. Então, um artífice quebrou-o novamente e o colou com laca misturada a ouro. Surgiu, assim, uma forma artística, Kintsugi, "emendar com ouro". O objeto que fora quebrado tornou-se mais belo do que nunca. Ao buscarmos o perdão, trazemos a Deus os cacos da nossa vida, os nossos fracassos e os nossos pecados, e, com a graça de Deus, somos restaurados, a fealdade das nossas falhas mergulha na beleza e o absurdo, no sentido.

Um sacerdote grego em Trípoli, no Líbano, o Padre Ibrahim Sarouj, tem paixão por livros. Ao longo dos anos, erigiu uma biblioteca de oitenta mil volumes, que pôs à disposição de todos. Quis que todos partilhassem a sua biblioteca. Mas, num dos livros, encontrava-se um panfleto com críticas ao Islã. O Padre Ibrahim não sabia da sua existência. A biblioteca foi incendiada e dois terços dos livros foram destruídos. Um ato de puro niilismo, a característica do mal. Todos os seus amigos, muçulmanos e cristãos, passaram a vir até ele e trazer livros. Ele perdoou os incendiários: "Estou tentando encontrá-los, para lhes dizer que os amo". A biblioteca está sendo reconstituída. Será melhor do que era antes. Eis a criatividade do verdadeiro perdão.

No último ano, visitei o túmulo do meu confrade Pierre Claverie, o bispo de Orã, na Argélia, assassinado em 1996, por causa da sua oposição à violência. Mil muçulmanos vieram ao seu funeral. Uma jovem, no fim, prestou o seu testemunho, dizendo que regressara ao Islã por causa de Pierre. Ele era o bispo dos muçulmanos também. Lentamente, a catedral encheu-se de um murmúrio em árabe. Perguntei o que estavam dizendo: "Ele também era o nosso bispo. Era o bispo dos muçulmanos". Agora, o seu túmulo está coberto de flores, ali deixadas por cristãos e muçulmanos. O terrível ato do seu assassínio gerou esse fruto inesperado.

Caminhei pelo Saara argelino depois de ter chovido. Fiquei espantado ao ver as dunas de areia cobertas de pequenos ramalhetes de inumeráveis pequenas plantas que surgiam por cima da areia. O perdão é a graça perene de Deus: "O deserto e a terra árida vão alegrar-se, a estepe exultará e dará flores belas como narcisos. Vai cobrir-se de flores e transbordar de júbilo e de alegria... o coxo saltará como um veado, e a língua do mudo dará gritos de alegria; porque as águas jorraram no deserto e as torrentes na estepe" (Is 35,1-2.6).

O deserto estéril da nossa vida floresce com a chuva da fertilidade de Deus. O grande canto pascal, o *Exultet*, alude jubilosamente à queda de Adão e Eva como *felix culpa* – o pecado ditoso –, porque levou à vinda de Cristo entre nós. Nenhuma vida humana precisa confluir na morte, por mais trágico que seja o seu aparente fracasso. Eis o triunfo da vida sobre a morte.

Uma amiga minha, a Irmã Pauline Quinn, op, nasceu no seio de uma família rica não cristã, em Hollywood, mas sofreu um terrível abuso sexual.[219] Foi enviada para muitas instituições, onde foi repetidamente violada, inclusive por médicos. Começou a automotilar-se. Seus braços ainda estão cobertos de cicatrizes. Passou a viver nas ruas, por muitos anos. Encontrou, depois, uma freira católica e também um cão, um pastor alemão chamado Joni, que lhe deu segurança e afeto. Foi acolhida na Igreja e acabou por ser aceita como irmã dominicana. A sua vida tornou-se admiravelmente fecunda. Ocupou-se das vítimas da guerra em todo o mundo, persuadindo os benfeitores a financiar-lhes próteses e também lhes arranjando empregos. Trabalha com prisioneiros, ensinando-lhes a treinar cães para ajudarem os deficientes. A graça triunfou sobre a fealdade do pecado, e a vida da irmã Pauline é bela. Ela está agora sendo tratada de um câncer.

Na manhã de Páscoa, Jesus sopra sobre os discípulos e diz: "Recebei o Espírito Santo. Aqueles a quem perdoardes os pecados, eles lhes estão perdoados; aqueles a quem retiverdes, estão retidos" (Jo 20,22-23). Eis a origem da tradição, presente nas antigas igrejas cristãs, de ir confessar os pecados a um sacerdote que representa toda a comunidade. Para muita gente, semelhante prática é difícil de engolir e embaraçosa. Por que se há de suportar tal humilhação? Um dominicano, chamado Padre Everest, era tão surdo que utilizava uma corneta acústica. Quando ouvia confissões, pedia às pessoas que "falassem na corneta" [*speak up the trumpet*]. Um dia, uma mulher irrompeu, indignada, pelo priorado adentro, afirmando que o Padre Everest lhe ordenara: "Fale, sua rameira! [*Speak up you strumpet*]".

Esse sacramento celebra o perdão que se fez carne e sangue, humano na nossa comunidade. Está inserido na textura da nossa vida comunitária. Não se trata apenas de um ato mental, mas torna-se visível e audível nesse encontro, nas palavras proferidas e ouvidas, aqui e agora, neste lugar e neste tempo. Somos, agora, o Corpo de Cristo, brindando, hoje, a alegria da libertação dos pecados. Não obstante todos os modos de escolhermos becos sem saída na nossa vida, a porta está aberta para a infinidade de Deus.

Herbert McCabe, numa visita a Dublin, foi confessar-se. Naturalmente, não faço ideia do que ele disse, mas recebeu uma repreenda do sacerdote. Herbert saiu do confessionário e esperou. Quando o padre apareceu, agarrou-o e gritou para ele: "Você nunca deveria ouvir uma confissão assim. É uma traição ao sacramento". As confissões, segundo a minha experiência, são ocasiões de alegria. Podem começar com lágrimas, mas depois segue-se o riso.

Como podemos perdoar?

"Se perdoardes as transgressões aos homens, também vosso Pai celeste vos perdoará. Mas, se não perdoardes aos homens, também vosso Pai não perdoará vossas transgressões" (Mt 6,14-15). É uma perda de tempo pedir perdão, se não se estiver disposto a perdoar. Como poderemos receber a cura da graça criadora de Deus, se nos recusamos a partilhá-la com outros?

E se as feridas que alguém sofreu ainda não estiverem curadas? Como então poderá perdoar? Se alguém sofreu abusos, sobretudo de um(a) genitor(a), de um(a) tio(a) ou de um padre, ou se o(a) cônjuge foi infiel ou um terrorista matou seu filho, o perdão pode parecer impossível no momento. Ser obrigado a perdoar seria outro abuso. Fica-se perdido naquilo que Stephen Cherry chamou de "selva da dor".[220] Se a ferida for vivida como um ataque à vida de alguém por um poder estranho, dizer-lhe que *deve* perdoar duplica a ofensa. "Depois de saber disso, como perdoar?"[221]

Cherry diz que "o perdão emerge".[222] "O perdão será algo que desponta devagar do coração que está disposto a experimentar a tensão entre a simultânea impossibilidade e a necessidade de perdoar."[223] Surge no devido momento, como as flores no deserto. O ritmo não pode ser forçado. Não é possível arrancar as flores sem quebrar as suas raízes. Podemos pedir a Deus para nos perdoar, mesmo quando o perdão ainda não despontou na primavera do nosso coração. Na cruz, Jesus diz: "Pai, perdoa-lhes, pois não sabem o que fazem" (Lc 23,34). Podemos também dizer isso, esperando que chegue o tempo em que nós próprios conseguiremos fazê-lo.

A tarefa, como sempre, é também a da imaginação. No deserto, o perpetrador pode parecer um monstro, sem qualquer humanidade. Talvez chegue o tempo em que o monstro seja olhado como um ser humano, também ferido e magoado. Terry Eagleton aduz o exemplo de Patrick Melrose, o protagonista do romance *Enfim*, de Edward St Aubyn. Patrick, quando era criança, foi sexualmente atacado pelo pai e encontra-se ainda mergulhado na "selva da dor". Pouco a pouco, a sua imagem dos pais transforma-se: "À medida que a compaixão se expandiu, ele viu-se na mesma situação em que os seus supostos perseguidores, viu os seus pais, que pareciam ser a causa do seu sofrimento, como crianças infelizes com pais que, aparentemente, eram a causa do seu sofrimento: não havia ninguém para culpar, todos precisavam de ajuda, e os que pareciam merecer a maior culpa eram os que mais precisavam de ajuda".[224]

Comenta Terry Eagleton: "Patrick consegue, finalmente, perdoar seus pais, ao reconhecer o pecado original. Também eles estavam enleados numa teia anônima de maldade, dívida, culpa e acusação, numa rede sem origem ou objetivo".

Não se trata aqui de os exonerar ou desculpar. O pecado é indesculpável, mas pode ser perdoado. Abrir a nossa imaginação à sua humanidade ferida talvez nos ajude a enfrentar a nossa própria necessidade de perdão. Os meios de comunicação populares têm sede de sangue. Os monstros devem ser denunciados e expulsos da comunidade humana. Devem ser constrangidos e ridicularizados. Mas, na sua expulsão, uma parte de nós também é excluída, e por isso nunca ficaremos completos.

A abertura do nosso coração e da nossa mente aos que muito nos prejudicaram acontecerá, porventura, no tempo devido. Não pode ser objeto de ordem, como também não podemos ordenar à primavera que aconteça no inverno. A tarefa consiste na aquisição do que Cherry chama de "um coração que perdoa". Se começarmos pelas feridas pequenas e mais fáceis de perdoar, tornamo-nos alguém que habitualmente perdoa. Aprendemos lentamente a não coçar as casquinhas das nossas feridas ou a alimentar ressentimentos, até que o perdão se torne uma reação espontânea e a nossa mais profunda liberdade. "Mas, acima de tudo, o coração/ há de suportar a parte mais longa."[225]

Eagleton mostra-nos uma cena admirável no romance *Anna Karenina*. Anna deixa o seu marido, um burocrata aborrecido, pelo garboso conde Vronsky. De início, tudo o que Karenin deseja é a vingança, mas, ao ver a fragilidade de Anna, os seus sentimentos transformam-se: "Um sentimento alegre de amor e perdão pelos seus inimigos encheu o seu coração. Ele se ajoelhou e, apoiando a sua cabeça na manga dela, soluçou como uma criança... A sua piedade por ela, o remorso de ter desejado a sua morte e, acima de tudo, a alegria do perdão suscitaram nele, de repente, não só o alívio dos seus próprios sofrimentos, mas também uma paz interior como nunca antes conhecera. De repente, sentiu que aquilo que era a fonte dos seus sofrimentos se tornou a nascente da sua alegria espiritual; que aquilo que parecia insolúvel, enquanto se entregava à censura, às recriminações e ao ódio, tornou-se simples e claro, quando concedeu o perdão e amou".[226]

Na jornada de Jesus para Jerusalém, seus inimigos e até seus seguidores ficam escandalizados com suas palavras acerca do perdão incondicional e ilimitado dos pecados. Pior ainda, torna-se claro que ele é aquele cuja morte traz esse perdão, porque é "o Cordeiro de Deus que tira os pecados do mundo". Não explorei o modo como esta morte é fonte de cura. Escreveram-se já milhares de livros sobre teorias da expiação. O intuito do presente livro é uma imaginação cristã que tenha no seu centro o perdão dos pecados. Isso não significa que devemos atolar-nos na culpa e no ódio por nós mesmos. O discurso sobre o pecado revela a infinidade do amor a que somos chamados, um amor que ultrapassa nosso alcance natural, mas que é livremente concedido. Nosso coração está aberto ao convite de Jesus para partilharmos a própria vida de Deus. Não nos basta a simples decência. E a linguagem do perdão não incide perpetuamente no lavar das culpas, como se o sacramento da Reconciliação, tal como os católicos chamam a confissão, fosse uma lavanderia divina. Não é a amnésia de Deus. É a criatividade de Deus que torna bela a nossa vida, por mais sórdida que ela tenha sido. Abre o caminho quando nele ficamos trancados pelo nosso passado. Fomos libertados do confinamento.

Agora, os discípulos chegaram a Jerusalém, e agora, no Evangelho de João, eles iniciam uma jornada de outro tipo. Jesus ensina-os.

ENSINAMENTO

8. Ensinar: a imaginação dogmática

"Eu vim para que tenham vida e a tenham em abundância" (Jo 10,10). Vimos, até agora, que escolher a vida significa embarcar na perigosa aventura de seguir Cristo, ser libertado da doença, ser curado do impulso de atacar e destruir, da acidentada aventura de crescer e de ser livrado do fracasso. Nos Evangelhos, tornar-se vivo assumiu a forma de caminhar para Jerusalém.

Estamos aproximando-nos do ponto crucial da aventura. Jesus chegou ao lugar onde irá sofrer, morrer e ressuscitar. Mas agora algo de estranho acontece no Evangelho de João. Jesus ensina. É o mais longo e contínuo bloco de material no Novo Testamento (capítulos 13–17). É habitualmente referido como o Último Discurso, mas poderia chamar-se "A última aula de Teologia". Não é estranho que, perante a tortura e o assassínio, Jesus realize um seminário teológico? A palavra "teológico" é, amiúde, usada como referência a uma discussão inútil e impossível de ser determinada, como a expressão "discutir o sexo dos anjos".

Para entendermos o que aqui se passa, devemos, com brevidade, enfrentar um preconceito da imaginação contemporânea, a saber, o ensino, exceto de matérias práticas ou científicas "objetivas", é endoutrinação. Veremos, em seguida, como o ensino de Jesus é fonte de vida e, por isso, revelado em toda a sua vitalidade em confronto com o seu contrário, o silêncio e o aparente absurdo da morte violenta. Por fim, veremos como ensinar é uma forma de amar. Abre a porta da imaginação para a transcendência.

Endoutrinação?

As três religiões abraâmicas ensinam e embatem, por isso, num preconceito contemporâneo, a suspeita sobre quem propõe exigências verdadeiras. Pressupõe-se que ensinar é impor as opiniões de alguém a pessoas que deveriam ser deixadas livres para pensar por si mesmas. Quem é você, para me endoutrinar? Isso se verifica sobretudo no ensino religioso. Daí a suspeita das escolas confessionais, consideradas por muitos como viveiros de preconceito e estreiteza mental. Por vezes, assim acontece, mas só quando atraiçoam o seu chamamento e a sua vocação.

Nicholas Lash caracterizou essa suspeita do seguinte modo: "O Iluminismo legou-nos o que se poderia denominar uma crise de docilidade. Se não tivermos a coragem de elaborar as coisas por nós mesmos, de considerar como verdadeiro apenas o que pessoalmente alcançamos ou, porventura, inventamos, então, significados e valores, descrições e ensinamentos, impostos por outras pessoas e alimentando o seu poder, hão de inibir-nos e ser para nós uma fonte de escravidão, acorrentando-nos a fábulas e falsidades do passado. Até a verdade de Deus, talvez sobretudo a verdade de Deus, não é exceção a essa regra. Só os escravizados e as crianças deveriam ser suscetíveis de ensino ou dóceis".[227]

Os dogmas definem o cerne da identidade das religiões abraâmicas, mas os crescidos rejeitam o dogma, dizem-nos. Steve Jobs, cofundador da Apple, resumiu isso no seu discurso inaugural na Universidade de Stanford, em 2005: "O seu tempo é limitado, por isso, não o desperdice vivendo a vida dos outros. Não se deixe acorrentar pelo dogma – que sobrevive pelo resultado do pensamento dos outros. Não deixe que o ruído das opiniões alheias afogue sua voz interior. E, mais importante ainda, tenha a coragem de seguir o seu coração e a sua intuição". Naturalmente, se alguém levasse a sério o conselho de Jobs, deveria negar-se a aprender outras línguas quaisquer, saturadas como estão, de forma inevitável, dos pressupostos daqueles que nos antecederam. Comungar-se-ia a própria verdade interior numa vacuidade estúpida e tácita. Afirmou G. K. Chesterton: "Há dois tipos de pessoas: aquelas que aceitam os dogmas e sabem e aquelas que aceitam os dogmas sem saber... As árvores não têm dogmas. Os nabos são realmente tolerantes".[228]

Escreveu Terry Eagleton: "A maioria dos críticos modernos revolta-se ao ouvir a palavra 'dogma', mas muitos poemas tradicionais são dogmáticos no sentido original, não depreciativo, de aderirem a um sistema de crença. Dante e Milton, por exemplo. É um erro asserir, com certos críticos contemporâneos, que demasiada crença, assim como sal em demasia, faz invariavelmente mal. Depende do tipo de crença em questão. E os críticos, habitualmente, pensam nas crenças dos outros e não nas suas. As minhas crenças são supremamente flexíveis, enquanto as dos outros são absurdamente artríticas".[229]

Uma resposta a essa percepção negativa do dogma é oferecer uma fé não dogmática. Se "marcarmos" a nossa religião como uma espiritualidade gentil, e não como ensinamento, ela afigurar-se-á menos opressiva. A atenção plena, as técnicas de meditação, o ziguezaguear em labirintos, o acender velas e o ensinar a respirar lentamente são maneiras de encontrar serenidade no nosso mundo turbulento. Não há nada de mau nessas coisas, mas o Cristianismo, tal como o Judaísmo e o Islã, é uma religião que ensina. Se deixar de fazê-lo, nossa fé é eviscerada.

Todo cristão é, ao mesmo tempo, mestre e discípulo. Eamon Dufy, historiador da Igreja em Cambridge, escreveu: "De fato, o ensino católico assume muitas formas diferentes – uma mãe que ensina as orações aos filhos, um catequista que prepara os jovens para os sacramentos, um grupo paroquial que estuda a Bíblia e analisa os Evangelhos, sermões, conferências ou discussões num seminário, cursos universitários ou aulas de educação de adultos, livros ou artigos religiosos, cartas pastorais, documentos conciliares, encíclicas papais. Algumas destas formas são mais importantes e outras menos, mas todas constituem o ensino católico, e todos os que estão implicados em tais atividades são mestres e participam na obra profética de Cristo".²³⁰

Ensinar e curar (capítulo 4) são duas das principais vocações cristãs.

O ensino cristão não interrompe a nossa busca da verdade. Pelo contrário, estimula a aventura da mente. Entrei na Ordem Dominicana em 1965, quando o Concílio Vaticano II estava terminando e os protestos estudantis de 1968 estavam prestes a explodir. Eram tempos confusos e excitantes. Tudo estava no ar. Nada parecia certo. Muitos dos meus confrades abandonaram a vida religiosa. Alguns de nós, em Blackfriars, permanecemos, porque tínhamos mestres admiráveis como Herbert McCabe, Fergus Kerr e Cornelius Ernst, os quais nos mostraram que as doutrinas da nossa fé libertavam o coração e a mente, bem como nos arrojavam a uma exploração infinda do mistério da nossa fé.

A vida cristã não pode apoiar-se em mornos e difusos sentimentos de que Jesus é simpático. As experiências carismáticas do Espírito são maravilhosas, mas, quando chegarem tempos de aridez, o que nos sustentará? As doutrinas alimentam-nos, mesmo quando os nossos sentimentos estão exaustos e desce a noite escura. Estudar é, em parte, uma resposta tão dinâmica à promessa da vida como a jornada para Jerusalém. São aspectos entrançados da mesma demanda. Precisamos, por isso, partilhar com os nossos contemporâneos seculares um sopro da "imaginação dogmática", que nos impulsiona para a via aberta da mente. Confessar que Jesus ressuscitou dos mortos não significa que já resolvemos o enigma do túmulo vazio: "Isso já está resolvido". A fé na ressurreição tornar-se-ia assim um dogma no sentido negativo e não cristão. Ao invés, a fé, como afirmou Gregório de Nissa, avança de início em início, por toda a eternidade. Deus é para sempre esquivo, justamente à nossa frente. R. S. Thomas, poeta galês e sacerdote anglicano, que desempenhou o seu ministério entre os fazendeiros das colinas de Manafon, escreveu: "Um Deus / tão célere, sempre à nossa frente e / que nos deixa quando chegamos".[231] Temos apenas um vislumbre das suas costas, como Moisés na montanha.

As doutrinas da Igreja – o nascimento virginal, a divindade de Cristo, a ressurreição de Jesus e assim por diante – não são crenças em acontecimentos isolados; são todos momentos no grande drama do caso amoroso de Deus com a humanidade. Diz McCabe: "Se fosse possível apenas convencer um homem da ressurreição de Cristo, como fato isolado, sem o seu contexto, ele o veria meramente como uma das coisas extraordinárias que, por vezes, acontecem. Não teria qualquer significado religioso".[232] O túmulo vazio estava prenhe de um novo momento na história, que é o drama da nossa vida.

Afirmar que uma opinião é herética a torna mais excitante, como se algum indivíduo tivesse ousado pensar fora da caixa. Mas o contrário é que é verdadeiro. Uma visão herética é um daqueles curto-circuitos da admirável e inesgotável história de nossa transfiguração em Cristo, e a reduz a uma história convencional e enfadonha. É um exemplo do que Mary Midgley apelida de "nothing buttery" [nada além do que...].[233] É reducionista. Negar a divindade de Cristo é achatar o relato de inserção na vida divina, pelo que ficamos apenas com a narrativa de um mestre inspirador, um entre milhares. A negação da humanidade de Cristo mina a nossa fé na total proximidade de Deus ao tornar-se um de nós. Ficaríamos com um fantasma celestial revestido de aparências humanas. Por isso, o Credo convida-nos sempre a prosseguir na jornada rumo ao mistério infinito de Deus, em vez de vaguearmos por alguma senda negligenciada que leva a um beco sem saída. Admoesta-nos: "Tentamos esse caminho, mas, definitivamente, não *vaut le detour* [não vale a pena a viagem]".

A doutrina livra-nos de tudo o que é estreito e fastidioso. Regressemos àquele incidente da série *The West Wing – Nos bastidores do poder*, quando a simpática secretária do presidente, que ele conhecia desde criança, morre num acidente de automóvel. Ele vai ao funeral, na catedral, e, em seguida, manda fechar o edifício, para que se possa enraivecer sozinho com Deus. "Seu bandido irresponsável", grita ele. Ao regressar à sala oval, tem uma espécie de encontro com a secretária morta. Diz ela: "Você sabe muito bem que Deus não controla os acidentes de automóvel!". Claro que sabe, mas ele incorrera, por momentos, numa visão infantil de Deus como o grande controlador do mundo, que se encarrega de tudo o que acontece, à maneira de um jogador de xadrez que move os peões. Isso é apenas má teologia que reduz Deus a um ser muito poderoso, o equivalente celestial dele próprio, o Presidente do Universo. A boa e sólida doutrina abre a claraboia da nossa imaginação. Faz buracos na religiosidade mesquinha. Deixa entrar o ar fresco da infinidade de Deus.

A nossa fé fala-nos do modo como somos cingidos pelo mistério infinito do amor de Deus, do amor que Deus é. Herbert McCabe, que era tudo, menos um pensador insosso, escreveu: "A totalidade da nossa fé é a crença de que Deus nos ama; quer dizer, não há mais nada. Tudo o mais em que dizemos acreditar é apenas um modo de dizer que Deus nos ama. Qualquer proposição, qualquer artigo de fé, só será uma expressão de fé se for um modo de dizer que Deus nos ama".[234]

Nunca deixaremos de descobrir o que isso significa, e todos os que se esforçam por compreender o preço e a beleza do amor são nossos aliados, independentemente de acreditarem ou não em Deus.

Por isso, o ensino não enclausura a mente nem extingue as nossas faculdades críticas. Arroja-nos ao assombro e à adoração. Flannery O'Connor, a romancista católica americana, escreveu a um amigo: "Para mim, um dogma é apenas uma porta para a contemplação, é um instrumento de liberdade e não de restrição. Preserva o mistério para a mente humana".[235]

McCabe argumenta que, para alguns, o caminho para o mistério inefável é o estudo rigoroso e duro, embora não para todos. É um caminho para a santidade, que vemos exemplificado em Santo Tomás de Aquino: "Fossem quais fossem as suas muitas outras virtudes, a santidade central de Santo Tomás era uma santidade da mente, e esta não se revela nas muitas questões a que ele, de forma maravilhosa e excitante, respondeu, mas na única perante a qual fracassou, a questão a que ele não conseguiu nem podia responder e se recusou a pretender responder".²³⁶

E, claro está, esta era a primeira pergunta que, segundo contam, ele fez como criança: "Quem é Deus?".

Só afetaremos as pessoas com a liberdade contagiosa da "imaginação dogmática", se elas virem que os cristãos não têm medo de se enlear em questões complexas para as quais não sabem a resposta, de aprender e também ensinar, de alimentar e alentar opiniões que não foram objeto de consideração. Diante do fundamentalismo estúpido e da consequente violência, a melhor resposta é pensar.

Ensinar, perante a morte

Pensar é um modo de florescermos – alguns de nós, mediante um pensar rigoroso e disciplinado, outros por vias menos acadêmicas. Capta-se um vislumbre da exuberância jocosa do estudo numa carta que o jovem Erasmo enviou a seu amigo Christian Northoff quando estudava em Paris e saboreava a surpreendente nova literatura do início da Renascença: "Falamos de letras, na refeição do meio-dia. Os nossos jantares são refinados mediante o tempero literário. Nos nossos passeios, tagarelamos acerca de letras e até os nossos divertimentos frívolos não lhes são estranhos. Falamos de letras até adormecermos, os nossos sonhos são sonhos acerca de letras, e a literatura acorda-nos, ao iniciarmos um novo dia".²³⁷

Como jovem frade, fui até Munique levando na mochila um exemplar de *Ser e tempo*, de Heidegger, o qual estudava enquanto esperava por uma carona. Não entendia lá grande coisa, mas era uma pose divertida e bela. O meu sentimento era: "Isso é que é viver".

Se o estudo é um modo de desabrocharmos, a sua beleza vital cintila muito mais perante a morte. Por isso, na noite antes de morrer, Jesus ensina. Desafia a estúpida ferocidade que o espera, no dia seguinte. Instrui os seus discípulos acerca da amizade, quando já foi atraiçoado por um deles e está prestes a ser renegado por Pedro. Ele os instrui acerca da paz que o mundo não pode dar, quando está para ser tragado pela violência. Ele lhes diz para ficarem unidos, quando, em breve, se irão dispersar. Esse ensino desafia o esquálido absurdo do que está para acontecer. Ele é reivindicado na manhã de Páscoa. "Onde as palavras não prevalecem, prevalece a violência."[238]

A morte brutal parece tornar absurda toda e qualquer vida. Quando Santo Oscar Romero, arcebispo de El Salvador, visitou o lugar de um massacre praticado pelo exército salvadorenho, deparou-se com o corpo de um garoto estendido num fosso: "Era apenas uma criança, no fundo do fosso, com o rosto para cima. Era possível ver os buracos das balas, as contusões deixadas pelos golpes, o sangue seco. Os seus olhos estavam abertos, como se perguntasse qual a razão da sua morte e sem a compreender".[239] Essa experiência intensa da violência absurda suscitou uma conversão de coração, que o levou a alinhar-se com os mais pobres, a opor-se ao regime militar de El Salvador e a ser assassinado. Ou nada tinha sentido ou a vida tinha um sentido que transcendia a morte, e pelo qual valia a pena morrer.

Václav Havel, dramaturgo e primeiro presidente da República Checa, afirmou que "a esperança não é a convicção de que algo voltará a ficar bem, mas a certeza de que algo faz sentido, independentemente do seu desfecho".[240] O estudo revela a nossa esperança de que tudo o que vivemos e experimentamos, nossas alegrias e tristezas, finalmente revelará ter uma plenitude de significado, que por enquanto mal vislumbramos. São Paulo garante aos coríntios: "Agora vemos por intermédio de um espelho de forma enigmática, mas, depois, face a face. Agora, conheço em parte, mas, depois, conhecerei como também fui conhecido" (1Cor 13,12).

Nas zonas de guerra do nosso mundo, o ensino e o estudo expressam a nossa esperança de que a violência não terá a última palavra. Em Bagdá, os dominicanos publicam a revista *Pensée chrétienne* [Pensamento cristão], que é lida por milhares de muçulmanos. Ela não propõe ideias acerca do Cristianismo, mas compartilha uma tradição cristã de pensamento crítico. Impele as pessoas a superar os pressupostos simplistas acerca daquilo em que cristãos e muçulmanos acreditam. Evoca a época em que Bagdá era um grande centro da vida intelectual, entre os séculos IX e XII, a "Idade de Ouro Islâmica", quando gente de todas as crenças ali procurava a verdade. Também o futuro poderia ser assim.

Yousif Thomas Mirkis, op, antes de ser nomeado arcebispo de Kirkuk, fundou a Academia de Ciências Humanas de Bagdá, na qual 80% dos estudantes são muçulmanos. Seu emblema é um escudo dominicano com um grande ponto de interrogação. Aqui nenhum questionamento é proibido. Disse-me ele: "Precisamos de lugares onde as pessoas possam respirar o oxigênio do debate". A razão é um dom de Deus!

Regressei ao Iraque, em dezembro de 2017, com um dominicano americano, Brian Pierce. As nossas irmãs tinham sido expulsas da planície de Nínive pelo Estado Islâmico. A primeira coisa que os terroristas fizeram foi demolir as escolas. A primeira coisa que as irmãs fizeram, ao regressar, foi reconstruí-las, mesmo antes de terem encontrado um lugar para viver. Estudantes muçulmanas, cristãs e yazidi sentam-se, lado a lado, na sala de aula e aprendem conjuntamente, são colegas. Uma irmã dominicana, em determinado dia, não pôde dar uma aula de catecismo às alunas cristãs, por causa de uma consulta médica, e ficou encantada, no seu regresso, ao ver que uma docente muçulmana lhes dera essa lição; havia encontrado o catecismo na estante e deu às crianças a aula sobre a sua fé cristã. Disse a docente: "Não quis que elas perdessem uma aula".

Quando, meses antes, visitei Homs, na Síria, a cidade estava em ruínas. Rezamos no túmulo do jesuíta holandês Frans van der Lugt, que se recusara a abandonar a cidade, quando a violência irrompeu em 2014. Depois de um bombardeio, ele celebrou a liturgia do Domingo de Ramos, a que assistiram católicos, ortodoxos e muçulmanos. Em 7 de abril, alguém entrou no jardim e o assassinou. Encontramos ali um velho e cansado jesuíta ensinando crianças, fiel ao seu posto. O ensino prossegue. O sentido acabará por triunfar. Há professores, na Europa, que saltam cedo da cama para prepararem as aulas para os seus estudantes, sobretudo em lugares que são pobres e parecem não ter futuro; são embaixadores da esperança.

Talvez seja essa a razão por que os judeus põem o estudo no centro da sua vida religiosa. Foram muitas as vezes em que eles foram ameaçados por *tsunamis* de violência sem sentido. O antissemitismo está, hoje, novamente em ascensão. H. G. Wells asseverou que o Judaísmo foi o primeiro a propor a educação universal para todas as crianças, porque ser judeu é estudar. O estudo é ainda mais santo do que a oração, porque na oração falamos a Deus, mas no estudo nós o ouvimos. Na Europa central, periodicamente atolada em *pogroms*, o Judaísmo sobreviveu através do estudo. O seu lugar de culto chama-se *shul* em iídiche – uma escola:

> O elemento mais importante no orçamento da família é a taxa de matrícula que, em cada período, deve ser paga ao professor da escola das crianças. "Os pais moverão céus e terra para educar o seu filho." A mãe, encarregada das contas domésticas, cortará as despesas do alimento familiar até o limite, se for necessário, a fim de pagar a escola do seu filho. Se o pior vier a acontecer, ela penhorará as suas prezadas joias, a fim de pagar o período letivo. O menino deve estudar, o menino deve tornar-se um bom judeu; para ela, as duas coisas são sinônimas.[241]

Estudo como amor

Quando o filósofo Peter Geach encontrou a sua futura esposa, outra filósofa, Elizabeth Anscombe, massageou o seu ombro e disse: "Senhorita Anscombe, gosto da sua mente".[242] Não são só os filósofos que têm uma mente bela. Uma das coisas que perdi, por causa da minha vida de frade, é não ter tido filhos e não poder assistir ao desabrochar das suas mentes. Gostaria de ter visto a sua exploração da linguagem. Pertencemos à espécie *homo sapiens* (homem sábio), e quando a nossa mente é oprimida e embotada, não conseguimos viver de forma plena.

O ensino é uma forma de amor, amor da verdade e amor entre docente e aluno que se encontram mutuamente na verdade. Santo Tomás de Aquino apreciava a expressão, herdada de Aristóteles, *anima est quodammodo omnia* [a alma, em certo sentido, é todas as coisas]. A alma humana está aberta a todas as formas de ser e, no conhecimento, torna-se uma só coisa com elas.

O conhecimento é uma espécie de consumação em que as barreiras são derrubadas. Quando amamos os outros, unimo-nos a eles e tornamo-nos um só. O conhecimento mais profundo do outro, no Antigo Testamento, é a união sexual. "Adão conheceu novamente a sua esposa" (Gn 2,25). Esse conhecimento, como vemos, é transformador de quem eu sou. Esse amor ou amizade faz aparecer aspectos de mim que antes nunca tinha desfraldado.

Certa vez, dei as boas-vindas ao Papa João Paulo II, na nossa universidade romana, o Angelicum, com uma longa frase em Polonês que eu tentara decorar. Quando acabei, para meu alívio, ele completou a frase. Então, disse-lhe, em italiano: "Espero que a minha pronúncia polonesa seja melhor do que o meu italiano". Replicou ele, sem hesitação: "Se o coração estiver aberto, a mente compreende". O estudo torna mais amáveis as mentes e mais perceptivo o nosso amor.

Dominique Pire, op, um dominicano belga, que recebeu o Nobel da Paz depois da II Guerra Mundial, escreveu: "É necessário que nos tornemos um só com os outros. Isso exige, pois, colocar o si mesmo, aquele que somos e o que pensamos, numa espécie de parênteses, apreciar o outro de forma positiva, sem necessariamente partilharmos o seu ponto de vista. Há nisso um profundo sacrifício de si próprio".[243] Tal é o ascetismo do estudo.

O estudo abre-nos àquilo que o outro é. Quando estudei em Paris, durante um ano, tive de me abrir a um modo francês de ser humano.

Deixei que a França se penetrasse na minha pele. Libertei-me um pouco daquilo que constituía minha identidade britânica e tornei-me um pouquinho francês. Quando fui Mestre da Ordem e tive de aprender espanhol, passei muito tempo na América Latina, lendo os romancistas do continente, saboreando o seu alimento e abrindo-me ao seu modo de ser humano. Tomás de Aquino chama a isso *latitudo cordis*, a expansão do coração.

"A alma é, em certo sentido, todas as coisas." Serge de Beaurecueil, o dominicano francês que passou muitos anos no Afeganistão, aprendeu a ser um hóspede na casa do Islã. "Para compreender o outro, não se deve sobrepor-se a ele, mas tornar-se seu hóspede."[244] Pouco a pouco, Serge acabou por pensar no Afeganistão como seu país, como a sua Terra Prometida.[245] Isso não implica, de modo algum, um relativismo insosso; ele continuou a ser um discípulo de Cristo, mas com um coração alargado e uma mente ampla, uma imaginação mais "católica".

Numa época incerta da verdade, a tentação é voltar-se para dentro em autoexame. Philip Roth referiu-se ao "simples fato do eu, a visão do eu como inviolado, poderoso e audaz, do eu como a única coisa real num meio circundante onde predomina a irrealidade".[246] Muitos dos livros mais famosos do nosso tempo são na realidade, de fato, memórias, como *Uma comovente obra de espantoso talento*, de Dave Eggers, ou o romance autobiográfico, em seis volumes, *A minha luta*, de Karl Ove Knausgard, um estudo minucioso de cada momento da sua vida.[247] Mas a disciplina do estudo cristão interrompe a atração gravitacional do eu e permite ao indivíduo ser tocado e modificado por aquilo que o outro é. A simples diferença áspera do seu ser rebenta a bolha do ego. Isso se verifica quer eu estude Santo Agostinho, Física ou o sistema digestivo de um verme.

No poema de Ted Hughes, "The Thought Fox" [A raposa pensante], o poeta, de certo modo (*quodammodo!*), torna-se a raposa. Abre o seu ser à vulpinidade da raposa. O poema é uma tentativa de criar a ponte entre a raposa e o humano.

> *Através das clareiras, um olho,*
> *Um verdor sempre mais aberto e profundo,*
> *Reluzindo e cauteloso,*
> *Ocupa-se do que lhe interessa*
>
> *Até que, com um súbito e quente fedor de raposa*
> *Entra no buraco escuro da cabeça,*
> *A janela ainda sem estrelas; o relógio bate,*
> *A página é impressa.*

No poema, eles tornam-se um só. A impressão do poema é uma espécie de união consumada. Wendell Berry oferece-nos um vislumbre de uma transformação similar na sua contemplação da mariquita-de-garganta-amarela:

> *A minha mente tornou-se*
> *Bela à vista dela. Ela só tinha a beleza*
> *Viva de si mesma no momento único da sua vida.*[248]

Olhar para o que é belo embeleza a mente. Olhar para o que é feio, pornográfico, sádico, desprezível, assassina a mente. Que dizer da ciência? Pode ela modificar quem nós somos? Poderá alguém ser atraído por uma molécula e transformar-se? Perguntei a Robert Gilbert, professor de Bioquímica em Oxford e sacerdote anglicano. A ciência, diz ele, é reforçada por um amor da beleza: "Compreender algo, ao apreciá-lo, implica entregar-se a ele, afundar-se nele. Implica o amor por ele".[249]

Se o estudo das aves e das moléculas expande a nossa humanidade, imaginemos então quão frutuoso será o estudo da Palavra de Deus, que abre todo o nosso ser àquele que é infinito e se dirige a nós na amizade. Um estudo estritamente acadêmico, que trata os textos como objetos a serem dissecados, não produzirá esse fruto; mas, se nos detivermos na Palavra de Deus, se a saborearmos, a questionarmos e nos deixarmos questionar por ela, nossa amizade com Cristo suscitará uma mudança em quem somos e no modo de sermos.

"A alma é, em certo sentido, todas as coisas." Como mestres, abrimo-nos aos nossos estudantes e, de certa maneira, tornamo-nos eles, penetramos na pele deles e vemos com os seus olhos. São Paulo disse que se fez tudo para todos, a fim de poder instruí-los: "De todos tornei-me servo, a fim de ganhar muitos: tornei-me, para os judeus, como judeu, para ganhar os judeus; para os sob a lei, como sob a lei, mesmo não estando eu sob a lei, para ganhar os sob a lei; para os sem lei, como sem lei, mesmo que não sem a lei de Deus, mas na lei de Cristo, a fim de ganhar os sem lei ... tornei-me tudo para todos, a fim de salvar, de algum modo, alguns" (1Cor 9,19-22).

São Gregório Magno afirmou que, muitas vezes, só conseguiu entender as Escrituras quando se tornou um com a sua assembleia.[250] São Domingos desejou tão ardentemente se comunicar com os albigenses ou cátaros, que saltou literalmente do alto do seu cavalo para deles se aproximar, para com eles caminhar e partilhar a sua pobreza. Tornou-se um deles o mais que pôde, sem se atraiçoar a si mesmo, tal como Deus se tornou um conosco, porque temos alguém que "foi provado em tudo como nós, exceto no pecado" (Hb 4,15).

Ser professor é fazer-se tudo para todos. Se você ensina soldados, deve penetrar na mente militar. Quando ensinei seminaristas em Milão, tive de imaginar ser um deles e ler seus semblantes quando eu lecionava. Se alguém instrui freiras americanas feministas, tem de se acercar delas o mais possível e ouvir cada palavra, através dos ouvidos delas, antecipar o que causará irritação ou suscitará deleite. O amor não exige menos. Ensinar os jovens é tornar-se jovem de certa maneira (de novo *quodammodo!*), tendo, todavia, a noção de não sê-lo. Significa conhecer as suas canções e os seus sonhos.

E, se a audiência incluir tradicionalistas e progressistas, cada grupo com o seu próprio vocabulário e a sua peculiar sensibilidade?

Preguei numa instituição universitária, em Cambridge, a uma assembleia que incluía cristãos liberais e uma freira ferozmente conservadora, que se sentou com uma esferográfica pronta a registrar os meus erros. Então, suplica-se desesperadamente por uma palavra ampla, jorrando da Palavra que a todos sustém, tanto liberais como conservadores.

Há que desejar a partilha da verdade de maneira que, como São Filipe Néri, se faça quase tudo, mesmo com o risco de ser considerado um tolo, como quando ele cortou metade da sua barba para mostrar a futilidade de tentar parecer importante! Depois de tornar-se um com seus alunos e ter assimilado a sua linguagem, pode-se oferecer-lhes novas palavras, uma linguagem mais rica. Lembro-me de um estudante holandês que me disse gostar de vir à nossa igreja porque aprendia novas palavras como "glória" e "santidade". Mas, antes disso, temos de nos aproximar, tal como Deus, da Palavra que se fez humana.

Será que tudo isso é verdade?

Por mais que nos acerquemos das pessoas, por maior que seja a nossa simpatia por seu modo de ser, o Cristianismo ainda ensina verdades que a uma cultura secular se afiguram tolices. Ensinamos que um ser humano foi divino, que ele nasceu de uma virgem, ressuscitou dos mortos e nos oferece o seu corpo. Como podemos nos atrever a partilhar semelhante fé, quando ela será certamente rejeitada como absurda?

Nós só o fazemos porque acreditamos que a nossa fé é verdadeira, e que os seres humanos são feitos para a verdade, *homo sapiens*. Nossas doutrinas não podem, pois, ser de todo estranhas a qualquer mente humana. Elas devem evocar algum pequenino vislumbre de reconhecimento. De acordo com as Constituições Dominicanas que regem nossas vidas de confrades, os seres humanos têm uma *propensio ad veritatem*,[251] um pendor para a verdade. Os seres humanos captam a sua fragrância, mesmo se débil na nossa cultura secular. Nada de humano é estranho a Cristo, e Cristo nunca foi de todo alheio a nenhum ser humano: "a luz verdadeira que ilumina todo homem que vem ao mundo" (Jo 1,9).

Somos feitos para a verdade como os peixes para a água e as aves para o ar. Sem ela, definhamos. Se ensinarmos com imaginação, as pessoas talvez despertem, como os ursos que, após uma longa hibernação, captam o cheiro da primavera e só querem comer. Quando São Paulo pregou em Atenas sobre a ressurreição dos mortos, "alguns caçoavam, mas outros disseram: 'A respeito disso te ouviremos em outra ocasião'" (At 17,32). Ensinamos a nossa fé, na esperança de que num pequeno recanto da mente dos nossos ouvintes um "Sim" despertará do sono.

Já quase no ocaso da sua vida, Dorothy Day escreveu no seu diário: "Não importa quão velha venha a ser... com falta de ar, incapaz de caminhar mais do que alguns quarteirões, sabe-se lá se com sopro no coração, deficiências cardíacas, talvez enfisema, artrite nos pés e nos joelhos, com todos estes sintomas da idade e da decrepitude, meu coração ainda pode pular de alegria, ao ler e ao prestar um súbito assentimento a alguma grande verdade enunciada por alguma grande mente e por um grande coração".[252]

Leonard Cheshire foi um piloto da RAF, na II Guerra Mundial, que, mais tarde, fundou lares para moribundos e pessoas com deficiência. Durante um jantar com amigos, no tempo da guerra, afirmou não ter qualquer crença num Deus pessoal, e um amigo objetou: "Que absurdo completo. Deus é uma pessoa, e você sabe disso perfeitamente bem". Escreveu Cheshire: "Mal essa afirmação foi feita, fiquei sabendo que era verdadeira. Não é que eu não a conhecesse já, há muito tempo, e precisasse apenas de um solavanco para abertamente admiti-la, também não tive de seguir um processo de raciocínio que eu descortinasse como irrefutável; apenas isto: o que até então me parecera um absurdo desencadeou, naquele momento, uma convicção plena".[253]

Isso pode suceder até a acadêmicos. Edith Stein nasceu numa família judia praticante, em outubro de 1891, mas tornou-se ateia na juventude. Obteve o doutorado na Universidade de Friburgo e foi assistente do grande filósofo Edmund Husserl. Tinha diante de si uma brilhante carreira acadêmica: "Uma noite, Edith pegou uma autobiografia de Santa Teresa d'Ávila e foi lendo o livro pela noite adentro. 'Quando acabei o livro, disse a mim mesma: eis a verdade'. Mais tarde, ao refletir sobre a sua vida, escreveu: 'A minha ânsia de verdade foi uma oração singular'".[254] Foi recebida na Igreja Católica e tornou-se monja carmelita com o nome de Teresa Benedita da Cruz. Foi enviada, juntamente com a sua irmã Rosa, também freira, para Auschwitz, onde morreram na câmara de gás, em 1942. Atrevemo-nos, pois, a ensinar a nossa fé porque acreditamos que os seres humanos são animais que, nas palavras de Jonathan Sacks, "demandam o sentido", e assim talvez reconheçam no nosso ensino o significado pelo qual todos anelamos.

Mas por que a teologia é tão complicada? A *Summa Theologica* de Santo Tomás de Aquino contém centenas de questões obscuras, e ela é apenas um resumo – a *summa* – para principiantes.[255] Quando Karl Barth, talvez o maior teólogo protestante dos últimos cem anos, em 1962, foi à América, pediram-lhe que resumisse os milhões de palavras que havia escrito, e ele disse: "Jesus me ama, eis o que sei, porque é o que a Bíblia me diz".[256] Do que mais precisamos? Por que teólogos como Barth e Tomás de Aquino se incomodam com volumosos tomos, explorando questões que nunca ocorrem à maioria das pessoas? Não é tudo tão simples? Amar a Deus e ao próximo como a si mesmo![257]

Conta G. K. Chesterton que "uma senhora que eu conheci pegou uma coletânea de Santo Tomás de Aquino, com um comentário; cheia de esperança, começou a ler uma seção com este título inocente: 'A simplicidade de Deus'. Pousou, então, o livro, com um suspiro, e disse: 'Bem, se esta é a sua simplicidade, o que será a sua complexidade, pergunto eu'".[258]

A teologia é complexa, não por Deus ser complexo, mas porque nós somos complicados. As nossas formas de dar sentido ao mundo são múltiplas. Deus é inteiramente simples, de uma simplicidade além da nossa compreensão. Ao aproximar-nos de Deus na fé, na esperança e no amor, tornamo-nos cada vez mais simples; mas esse é um renascer longo e difícil, a eliminação dos labirintos tortuosos de nosso coração e de nossa mente, à medida que, lentamente, amadurecemos numa claridade radiante e nos tornamos indivíduos coerentes, em vez de pessoas conflituosas com personalidades múltiplas.

A simplicidade da resposta de Karl Barth era fruto de infindáveis anos de estudo e oração. Todos, sem dúvida, poderiam *dizer* as mesmas palavras, mas requer-se uma vida inteira para o fazer com autoridade. Conrad Pepler, op, sábio dominicano e amigo de Wittgenstein, pregou reiteradamente acerca do amor e de como ele era a única coisa necessária. Muitos pregadores dizem a mesmíssima coisa, mas olhamos para o nosso relógio e nos perguntamos quando é que eles deixarão de proferir tantas banalidades vazias. Quando Conrad falava, escutávamos, porque falava com a autoridade de alguém cuja vida estava radicada na simplicidade inimaginável de Deus. Era o fruto de anos de vida com aquele que disse: "Eu vos chamo amigos".

9.
AMIZADES IMPOSSÍVEIS

Friends, a série americana acerca de um grupo de amigos em Nova York, é considerado um dos melhores programas de TV de todos os tempos. Foi transmitida, pela primeira vez, há 25 anos, e o último episódio foi ao ar em 2004, antes de muitos adolescentes e jovens que ainda o cultuam terem nascido. A Geração Z – também chamados de nativos digitais – segue-a principalmente nos seus celulares. Também gosto da série. Mas qual é o segredo da popularidade que ela encontra em outra geração, sessenta anos mais jovem do que eu? A sua música de abertura é *I'll be there for you*. Ali estão ao seu dispor, sempre que quiserem, dez anos de programas. Simon Leggett, que realizou uma pesquisa na Inglaterra com os aficionados de *Friends* em 2019, afirmou: "As crianças estão digitalmente mais conectadas do que qualquer outra geração, e mais ainda do que no último ano. Todavia, à medida que a conectividade aumenta, em vez de se sentirem mais ligadas aos seus colegas, sentem-se cada vez mais solitárias e isoladas".[259] Anseiam por amigos, mas habitualmente assistem sozinhas a programas acerca de amizade. É possível ter mil amigos no Facebook, mas nenhum de carne e osso.

Perante a morte, Jesus chama de amigos os seus inconstantes seguidores. Talvez a materialização dessa amizade seja o modo de seduzir a imaginação não só desses jovens, mas de outros tantos milhões, amiúde sozinhos, que habitam as nossas cidades anônimas.

À medida que este livro foi avançando, tornou-se claro que a amizade de Jesus é uma chave para a imaginação cristã. No capítulo 7, vimos que a vida moral não lida com a submissão a regras que impõem constrangimentos externos à nossa conduta. Aceitamos ser transformados pela amizade do Senhor. O capítulo 8 mostrou que o estudo é a disciplina da abertura de si a outros modos de ser. "A alma é, de certo modo, todas as coisas." Estudar a mente e a humanidade de outra pessoa, imaginar as suas esperanças e os seus medos também faz parte da amizade. Ora, na noite antes de morrer, Jesus, o Mestre, chama de amigos a seus discípulos, incluindo aqueles que o atraiçoam e o abandonam.

Existe uma longa tradição de associar ensino e amizade, que recua, pelo menos, até Sócrates. Os mestres partilham com os seus estudantes o que é mais precioso, o amor por aquilo que ensinam. Mestre e discípulo sentam-se lado a lado, olham-se mutuamente, como fazem os amigos. Mas há limites. A amizade implica uma igualdade plena, que é impossível entre um mestre e um jovem discípulo. Muitos filmes contemporâneos acerca de professores e seus estudantes exploram a beleza e as armadilhas dessa relação, testando os limites: *Fazendo história*, *O despertar de Rita*, *Primavera de uma Solteirona*, *Educação*, *Direito de amar*, *Sociedade dos Poetas Mortos*, *A voz do coração* e assim por diante. Deparamo-nos com isso em toda parte, desde o Dumbledore de Harry Potter até o Gandalf e o Frodo em *O Senhor dos Anéis,* e ainda o Obi-Wan Kenobi e Luke Skywalker de *Guerra nas estrelas*. O que, então, Jesus ensina aos seus discípulos, quando lhes chama de amigos? Diz ele: "Eu vos chamo amigos, porque tudo que ouvi de meu Pai vos dei a conhecer" (Jo 15,15). O que ele ouviu?

Amizade bíblica

A Bíblia está repleta de histórias de amizade.[260] Há as amizades entre Ruth e Naomi, entre Eliseu e a mulher sunamita (2Rs 4), Davi e Jônatas, os enfadonhos amigos de Jó, e assim por diante. A amizade desponta, habitualmente, entre os bons e os virtuosos. "Diga-me com quem andas e te direi quem és", diz o ditado popular. Uma das acusações mais graves contra alguém é dizer que é amigo dos maus. Os autores dos Salmos mostram um afã especial em dizer a todo mundo que eles não andam com iníquos:

> *Não convivo com homens que adoram ídolos,*
> *nem me associo com os traidores.*
> *Detesto a reunião dos malfeitores,*
> *e não tomo assento com os ímpios (Sl 26,4-5).*

Os maus, na realidade, não têm amigos. Juntam-se e convivem por razões egoístas – sobretudo, para prejudicarem aos justos. A amizade é, quase por definição, o que une aqueles que temem o Senhor:

> *Nada se pode comparar a um amigo fiel,*
> *e nada se iguala ao seu valor.*
> *Um amigo fiel é um bálsamo de vida;*
> *os que temem o Senhor acharão tal amigo.*
> *O que teme o Senhor terá também boas amizades,*
> *porque o seu amigo será semelhante a ele (Eclo 6,15-17).*

Mas Deus tende a fazer amigos com gente duvidosa: por exemplo, Abraão, que tenta salvar sua pele ao fazer a esposa passar por sua irmã. Deus chega a considerar Davi, um adúltero e assassino, como "um homem segundo o meu coração" (At 13,22), como seu amado (Sl 89,24). O amor de Jônatas por Davi é também uma exceção. No século XII, o cisterciense Santo Elredo de Rievaulx escreveu que "Jônatas, o amigo da virtude, foi levado a sentir amor por um jovem virtuoso",[261] mas Davi dificilmente é um modelo de virtude. Deparamos aqui com uma alusão ao que há de vir com o seu descendente Jesus.

Jesus foi um homem de amizades fortes e profundas. Foi um amigo íntimo de Lázaro e das suas irmãs Maria e Marta e arriscou a sua vida ao visitar o túmulo de Lázaro, onde chorou (Jo 11). O Evangelho de João é quase certamente o testemunho do discípulo amado, que permanece fielmente ao pé da cruz, quando os outros fogem. Até aqui, tudo dentro do tradicional.

Mas Jesus quebra o padrão ao tornar-se amigo de pecadores – sobretudo de prostitutas e dos menosprezados cobradores de impostos, que faziam dinheiro oprimindo os mais pobres e colaborando com os odiados opressores, os romanos. Essa amizade com transgressores morais não significa que ele fosse um indivíduo tolerante que se sentia bem ao misturar-se com qualquer um. Era mais do que a generosidade de uma pessoa afável, que sofria ao vê-los excluídos dos círculos dos bons. Era mais do que escandaloso. Era impossível. Tais amizades não poderiam ter lugar, porque somos definidos pelas nossas amizades. Elas são o tecido das existências pessoais e o cerne da identidade de cada um. Só quando vislumbramos a impossibilidade absoluta de tal amizade é que começamos a ver por que a declaração de amizade feita por Jesus, na noite da sua morte, foi tão eletrizante. No Evangelho de João, ele o faz precisamente nesse momento por saber que esses amigos o trairiam, negariam e abandonariam. A boa-nova é a das amizades impossíveis de Deus.

A graça da amizade

No século XIII, Santo Tomás de Aquino refletiu profundamente sobre a natureza dessa amizade. Antes da sua época, a maioria dos teólogos refletiu sobre o amor de Deus pela humanidade à luz do Cântico dos Cânticos. Esse amor erótico, esponsal, cativou a imaginação deles, sobretudo a do teólogo cisterciense São Bernardo de Claraval e, mais tarde, de São João da Cruz. Santo Tomás preferia a linguagem mais serena, menos febril da amizade para descrever a vida trinitária de Deus e a nossa relação com ele.

Talvez isso se deva ao fato de ele ser um frade, um irmão. A sua vida era uma vida fraterna, que acentuava as relações horizontais entre iguais na nossa Ordem democrática, e não as relações hierárquicas de monges em relação a seus abades.²⁶² Essa espiritualidade era uma dádiva para o novo mundo urbano do século XIII, quando as velhas hierarquias do mundo feudal estavam ruindo e a democracia estava no ar. Os comerciantes viajavam entre cidades em número cada vez mais crescente, como o pai de São Francisco de Assis. Estrangeiros de condições sociais incertas encontravam-se nas praças das cidades. Uma espiritualidade da amizade captou a atmosfera do tempo, e as pessoas acorriam aos priorados dos frades, *fratres*, "irmãos" e também irmãs. A espiritualidade da amizade também é boa para a nossa época, em que a era da deferência se foi. A maioria das pessoas vive em cidades, esbarra com estrangeiros e busca algum calor e reconhecimento no deserto urbano. A oferta de amizade que Jesus faz também pode falar ao nosso mundo.

No mundo antigo, bíblico e clássico, ocidental e oriental, a amizade só é possível entre iguais. Deveria existir, ao menos, uma igualdade aproximada em condição social e em virtude. Houve exceções. Quando Pôncio Pilatos tenta libertar Jesus, é ameaçado pelos chefes religiosos: "Se o soltas, não és amigo de César!" (Jo 19,12). Essa não é a amizade de que falam Aristóteles e os Evangelhos. É uma relação de subserviência, que faz de alguém cliente de um patrão poderoso. Herodes, o Grande, tinha o título de *Amicus Caesaris*, amigo de César, um rei cliente, mas não um igual. Mas a amizade de Jesus não é um patrocínio. A Igreja percebeu que ela era a oferta inimaginável de uma espécie de igualdade com Deus.

Ainda mais impensável do que a amizade com pecadores era a amizade entre Deus e as suas criaturas, porque não podia haver maior desigualdade. Deus não é uma versão muito poderosa de um ser humano, mas é absolutamente transcendente. Como pode, então, Deus ser nosso amigo? Para Tomás de Aquino, isso só pode ser dom de Deus: tanto a um santo como a uma prostituta, não faz diferença. Denys Turner vê as coisas assim: "Por conseguinte, se Jesus proclama que agora os discípulos devem ser chamados de 'amigos', isso só acontece porque, de algum modo, foi suplantada a desigualdade radical entre Criador e criatura, porque existe, por assim dizer, uma nova criação que estabelece uma nova ordem de relação entre Deus e os seres humanos. No entanto, como não há possibilidade de tal desigualdade ser nivelada por ação da criatura, a iniciativa tem de ser de Deus, inteiramente gratuita, para assim tornar as criaturas humanas iguais ao divino, para que a amizade se torne uma possibilidade entre eles. Ora, como na *Summa*, diz Santo Tomás: *solus Deus deificat* ('só Deus nos pode fazer divinos')".[263]

Por isso, quando Jesus chama os discípulos de amigos, não está simplesmente sendo simpático e tolerante: "Talvez sejais um bando degenerado, mas amo-vos ainda assim". Não lhes chama só de amigos: *faz* deles amigos. Eles são introduzidos na verdadeira vida de Deus, no amor eterno e inteiramente igualitário que é a vida da Trindade. Abre-se, no mundo da finitude, uma porta para o infinito.

Eis o que denominamos graça. O amor de Deus torna-nos dignos de ser amados e livres para amarmos em troca. Somos amados porque somos bons, e somos bons porque somos amados. Por ser uma participação na vida eterna de Deus, a amizade desafia a morte. E é por isso que, justamente diante da morte, Jesus denomina esses vacilantes seguidores como amigos. A amizade com Deus é um repto à morte. É o sabor da vida ressurgida.

Até pessoas que não professam fé alguma sentem isso, às vezes. Os laços de amizade brilham de forma mais radiante em face da mortalidade. Em junho de 2001, Alain Jacques e seus colegas estavam escavando um local no campo de batalha de Arras e se depararam com uma sepultura com os corpos de vinte soldados.[264] Estavam com os seus braços entrelaçados e alguns até com os seus dedos unidos. Eram provavelmente soldados do batalhão *Grimsby Chums*. Na I Guerra Mundial, muitos batalhões eram formados por amigos que, assim se esperava, se sustentariam e apoiariam mutuamente no meio dos horrores da guerra. Eram frequentemente chamados de *Pals* [amigos, comparsas]: os *Preston Pals*, os *Leeds Pals*, os *Bradford Pals* e assim sucessivamente.

Aqui, os *Grimsby Chums* estão ainda unidos na morte. Devem ter sido sepultados com extraordinário cuidado. Disse Alain Jacques: "Poderemos imaginar a amizade e a dedicação dos que assim juntaram os seus restos mortais? Ir à busca, apanhar uma perna e alinhá-la – que ato notável. Eles devem ter morrido com horas de diferença". Nada sei da fé dos homens ou dos amigos que os sepultaram, mas essa sepultura é uma espécie de testemunho implícito da amizade eterna, que os cristãos acreditam ter sido oferecida em Cristo. Havia apenas um corpo um pouco à parte, sem tocar nos outros. Talvez fosse um oficial e que, por ser visto assim, como superior, infelizmente, não fazia parte dos *Chums*. É sempre possível esticar e abrir um pouco mais a amizade.

A graça de uma amizade que derruba muros

Apaixonamo-nos, mas fazemos amigos. Um amor apaixonado é vivido como uma espécie de destino imposto e compulsivo. Somos como que atropelados. Mas as amizades são feitas, deliberadamente alimentadas e cultivadas. Jesus, no fim da parábola do bom samaritano, pergunta: "Qual desses três, a teu ver, se fez próximo daquele que caiu nas mãos dos bandidos?" (Lc 10,36). O bom samaritano aproxima-se e cria a relação. Tornar-se amigo é um ato criativo. Derruba as barreiras e desfaz os preconceitos. Tem um toque da criatividade divina, que em Cristo formou "de ambos os povos [judeus e gentios] um só. Tendo derrubado o muro de separação que os dividia e os tornava inimigos em sua carne" (Ef 2,14). Fazer amizades inesperadas é um modo de participarmos na obra redentora de Cristo. Os cristãos estão, pois, encarregados de fazer amizades que o mundo considera impossíveis. Essa é a nossa tarefa divina.

Aduzirei dois exemplos da natureza criativa dessa amizade cristã, da sua beleza e exaltação: um contemporâneo, e o outro, de quase cinco séculos. Ambos mostram como a amizade de Deus trespassa barreiras para criar relações aparentemente impossíveis.

O Ocidente torna-se amigo do Oriente

Olhemos, sem pressa, para um dos exemplos mais extraordinários e proféticos de amizade criativa, concretizada na vida do jesuíta italiano Matteo Ricci. Escrevo acerca dele com hesitação, porque não o conheço muito bem, mas, como afirmou certa vez um dos meus confrades, a ignorância nunca me deteve no passado! Reconheço aqui a minha dívida para com Ana Carolina Hosne e James V. Schall, sj.[265]

Ricci e seus companheiros iniciaram sua jornada no rio das Pérolas, na China, em setembro de 1583, acompanhados por intérpretes. As suas vestes simbolizavam a sua missão. Envergavam uma indumentária cinzenta, como os monges budistas, e gorros quadrados que se assemelhavam aos barretes católicos, e inseriram-se na sociedade chinesa como sábios estudiosos.

O primeiro livro de Ricci, o primeiro em chinês escrito por um ocidental, foi *Jiaoyou lun* [Sobre a amizade]. A última edição tinha uma centena de máximas sobre a amizade, extraídas de autores pagãos e cristãos. A amizade era o tema e o objetivo. O jesuíta foi acolhido muito rapidamente com amizade. Amigos prestigiosos escreveram prefácios aos seus livros, conferindo-lhes prestígio e credibilidade. Nessa altura, havia na China um intenso interesse pela amizade, e ele conseguiu mostrar que o Ocidente, de onde viera, não era bárbaro, mas partilhava de valores com os chineses, abrindo, assim, a mente e o coração deles não só para sua amizade, mas também para o Evangelho por ele anunciado.

Diversamente de Aristóteles, mas como muitos sábios chineses, Ricci pensava que era importante ter muitos amigos. A derradeira máxima na sua antologia, por exemplo, reza assim: "Quando Wo-mo-pi (um renomado e antigo estudioso) abriu uma volumosa romã, alguém lhe perguntou: 'Mestre, que coisas gostaria de ter tão numerosas como estas sementes?'. Replicou ele: 'Bons amigos'".[266] Escreveu Ricci: "Tenho amigos em toda parte, e são tantos que não me deixam viver, e passo o dia inteiro em salas de estar respondendo a questões diferentes, além das tarefas que aqui preciso realizar".

Ricci e os seus leitores concordavam em que a amizade estava ligada à virtude, uma só alma em diferentes corpos. Ambas as tradições realçavam o afeto recíproco, a partilha dos bens, e rejeitavam a adulação como a verdadeira antítese da amizade autêntica. Havia, no entanto, uma diferença considerável. Na tradição confuciana, a amizade era uma relação entre cinco, a de marido e mulher, com os seus pais, com os irmãos, entre governante e súdito e, por último, com amigos pessoais. Havia um interesse intenso pela amizade, escreve Ana Carolina Hosne, porque, "das cinco relações existentes no confucionismo, a quinta, a amizade pessoal, era especial. As outras estavam abertamente relacionadas com a manutenção da China como *guojia*, uma 'família-Estado'. Mas a amizade era o único vínculo na sociedade que era livremente escolhido; e poderia ser perigoso em virtude do seu potencial de criar uma relação humana que não era hierárquica".[267]

As amizades se fazem!

Ricci pôs no centro da sua vida e da sua escrita essas amizades, que intrigavam e desafiavam os chineses. Ele e os outros jesuítas tinham deixado os seus reinos, as suas famílias e os amigos com quem tinham crescido. Foram para um país estranho a fim de fazer amigos. Romperam com outros laços, para criarem essa nova e quase escandalosa forma de amizade. Escreve Hosne: "Uma das críticas mais sérias contra os jesuítas foi a de que eles não entravam no *wulun*: não se casavam e, por conseguinte, descuravam a relação de marido e mulher (*fu fu*); deixaram o lar e, desse modo, rompiam as relações com seus pais (*fu mu*) e irmãos (*xiong di*); e, ao abandonarem o seu país, perdiam o vínculo com o seu governante (*jun chen*), então restavam apenas as relações com os amigos (*pengyou*)".[268]

De certo modo, argumentava Ricci, a amizade era superior às outras relações, porque só poderia persistir com amor. Se você deixar de amar a família, ela continua a ser sua família. Por isso, a amizade por ele delineada era, ao mesmo tempo, familiar e estranha, tranquilizante e subversiva. Escreveu ele: "É possível aos membros da família não se amarem uns aos outros. Mas isso não acontece com os amigos. Se um membro da família não ama os outros, permanece ainda a relação de parentesco. Mas, se não subsistir o amor entre os amigos, existirá ainda o princípio essencial da amizade?" (*Máxima 50*).

Ricci buscava um modo sutil de falar acerca do supremo Deus cristão, que fosse compreensível, mas desafiante. Falou do Senhor nas alturas (*Shang di*), que ordena às pessoas serem amigas. Esse apelo a uma amizade universal, que ultrapassasse os limites do Império chinês, era implicitamente subversivo. O Império do Meio não era o centro do mundo.

Se Ricci tivesse a missão da Igreja em mente, durante todo o tempo, estaria ele realmente oferecendo a amizade? Pode a amizade ter ainda um outro motivo? Creio que ele replicaria que toda verdadeira amizade se baseia na verdade. Há que ser verdadeiro com os nossos amigos, incluindo a verdade daquele que disse: "Eu sou o caminho, a verdade e a vida" (Jo 14,6). Para evitar ser importunado por visitantes, um amigo eminente sugeriu-lhe que dissesse apenas que não estava; mas Ricci recusou-se, porque isso seria proferir uma mentira. A amizade depende da verdade, a qual, segundo ele, faltava na China. Ele era conhecido como o homem que nunca mentia.[269] Os laços da amizade, para Ricci, baseavam-se na verdade, ao passo que, para os seus contemporâneos chineses, estavam sujeitos aos vínculos da sociedade.

Ao entabular amizade com os chineses, Ricci substanciou as palavras criativas de Jesus, quando, diante da morte, disse: "Eu vos chamo amigos". A amizade de Ricci ressoava com a experiência dos seus ouvintes, mas questionava alguns dos seus pressupostos mais básicos, era uma amizade que implicitamente enfraquecia os laços familiares e políticos e abria as pessoas para uma comunidade humana universal, que ele e os seus ouvintes começavam somente a descobrir. Era uma amizade simultaneamente humana e evangélica.

Eis uma interpretação da amizade, que poderia excitar a imaginação dos atuais habitantes das nossas cidades.

Uma amizade que derrubou as barreiras da deficiência

Vejamos outro exemplo, bastante diferente, mas igualmente desafiador. Aqui, as divisões superadas não são entre culturas, mas entre os que têm profundas deficiências e o restante de nós, cujas incapacidades são menos visíveis.

Já antes me referi a Jean Vanier, um cidadão canadense nascido em 1928, oriundo de uma camada social privilegiada. Seu pai foi embaixador canadense na França e, em seguida, governador-geral do Canadá. Jean serviu na Marinha, durante a guerra; estudou na Inglaterra e em Paris e obteve doutorado sobre a noção de felicidade em Aristóteles. Ele, tal como Tomás de Aquino, foi tocado pela bela visão de amizade do filósofo grego. Mas a vida de Jean foi virada do avesso por uma experiência de amizade, que, aos olhos de Aristóteles, seria perturbadora.

Eis como Jean descreve o que aconteceu: "Num asilo, perto de Paris, conheci dois homens com deficiência mental, Raphael Simi e Philippe Seux. Raphael teve meningite quando jovem e, por isso, ficou quase incapaz de falar e de se mover livremente. Philippe conseguia falar, mas a encefalite paralisara uma das suas pernas e um dos seus braços. Depois da morte dos seus pais, sem ninguém lhes pedir a opinião, os dois foram colocados nesse asilo. O meu primeiro passo foi comprar uma casa, pequena e bastante degradada, em Trosly e, depois de obtida a necessária licença das autoridades locais, convidei Raphael e Philippe para virem viver comigo. E assim nasceu a Arca, em agosto de 1964. Fazíamos tudo em conjunto: cozinhar, trabalho de casa, jardinagem, passeios".[270]

O coração da Arca, que hoje tem filiais em todo o mundo, foi pura e simplesmente a amizade: "Ao acolher Raphael e Philippe, descobri algo acerca da comunhão. Eles não queriam viver com um oficial da Marinha reformado que mandasse em todo mundo e se julgasse superior. Também não queriam viver com um ex-professor de Filosofia que pensasse ter um grande conhecimento. Queriam viver com um amigo. E o que é um amigo, senão alguém que não me julga, não me abandona quando descobre as minhas fraquezas, limitações, feridas, deficiências, tudo o que dentro de mim está partido? Um amigo é alguém que vê a minha verdadeira beleza e o meu potencial, e que me quer ajudar a desenvolvê-los. Um amigo é feliz por estar comigo. Sente alegria em estar comigo".[271]

A descrição que Philippe faz da fundação da Arca evoca o romance *O quarto*, de Emma Donoghue, que mencionei no primeiro capítulo, a história de uma mulher e de uma criança trancadas num galpão, e a gloriosa e vibrante libertação da criança que descobre o mundo real com as suas radiosas cores e sons e o seu ar fresco. Escreveu Philippe que Jean "tirou-me de um centro onde fui colocado por assistentes sociais. Ali, de fato, tudo era desolação: não havia nenhum vilarejo por perto, não era possível a comunicação com o mundo exterior, e estávamos sempre dentro de casa, rodeados pelas quatro paredes. Quando ele dali me tirou, senti um grande alívio: Ufa! Quando vim para a Arca, não havia eletricidade, nada. Usávamos velas para a iluminação, era engraçado! Não havia sanitários ou chuveiros, mas eu me sentia como que explodindo de alegria – Ufa! –, estava muito feliz por estar ali. Anteriormente, para mim, não houve vida alguma: durante todo o dia, sentado numa sala".[272]

A amizade divina, mediada por Jean, abre as portas, faz um buraco no teto, deixa entrar a luz e o ar. Arranca as pessoas dos estreitos limites onde se refugiam, quer estes sejam criados pela cultura ou pela classe, pela etnia, pela religião, pela pouca saúde ou pelo fracasso pessoal. Respiramos livremente o inebriante sopro do Espírito Santo, sem sabermos onde ele nos fará flutuar. Eis a tarefa que nos é confiada, ir e fazer amigos, e quanto mais improváveis tanto melhor!

O apelo à amizade, hoje

A amizade divina é, pois, criativa. Derruba as barreiras culturais do Oriente e do Ocidente. Vence as prisões da frágil saúde e da deficiência. Rompe até a maior de todas as diferenças, entre Deus e a criação. A teologia de Tomás de Aquino sobre a amizade estimulou a nova cultura urbana do século XIII, as suas universidades e a abertura de um mundo mais amplo. Havia ali uma nova espiritualidade que falava a uma nova era. Também pode falar à nossa.

Temos a tendência a pensar a amizade como essencialmente privada. Mas os nossos antepassados, pagãos e cristãos, entendiam que os seres humanos são essencialmente seres sociais e, por isso, o governo das nossas vidas comunitárias deveria ser assinalado pela mais humana das relações, a amizade. Escreveu Servais Pinckaers, op, que "a justiça, porém, não alcança a sua perfeição enquanto não conseguir criar a amizade nos vários níveis da sociedade, desde a amizade pessoal e familiar até a amizade nas esferas políticas e sociais. Segundo Aristóteles e Santo Tomás, o objetivo da lei civil é a formação da amizade entre cidadãos, uma amizade solidamente baseada na justiça e nas outras virtudes, e não algo vago e sentimental".[273]

Aristóteles e Santo Tomás viveram em sociedades pequenas, se comparadas com as megacidades de hoje. Era possível, então, conhecer a maioria das pessoas com as quais se mantinham interações. Hoje, isso não é possível; todavia, até as nossas vastas comunidades estão enlaçadas por múltiplas interações que podem ser, se não de amizade, pelo menos amistosas e justas. A crise social que abala o Ocidente atual é, em parte, uma perda da amizade, como algo indispensável a uma sociedade civilizada. As relações sociais no comércio e na política, e até na estrada – pensemos na fúria rodoviária –, são conflituosas e competitivas. Habitamos nas nossas bolhas, com os de mentalidade semelhante, reconhecendo a custo a humanidade dos que pertencem a outras tribos.

Na St. John's University, Minnesota, assisti a uma conferência proferida por um comentador político que associava a polarização radical da política americana ao colapso das amizades interpartidárias. Décadas atrás, os políticos estabeleciam-se em Washington, durante meses, e assim os democratas e os republicanos podiam conhecer bem uns aos outros. Os seus filhos frequentavam as mesmas escolas, encontravam-se na igreja e em jantares, estabeleciam amizades que os capacitavam a compreender e respeitar os seus opositores e, desse modo, chegar a acordos. Hoje, os políticos voam para ir votar e voltam correndo para casa, logo que possível. Os discursos são redigidos tendo em mente os seus apoiadores locais. Não há tempo para amizades com os adversários, e assim colapsa a busca de consenso, e os Estados Unidos tendem, cada vez mais, a tornarem-se ingovernáveis. Até no mundo reduzido da política britânica, a terrível ausência de debate sobre o Brexit leva-nos a perguntar se a amizade ainda estará viva em Westminster. Até as famílias se encontram divididas e incapazes de falar acerca do tema. Seremos capazes, ao menos, de conversas amistosas uns com os outros?

Nesta época de populismo ascendente, dificilmente se encontra uma questão mais importante do que esta: será possível ser amigo de estrangeiros? O futuro da nossa civilização depende da crença de que isso é possível. Nosso mundo está dilacerado pelo terrorismo e pela guerra; milhões de seres humanos estão em movimento, e o mundo enfrenta migrações numa escala desconhecida durante milênios. Será que o medo do estrangeiro nos levará a fechar nossa mente e nosso coração ou nos atreveremos a vê-lo como amigo de Deus?

Eis a questão que perpassa o romance de E. M. Forster, *Uma passagem para a Índia*, publicado em 1924. Será possível a amizade entre as raças na Índia do rajá britânico? No final do livro, Ralph Moore encontra o Doutor Aziz, cuja vida fora arruinada pela amizade com a mãe de Ralph, levando-o à prisão.

"Você sempre sabe quando um estranho é amigo?"

"Sei."

"Então você é um oriental." Com um leve arrepio, Aziz soltou a mão enquanto falava. Ele havia dito essas palavras na mesquita para a sra. Moore no início do ciclo do qual, depois de muito sofrimento, se libertara. Não ser nunca amigo de um inglês! Mesquita, cavernas, mesquita, cavernas. E lá ia ele começando de novo.

[...]

"Sua mãe falou de mim para você?"

"Falou." E com uma mudança de voz e de posição que Aziz não entendeu, ele acrescentou: "Nas cartas, nas cartas. Ela gostava muito do senhor".

"Sua mãe foi a minha melhor amiga em todo o mundo." Ele ficou em silêncio, perplexo com a sua enorme gratidão. O que significava essa deusa eterna chamada sra. Moore? Nada, se submetida à prova da reflexão.[274]

Quase cem anos após a publicação desse livro, essa pergunta é, hoje, ainda mais lancinante: estrangeiros podem ser amigos? Há quinhentos anos, Ricci e seus companheiros acreditavam que uma amizade, aparentemente impossível, entre Oriente e Ocidente poderia ter êxito com a graça de Deus. Para a amizade divina, oferecida por Jesus, nada é impossível.

O nosso Deus, que nos chama de amigos, tem o hábito de se aproximar de nós como estrangeiro. Abraão e Sara estão serenamente ocupados com suas coisas, quando surgem três estranhos aos quais oferecem uma generosa hospitalidade (Gn 18). Esta é a epifania do Deus que chama a Abraão de amigo. No final do Evangelho de João, o Senhor ressuscitado aparece a Maria Madalena como um desconhecido no jardim; para os discípulos que foram pescar, é um estranho, na praia: "os discípulos não sabiam que ele era Jesus" (Jo 21,4). Para os discípulos a caminho de Emaús, ele é o estranho com quem cruzam no caminho (Lc 24,16). Por isso, se desejarmos encontrar-nos com ele, sejamos amigos dos estranhos.

Naturalmente, não podemos ser amigos de todo mundo. Mas o Evangelho convida-nos a oferecer amizade àqueles com quem cruzamos ao longo do caminho. O Bom Samaritano, ao tomar a estrada para Jericó desde Jerusalém, cruzou com um homem que fora assaltado e que jazia à beira do caminho. As suas vidas cruzaram-se. Diante daquela situação, ele não passou ao lado como o sacerdote e o levita, mas criou uma relação com o estranho. Jesus pergunta: "Qual desses três, a teu ver, se fez próximo daquele que caiu nas mãos dos bandidos?" (Lc 10,36). O termo grego é mais enfático: quem "se tornou" o próximo daquele homem? Quem se fez próximo?

Rowan Williams reconhece que ninguém pode carregar uma responsabilidade infinita de ser próximo de todo mundo. Não somos Deus. "Mas cada um de nós arca com uma responsabilidade que se tornará viva de maneiras que não conseguimos antever."[275] Nunca sabemos antecipadamente quando cruzaremos com alguém que jaz à beira do caminho ou mendiga numa rua ou telefona em desespero, e somos chamados a responder. O livro de Alan Bennett, *The Lady in the Van*, conta-nos como o autor encontrou uma mulher numa van estacionada na entrada de sua casa, e como ele reagiu, embora, por vezes, de forma relutante.[276] Ela permaneceu ali, durante quinze anos. Escreveu Alan: "Nunca cheguei a conhecê-la bem. Mas sabia como ela era". Nasceu assim uma espécie de laço a partir desse encontro acidental. Toda a sua inteligência emocional se empenhou em criar essa relação, que ele nunca poderia ter previsto.

Nunca podemos saber de antemão quando seremos chamados a estabelecer amizade com alguém de uma religião diferente ou sem religião, ou com diferentes opiniões políticas ou de outra geração. Mas, quando surge o momento inesperado, podemos atrever-nos a fazer isso, porque a amizade de Cristo suscita vínculos que jamais poderíamos ter imaginado.

A discrição da amizade

A ideia de que os cristãos deveriam ser portadores da amizade de Cristo talvez se afigure assustadora. Não queremos que alguém se imponha a nós, com os dentes cerrados, determinado a ser nosso amigo ou a dizer-nos que Jesus é nosso amigo. Isso é uma intrusão, é opressivo. "Vou amar você, quer goste ou não!" A minha reação seria fugir e, talvez, ir assistir a um episódio da série *Friends*. Recordemos a discrição intrínseca da amizade. De todas as relações, ela é a menos impositiva.

Não podemos exigir que nossos amigos nos falem de si mesmos, como poderíamos fazer com nosso cônjuge, embora até com este deva haver certa reticência. Deixamos que as pessoas revelem o que elas podem e desejam, quando estiverem dispostas a isso. O primeiro volume da autobiografia do Cardeal Heenan tinha o título *Not the Whole Truth* [Não é toda a verdade].[277] Na amizade, não temos o direito de exigir toda a verdade, embora devamos esperar que não haja máscaras.

Os amigos consentem na existência uns dos outros. Não tentam apossar-se da vida do outro ou exigir-lhe uma posse exclusiva. Na Última Ceia com Jesus, cada discípulo relaciona-se sobretudo com esse homem que os chamou de amigos, mas o seu mandamento é que eles se amem uns aos outros. Partilhamos os nossos amigos com outros amigos nossos, deixando que eles criem entre si os próprios laços. A amizade não é possessiva, como o é, até certo ponto, o amor esponsal.

Esse "deixar ser" enraíza-se no genuíno mistério da criação, o dom de Deus cuja vida é amizade. Escreveu Herbert McCabe, op: "O poder de Deus é preeminentemente o poder de deixar que as coisas sejam. 'Que haja luz' – o poder criador é precisamente o poder que não pode interferir nas criaturas, porque o seu efeito é que as coisas sejam o que são, que as pessoas sejam quem elas são. Criar, como é óbvio, não faz nenhuma diferença para as coisas, deixa-as ser elas próprias. A criação consiste única e exclusivamente em deixar que as coisas sejam, e o nosso amor é uma pálida imagem disso".[278]

Quando deixamos os outros existirem na amizade, dando-lhes espaço para respirar e florescer como quiserem, vivemos e experimentamos, de um modo mínimo, o autoapagamento de Deus. De novo, McCabe: "O que nos dá espaço de manobra, o que nos proporciona espaço para crescermos e nos tornarmos nós mesmos, é o amor que nos vem de outrem. O amor é o espaço em que é possível expandir-se, e é sempre uma dádiva... Dar amor é ofertar o dom precioso de nada, espaço. Dar amor é deixar ser".[279]

Numa coletânea de artigos dos amigos de McCabe, Fergus Kerr, op, referiu a interpretação da amizade em Tomás de Aquino em termos análogos: "[Os amigos] permitem uns aos outros *ser*: cada um compraz-se na existência do outro, e quanto mais livremente deixa o outro ser, tanto mais plena e verdadeira é a sua revelação mútua. Importante, a meu ver, é que não se trata da perda da identidade de um parceiro no outro. Quem ama não está obcecado com o amado. Não há aniquilação de si na submissão, ou imersão, ao absoluto outro. A relação é modelada pelo tipo de 'espaço' que os amigos concedem uns aos outros: *koinonia* [comunhão], conversa, e até uma espécie de 'simpósio'".[280]

"Simpósio", na antiga Grécia, era a segunda parte de um banquete ou festim, durante a qual os convidados bebiam, conversavam, ouviam música e se entregavam a outros divertimentos.

Iniciamos este capítulo com os seis personagens da série *Friends*. Concluímos com outros quatro, que aparecem no romance de Hanya Yanagihara, *Uma pequena vida*, contemplado com o Man Booker Prize de 2015.[281] Todos eles estão unidos no amor por Jude, brilhante, mas profundamente traumatizado pelo abuso sexual na infância, inclusive, infelizmente, por um religioso católico, o Irmão Luke. Eles desejam participar da sua vida e dar-lhe força, mas aprendem, dolorosamente, que a amizade exige, por vezes, suportar uma aparente rejeição. Willem, o amigo mais chegado, descobre que não deve "expressar muito interesse em explorar o armário cheio de portas onde Jude se escondia"; "entendia que a prova da sua amizade estava em manter a distância, em aceitar o que era dito, em dar as costas e ir embora quando a porta era fechada na sua cara, em vez de tentar abri-la outra vez".[282] Jesus amou o jovem rico, convidou-o a segui-lo, mas deixou-o partir (Mc 10,22), tal como o pai deixou partir o seu filho pródigo.

Eles estão ali para partilhar o que Jude desejar partilhar – o que, com frequência, é muito e, por vezes, nada: "Por que uma amizade não poderia ser tão boa quanto um namoro? Por que não poderia ser até melhor? Tratava-se de duas pessoas que permaneciam juntas, dia após dia, unidas não por sexo, atração física, dinheiro, filhos ou bens, mas apenas pela concordância em seguir em frente, numa dedicação mútua a uma união que não podia ser sistematizada. Amizade era testemunhar o lento gotejar de tristezas, as longas crises de tédio e os triunfos ocasionais do outro. Era sentir-se honrado pelo privilégio de estar presente durante os momentos mais sombrios de outra pessoa e saber que você também podia ter seus momentos sombrios perto dela".[283]

Quando Willem morre num acidente de automóvel, Jude fica desolado. Antes de a sua vida desmoronar de vez, tem sobretudo saudade da presença de Willem, de ele estar sempre ali: "Eram precisamente essas cenas [a companhia serena que observara nos seus pais] que mais lhe faziam falta em sua própria vida com Willem, os momentos esquecíveis e intermediários em que nada parecia estar acontecendo, mas cuja ausência era singularmente impreenchível".[284]

É um livro cheio de silêncio. O denso e cerrado silêncio de Jude acerca das feridas da sua infância, que requer centenas de páginas para ser quebrado; mas, por vezes, os amigos conseguem penetrar e chegar ao silêncio cordial dos que entre si se sentem à vontade. Anne Michaels expressa-o bem: "Silêncio: a resposta ao vazio e à plenitude".[285] Esses romancistas, por compreenderem a amizade, ajudam-nos a ver como, no centro vivo da nossa amizade recíproca em

Deus, existe, muitas vezes, o silêncio. Nossos amigos mais íntimos são aqueles para os quais não precisamos falar nada. É o que São João da Cruz chamou de "música silenciosa", a presença do Amado. Na minha vida, estar sentado com os confrades no silêncio da oração é um momento de profunda intimidade.

Bruno Hussar, op, sonhou, durante muito tempo, fundar uma aldeia na Terra Santa, onde judeus, cristãos e muçulmanos pudessem viver em conjunto, em amizade. Quando estive com ele em 1970, o sonho estava prestes a tornar-se realidade. O nome, *Neve Shalom* ou *Wahat-al Salam*, em árabe, tem origem em Isaías 32,18: "O meu povo habitará num oásis de paz". Estava sendo construída em terrenos emprestados pelo mosteiro cisterciense de Latrun. Situava-se também perto de um *kibutz* judeu e de uma aldeia muçulmana. Bruno relatou como ele e alguns amigos ali celebraram uma primeira missa, e o texto era de Isaías 62: "A tua terra já não será chamada a 'Deserta'; antes, será chamada 'Minha Dileta'". Depois da missa, o cálice, feito de vidro, em Hebron, partiu-se acidentalmente. Inicialmente, Bruno ficou abatido e consternado, mas, em seguida, deu-se conta de que ele, tal como o copo partido num casamento judaico, era a bênção de Deus sobre o projeto.

Em 2010, a aldeia tornou-se o lar de sessenta famílias judaicas, cristãs e muçulmanas. Há uma escola para cerca de duzentos e cinquenta crianças, que vêm das aldeias circunvizinhas e são ensinadas em hebraico e em árabe. Há uma escola de paz, que organiza seminários e conferências sobre o diálogo inter-religioso e a ação pacificadora. No centro, encontra-se ainda a Casa do Silêncio [*Doumia*], tão apreciada por Bruno, e que se refere ao Salmo 65,2, que ele traduziu assim: "para vós, o silêncio é louvor". Aqui, as três crenças podem reunir-se na intimidade do silêncio partilhado – uma amizade impossível e um oásis de paz.

10. A IMAGINAÇÃO NÃO VIOLENTA

Na noite antes de Jesus ser tragado pela violência, deu aos seus discípulos a sua paz: "Eu vos deixo a paz, eu vos dou minha paz. Não a dou como o mundo a dá. Não se agite vosso coração, nem se desanime" (Jo 14,27). Depois do Getsêmani, foi ao encontro dos soldados armados, que tinham vindo para levá-lo à força. Recusa-se a responder com violência. Pedro está disposto a lutar e corta a orelha de um servo do sumo sacerdote, mas Jesus não procederá assim. Então Jesus lhe disse: "Embainha tua espada, pois todos os que tomam a espada pela espada morrerão. Ou pensas que não posso apelar a meu Pai que me envie, agora mesmo, mais de doze legiões de anjos?" (Mt 26,52-53). Ou seja, trinta e seis mil anjos: o suficiente para lidar com qualquer esquadrão de soldados romanos.

Se os cristãos abraçassem a não violência radical de Cristo, as pessoas ficariam chocadas. Essa rejeição de toda violência era ainda mais incompreensível para os seus contemporâneos do que para nós. Escreveu Terrence Rynne: "Jesus nasceu numa terra que fervia de violência. Os habitantes da Galileia, no momento do nascimento de Jesus, sentiam uma cólera assassina. Estavam furiosos com os ocupantes romanos, que os oprimiam com contribuições para combater as suas guerras; irritados com Herodes e com os seus filhos, que os sangravam com impostos para edificarem os seus gloriosos palácios e cidades; enraivecidos com os seus sacerdotes, que mandavam bandidos às aldeias para lhes roubarem os seus cereais, a única fonte da sua magra riqueza".[286]

Quando Jesus era uma criança, Judas, o Galileu, revoltou-se contra essa opressão e atacou Séforis, a quase sete quilômetros de Nazaré, onde ficava a casa de Jesus. A rebelião foi esmagada pelos romanos, e dois mil judeus foram crucificados. Sem dúvida, o jovem Jesus viu os corpos apodrecendo nas árvores. Durante a sua vida e ao longo de décadas após a Ressurreição, eclodiram rebeliões e sublevações, e cada uma delas foi reprimida pelos romanos com horrenda violência, culminando na destruição de Jerusalém e do Templo, no ano 70, e na extinção de um Estado judaico, durante quase dois mil anos.

Jesus cresceu num mundo feroz, sob a bota brutal dos romanos, num mundo em que os contemporâneos rezavam pela destruição violenta dos seus opressores. Os discípulos, que o acompanharam até Jerusalém, confiavam que ele provavelmente suscitaria a rebelião. Mas, quando a crise chegou, ele negou-se a tal. Eles ficaram perplexos e desapontados. Talvez tenha sido isso que impeliu Judas à traição. Os discípulos a caminho de Emaús lamentam-se ao estrangeiro, que lhes saiu ao encontro, no caminho: "Nós esperávamos que fosse ele quem libertaria Israel" (Lc 24,21). Eles não conseguiram apreender o ensinamento de Jesus, e também hoje poucos cristãos o fazem.

Nos primeiros séculos, a conversão ao Cristianismo implicava a rejeição de toda violência. Os cristãos negaram-se a participar na rebelião do ano 70. Durante os três primeiros séculos, com poucas exceções, recusaram-se a servir no exército ou a aceitar qualquer cargo que pudesse envolver a aplicação da pena de morte. Os soldados que eram batizados depunham as suas armas – o que redundava, muitas vezes, no próprio martírio. O mártir São Justino, que morreu por volta do ano 165, escreveu: "Nós, que estávamos cheios de guerra e de mútua chacina e de toda a maldade, transformamos, todos e cada um de nós na terra, os nossos instrumentos de guerra e as nossas espadas em arados, as nossas lanças, em alfaias da agricultura, e cultivamos a piedade, a justiça, o amor da humanidade, a fé e a esperança".[287] No ano de 295, São Maximiliano foi decapitado por negar-se a ser recrutado para o exército romano. No seu julgamento, disse: "Não posso servir. Não posso praticar o mal. Não serei um soldado deste mundo, sou um soldado de Cristo". O sim ao Deus da vida significava um não indiscutível à violência.

Em meados do século III ou, o mais tardar, após a conversão de Constantino, no ano 312 – os estudiosos divergem acerca do momento preciso –, o compromisso do Cristianismo com o ensinamento mais perturbante do seu fundador começou a esmorecer. Não só os cristãos começaram a ingressar no exército, mas, séculos mais tarde, os soldados foram enviados para os campos de batalha até por bispos e papas. Não se trata de afirmar que os cristãos foram inteiramente seduzidos pela violência. Começando com Agostinho, no século V, houve argumentos relativos ao que constituía uma guerra justa e ao modo como ela poderia ser legitimamente travada; houve tentativas de limitar a guerra e negociar tréguas. Mas perdeu-se a adesão à imaginação cristã da não violência radical de Jesus.

Não havia sequer uma palavra para ela, até o início do século XX. Em 1906, Mahatma Gandhi esforçou-se por encontrar uma palavra que expressasse a natureza da luta que ele estava travando contra os ingleses. Apresentou, por fim, uma nova palavra, *satyagraha*, a força (*graha*) que brota da verdade ou do amor (*satya*), que ele rotulou igualmente de "não violência".[288] Foi um hindu inspirado por Jesus que forneceu aos cristãos um nome para aquilo que muitos, hoje, começam de novo a vislumbrar como o cerne da vida e do ensinamento do nosso fundador.

Dorothy Day asseverou que "o grande combate é mais contra a violência do que contra o ateísmo".[289] "Os cristãos, sempre que tentam defender a sua fé pelas armas, pela força e pela violência, assemelham-se aos que disseram a Nosso Senhor, 'desce da cruz. Se és o Filho de Deus, salva-te a ti mesmo'".[290] Ela dirigiu-se ao Vaticano para argumentar contra a guerra. A princípio, houve resistência, mas ela acabou por ganhar. Ao endereçar-se às Nações Unidas, em 1965, o Papa Paulo VI repetiu praticamente as palavras de Jesus aos seus discípulos, quando os soldados romanos se aproximavam: "Não mais guerra, nunca mais guerra. Se desejais ser irmãos, deponde as vossas armas". Essa rejeição da guerra foi repetida por cada um dos seus sucessores. O Papa Bento XVI afirmou que "a não violência, para os cristãos, não é um simples comportamento tático, mas um modo de ser pessoa, a atitude de quem está convencido do amor e do poder de Deus, de quem não tem receio de confrontar o mal com as armas do amor e da verdade. O amor ao inimigo é o âmago da 'revolução cristã'".[291]

É como se, dois mil anos após a noite no Jardim de Getsêmani, os sucessores de Pedro tivessem ouvido novamente Jesus e nos pedissem a todos para fazer o mesmo. Como Pedro, no calor do combate, tentamos ainda imaginar o que isso significa.

Preguei em uma paróquia vibrante perto de Los Angeles. A assembleia estava apinhada de muitos católicos inteligentes e empenhados, atentos à Palavra do Senhor, abertos a todos os recém-chegados, mesmo a um inglês como eu. Contudo, nunca se tinham dado conta de quão estranho era ter, do lado de fora da igreja, uma placa que avisava a todos: "Resposta armada". Será que um lugar santo, dedicado ao Príncipe da Paz, precisava dessa ameaça de violência? Como é que, durante tanto tempo, permanecemos cativos pela sedução da violência, e como é que, de novo, podemos ser tocados pelo apelo de Cristo a depor as nossas armas?

O último século foi o mais violento da história humana: os terríveis massacres de duas guerras mundiais, a chacina de povos inteiros, desde os armênios, na Turquia, a Ruanda. De fato, o termo "genocídio" foi inventado para descrever o holocausto mecânico dos judeus, na *Shoah*, utilizando toda a eficiência da moderna tecnologia. Mas houve igualmente o lançamento das bombas atômicas sobre Hiroshima e Nagasaki, o bombardeamento sistemático e generalizado de Dresden, o assassínio de centenas de milhões de pessoas por Stalin, Mao Tsé-Tung e Pol Pot. Vemos, hoje, a ascensão do jihadismo violento, o culto da morte do Estado Islâmico, a fúria cega do Boko Haram, a chacina de muçulmanos e de cristãos na Índia, o massacre de crianças nos bairros pobres dos Estados Unidos. Esses surtos de violência horrenda são, amiúde, descritos como "medievais". Infelizmente, eles são mais típicos da modernidade.

Se o Cristianismo houver de se apossar da imaginação dos nossos contemporâneos, será, decerto, mediante a recuperação da não violência radical de Jesus. Isso não significa necessariamente pacifismo. Gandhi, a maior testemunha da não violência no século XX, recusou-se a condenar a resistência armada ao nazismo. Mas não é este o lugar para explorar e analisar a diferença.[292] Nosso interesse, aqui, está no modo como podemos ver o mundo a que Dante chama "esta pequena eira que nos torna tão ferozes",[293] através dos olhos expurgados da violência tóxica.

Isso significa purificar o nosso ser dos focos de violência que fervem dentro de nós. Mesmo se não chegarmos a lutar com alguém, e muito menos a matá-lo, vivemos numa cultura saturada de agressão. Pensemos em toda a violência das palavras trocadas, todos os dias, nos meios de comunicação, nos termos desdenhosos e depreciativos que são a tarifa diária de tantas conversas: os insultos, a raiva no trânsito. Pensemos no modo como as opiniões das pessoas de que discordamos são descartadas como ridículas, absurdas, desprezando, assim, pessoas feitas à imagem e semelhança de Deus.

Pensemos no ritmo brutal da nossa vida, correndo de um evento para outro, inquietos e ansiosos, verificando e-mails, enviando mensagens de texto, curvados sobre os nossos celulares. Thomas Merton julgava que "a pressa e a pressão da vida contemporânea são uma forma, talvez a forma mais comum, da sua inata e intrínseca violência. Deixar-se arrastar por uma multidão de interesses e preocupações contrárias, render-se a demasiadas exigências, entregar-se a excessivos projetos, querer ajudar toda a gente em tudo é sucumbir à violência. Mais ainda, é cooperar na violência. O frenesi do ativista neutraliza a sua própria capacidade interior de paz. Destrói a fecundidade da sua ação e da sua obra, porque mata as raízes da sabedoria interior, que torna frutífero o trabalho".[294]

Gandhi recusava-se a voar para qualquer lugar, não por causa do seu rastro de carbono, mas porque os aviões voam depressa demais. Andamos apressados. Um dia, duas jornalistas americanas foram entrevistar Gandhi e perguntaram-lhe: "É verdade que não concorda com os trens, os barcos e outros meios de locomoção rápida?". Gandhi replicou: "É e não é". Mas as jornalistas não esperaram que ele explicasse a sua resposta. Tinham de pegar um trem.[295]

Pensemos na violência que permeia o nosso tratamento a outros animais. De forma quase única no mundo de Jesus, o culto do Cristianismo não implica o sacrifício e a morte de animais. Era possível sentir o cheiro do sangue derramado no Templo de Jerusalém, muito antes da aproximação permitir vê-lo. Leon Tolstói disse que "enquanto houver matadouros, haverá campos de batalha".[296] Sem dúvida, um dia, nossos descendentes hão de olhar para a brutalidade com que tratamos os animais, e sentir-se-ão envergonhados.

Vejamos os quatro modos sobrepostos como a imaginação violenta nos segura nas suas garras e como o Evangelho poderia, em cada caso, libertar a nossa mente da sua sedução: a violência é inevitável; a única segurança reside nas armas; a violência é sedutora; e, de qualquer modo, ela não é real.

1. A violência é inevitável

Ao longo de quase toda a história, a guerra afigurou-se inevitável. As coisas são como são, uma batalha após outra. Davi resolveu ir lutar "no início do ano, na época em que os reis costumavam partir para a guerra" (2Sm 11,1). Isso fazia parte, como a semeadura e a colheita, do ritmo natural do ano. O historiador Will Durant afirma que, desde o início da história registrada, houve apenas vinte e nove anos sem guerra.[297] Interrogado sobre o que aconteceria após o final da Guerra Fria, Colin Powel replicou: "Estamos preparando-nos para a guerra seguinte. Não sabemos quando ela será ou onde terá lugar. Sabemos, sim, é que haverá guerra".[298] Tudo o que podemos fazer é recuperar-nos de guerras passadas e preparar-nos para as que hão de vir.

Dizem que a palavra grega para "paz" (*eirene*) significa justamente uma pausa na guerra: "Descreve um interlúdio na condição humana normal: guerra. Por conseguinte, *eirene* tem mais o sentido de trégua entre guerras, e não de fim da guerra. *Eirene* é uma 'paz' que aceita a maldição da inevitabilidade da guerra. A palavra latina para paz, *pax*, tem um significado levemente mais positivo: sugere um 'pacto', um 'acordo' de não se combater por ora. É um estado mais ou menos frágil que existe, durante algum tempo, no meio da incessante luta e contenda. Aceita igualmente a crença de que a guerra é inevitável".[299]

No livro *Another Day in the Death of America*, o jornalista Gary Younge centra-se nas vidas e nas mortes de dez jovens e crianças que foram mortos, num só dia, em 23 de novembro de 2013.

As crianças, apanhadas no meio da matança de inocentes, nas ruas dos bairros pobres americanos, têm um sentido semelhante ao de se estar atolado numa guerra que nunca acabará: "É como se elas tivessem perdido um ente querido numa guerra sem qualquer claro propósito, fim ou inimigo, uma guerra a respeito da qual nada podiam fazer".[300] Não se consegue imaginar nenhum outro estado de coisas. A sua única esperança é sobreviver o mais longamente possível, na consciência incessante de que talvez, por seu turno, serão devoradas: "Longe de se considerarem dignas de nota, estas fatalidades cotidianas são simplesmente um fato banal da morte. São um ruído branco, de intensidade suficientemente baixa, para permitir que o país se ocupe, sem perturbação, dos seus negócios: uma confluência de cultura, de política e de economia, que garante que, todas as manhãs, várias crianças acordem, mas que não vão para a cama, enquanto o restante do país dorme profundamente".[301]

O Padre Gregory Boyle, sj, que acompanha os garotos nas guerras de gangues da cidade de Los Angeles, diz que "os membros das gangues formam um clube exclusivo de jovens, que planeja os seus funerais e não os seus futuros".[302]

A imaginação violenta da nossa cultura tem raízes profundas, que remontam ao início da narrativa bíblica, o assassínio de Abel por Caim. A história humana provém da rivalidade assassina dos irmãos primordiais. John Steinbeck explora a resistência desse mito em *A leste do Éden*. O título refere-se ao território de Caim, depois do assassinato de Abel: "Caim afastou-se da presença do Senhor e foi habitar na região de Nod, a leste de Éden" (Gn 4,16). Esse é o lugar onde todos habitamos, segundo Steinbeck.

Lee, o sensato criado chinês, no romance de Steinbeck, acredita que se trata da história duradoura da humanidade: "Acho que esta é a história mais conhecida do mundo porque é a história de todos. Acho que é o símbolo da alma humana. O maior terror que uma criança pode sofrer é não ser amada, a rejeição é o inferno que ela teme. Acho que todo mundo, uns mais outros menos, já sentiu a rejeição na pele. E com a rejeição vem a raiva e com a raiva alguma espécie de crime como vingança pela rejeição, e com o crime a culpa. Eis aí a história da humanidade. Acho que, se a rejeição pudesse ser amputada, o ser humano não seria o que é".[303]

O romance está cheio de personagens cujos nomes começam com C ou A, aludindo aos atores originais, cuja história é reiterada muitas vezes, com variações mínimas, ao longo da sua longa duração. Para encontrarmos a paz de uma imaginação não violenta, temos de nos libertar do feitiço dessa história. Estaremos condenados a estar para sempre fatalmente enredados na sua malha assassina, como as crianças que lutam nos bairros pobres americanos? Será a guerra o motor das nossas histórias, com pausas ocasionais a fim de nos prepararmos para as hostilidades vindouras?

No Gênesis, a rivalidade feroz entre Caim e Abel passa, de fato, de uma geração à outra. Ismael, filho da escrava de Sara, é expulso com a mãe e quase morre no deserto, enquanto Isaac, o seu meio-irmão, é o eleito; Esaú e Jacó competem pela bênção de Isaac, mas, mais uma vez, o mais novo é escolhido e Esaú enganado no seu direito de primogenitura. O jovem José, o amado de Jacó, é odiado pelos seus irmãos invejosos, que o deixam num poço para morrer. A rivalidade fraterna é o fio que liga a narrativa, a escolha do mais novo, para irritação dos mais velhos.

Jonathan Sacks, Rabino-Chefe entre 1991 e 2013, falecido em 2020, afirmava que essa rivalidade fraterna nas Escrituras das religiões abraâmicas alimentou a violência do Ocidente. Está claro, escreve ele, "por que o Judaísmo, o Cristianismo e o Islã ficaram presos num abraço violento, por vezes fatal, durante tanto tempo. A relação entre eles é de rivalidade fraterna, carregada de desejo mimético: o desejo da mesma coisa, a promessa de Abraão... São irmãos que competem. Cada um verá o outro como uma profunda ameaça existencial".[304] Aplica-se a mesma regra; o mais novo exige a bênção. O Cristianismo reivindicou-a ao Judaísmo, e o Islã às duas crenças mais antigas. "Cada um considera-se, assim, *o* herdeiro da aliança de Abraão. A contenda está posta por escrito. Talvez permaneça adormecida durante séculos, mas as suas sementes estão intactas, prontas para ganhar vida, logo que as circunstâncias assim favoreçam uma revivência religiosa. Cada uma define-se e defende-se negando as outras."[305] Durante séculos, o Cristianismo foi tentado a ver o Judaísmo como o inimigo interno e o Islã, como o inimigo externo. É como se nós, de fato, habitássemos à leste do Éden, reencenando sempre a briga de Caim e Abel, e nos alienássemos assim uns dos outros e de Deus.

Contudo, Sacks afirma, de forma brilhante, que, se alguém estudar o texto de modo mais atento – refere-se a interpretações rabínicas tardias –, essa não é a mensagem do Gênesis. Caim mata Abel, mas permanece sob a proteção de Deus. Isaac foi o eleito, mas Ismael recebeu a sua própria bênção. Os rabinos ensinaram que Abraão foi em busca de Ismael, para que "Ismael soubesse, então, que o seu pai ainda o amava". Muitos rabinos, nos primeiros séculos, tinham o nome de Ismael, prova de que ele não era visto como uma figura rejeitada. Os dois irmãos encontram-se no túmulo do seu pai (Gn 25,9). A escolha de Isaac não significa a exclusão de Ismael.

Sacks demonstra, de forma cativante, que, embora a linha de descendência passe por Jacó, Esaú também recebe a bênção que Isaac originalmente pretendeu para si. Jacó aspirou a ser Esaú e arrebatou-lhe o seu lugar, mas acaba por aprender a aceitar a sua própria bênção e a nada mais desejar. A história de José, no fim das contas, subverte igualmente a rivalidade fraterna, que quase o levou à morte. A bênção de Deus transforma a sua maldição numa bênção para a sua família: "Eu sou José, vosso irmão, que vendestes para o Egito. Mas não vos entristeçais, nem vos irriteis contra vós próprios, por me terdes vendido para este país; porque foi para podermos conservar a vida que Deus me mandou para aqui à vossa frente" (Gn 45,5). Lida com atenção, a narrativa do Gênesis liberta-nos da ilusão da imaginação violenta, a saber, que a rivalidade e o conflito são inevitáveis e perpétuos.

A cruz parece a vitória inevitável da violência. Que mais poderia acontecer a alguém que diz aos soldados para deporem as suas espadas? No dia de Páscoa, a vitória passa para aquele que Dan Berrigan chamou "o perdedor impossível, inapreensível e irreformável".[306] Estamos no lado vencedor. Talvez se afigure que a violência leva a melhor, mas, como afirmou Martin Luther King, "o arco do universo moral, embora longo, inclina-se para a justiça".[307]

Quando um comício político contra o *Apartheid* foi proibido, o Arcebispo Tutu presidiu um encontro religioso na Catedral de São Jorge, na Cidade do Cabo. Foram enviados soldados e a polícia de choque, de baionetas em punho, para impedi-lo. Tutu dirigiu-se a eles nestes termos: "Talvez sejam poderosos – muito poderosos –, mas não são Deus. Deus não pode ser ridicularizado. Vocês já perderam". Em seguida, descendo do púlpito, dirigiu-se a eles, sorrindo: "Portanto, como já perderam, nós os convidamos a se alinhar com o lado do vencedor". Todos começaram a dançar.

2. Aquietando o medo

O medo vende armas, e por isso o *lobby* das armas faz tudo para que nunca nos sintamos em segurança. Depois do trágico massacre das crianças em Sandy Hook, em dezembro de 2012, os mantras eram estes: "As armas não matam pessoas. As pessoas matam pessoas" e "A única proteção contra um sujeito mau com uma arma é um sujeito bom com uma arma". Gary Younge referiu que o CEO da National Rifle Association (NRA), Wayne LaPierre, "ao falar em um grande comício, pintou um quadro sombrio das múltiplas ameaças que rodeiam o país, não deixando ninguém em segurança, insinuando a suspeita em todos os lugares: 'Como sabemos, no mundo que nos rodeia há terroristas e assaltantes de casas, cartéis de droga e puxadores de carros, agressores e estupradores, pessoas que incitam ao ódio, assassinos nas universidades, assassinos nos aeroportos, nos shopping centers, nas estradas, e homicidas que planejam destruir o nosso país com grandes tempestades de violência contra as nossas redes elétricas, com armas químicas e biológicas que poderiam fazer colapsar a sociedade que a todos sustém. Eu lhes pergunto: confiam neste Governo para protegê-los? Estamos por nossa conta'".[308]

O Presidente Trump alimentou esse medo dos imigrantes como justificação para o muro que pretendia construir na fronteira sul dos Estados Unidos.

O Evangelho de São Mateus é um convite permanente a não ter medo. Inicia com o aparecimento de um anjo a São José, num sonho, que diz: "José, filho de Davi, não tenhas receio em receber Maria, tua mulher, pois o que nela foi gerado vem do Espírito Santo" (Mt 1,20), e conclui com a mesma expressão dirigida às mulheres no túmulo: "Não temais! Ide anunciar a meus irmãos que se dirijam à Galileia; ali me verão" (Mt 28,10). Ele pergunta aos discípulos que lutam contra a tempestade no mar da Galileia: "Por que sois medrosos? Homens de fé pequena!" (Mt 8,26). Mais tarde, diz-lhes: "Não tenhais medo. Vós valeis mais que muitos pardais" (Mt 10,31). O homem, na parábola dos talentos, enterra o seu talento, porque tem medo (Mt 25,15). A fé liberta do medo ou, pelo menos, livra-nos de sermos prisioneiros dos nossos medos.

Porque Jesus não tinha medo, ele podia acolher as pessoas como elas eram. Os bons e os maus eram bem-vindos à sua mesa – os fariseus de estrita observância e os ambíguos cobradores de impostos, mulheres e homens – e curava os gentios: "De fato, ele é nossa paz, formando de ambos os povos um só. Tendo derrubado o muro de separação que os dividia e os tornava inimigos em sua carne" (Ef 2,14).

Todas as sociedades fazem distinção entre membros da sua própria comunidade e as pessoas de outros lugares ou de outras religiões e culturas. Amamos as nossas pequenas comunidades, e é bom que assim façamos. Mas o medo intenso pode levar-nos a ver grupos inteiros de pessoas como ameaça, uma abominação e, assim, justificarmos a violência contra eles, e até a sua extinção. A consciência da nossa humanidade comum encontra-se dividida por um terrível dualismo – "nós" contra "eles". De novo, Jonathan Sacks: "Os atentados suicidas, o alvejar de civis e o assassinato de crianças nas escolas não são normais. A violência torna-se possível sempre que existe um *Nós* e um *Eles*. Mas a violência radical só desponta quando vemos o *Nós* como bom e o *Eles* como mau, anunciando uma guerra entre os filhos da luz e as forças das trevas".[309]

Esse dualismo é o que alimenta um culto de morte como o Estado Islâmico, ou, ao invés, a islamofobia.

Muitas vezes, temos, sobretudo, medo de nós próprios. Se conseguíssemos atrever-nos a encarar a nossa própria complexidade, em vez de sucumbirmos a um dualismo internalizado, no qual evitamos enfrentar partes do nosso eu que detestamos, poderíamos descobrir uma tranquilidade profunda. Espreitamos a complexidade dos nossos desejos e impulsos antagônicos, reconhecemos tudo o que somos e, por isso, podemos estar em paz com nós mesmos. Simon Tugwell, op, repete com insistência: "... o caminho para a paz é a aceitação da verdade. Qualquer fragmento de nós, que nos recusemos a aceitar, será nosso inimigo, empurrando-nos para posições defensivas. E os fragmentos descartados de nós próprios depressa ganharão corpo naqueles que nos rodeiam. Nem toda hostilidade se deve a isso, mas um fator importante na nossa incapacidade de lidar com os outros é que eles nos apresentam justamente os elementos que nos negamos a reconhecer em nós mesmos".[310]

Quem ostenta uma atitude militante contra a homossexualidade, habitualmente, receia encarar a sua própria atração por pessoas do mesmo sexo; aqueles que odeiam mais agressivamente a degradação do Ocidente são os que sentem maior inclinação ocidental para a pornografia.

Em 1956, as ameaças contra Martin Luther King agravaram-se. Ele foi pressionado a andar com escolta armada, a fim de proteger sua família e sua casa. Depois de falar com a esposa, declinou da proteção e livrou-se da arma que tinha em casa: "Tive muito mais medo em Montgomery quando tinha uma arma em casa. Quando resolvi que não poderia mantê-la, fiquei cara a cara com a questão da morte e tive de lidar com isso. A partir desse momento, nunca mais precisei de uma arma e nunca mais tive medo".[311]

Quando a Ku Klux Klan irrompeu pelas ruas de Montgomery, a fim de aterrorizar os negros que exigiam os seus direitos, todos foram desmascarados como impotentes e até ridículos. As vítimas que tinham em vista revelaram-se pessoas com dignidade e autoridade. O mito de uma população negra subserviente foi demolido numa cena que é quase hilariante: "Normalmente, as ameaças da ação da Klan eram um sinal para que os negros entrassem em suas casas, trancassem as portas, baixassem as cortinas ou apagassem as luzes. Temendo a morte, faziam-se de mortos. Mas dessa vez eles tinham preparado uma surpresa. Quando a Klan – segundo os jornais, 'cerca de quarenta carros lotados de pessoas com mantos e capuzes' –, as luzes das varandas estavam acesas e as portas, abertas. À passagem da Klan, os negros se comportavam como se estivessem assistindo a um desfile circense. Dissimulando o esforço que isso lhes custava, muitos caminhavam normalmente; alguns apenas olhavam sentados nas escadas; uns poucos acenavam para os carros que passavam. Após alguns quarteirões, a Klan, embasbacada entrou numa via secundária e desapareceu na noite".[312]

Assim se mostrou o vazio da sua afirmação de poder.

Suad Nofa é uma professora em Raqqa, cidade do centro-norte da Síria. Juntou-se aos protestos contra o governo sírio, mas, quando o Estado Islâmico se apoderou da cidade e começou a impor o seu regime tirânico, outros decidiram que protestar era perigoso demais. Mas Suad recusou-se a ser silenciada. Postou-se, todos os dias, diante do quartel-general do Estado Islâmico com um cartaz diferente: "A nossa revolução foi desencadeada por pessoas honestas, e foi roubada por ladrões", "Libertem todos os presos" e "Onde vocês estavam, quando aconteceram os crimes de Ghouta [um local submetido a ataques com armas químicas]? Dormindo nos seus palácios?". A família tentou dissuadi-la. Atiraram nela. Mas ainda regressava, todos os dias. Inspirou outras demonstrações de "uma só mulher" em toda a Síria. Enfrentou os terroristas e recusou-se a ser intimidada.

A imaginação violenta esmorece, quando alguém não aceita ser dominado pelo medo. Em 2014, no Quênia, os jihadistas do Al-Shabaab [grupo fundamentalista islâmico] entraram em um ônibus e ordenaram que os cristãos e os muçulmanos fossem separados. Este é, quase sempre, o primeiro passo para o massacre de cristãos. Mas os passageiros, sobretudo as mulheres muçulmanas, recusaram-se a obedecer. Puseram *hijabs* nas mulheres cristãs e disseram que teriam de atirar em todos ou em ninguém. Os terroristas foram embora, e ninguém morreu. A não violência funciona.[313]

3. A violência é atraente

As pessoas são fascinadas por armas porque elas são sedutoras, atraentes. Na terceira temporada da série *The West Wing – Nos bastidores do poder*, C. J. Cregg, a secretária de Imprensa da Casa Branca, recebe ameaças de morte e aceita com relutância ser acompanhada por todo lado por um agente secreto, Paul. A sua presença torna-se mais interessante para ela, ao sentir-se fascinada pela arma dele, uma Magnum 3.5, e chega mesmo a dispará-la num campo de tiro. O episódio está repleto de alusões sexuais e, antes de partirem, ela tenta beijá-lo e atraí-lo para dentro do seu apartamento. São poderosas as armas. Uma série recente na televisão da BBC, *Bodyguard*, evoca igualmente a sensualidade das armas, quando a secretária do Interior acaba na cama com o seu guarda-costas. Um anúncio da Smith & Wesson evocava os alvoroços sexuais dos adolescentes: "Você sabe que [o seu filho] quer uma arma. Mas você não sabe o quanto ele a deseja. Ele não consegue dizer. Está além das palavras".

Gary Younge assistiu a uma convenção da NRA, em Indianápolis: "A relação que alguns dos homens, caminhando pelos corredores, têm com as armas é romântica. Por vezes, beira à sexualidade. 'Pegue um rifle, uma pistola, uma espingarda, e você terá nas mãos um pedaço da história americana', escreve Chris Kyle, em *American Gun*. 'Pegue uma arma agora, e o cheiro de pólvora negra e de salitre espalha-se pelo ar. Coloque o rifle sobre o ombro e olhe para longe. Você não vê um alvo, mas um continente inteiro de potencial, de grandes coisas por vir, um futuro promissor... mas também esforço, provação e sofrimento'".[314]

Para os garotos dos bairros pobres, as armas são igualmente românticas e viris. Ter uma arma é ser um verdadeiro homem. Por exemplo, a violência armada do lado sul de Chicago – conhecido como *Chi-Raq*, porque a taxa de mortalidade é quase a mesma que no Iraque, durante a guerra ali travada – é celebrada numa canção por artistas de *rap* como G. Herbo, que gravou com Nicki Minaj: "Ain't yellin' cut, when it's shootin' time, sign up, it's recruitin' time" [Não grite corta, na hora de filmar, inscreva-se, é hora do recrutamento] e "Know a couple niggas, that's down to ride for a homicide, when it's drama time" [Conheço alguns caras, que estão prontos para o homicídio, quando for a hora do drama]. Eis o único drama que alguns desses pobres garotos conhecem – garotos para quem a morte chega de modo prematuro.

O romance *Breve história de sete assassinatos*, de Marlon James, descreve uma análoga cultura de gangues, na Jamaica. Uma das personagens, Bam Bam, nome evocativo de um tiroteio, descreve no dialeto da sua tribo o fascínio pelas armas: "Ninguém nunca é dono de uma arma. Você não sabe disso até se tornar o dono de uma arma... Fome de arma é pior que fome de mullher, porque com mulher existe pelo menos a chance dela também estar com fome de você. De noite, eu não durmo. Fico acordado, sentado no escuro, olhando pra ela, alisando, vendo e esperando".[315]

Seamus Heaney experimentou e sentiu a emoção da arma e a alegria do seu poder, mas despertou, depois, para a sua blasfêmia.

> *Entusiasmou-me – a música da bala*
> *Tão sem esforço na ponta do meu dedo,*
> *O simples e temível safanãozinho da mira,*
>
> *Uma sensação ligeira, nova e plena, do significado de rifle.*
> *E, novamente, como no início*
> *Vi a alma como um pano branco arrancado*
>
> *Através de galáxias escuras e senti aquele tiro*
> *Pois o pecado era contra a vida eterna –*
> *Outra frase que se expande em nova luz.*[316]

O fascínio das armas também faz parte do mito do Velho Oeste. Nascido na América, é agora um elemento da nossa cultura global. Os filmes de faroeste, juntamente com a pornografia, são o divertimento favorito dos jihadistas. Ironicamente, na sua luta contra o Ocidente, eles, por vezes, imaginam-se como heróis de um faroeste. Em 2017, o Comitê Consultivo para a Ásia, do Presidente Trump, comentando a futura política americana relacionada à China, afirmou que "um novo xerife chegou na cidade". O drama da nossa época é o Tiroteio no O.K. Corral, e milhões de homens imaginarem-se como John Wayne ou Clint Eastwood.

Como poderá ser desmascarada a derradeira impotência da arma? Um escultor sueco, Carl Fredrik Bengt Wilhelm Reuterswärd, ficou horrorizado com a morte de John Lennon, em Nova Iorque, em 8 de dezembro de 1980. Disse ele: "Fiquei amargurado e cheio de raiva e, imediatamente, comecei a criar um símbolo para John Lennon e para todos os que foram vítimas de tais assassinos". Ele criou *The Knoted Gun* [A arma amarrada], um revólver Colt Magnum, com o seu cano atado com um nó, como se a arma tivesse sido emasculada. Diversas variações foram erigidas em diferentes cidades, pelo mundo afora. A versão na cidade natal de Reuterswärd, Landskrona, está duplamente amarrada, por segurança.

O confronto de Jesus com os soldados que vêm para prendê-lo mostra que o poder baseado na força, no fim das contas, é falso. No horto, dirige-se aos soldados e pergunta por quem eles buscam. Quando respondem: "Jesus de Nazaré" e ele diz: "Sou eu", eles "recuaram e caíram por terra" (Jo 18,6). Jesus é levado à presença de Pôncio Pilatos, o representante do poder imperial de Roma, e esse prisioneiro desarmado é quem exerce o verdadeiro poder e revela a impotência dos que o julgam. Trata-se de um poder de índole inteiramente diferente do poder dos romanos, que flagela e crucifica seus inimigos. "Meu reino não é deste mundo. Se meu reino fosse deste mundo, meus guardas teriam combatido para que eu não fosse entregue aos judeus. Agora, porém, meu reino não é daqui" (Jo 18,36).

4. É apenas um jogo

O truque mais manhoso da imaginação violenta é acalmar a nossa repulsa fazendo de conta que se trata apenas de um jogo, de uma brincadeira antiquada. Aos 18 anos, os adolescentes americanos já assistiram, nos meios de comunicação, a duzentos mil atos de violência e a dezesseis mil assassinatos.[317] Muitas vezes, eles são enaltecidos ou tratados como divertidos. A violência é normalizada e, inclusive, parece inócua, quando se faz explodir inimigos demoníacos num *videogame*. Esse entretenimento, aparentemente inocente, nutre uma imaginação violenta, que não sente culpa pela destruição, porque nada é real.

Realmente, os dramas da política internacional, com os seus confrontos e conflitos, são, amiúde, imaginados como jogos. As pessoas reuniram-se fora da Casa Branca para celebrar a morte de Osama Bin Laden com cartazes proclamando: "Obama 1 x Osama 0". Poderia ter sido um jogo de basquetebol, e os principais atores recebem no drama a designação de "jogadores", como se toda essa violência fosse apenas um ciberjogo. Durante a Guerra Fria, os americanos pensaram o conflito nuclear em termos de jogos de guerra produzidos para computador, como se ninguém fosse realmente ferido. Corpos reais não estavam envolvidos. Eram só números numa tela. Curiosamente, os russos pensaram a Guerra Fria à luz do romance *Guerra e paz*, de Tolstói, um triunfo que brota, de forma quase mística, do sofrimento e do desastre.[318]

Em duas noites consecutivas, assisti a dois filmes, *Avatar* e *Sherlock Holmes*. Não podiam ser mais diferentes. O primeiro centrava-se em oito californianos de quase dois metros e meio de altura e pele azulada, que viviam num planeta distante no futuro, e o segundo ocupava-se do nosso grande detetive inglês, que resolve crimes na cidade de Londres do século XIX. Mas ambos acabam, de modo quase idêntico, com um tiroteio, no qual os maus são mortos e o mundo é salvo, até a vinda de outro sujeito ruim.

O intento de Gary Younge, ao escrever sobre a morte dos dez adolescentes num só dia, 23 de novembro de 2013, é abrir os nossos olhos para o horrível sofrimento de pessoas reais, dos filhos e filhas de famílias comuns. Refere-se ele "ao congressista democrata californiano Adam B. Schiff, que conseguiu vinte minutos para se encontrar com Faisal bin Ali Jaber. Os cunhados e o sobrinho de Jaber tinham sido mortos por um ataque de drones dos Estados Unidos, numa zona rural do Iêmen, enquanto tentavam persuadir membros da Al Qaeda a abandonarem o terrorismo. Depois do encontro, Schiff afirmou: 'Isso dá uma aparência humana ao termo *dano colateral*. O meu objetivo é aqui colocar um rosto humano – uma face de criança – ao *dano colateral* da violência das armas na América".[319]

Como habitantes do continente digital, é difícil percebermos a brutalidade do assassinato, mesmo para os que vivem em bairros violentos. Younge conta a história de Nicole, que enviou uma mensagem a uma amiga sobre um homem com quem ela gerou um filho, e que um dia matará o seu filho mais novo: "'Juro que um dia ele vai me matar. Daqui a dois anos, quando ninguém suspeitar dele, sei que vai me matar.' 'Falávamos sério', diz Amy. 'Mas, ainda assim parecia mais uma brincadeira. Quem consegue envolver sua mente numa realidade como essa, até que ela realmente aconteça? Não é real, até que aconteça'. E então aconteceu".[320]

Matou o filho dela, Jaiden, com uma bala na cabeça.

A não violência de Jesus está radicada na sua clara percepção das pessoas. Como Palavra viva de Deus, conhece-as em seu íntimo. Jesus "conhecia a todos e não tinha necessidade de que alguém lhe testemunhasse a respeito de ninguém. De fato, ele conhecia o que havia na pessoa" (Jo 2,24-25). Pergunta-lhe Nataniel: "De onde me conheces?" (Jo 1,48). E a mulher samaritana diz a toda a gente: "Vinde ver um homem que me disse tudo quanto fiz" (Jo 4,29). Se víssemos perfeitamente a humanidade que Deus deu a cada um, a violência teria sido impossível.

Chrys McVey, op, um americano que trabalhou no Paquistão durante muitos anos, referiu-se ao modo como São Domingos se comovia, muitas vezes, até as lágrimas: "Elas emanavam da disciplina de uma espiritualidade de olhos abertos, que nada deixava escapar. A verdade é a divisa da Ordem Dominicana – não a sua defesa (como, amiúde, se pensa), mas a sua percepção e apreensão. E manter os olhos abertos de modo que nada se perca torna-os muito penetrantes".[321]

Note-se o trocadilho sobre os dois sentidos de "penetrante", como inteligente e como acutilante.

Diz o velho pastor, no romance *Gilead*, de Marilynne Robinson: "Qualquer rosto humano é uma exigência que lhe é feita, porque você não consegue deixar de apreender a sua singularidade, a sua coragem e a sua solidão".[322] O início do nosso treino na não violência é aprender a ver os outros. Se os enxergarmos não como objetos, mas como sujeitos que nos veem, será quase impossível infligir-lhes uma ferida profunda.

Robert Graves, um poeta da I Guerra Mundial, encontrou certa cura para o desejo de sangue ao ver um soldado alemão morto. Ali estava a forte realidade da guerra.

> *Onde, apoiado num tronco estilhaçado,*
> *Numa grande confusão de coisas sujas,*
> *Estava sentado um boche morto; carrancudo e fedorento*
> *Com vestes e a face úmida e esverdeada,*
> *Com a barriga inchada, com óculos, de cabelos curtos,*
> *Escorrendo sangue negro do nariz e da barba.*[323]

Não muito antes da sua morte, Christian de Chergé, o prior dos trapistas argelinos, escreveu o seu testamento final. É a mais bela declaração da não violência que eu conheço. Ele contempla aquele que virá para matá-lo, não como um inimigo, mas como seu irmão: "E também a você, meu amigo [o seu assassino] do último instante, que não saberá o que faz, sim, também a você eu digo este OBRIGADO E ESTE 'A-DEUS' – para encomendá-lo ao Deus em cuja face eu vejo a sua. E que possamos encontrar-nos ambos, felizes 'bons ladrões' no Paraíso, se a Deus agradar, o Pai de ambos... *AMÉM! INSHALLAH!*".[324]

A poesia da não violência

A não violência exige mais do que a determinação de não ferir. Convida-nos a imaginar o mundo de uma forma diferente. Eis o que Isaías nos propõe por meio da poesia: "Então o lobo habitará com o cordeiro, e o leopardo deitar-se-á ao lado do cabrito; o novilho e o leão comerão juntos, e um menino os conduzirá. A vaca pastará com o urso, e as suas crias repousarão juntas; o leão comerá palha com o boi. A criancinha brincará na toca da víbora e o menino desmamado meterá a mão na toca da serpente. Não haverá dano nem destruição em todo o meu santo monte, porque a terra está cheia de conhecimento do Senhor, tal como as águas que cobrem a vastidão do mar (Is 11,6-9)".

Leões vegetarianos! Será isso pura fantasia, uma fuga de um mundo que é inevitavelmente brutal? Ou será uma evocação da paz que Jesus promete, e que o mundo não consegue imaginar e, por isso, só se pode aludir a tal mediante a poesia? Fiquei intrigado com um título no website da BBC: "Bailarinas invadem as ruas do Cairo". Justamente antes do Natal de 2016, elas recusaram-se a ser intimidadas pela violência da cidade e reclamaram as ruas para as mulheres, dançando e rodopiando, ao longo da noite. Os vídeos das suas danças tornaram-se virais. Foi uma parábola dançada.

A Colômbia foi afligida pela guerra civil, durante cinquenta anos. A maioria dos colombianos nunca conheceu e não podia imaginar outra coisa. A guerra entre o exército e os rebeldes das FARC parecia eterna e sem solução. Um executivo da publicidade, José Miguel Sokoloff, foi convidado a inventar modos criativos de chegar aos guerrilheiros. Plantou árvores de Natal perto dos lugares onde eles passariam. Falou-nos das "árvores gigantescas, instaladas em nove veredas estratégicas no meio da floresta, e cobertas de luzes de Natal. Essas árvores ajudaram a desmobilizar 331 guerrilheiros, quase 5% da força das guerrilhas. Essas árvores eram iluminadas durante a noite, e tinham ao lado um cartaz que dizia: 'Se o Natal pode vir à floresta, vocês podem ir para casa. Desmobilizem-se. No Natal, tudo é possível'".

Provavelmente, não foram muitos os guerrilheiros que viram as árvores, mas todos ouviram falar delas. Nas trevas da mútua destruição, um símbolo poderoso surgiu, e não era uma arma. Evocava o Príncipe da Paz, no qual quase todos os colombianos acreditam, e a paz doméstica da qual estavam excluídos.

A resistência não violenta não é apenas uma tática eficaz na luta contra o mal. Seu poder brota da profunda paz interior das pessoas corajosas, que ousam recusar a violência e imaginam o mundo de forma diferente. Jesus ensinou que "o verdadeiro campo de batalha, onde a violência e a paz se encontram, é o coração humano, pois 'é de dentro do coração dos homens que procedem os pensamentos maus'" (Mc 7,21).[325] O poder majestoso de Jesus perante o tribunal de Pôncio Pilatos dimanava da sua comunhão com o Pai, da "perfeita e invulnerável tranquilidade da sua eternidade".[326] Nela encontramos o nosso lar.

11.

EM CASA

Jesus diz aos discípulos que nele estarão em casa, e que ele e o Pai virão habitar neles. "Não se agite vosso coração. Credes em Deus; crede também em mim. Na casa de meu Pai, há muitas moradas. Se assim não fosse, eu vos teria dito, porque vou para preparar-vos um lugar" (Jo 14,1-2). Diz-lhes isso justamente no momento em que, aparentemente, deixarão de morar com ele, porque lhes vai ser arrebatado, primeiro pela violência e, em seguida, pela ascensão. Isso nos mostra de que tipo de morada se trata, uma morada que não pode ser destruída pela perseguição, pela derrota ou pela aparente ausência de Deus.

Todo ser vivo precisa de um lugar para morar, e a sua morada expressa o que significa estar vivo. Recifes de coral, estrumeiras, sebes e colmeias também são casas. Leões e ursos, cães e raposas, marcam os seus territórios com urina e lutam contra qualquer rival que tente invadir o seu espaço. As aranhas tecem as suas teias e os texugos escavam as suas tocas. A casa pode não ser um simples lugar. A "habitação" de um salmão inclui a suas áreas de desova, onde nasceu e onde morre, e o oceano onde engorda e cresce até a idade adulta. As aves migratórias encontram-se em casa nos seus territórios de verão e inverno, entre os quais se movem, como as pessoas passam temporadas no campo ou na praia e na cidade. Se o plâncton fica à deriva no oceano e não parece ter um lar, talvez também não tenha uma grande vida. Mas quem sou eu para julgar? Porventura, como se disse dos primeiros dominicanos, "o oceano é o seu claustro".

Então, o que a promessa de Jesus, acerca de uma morada, diz sobre o que significa para nós estarmos verdadeiramente vivos em Deus? Dois são os movimentos da construção de moradas. Devemos encontrar a nossa habitação em Deus: "Vou preparar-vos um lugar" (Jo 14,2). E Jesus e o Pai farão em nós a sua morada: "Se alguém me ama, guardará minha palavra, e meu Pai o amará, e viremos a ele e nele faremos morada" (Jo 14,23). Estar plenamente vivo é Deus habitar em nós e nós em Deus.

Por que esse duplo regresso a casa? O mistério do amor de Deus é, ao mesmo tempo, particular e universal. Somos amados na nossa individualidade. Deus não ama a humanidade em geral, como eu aprecio o vinho tinto em geral. Cada um de nós não é apenas um espécime de um grupo que é amado de forma geral. Um amor assim seria abstrato e vazio. W. H. Auden disse, com humor: "Estamos aqui, na terra, para fazer o bem aos outros. Mas não sei o que os outros estão fazendo aqui".[327] O Pai e o Filho habitam nos combates individuais e no deleite dos nossos amores e amizades. O Espírito Santo aninha-se na urdidura e na trama da nossa vida pessoal.

Ao mesmo tempo, o amor de Deus é universal. Nada fica excluído dele, porque então deixaria de existir. Deus habita na pequenez das nossas vidas, e nós estamos escancaradamente abertos à incomensurável vastidão da vida de Deus. Como o salmão, florescemos porque Deus habita nos pequenos cursos em que estamos seguros e à vontade, e enche-nos com a fome do vasto oceano do seu amor. Consideremos agora cada aspecto do nosso regresso a casa e vejamos como eles se relacionam entre si.

"Se alguém me ama, guardará minha palavra, e meu Pai o amará, e viremos a ele e nele faremos morada"

James Rebanks, na sua maravilhosa narrativa da vida – que se poderia denominar vocação – de um pastor em Lake District [região em Cúmbria, noroeste da Inglaterra], diz-nos que as ovelhas estão ligadas à terra em que são criadas: "São 'aclimatadas' – ensinadas em seu sentido de pertença por suas mães, quando eram filhotes –, em uma cadeia ininterrupta de aprendizagem, que remonta há milhares de anos".[328] "Seu sentido de pertença é tão forte que, segundo se conta, algumas regressam diretamente à região a que se afeiçoaram juntamente com as suas mães – um impulso irresistível dentro delas que as leva a casa e à sua 'tarefa', mesmo que não tenham andado pela montanha durante três ou quatro anos."[329]

Os seres humanos também amam os lugares. Alastair Bonnett escreve que "o lugar é a fábrica das nossas vidas; a memória e a identidade são costuradas por ele. Sem um lugar que alguém possa chamar de seu, um lugar que seja a sua morada, a liberdade é uma palavra vazia".[330] Somos "topófilos", amantes de lugares, cujos nomes acarinhamos. A falta de habitações é uma crise não só de acomodação para os sem-teto, mas de lugares onde se possa ser plantados e florescer.

As crianças precisam de lugares só seus, preferentemente desconhecidos dos adultos, onde elas se sintam em segurança para brincar e observar o mundo. Assevera Seamus Heaney que "todas as crianças querem agachar-se nos seus abrigos secretos. Eu adorava a bifurcação no início da estrada, o matagal denso, perto de uma cerca de buxo diante de casa, a pilha de feno macia e quase escorregadia num canto atrás do estábulo; mas, especialmente, eu passava longo tempo na garganta de um salgueiro no fundo do quintal".[331]

Os lugares, afirma ele, são "proteínas da imaginação" e "regiões da mente". Sustentam e escoram o sentido de quem somos, de onde viemos e para onde vamos. Jeanette Winterson escreve que "a casa é muito mais do que refúgio; a casa é o nosso centro de gravidade".[332]

Para a bíblica "região da mente", a casa é onde Deus construiu a sua morada conosco, escolhendo um lugar particular e um povo singular.

*O Senhor escolheu Sião,
preferiu-a para sua morada:
"Este será para sempre o meu lugar de repouso,
aqui habitarei, porque o escolhi"
(Sl 132,13-14).*

Em Jesus, Deus fez a sua morada numa pessoa particular, numa pequena cidade da Galileia, na família de um carpinteiro. Depois de Pentecostes, quando os discípulos foram enviados aos confins da terra, houve alguma ambiguidade e incerteza acerca de lugares sagrados e casas consagradas. Alguns afirmaram que Jesus nos fazia ir além da particularidade de um lugar. Disse ele à mulher samaritana, junto do poço: "Crê em mim, mulher. Vem a hora em que nem nesta montanha, nem em Jerusalém adorareis o Pai" (Jo 4,21). Estêvão, o primeiro mártir, foi preso porque "não para de falar contra o Lugar Santo" (At 6,13), mas o Cristianismo é uma religião que abarca as nossas necessidades humanas comuns. Como tantas vezes afirmou Santo Tomás de Aquino: "a graça aperfeiçoa a natureza, e não a destrói". A fome humana de moradas e de lugares santos não podia ser negada. Precisamos de oásis na jornada para a ampla casa da vida de Deus. De que outro modo poderíamos imaginá-la? Necessitamos de imagens do modo como Deus mora conosco, agora, se quisermos avançar para a vida partilhada nas múltiplas moradas de Deus.

Nossos antepassados tinham um sentido profundo de que Deus mora em nossas casas de família. John McGahern descreve a piedade doméstica de um lar irlandês no século passado: "A chaleira começou a ferver e tínhamos chá com fatias de pão e presunto. Antes de subirmos ao primeiro andar, ajoelhamos no brilho avermelhado da sala e à luz saltitante do fogo recitamos o terço. 'Abre, Senhor, os meus lábios. E a minha língua anunciará o teu louvor [...] Torre de Marfim, Casa de Deus, Arca da Aliança, Estrela da Manhã, Porta do Céu', rezamos nós. A pobre casa, situada no meio do campo, era uma defesa frágil contra as chuvas e os ventos que sopravam, mas nessa noite ela parecia uma das mansões do céu".[333]

Cresci com uma sensação semelhante de que Deus e todos os santos partilhavam a nossa casa, embora a nossa única tentativa de recitar o terço acabasse em risadas, quando os cães irrompiam para dentro e não podiam ser impedidos de lamber nossa cara. Seamus Heaney escreve acerca dos rituais domésticos para cada estação:[334] cruzes de Santa Brígida trançadas com juncos verdes no dia 1º de fevereiro [festa litúrgica de Santa Brígida], enfeitar as portas e janelas com guirlandas de flores na véspera de 1º de maio [nos países do hemisfério norte, para assinalar o fim do inverno, pedir proteção e fertilidade para a terra e afastar os maus espíritos], colocar flores em casa para celebrar o mês de maio, de Maria. E daí, se algumas dessas práticas são de origem pagã? Nada de humano é estranho a Cristo.

O Cristianismo oriental, ortodoxo e católico, vê a casa como a igreja doméstica, onde os pais são o "clero" e os filhos os "leigos". Ainda há lugares em que é comum ter um "oratório" junto da entrada da casa, um pequeno nicho com imagens de santos onde a família se reúne para orar devotamente, de manhã e à noite. Muitas vezes, existe uma imagem ou um quadro de Nossa Senhora com o Menino Jesus, diante do qual se reza em agradecimento e com pedidos de proteção sempre que se entra e sai de casa. Aos padres se pede que abençoem o novo lar, para que Deus nele possa habitar. É mais fácil compreender que alguém mora em Deus, se Deus morar na sua casa. É mais fácil dar graças na Eucaristia, se dermos graças em todas as refeições. Precisamos de modos de santificar as nossas casas, embora isso seja menos fácil quando as pessoas com que vivemos não partilham da nossa fé. Como pode alguém santificar a sua casa, sem provocar constrangimento nos outros?

Em casa na Igreja

Deus mora não só em nossa casa, em nosso apartamento, em nossa comunidade, mas também em nossa paróquia e em nossas igrejas. O Papa Francisco apelou a todos que encontrassem seu lar na Igreja:

"A Igreja é chamada a ser a casa do Pai, com as portas sempre escancaradas... onde há lugar para todos, com todos os seus problemas, e a dirigir-se àqueles que sentem necessidade de novamente retomar o seu caminho de fé".[335] Ninguém deve encontrar a porta fechada. Infelizmente, muitos bons cristãos sentem que a porta está fechada ou, pelo menos, não de todo aberta, porque são divorciados, ou casados em segunda união, ou homossexuais, ou vivem com parceiros, ou discordam da Igreja em determinados pontos ou, de alguma maneira, afastaram-se do caminho.

> *"Casa é onde, quando se precisa de um lugar para ir,*
> *Acolhe você incondicionalmente."*
> *"Eu deveria ter chamado de*
> *Um lugar que você, de algum modo, não merece."*[336]

Se a Igreja é a nossa casa, não temos de merecer ser membros dela. Não temos de justificar nosso lugar na assembleia. Por vezes, com hesitação, há quem diga: "Mas eu sou um mau católico" ou "Não sou lá muito cristão". Tudo o que alguém pode dizer é: "Seja bem-vindo". Quando o filho pródigo regressou, não lhe foi dado tempo para se desculpar ou explicar por onde andou. Seu pai correu e abraçou-o, vestiu-o e fez uma festa.

Afirmou a poetisa americana Maya Angelou: "Vive em todos nós o anseio pela casa, o lugar seguro aonde podemos ir como somos, sem ser questionados".[337] Justamente porque a Igreja é a nossa casa, não temos de enfrentar o interrogatório sobre quem somos e o que fizemos. Estamos ali como filhos. Devemos, pois, ser capazes de nos expressar livremente, fazer as nossas perguntas e mencionar as nossas dúvidas. Em casa, podemos ser espontâneos. Hilaire Belloc, escritor do período pré-guerra [1870-1953], certa vez, em uma missa na Catedral de Westminster, estava ajoelhado num momento em que na missa todos estavam de pé. Um sacristão aproximou-se e disse: "Por favor, senhor, agora ficamos de pé". E Belloc disse: "Vá para o inferno!". Replicou o sacristão: "Desculpe. Não tinha reparado que era católico".³³⁸

Os judeus sempre entenderam que essa liberdade é um sinal de pertença. Em termos famosos, Levi-Yitzchak de Berditchev, rabino hassídico do século XVIII, zangava-se com Deus com certa regularidade, sobretudo quando sentia que ele negligenciava seus filhos. "Tu mandas-nos ajudar os órfãos. Também nós somos órfãos. Porque te recusas a ajudar-nos?"³³⁹ Elie Wiesel assevera que esta é a liberdade dos que estão em casa, na comunidade: "No seio da comunidade, [o rebelde] pode dizer tudo. Saindo dela, ser-lhe-á negado este direito. A revolta do crente não é a do renegado; os dois não falam em nome da mesma angústia".³⁴⁰

Vamos à igreja com as nossas questões e as nossas dúvidas, com as nossas objeções e a nossa raiva. Levamos à igreja as nossas identidades seculares, porque somos todos filhos desta era secular. Quando o Padre Tony Philpot era pároco na diocese de East Anglia [região leste da Inglaterra], ouviu uma conferência em Cambridge, proferida pelo Cardeal Ratzinger. Foi brilhante. Em certo sentido, ele concordou com todas as palavras. Era tudo verdade, mas pouco tinha a ver com a vida dos seus paroquianos. Escreveu ele: "É incômodo estar entre a cruz e a espada. É desconfortável pertencer ao mundo da ortodoxia e, no entanto, gastar tanto do meu tempo e das minhas energias com os heterodoxos, e pertencer de fato também ao seu mundo. Gostaria de dizer aos que se preparam para o sacerdócio diocesano que este coração dividido é a dor característica da sua vocação; se eles sentirem tal dor, é um sinal de que serão bons padres".³⁴¹

Eu acrescentaria que é a dor de todos os que buscam uma casa na Igreja. Vamos à igreja com a nossa fé e com a falta dela, com o nosso consentimento e também com a nossa dissidência.

Uma casa que não tolera o desacordo e não admite questionamentos está morta. Estamos em casa mastigando as questões que nos incomodam, sem receio de nos apontarem a porta. Escreveu Yehuda Amichai, um poeta israelita:

> *No lugar onde justamente estamos*
> *nunca cresceram flores*
> *na primavera.*
> *O lugar onde justamente estamos*
> *é duro e pisoteado*
> *como um pátio.*
> *Mas as dúvidas e os amores*
> *escavam o mundo*
> *como uma toupeira, um arado.*[342]

Há, pelo menos, mais duas razões pelas quais talvez não nos sintamos em casa na paróquia ou na igreja. A primeira, porque elas estão cheias de estranhos; a segunda, porque a Igreja é corrupta. Quem desejaria pertencer a ela?

Em casa com estranhos

Por que dar-se ao trabalho de ir à igreja com estranhos, que talvez não me recebam bem e com os quais talvez tenha pouco em comum? Quando o beijo da paz foi, de novo, estendido à assembleia, depois do Concílio Vaticano II, alguns o acharam desagradável. Uma senhora, ao ver um estranho avançar para ela, com as mãos estendidas, recusou: "É melhor não. Não fomos apresentados". Algumas dioceses nos Estados Unidos introduziram um dia anual, em que as pessoas que haviam se afastado da Igreja eram convidadas a regressar. Tornou-se conhecido como um dia especial, "para lembrar por que a deixaram".

A palavra "paróquia" vem do grego *paroikeis*, que significa "visitante" ou "estranho". É a palavra utilizada pelos discípulos no caminho de Emaús, quando perguntam a Jesus: "És tu o único que vive em Jerusalém que não sabe os fatos que nela aconteceram nestes dias?" (Lc 24,18). Uma paróquia é uma casa para estranhos, onde nos reunimos com pessoas a que não estamos necessariamente ligados pela amizade ou pelo relacionamento. Sem dúvida, nas cidades atuais, não é uma comunidade natural. Ela fala do Reino, precisamente ao juntar pessoas que, provavelmente, não têm um desejo profundo de se conhecerem umas às outras. A conversão de Dorothy Day ao catolicismo foi desencadeada quando entrou numa igreja em Nova Iorque e viu os muito ricos e os mais pobres comungarem juntos.

O paradoxo da nossa casa/não casa na paróquia local foi muito vivo na Igreja primitiva, porque se beijavam os estranhos. Era realmente um beijo, e não um abraço envergonhado ou um aperto de mão distante. Os pagãos escandalizavam-se, quando estranhos, no culto cristão, se beijavam nos lábios. Aparentemente, alguns jovens ficavam arrebatados. O Bispo Clemente de Alexandria escreveu, com algum desespero, que "devemos dar-nos conta de que o uso irrestrito do beijo o sujeitou a uma grave superstição e calúnia. Deveria pensar-se nele num sentido místico. Beijemo-nos com uma boca que é casta e autocontrolada".[343] Alguns assim esperam! Atenágoras advertiu contra o pedir um segundo beijo. Um só beijo poderia ser santo, mas, se alguém pede um segundo, trata-se então de luxúria.[344] Por causa desse abuso, perdeu-se esse toque íntimo, que provavelmente remontava a Jesus, e homens e mulheres passaram a sentar-se em lados diferentes do corredor central, e esmoreceu o paradoxo de uma comunidade em que somos íntimos de estranhos.

A beleza e a dor da comunidade cristã local consistem precisamente em estarmos em casa, em Cristo, com pessoas com as quais não temos uma natural afinidade e, amiúde, não desejam conhecer-se melhor. Claro que, se nos reunirmos todos os domingos ao longo dos anos, muitas delas deixarão de ser estranhas, mas não é disso que se trata. Jesus disse que "onde dois ou três estiverem reunidos em meu nome, ali estou eu, no meio deles" (Mt 18,20), mesmo se forem estranhos. Vamos para receber a dádiva do seu corpo, que inclui o dom da pessoa desconhecida a meu lado, na igreja.

Na Igreja primitiva, cada paróquia tinha um albergue reservado para estrangeiros e visitantes, porque eles eram Cristo. Não faria sentido receber Cristo, na Eucaristia, e rejeitar Cristo, no visitante.

A hospedaria tinha o nome de *Xénon*, palavra grega para "estrangeiro". São João Crisóstomo sugeriu que cada lar cristão deveria ter um lugar para o estrangeiro: "Quantos irmãos são estrangeiros?... Fazei para vós mesmos um quarto de hóspedes na vossa casa: ponde lá uma cama, uma mesa e um castiçal. Conseguiste assim uma vitória para a Igreja. Por que é que nos haveríeis de envergonhar? Fazei isto: ultrapassai-nos em liberalidade: tende um quarto onde Cristo possa vir; dizei: 'Esta é a cela de Cristo; esta construção foi reservada para ele'".[345]

Nenhum cristão pode sentir-se completamente em casa, enquanto alguém não tiver um teto. Os expatriados que chegam às praias da Europa em busca de refúgio não são apenas pessoas sem-teto. Foram obrigados a abdicar de sua identidade anterior e de tudo aquilo que lhes conferia uma individualidade. No final de 2018, estive num centro para quatrocentos imigrantes no Norte da Itália, gerido pela paróquia local, e notei, demasiado tarde, o nervosismo, quando perguntei a um grupo que tomava café da manhã, de onde eles tinham vindo. Não se deve fazer perguntas.

O livro *The Gurugu Pledge*, de Juan Tomás Ávila Laurel, mostra como é a vida de um africano, que vive na fronteira, tentando entrar na Europa: "O princípio básico era este: quanto mais se aproxima das portas da Europa, tanto mais descarta o que o liga a um país africano concreto. Em Gurugu (o campo em que eles viviam), revelava suas origens só àqueles em que verdadeiramente confiava".[346] Quando alguém pergunta sobre a origem de um recém-chegado, ele responde: "Não me pergunte de onde vim. Passei por muitos lugares, mas atravessei a Argélia. Disseram-me que eu já não tinha um país, é o que eles dizem na fronteira: você não tem mais país, agora é simplesmente preto".[347] O modelo dominante de comunidade no campo era o time de futebol, porque na TV viam pessoas parecidas com eles e que tinham um nome. A verdadeira natureza da paróquia, a nossa casa com estranhos, revela-se quando acolhemos bem os imigrantes, de modo que eles tenham um lugar para chamar de lar.

Em casa numa Igreja corrupta?

Queremos realmente estar em casa, na Igreja? Para muita gente, sobretudo depois da crise dos abusos sexuais, tornou-se impossível permanecer e continuar pertencendo a ela por mais tempo. Encontrei uma amiga em Paddington Station [um dos principais terminais de trem e metrô de Londres] uma jovem mulher, inteligentíssima e deslumbrante, que recebeu uma educação católica, mas, por fim, achou que os escândalos eram demasiados. Ela me disse que já não conseguia aguentar mais, estava fora. Como podemos pensar na Igreja como casa, quando ela é abalada em suas estruturas por tal pecado? Onde estão os sinais de que Deus ainda está aqui?

Durante o verão de 2018, estive na Austrália, onde a Igreja se encontra profundamente mergulhada nessa crise. Encontrei-me com diretores das escolas católicas no Estado de Vitória. Fiquei profundamente grato pelo modo como eles abordaram essa questão, com olhos abertos e uma fé profunda. Um deles citou Carlo Carretto (1910-1988), presidente nacional do Movimento da Juventude Católica na Itália no princípio dos anos 1950, antes de se tornar um irmãozinho de Charles de Foucauld. Carretto escreveu uma "Ode à Igreja", num livro com o título *Busquei e encontrei*,[348] em resposta a um livro escrito por um ateu com o título *Busquei e não encontrei*. O que Carretto apresenta resume a ambiguidade da Igreja, a minha casa, mas ainda não o meu lar, que revela e oculta Deus:

> Como és contestável para mim, Igreja! E, no entanto, como te amo! Como me fizeste sofrer! E, no entanto, quanto te devo! Às vezes, gostaria de te ver destruída. E, no entanto, tenho necessidade de tua presença. Deste-me tantos escândalos! E, no entanto, me fizeste compreender a santidade. Nunca vi nada de mais obscurantista, mais comprometido e mais falso no mundo, como em ti vejo viver. Mas também nunca toquei em nada tão puro, tão generoso e tão belo!

> Quantas vezes tive vontade de bater a porta de minha alma em tua cara! E quantas vezes orei, para um dia, em teus braços seguros morrer!

> Não, não posso me libertar de ti, porque eu mesmo sou tu, mesmo não sendo completamente tu! Além disso, aonde iria eu? Construiria outra igreja? Mas não poderia construí-la, senão com os mesmos defeitos e falhas, porque são os meus defeitos e falhas que levo para dentro de ti, Igreja. E, se eu construísse outra igreja, seria a minha igreja e não a Igreja de Cristo! Não, já sou bastante velho, conheço melhor as coisas. Não deixarei esta Igreja, fundada numa rocha tão frágil, porque eu iria fundar outra numa rocha ainda mais frágil: eu mesmo. E então, qual a importância das rochas? O que importa é a promessa de Cristo, o que importa é o cimento que une e funde as pedras numa só: o Espírito Santo. Só o Espírito Santo pode construir a Igreja com pedras tão mal talhadas, como nós somos![349]

Diante de todas as ambiguidades da nossa casa/não casa, muitos, como a minha amiga, vão embora. Sim a Jesus, não à Igreja. Sim à espiritualidade, não à religião institucional. Creio que devemos permanecer, porque Deus fez a sua casa conosco. As últimas palavras do Evangelho de Mateus são: "Eu estou convosco todos os dias, até o fim dos tempos" (Mt 28,20). A presença permanente de Deus não depende da nossa fidelidade a Deus. Mas, se permanecemos, apesar da tentação de virarmos as costas à instituição, por vezes sórdida, somos sinais do nosso Deus que não irá embora e por cuja presença podemos ainda, apesar de tudo, chamar de santa à Igreja.

Às vezes, permanecer é a grande aventura da nossa fé. Alguns cristãos, no Iraque e na Síria, expressam o seu enraizamento no Senhor, justamente por permanecerem na sua terra natal. Muitos fugiram e, frequentemente, por excelentes razões, por isso não devem ser julgados. Mas os que permanecem são um sinal do Deus que permanece conosco. O Patriarca Caldeu, em Bagdá, disse-me que a sua catedral tinha sido bombardeada, matando a muitos. Agora, o governo retirou todos os seus guardas. Mas ele permanece, à espera de quem quer que venha, sabendo que algum dia um estranho poderá chegar com uma arma.

Serge de Beaurecueil, op, que viveu no Afeganistão durante vinte e cinco anos, normalmente o único sacerdote católico no país, questionou-se muitas vezes acerca da importância de permanecer. Mas escreveu: "Mensageiro silencioso da Palavra, de uma Palavra criadora, encarnada e crucificada, simplesmente por estar, simplesmente por viver aqui, simplesmente por amar, simplesmente por morrer aqui, simplesmente por celebrar a Eucaristia aqui, envolvo o futuro de um povo na Luz".[350]

Rowan Williams escreveu que: "'Não vou embora' é uma das coisas mais importantes que podemos ouvir, quer a ouçamos de alguém à nossa cabeceira, na doença; ao partilharmos uma bebida; ou quando perguntamos o que está acontecendo na nossa vizinhança e na nossa sociedade".[351] Permaneceremos na Igreja, apesar da nossa vergonha por causa das suas faltas. Permanecemos, inclusive, apesar de ser uma chatice ter de voltar aos domingos e escutar homilias aborrecidas que nos enlouquecem.

É a fiel resistência que se expressa também de outras tantas maneiras, permanecendo fiéis aos amigos, mesmo quando eles deixam de ser divertidos e estimulantes ou foram submersos pelo fracasso, bem como ao nosso cônjuge, quando o amor arrefeceu. Disse James Rebanks, o pastor de Cúmbria: "Por vezes, penso que o nosso sentido de pertença se relaciona com o modo como suportamos o clima – pertencemos a este lugar, porque o vento, a chuva, o granizo, os aguaceiros, a lama e as tempestades não conseguiram deslocar-nos".[352] Os cristãos, hoje, suportam muito mau tempo. E se fugirmos da Igreja, podemos ainda regressar, aquecer-nos no fogo pascal na lareira, justamente como todos os demais.

Os próprios edifícios das nossas igrejas são um símbolo da presença duradoura de Deus e são um convite em pedra e tijolo a permanecermos. Materializam memórias e promessas. Quando Josué fez uma aliança com o povo, ao entrar na Terra Prometida, ele colocou uma grande pedra no santuário do Senhor: "Esta pedra servirá de testemunho entre nós, pois ela ouviu todas as palavras que o Senhor nos disse" (Js 24,27) – a pedra materializava a memória da aliança eterna.

Na conferência de Lambeth de 2008, Rowan Williams, então arcebispo de Cantuária, quis que os bispos passassem algum tempo na Catedral de Cantuária para que o edifício, com todas as memórias de Santo Agostinho e de São Tomás Becket, pudesse influenciar a imaginação deles, e o seu amplo espaço aberto, subindo em direção ao altar, pudesse convocar a Comunhão Anglicana a uma unidade mais profunda. Disse que conseguiu reunir os bispos na Catedral, durante longos períodos de silêncio, à luz do princípio de que o edifício deveria causar alguma influência.[353]

Na tradição católica, há, em todas as igrejas, dois sinais especiais dessa permanência fiel de Deus: o altar e a lâmpada do sacrário. Estive presente na dedicação de um novo altar pelo Bispo Robert Lynch, numa paróquia na diocese de St. Petersburg (Flórida). Ele tinha sido talhado a partir de blocos maciços de granito delirium e quartzo symphony grey. É emblemático de Cristo, a nossa rocha sólida. Está gravado com cinco cruzes para simbolizar a cinco chagas da sua paixão. É desnudado na Sexta-feira Santa para simbolizar o despojamento de Cristo. O Bispo Lynch arregaça as mangas, espalha e esfrega sobre o altar grandes quantidades de crisma [óleo consagrado], de forma similar à unção do corpo de um lutador, antes do combate. O altar ungido representa Cristo, o Ungido. Essa pesada e bela massa de pedra fala de Cristo, que armou sua tenda na Igreja de Nossa Senhora de Lourdes, em Dunedin (Flórida), e não irá embora. Eis a razão por que o encerramento de uma igreja amada é uma ferida tão grande.

A lâmpada do sacrário é um sinal da presença de Cristo no tabernáculo. Cristo habita nas nossas igrejas, mesmo quando não há ninguém ali. Ele permanece, mesmo quando a paróquia atravessa uma crise, mesmo que o padre seja um fiasco. Ele não vai embora, então como é que nós podemos desertar? Mesmo no final de *Memórias de Brideshead*, a celebração de uma tradicional imaginação católica, Charles Ryder, após uma longa ausência, regressa à capela da casa: "Uma pequena chama vermelha – uma lâmpada em cobre martelado de desenho deplorável, reacendida diante das portas de cobre martelado de um sacrário; a chama que os antigos cavaleiros enxergavam de seus túmulos, que eles viam extinguir-se; esta chama arde, de novo, para outros soldados, longe de casa, mais longe, no coração, do que Acre ou Jerusalém. Ela não poderia ter sido acesa a não ser para os construtores e os trágicos, e, ali, eu a encontrei de manhã, ardendo, de novo, no meio das pedras antigas".[354]

Há uma igreja que detém um lugar único na imaginação católica: não é a de São Pedro em Roma, mas a Basílica de São João de Latrão, a catedral do bispo de Roma. A basílica foi dedicada pelo Papa Silvestre I, no ano 324. Foi maltratada pela história, incendiada e reconstruída, saqueada e restaurada – um símbolo da sobrevivência da Igreja, ao longo de séculos turbulentos. Celebramos, todos os anos, o seu dia de festa, porque ela é *mater et caput* (a mãe e a cabeça) de todas as igrejas católicas do mundo. É a igreja paroquial do mundo, e, por isso, ninguém ali é estranho. Sinto-me tão em casa ali, como o sacerdote que preside à missa ou os peregrinos da América Latina ou da Ásia que nela se aglomeram. Ela é um sinal da morada de Deus conosco, no meio de todo o caos da história, de todos os desastres acidentais, das guerras e dos terremotos, até mesmo das falhas escandalosas do clero, dos Papas Bórgia. Cristo permanece aqui firme conosco, Emanuel, Deus conosco, hoje, como ontem e amanhã.

Nossas igrejas revelam e ocultam o Deus que habita conosco. Quando o general romano Pompeu adentrou no Templo de Jerusalém, em 63 a.C., abriu caminho à força até o Santo dos Santos, onde só o sumo sacerdote podia entrar uma vez por ano, no Yom Kippur [Festa da Expiação, o dia mais sagrado do Judaísmo], e encontrou um espaço vazio. Onde esperava ver a imagem de Deus, nada encontrou. Escreveu Roger Scruton: "O templo é o lugar onde os fiéis podem encontrar Deus. Mas ele está igualmente escondido ali, ocultado no secreto Santo dos Santos, ou nos rituais que apenas alguns conseguem decifrar".[355] A promessa de Deus, de fazer a sua casa conosco, está selada na cruz, num ser humano aparentemente abandonado por Deus.

Onde estava Deus? Jesus prometeu uma morada aos discípulos, na noite antes de morrer, quando eles estavam prestes a dispersar-se. Reuniu uma comunidade de santos e pecadores que seriam suas testemunhas até os confins da terra, e que, por vezes, como fez Pedro, também fracassariam. O que eles realizaram e quem eles eram, revelaram-no e ocultaram-no, como hoje nós também fazemos.

Elias foge da sua terra arruinada (1Rs 19) para o monte Horeb, pensando que tudo está acabado e que ele está sozinho. À entrada da caverna onde está, ouve um murmúrio "de um tênue silêncio", que lhe ordena reconstruir Israel. A morada fica mais adiante e ele tem mais aliados para a tarefa do que pensa, sete mil que, dele desconhecidos, nunca dobraram o joelho diante dos falsos deuses. São Francisco estava rezando na pequena Igreja de São Damião, perto de Assis, quando ouviu a voz: "Francisco, vai e reconstrói a minha casa, que, como vê, está caindo em ruínas". Podemos estar certos de que neste momento há um São Francisco ou uma Santa Clara a serem convocados para essa tarefa novamente.

Em casa no oceano

Então Deus mora em nossas casas e nas congregações locais, nessas reuniões de amigos e de estranhos. Mas somos igualmente convidados a morar em Deus. "Na casa de meu Pai, há muitas moradas. Se assim não fosse, eu vos teria dito, porque vou para preparar-vos um lugar" (Jo 14,2). Como o salmão, precisamos de pequenas lagoas, onde nascer e morrer, mas somos igualmente intimados a estar em casa no vasto oceano do amor de Deus. Santa Catarina de Sena chamava a Deus de "Oceano sereno" e de "Oceano ilimitado".[356] "Vós, eterna Trindade, sois um mar profundo. Quanto mais em vós entro, tanto mais descubro, e quanto mais descubro, tanto mais vos procuro."[357]

A Eucaristia articula essa tensão entre a casa que temos e a nossa morada derradeira. Na Oração Eucarística III, dizemos a Deus: "Não cessais de reunir para vós um povo". A Igreja é uma reunião ativa de pessoas na nossa casa. Mas a Eucaristia termina com nosso envio. Ide em paz. Também o edifício da igreja pode expressar isso. A catedral de Kericho no Quênia, diz-nos Neil MacGregor, foi projetada para que, no fim da missa, cada um possa extravasar. O andar térreo tem portas que são escancaradas como um ato conclusivo do culto. O edifício reúne as pessoas num caloroso abraço e depois, como pulmões, abre-se para deixá-las sair.

No rito antigo, somos enviados: *Ite, missa est*, de onde deriva a palavra "missa". Originalmente isso significava apenas uma despedida, mas tornou-se expressão da natureza missionária da Igreja.[358] Estar em casa na Igreja é ser impelido para além dos seus limites. Vamos à igreja e somos enviados para além dela, tal como o sangue flui em direção ao coração e depois é bombeado para fora. Deus é, assim, um hóspede incômodo em nossas casas, porque nos empurra para fora do ninho. O amor divino torna-nos inquietos, como sucedeu aos Magos no poema de T. S. Eliot: "Não mais à vontade na velha aliança".[359] Há um antigo mote persa que diz: "Não acolha treinadores de elefantes em sua casa, a não ser que esteja preparado para entreter elefantes".[360]

Que sentido podemos dar a esse anelo por uma casa em Deus? Como o salmão, sentimos que chegou o tempo de abandonar a lagoa e ir para o oceano desconhecido, para a vastidão inexplorada à qual somos impelidos. C. S. Lewis chama isso de *Sehnsucht*, "o inconsolável anseio no coração por algo que não sabemos o que é". "Ao falar desse desejo por nossa própria pátria longínqua, que já pode ser encontrado em nós mesmos agora, sinto certa timidez... Não conseguimos falar dele, pois é o desejo por algo que de fato nunca apareceu em nossa experiência. Não podemos escondê-lo, pois nossa experiência constantemente o está sugerindo e traímos a nós mesmos como fazem os amantes com a simples menção de um nome... a fragrância de uma flor que nunca encontramos, o eco de uma melodia que nunca ouvimos, notícias de um país que nunca visitamos."[361]

Lewis acreditava que esse anseio pela nossa derradeira morada é despertado por "pontadas de alegria". Numa carta a Bede Griffiths, afirmava que o desejo é mais forte à medida que nos sentimos mais felizes neste mundo, como se quanto mais alegria tivermos tanto mais aspiramos à nossa derradeira ventura: "É justamente quando parece que a maior parte do céu já está aqui que eu me acerco mais do anseio de uma pátria. É o frontispício brilhante que estimula a leitura da história à qual dá início. Toda a alegria (distinta do simples prazer, e ainda mais do divertimento) realça nossa condição de peregrinos; continuamente nos lembra, acena e desperta o nosso desejo. As nossas melhores posses são anseios".[362]

Temos intuições dessa casa em Deus na hospitalidade. É mais do que o acolhimento do estrangeiro na nossa casa. Aprendemos a estar em casa com eles, com um novo sentido do que é uma casa. Ampliamos nosso sentido do que conta como pertencimento. Oferecemos hospitalidade, mas aprendemos a recebê-la de formas que nunca poderíamos prever. Escancaramos nosso sentido de "casa" e numa "pontada de alegria" temos um antegozo da nossa morada definitiva. Ao visitar a Ordem Dominicana como Mestre, fui acolhido com tambores e danças, com banquetes durante os quais não me atrevi a perguntar o que estava comendo, com fogos de artifício e solenes cantos em latim, com o esfregar de narizes.

O Conselho Geral da Ordem, em Roma, tem catorze membros. Em certa altura do meu mandato, os confrades vinham de quase todas as nacionalidades e de todos os continentes, exceto a Antártida. Cada irmão trazia a sua própria compreensão e interpretação de comunidade, derivada da sua cultura. Peço perdão pelo exagero, pelo chiste, mas alguns pensavam em termos de equipe desportiva, outros de uma família, ou de uma tribo ou até de um partido político. A mim, como inglês, ocorria-me o modelo de clube! Criar comunidade significava deixar cada um dos irmãos ampliar a nossa compreensão do que significava pertencer, ser cortês, celebrar e lamentar. Ao acolher os irmãos individualmente e o significado de "casa" para cada um deles, adquiríamos um vislumbre do que poderia exprimir estar em casa no Reino.

A convite dos bispos católicos, visitei a Argélia, como parte de um longo processo mediante o qual a Igreja estava refletindo sobre a sua identidade e a sua missão. Percorri o país inteiro com um dominicano francês, Jean-Paul Vesco, que é bispo de Orã. Por causa da agitação civil, os voos internos tinham sido cancelados e, então, tivemos de ir de carro até o Saara. Durante o caminho, houve um incidente alarmante, que hei de narrar no capítulo 15. Nosso objetivo era visitar uma comunidade remota em El Abiodh, onde Carlo Carretto fizera o seu noviciado.

A estrada principal estava bloqueada pelos combates, por isso tivemos que ir pela fronteira mais ao norte do Saara. Segundo nosso mapa, não dava para saber ao certo se ali havia uma estrada. Paramos num belo oásis, um lugar verde no meio da areia e das rochas do deserto. O bispo perguntou a um homem, que se encontrava à beira da estrada com seus dois filhos, se nós conseguiríamos chegar ao nosso destino. Ele replicou: "Com esse carro, não!". Mas era tarde, e o único caminho alternativo teria acrescentado centenas de quilômetros à jornada, e no mapa parecia haver uma estrada, então seguimos.

Não muito depois, a estrada acabou e ficou óbvio que não conseguiríamos avançar mais. Paramos, olhamos para trás e vimos que o homem e os seus filhos haviam nos seguido. Eles disseram: "Nós avisamos!". Convidaram-nos a passar a noite na casa deles. Como Abraão e Sara, no seu encontro com os três estranhos no deserto (Gn 18), deu-se o milagre da hospitalidade, mas, nesse caso, foram os estrangeiros que fizeram o convite. Nunca esquecerei o rosto deles. Era como se, num momento de semirreconhecimento, eu tivesse visto a face de Deus nesses três muçulmanos. Com uma pontada de alegria, tive um vislumbre de que todos nós estamos a caminho da morada do nosso Pai. Somos peregrinos a caminho "do monte Sião e da cidade do Deus vivo, a Jerusalém celeste; da multidão de anjos em reunião festiva; da assembleia dos primogênitos inscritos nos céus; de Deus, juiz de todos; dos espíritos dos justos que chegaram à perfeição" (Hb 12,22-23).

12.
A ECOLOGIA DA FÉ

Chegamos agora ao clímax do ensinamento de Jesus, quando se aproximam a traição e a morte. Tudo o que ele ensinou aos seus discípulos acerca do serviço mútuo, de permanecer na verdadeira videira, de serem seus amigos, de receber a sua paz, todo o seu ensinamento se resume numa grande oração ao Pai, entreouvida pelos discípulos: "Que todos sejam um só" (Jo 17,21). Ele faz essa oração no último minuto, antes de mergulhar nas trevas e na escuridão da noite. Mas como oração a seu Pai, que sempre escuta o Filho, ela não é um desejo vago, mas há de realizar-se.

"Que eles sejam um só!" Mas seria bom se houvesse apenas uma Igreja? Há pessoas que afirmam que o mercado competitivo das igrejas cristãs nos mantém alerta. Os monopólios favorecem a preguiça e a falta de eficácia. Afirma-se que os Estados Unidos são religiosamente vibrantes, porque existe um mercado aberto onde as igrejas devem promover as suas "marcas" ou afundarão. Se, de fato, todos os cristãos se reunissem na unidade de um só corpo, como exige São Paulo, o Cristianismo não correria o risco e estagnar e esmorecer?

Contudo, no livro *The Scandal of Christian Disunion*, Nicholas King, sj, mostra que, virtualmente, todos os documentos do Novo Testamento insistem em que os cristãos sejam um só.[363] Escreve o autor da Carta aos Efésios: "Um só é o corpo, um só é o Espírito, como uma só é a esperança à qual fostes chamados. Um só é o Senhor, uma só é a fé, um só é o batismo. Um só é Deus e Pai de todos, que está acima de todos e age por intermédio de todos e em todos" (Ef 4,4-6).[364] Em

Atos dos Apóstolos, Lucas brinda-nos com a primeira comunidade em Jerusalém que: "tinham um só coração e uma só alma" (At 4,32). É indiscutível que, no Novo Testamento, ser cristão significa ser chamado à comunhão da única Igreja. Não se trata de uma insossa tolerância mútua, mas de uma unidade profunda e íntima. A oração de Cristo desafia a imaginação competitiva da sociedade consumista. Estar plenamente vivo não é vicejar e prosperar à custa da vitória sobre os competidores no mercado, mas vivermos uns para os outros e uns com os outros. Estar vivo em Deus é florescer na nossa interdependência.

King demonstra, também, que quase todos os documentos do Novo Testamento mostram os cristãos em luta uns com os outros, dividindo-se e expulsando aqueles com quem não concordam. As primeiras comunidades estavam divididas quanto a saber se a lei deveria ainda ser obedecida, sobre o modo como gentios e judeus deveriam viver em conjunto, por divisões de riqueza (ver 1Cor e Tg), por diferentes interpretações de Cristo e da sua relação com o Pai. São Paulo exaspera-se tanto com os que discordam dele, na Galácia, que se alegraria se eles resolvessem mutilar-se (Gl 5,12). Até a idílica comunidade de Jerusalém, que Lucas nos pinta no livro dos Atos, está dividida pelo engano e pela ambição. Levam-se corpos para enterrar!

As cartas de João ordenam aos seus ouvintes que não se misturem com os que não acreditam que o Messias chegou na pessoa de Jesus. No Evangelho de Marcos, os seguidores de Jesus brigam entre si ao caminharem para Jerusalém, discutindo sobre quem é o primeiro e o maior. Há líderes em competição entre os cristãos de Corinto, cada um com os seus próprios líderes e motes: "Está o Cristo dividido? Será que Paulo foi crucificado por vós, ou no nome de Paulo fostes batizados" (1Cor 1,13). E, no livro do Apocalipse, a Igreja de Laodiceia é informada: "... estou a ponto de vomitar-te de minha boca" (Ap 3,16).

Existe, pois, uma profunda tensão que é tão antiga como o próprio Cristianismo. Devemos ser um só. Eis um ponto não negociável. É a vontade de Jesus, segundo o Novo Testamento. Que devemos ser um só é nossa fé; não é uma esperança piedosa, mas a oração do Senhor, que seu Pai decerto ouvirá. Mas o Novo Testamento está igualmente repleto de venenosa rejeição e excomunhão. Muito antes do colapso da comunhão entre católicos e ortodoxos, e, mais tarde, da Reforma, os cristãos já se atacavam uns aos outros. As brigas e os socos que periodicamente surgem em torno do túmulo de Cristo no Santo Sepulcro, em Jerusalém, simbolizam a nossa longa tradição cristã de mútua agressão.

Há quem pense que a unidade cristã é uma causa perdida. Justamente antes do novo milênio, Bruno Delorme desvalorizou-a como "la grande illusion de ce siècle" [a grande ilusão deste século].[365] Outros pensam que as Igrejas se separaram tanto, que já estamos tiritando num inverno ecumênico. Mas o testemunho unânime do Novo Testamento não nos permite abandonar a nossa busca da plena unidade, mesmo que pareça impossível de ser obtida. Para Deus nada é impossível, diz Gabriel a Maria. Se a virgem consegue dar à luz uma criança e Jesus ressuscita dos mortos, então a unidade cristã é possível com a graça de Deus, mesmo que agora não consigamos imaginar como ela pode ser alcançada.

Desde o início, o Cristianismo foi dilacerado por dois imperativos: sermos um só e vivermos na verdade a todo custo. Todos os cristãos certamente concordarão que verdade e unidade são, no fim das contas, inseparáveis. Cristo é "o caminho, a verdade e a vida" (Jo 14,6). Mas, na jornada para o Reino, verdade e unidade, muitas vezes, parecem se chocar uma com a outra.

As divisões entre as nossas igrejas, e também no seu interior, são de índole imaginativa e também doutrinal. Falando com sua filha, Edmond Knox, o bispo protestante evangélico de Manchester, confessou a sua perplexidade acerca dos seus filhos anglo-católicos e católicos: "Cá para nós, Winnie, não consigo compreender o que os queridos rapazes veem na Bem-aventurada Virgem Maria".[366]

A violência que dilacerou o Cristianismo é, em parte, ateada por diferentes maneiras de imaginar a relação entre verdade e unidade.

A tentação católica é, talvez, privilegiar a unidade sobre a verdade e, desse modo, impor a conformidade. A tentação protestante consiste em teimar na verdade à custa da unidade e, desse modo, dilacerar o Corpo de Cristo. Nós, católicos, devemos compreender que não há verdadeira unidade sem verdade. Isso significa que devemos estar ansiosos por abraçar toda verdade que é defendida por outras Igrejas. Foram necessários séculos para que a Igreja se abrisse à boa investigação bíblica protestante, em grande parte, suspeito eu, porque era protestante! Mas espero e peço que as outras igrejas compreendam que não há plenitude da verdade sem unidade, porque Deus é só um.

"Que eles sejam um só!" Na conferência de Lambeth de 2008, que tive o privilégio de acompanhar, perguntei a um sábio bispo anglicano como ele entendia esse texto. Respondeu que talvez essa unidade só seria concedida escatologicamente, no Reino. Talvez, mas não podemos esperar até o *eschaton* para a procurarmos. Temos pequenos indícios agora mesmo. Em 2008, um monumento em memória de vinte e três pessoas foi descerrado na igreja da Universidade de Oxford, pelo primeiro chanceler católico da universidade desde a Reforma. Sobre seus nomes está escrito: "Lembrai-vos dos mártires da Reforma, católicos e protestantes, que viveram em Oxfordshire, ensinaram na Universidade de Oxford ou para aqui foram trazidos a fim de serem executados".

Um só no nome

Por que a unidade importa? Jesus pede: "Pai santo, guarda-os em teu nome, que me deste, para que sejam um, assim como nós somos um" (Jo 17,11). A Jesus é dado o nome do Pai, e ele ora para que os seus discípulos sejam um só nesse nome. O nome de Deus foi revelado a Moisés na sarça ardente: "Deus disse a Moisés: 'EU SOU AQUELE QUE SOU'". E ele disse: "Assim dirás aos filhos de Israel: 'EU SOU' enviou-me a vós!" (Ex 3,14). Em grego, "Eu sou" é *ego eimi*. Em passagens cruciais do Evangelho de João, esse é o nome que Jesus reclama para si mesmo.³⁶⁷ Quando vem ao encontro dos discípulos caminhando sobre as águas, ele diz literalmente: "Sou eu. Não temais" (Jo 6,20). Quando os soldados chegam para prendê-lo no jardim do Getsêmani, e perguntam por ele, replica: "'Sou eu'; e, ao dizer-lhes: 'Sou eu', recuaram e caíram por terra" (Jo 18,6). Jesus participa da vida inimaginável do santo que é, que era e que será.

Israel provavelmente rompeu com a crença de que Deus não é o melhor e mais forte Deus, mas o único Deus, como resultado do exílio de Babilônia, no século VI a.C. Se Israel foi derrotado é porque seu Deus não era lá grande coisa ou, então, não há outros deuses e o Deus de Israel é o Senhor de toda a história. A unicidade de Deus não é um enunciado matemático. Não é que possa ter havido vários deuses, mas acontece que há um só, tal como algumas espécies de animais podem estar à beira da extinção, porque só resta um exemplar. A perfeita unicidade de Deus foi a grande revelação religiosa a Israel.

Afirma Jonathan Sacks: "A crença num só Deus significou que todas as forças conflitantes em ação no universo eram abrangidas por uma personalidade única, o Deus da justiça, que às vezes era justo, outras, misericordioso; que às vezes falou da lei e, outras, de amor. Foi a recusa de cindir essas dimensões que fez do monoteísmo a influência humanizadora e civilizadora que, nos bons tempos, existia".³⁶⁸

Assim, as grandes personagens bíblicas distinguem-se por lutas dentro das suas almas: Abraão, nosso pai na fé, faz a esposa passar por sua irmã, diante do faraó; Jacó engana o seu pai cego e arrebata a primogenitura de Esaú; o amado rei Davi é assassino e adúltero; e o sábio Salomão é um tonto. São Paulo enfrenta, com coragem, conflitos no seu íntimo: "Constato, assim, esta lei: quando quero fazer o bem, é o mal que a mim se apresenta" (Rm 7,21).

Sacks infere do monoteísmo a nossa concepção de indivíduo: "A teologia cria uma antropologia. Ao descobrir Deus, singular e único, os primeiros monoteístas descobriram a pessoa humana singular e única".³⁶⁹ Crer que Deus é um só e três não nega esse profundo vislumbre da unicidade do indivíduo. Mas a nossa fé no Deus trino significa que nós, seres humanos solitários, só prosperamos ao sermos atraídos para a perfeita mutualidade da vida divina. Nossa individualidade é o fruto da nossa relacionalidade. Nossa fé no Deus que é Três em Um só define a antropologia do Cristianismo. A nossa verdadeira individualidade radica nas nossas relações, e somos capazes de verdadeiras relações porque somos indivíduos. A compreensão ocidental do indivíduo como ser social é trinitária na sua origem.

Sarah Coakley mostra-nos uma imagem vibrante da Trindade, dos inícios do século XVI: "Um trio memorável de três imprevisíveis lebres da Catedral de Paderborn... a sua confusa agitação circular... a união das três por meio da sua dança extática de interação e regozijo. As orelhas das lebres formam um triângulo divino perfeito, enquanto o seu movimento mantém constantemente as figuras girando e trazendo à tona novas perspectivas. Ao utilizar uma figura da natureza, mais do que os antropomorfismos da Trindade, habitualmente concebidos, a escultura instila a ideia do deleitamento divino intratrinitário, da brincadeira despreocupada e até de excesso erótico, preservando o movimento dentro do seu enquadramento circular".[370]

Assim, a unidade que somos chamados a partilhar é vista aqui na alegria explosiva do Deus único, na mutualidade vivificante da divindade. Eu sou eu próprio no meu comprazimento extático nos outros. Somos um só no florescimento de cada um.

Raymond Brown traduz assim João 17,23: "Que eles possam *completar-se* como um só". Separados uns dos outros, somos incompletos. A nossa humanidade persiste inacabada, se estivermos divididos. Dorothy Day percebeu isso, aos 8 anos de idade, quando um terrível terremoto destruiu grande parte de São Francisco, as paredes ruíram e as pessoas foram para as ruas: "Enquanto durou a crise, as pessoas amavam-se umas às outras", escreveu ela na sua autobiografia. "Era como se estivessem unidas em solidariedade cristã. Isso leva a pensar no modo como as pessoas poderiam, se quisessem, cuidar umas das outras em tempos de tensão, sem recriminações, na piedade e no amor."[371] O pano sobe por um instante.

Durante a guerra civil entre tutsis e hutus, grupos étnicos rivais no Burundi, viajei pelo país, em busca de parentes dos irmãos e irmãs, acompanhado pelo meu assistente na África, um hutu, e pelo superior local, um tutsi. Todas as noites, celebrávamos a Eucaristia, o sacramento da paz, negros e brancos, hutus e tutsis, mas irmãos de São Domingos. Visitamos um bispo, cuja casa estava cheia de gente de ambos os grupos, em busca de refúgio. Perguntei-lhe como eles conseguiam viver juntos, quando os seus parentes estavam assassinando-se uns aos outros, lá fora. Respondeu que todos eram bem-vindos, contanto que viessem reunir-se à volta do altar, para a missa. Em tais momentos, vislumbra-se a vocação humana para participar na inefável unidade de Deus. O sopro da vida é o dom da unidade, porque, sem unidade, só estamos parcialmente vivos.

A unidade cristã não consiste, pois, em tornar-se uma grande instituição multinacional. É um sinal frágil, fraturado, da verdadeira vida de Deus em que todos são um só, vivos na nossa interdependência ecológica. A Carta aos Efésios diz-nos que Cristo "é nossa paz, formando de ambos os povos um só. Tendo derrubado o muro de separação que os dividia [judeus e gentios] e os tornava inimigos em sua carne" (Ef 2,14).

Essa unidade em Jesus ressuscitado congrega os vivos e os mortos. Os apóstolos e os primeiros discípulos são membros da nossa família, partilhando a vida eterna de Deus. Os concílios do passado fizeram afirmações acerca da nossa fé, que ainda perduram. Afirmou G. K. Chesterton:

> Tradição significa dar votos à mais obscura de todas as classes, os nossos antepassados. É a democracia dos mortos. A tradição se recusa a submeter-se à pequena e arrogante oligarquia dos que simplesmente por acaso estão andando por aí. Todos os democratas objetam a desqualificação pelo acidente do nascimento; a tradição objeta a desqualificação pelo acidente da morte...

> Eu, de qualquer modo, não consigo separar as duas ideias da democracia e da tradição; parece-me evidente que são a mesma ideia. Teremos os mortos nos nossos conselhos. Os antigos gregos votavam com pedras; nossos conselhos votarão com pedras tumulares. É tudo muito regular e oficial, pois a maioria das pedras tumulares, como a maioria das cédulas de votação, é marcada com uma cruz.[372]

Em última análise, a unidade da Igreja é um sacramento da mutualidade da vida, que Charles Darwin testemunhou, em termos famosos: "É interessante contemplar a margem de um rio coberta com todo tipo de vegetação, pássaros cantando nos arbustos, vários tipos de insetos ali voando e vermes rastejando pela terra úmida... estas formas construídas de maneira tão elaborada – muito diferentes e dependentes umas das outras e de maneira tão complexa".[373]

A oração final de Cristo encaminha-nos para uma unidade que é mais do que institucional. É orgânica, apropriada para o Corpo de Cristo e ecológica. É um sinal de reciprocidade e interdependência de toda a vida, da existência dada pelo Deus único, cuja vida é o amor recíproco da Trindade. Cristo atrai tudo para a unidade, "porque aprouve toda a plenitude habitar nele e por intermédio dele reconciliar todas as coisas para ele" (Cl 1,19-20). Só estamos vivos uns com os outros e uns para os outros.

O sim e o não

Todavia, desde o início, os cristãos estiveram divididos, amiúde de forma pérfida. Justamente há quinhentos anos, a cristandade ocidental foi abalada pelo grande "Não" de Lutero a Roma. Ao longo de toda a história cristã, houve pessoas cujas consciências as levaram a dizer "Não"! Não à corrupção, à violência na Igreja. "Estou aqui, e nada mais posso fazer."[374] Não consigo sequer imaginar abandonar a Igreja Católica e, no entanto, tenho de reconhecer que muitos dos mais genuínos cristãos que conheço e amo jamais poderiam imaginar ser católicos e ortodoxos, e são impelidos a dizer "Não"!

Os mártires protestantes, recordados na placa em Oxford, disseram "Não" a Roma, tal como os católicos disseram "Não" às exigências do monarca do Reino Unido.

O desafio para a minha tradição católica é imaginar a discordância como frutífera e até necessária. Os momentos em que o grande "Não" ressoou através da história cristã são parte da mutualidade vivificante que nos une. Até o "Não" dos heréticos contém alguma verdade que precisa de ser coligida, alguns vislumbres de Deus que precisam ser estimados, embora apresentados de forma exagerada, errônea ou desequilibrada. Na lama há grãos de ouro à espera de serem apanhados. Nada deve ser desperdiçado. Tomás de Aquino foi um mendigo em busca de verdade, independentemente do esmoler.

Como católico, aprecio a unidade da Igreja, mas se esta for mantida pela violência e pelas ameaças, como muitas vezes aconteceu, então ela torna-se negadora da vida e uma subversão do seu sentido mais profundo. Uma unidade cristã que é imposta pela ameaça e pela força é uma contradição. Não é a reciprocidade da Trindade.

Os Papas mais recentes tiveram uma profunda consciência de que, apesar de eles serem chamados a ser guardiães da unidade, suscitaram, muitas vezes, o dissídio e o escândalo. O Papa Paulo VI reconheceu, perante o Secretariado da Unidade Cristã, que "o Papa, como bem sabemos, é certamente o mais grave obstáculo na senda do ecumenismo".[375] O Papa João Paulo II asseverou igualmente que o exercício do ministério petrino prejudicou a unidade cristã, e que ele "deve, com fervor, fazer sua a oração de Cristo pela conversão que é indispensável a 'Pedro', para poder servir os seus irmãos".[376]

Um começo, para os católicos, é reconhecer até que ponto a vitalidade da Igreja se deve às pessoas santas que disseram "Não" dentro dela, e cujos protestos, no fim das contas, alimentaram a unidade pela qual Cristo orou. Karl Barth, o maior teólogo protestante dos últimos cem anos, disse que a música de Mozart era tão profunda porque o seu "Sim" maciço continha e abarcava um "Não" retumbante! Mas as dissonâncias são integradas numa derradeira harmonia.

Sem elas, a harmonia seria exangue. Conseguiremos imaginar um modo de ser assaz forte para abarcar um protesto revigorante? Poderemos imaginar modos de protestar que, em última análise, fortaleçam nossa unidade em Deus?

Muitas vezes, tece-se um contraste entre o católico *tanto/quanto* (graça e liberdade, Escritura e tradição, fé e obras) e o protestante *ou um ou outro* (*sola scriptura*, só a fé etc.). Barth referia-se a isso como "aquele maldito 'E' católico", "*das verdammte katholische 'Und'*". Poder-se-ia concluir que: se a imaginação católica há de ser realmente espaçosa ("na casa de meu Pai há muitas moradas"), então, deve haver um lugar para os necessários protestos que iluminam as nossas falhas e nos impedem de cair num sono complacente. O nosso "Sim" à vida tem de incluir esse "Não" vivificador! Não seremos suficientemente católicos se não o fizermos. Nikos Kazantzakis, filósofo e escritor grego, convida-nos a ser mais espaçosos: "O seio de Deus não é um gueto".[377]

Pensemos em Santa Catarina de Sena, uma leiga dominicana do século XIV que não teve nenhuma educação formal; nem sequer sabia escrever. Todavia, desafiou o Papa a desempenhar o seu ministério de pacificação na Igreja. Apresentou-se diante da corte papal, exilada em Avignon, e aí confrontou o Papa e os cardeais com os seus erros. Disse ela: "A honra do Deus onipotente impele-me a falar sem rodeios. A verdade é que, mesmo antes de eu deixar a minha cidade natal, eu estava mais consciente do mau odor dos pecados cometidos pela Cúria Romana do que as próprias pessoas que os cometeram: sim, e que todos os dias continuam a cometê-los".

Raimundo de Cápua, seu irmão dominicano e Mestre da Ordem, afirma que o Papa ficou silencioso, "e eu próprio fiquei de todo abalado".[378] Não é de admirar! Disse ela: "Não permaneça calado, durante mais tempo. Grite com cem mil vozes. Vejo que o mundo é destruído pelo silêncio".[379]

Pensemos em Dorothy Day, uma empenhada convertida ao catolicismo, que se viu constantemente em conflito com o seu arcebispo, o

Cardeal Spellman, sobretudo por causa do apoio deste último à guerra do Vietnã. Spellman exortou os Estados Unidos a buscar "a vitória, a vitória total". Dorothy Day fez uma campanha vigorosa contra essa posição. O seu Movimento Operário Católico era considerado comunista pelo cardeal; mas, apesar de o clero tentar marginalizá-la, ela permaneceu radicada num profundo amor pela Igreja. Escreveu ela: "Quanto à Igreja, onde é que hei de ir, senão à esposa de Cristo, uma só carne com Cristo? Embora ela seja, às vezes, uma meretriz, é a nossa mãe. O amor é, de fato, uma coisa severa e terrível que nos é exigido, a cada um de nós, mas é a única resposta".[380]

Por fim, ela se viu justificada pela rejeição inequívoca que o Papa João XXIII fez da violência e da guerra na Encíclica *Pacem in Terris*, em 1963.

Dorothy Day foi profundamente crítica do clero. Afirmou que "como convertida, nunca esperou muito dos bispos. Em toda a história, papas, bispos e abades parecem ter sido amantes cegos do poder e ambiciosos. Nunca esperei liderança e orientação da parte deles. Os santos que vão aparecendo ao longo da história é que mantêm as coisas em andamento".[381] E, contudo, ela pôde dizer: "A minha fé, o meu sentimento de que a Igreja é Cristo na terra, é a minha alegria, o meu deleite, a minha consolação".[382] Como é que semelhante "Não" pode ser abraçado por um "Sim" tão incondicional?

Tive, certa vez, a experiência intensa de ser dilacerado por sentimentos antagônicos e de ser incapaz de descortinar um sentido na minha posição. Quando jovem frade, no final dos anos 1960, fui de carona a Roma e encontrei ali um dos meus confrades. Eu sempre resistira a visitar Roma, porque tinha uma profunda desconfiança de todas as coisas romanas e, em especial, de tudo o que se assemelhasse à papolatria. Ao mesmo tempo, eu estava plenamente empenhado na Igreja.

A tensão dentro de mim explodiu, uma manhã, durante a nossa visita. Um dominicano irlandês ofereceu-nos entradas para uma audiência papal. Recusei-me a ir e persuadi o meu confrade dominicano também a abster-se. Vagueávamos junto da Basílica de São Pedro, quando o carro do Papa Paulo VI passou e parou, para que ele pudesse abençoar um grupo de motociclistas de Turim. De repente, invadiu-me um grande entusiasmo. Ali estava o Bispo de Roma, o sucessor de São Pedro, o guardião da unidade da Igreja, e eu corri, ansioso, para me aproximar dele. Os *carabinieri* rapidamente bloquearam o meu caminho, receando que porventura eu fosse um assassino.

Meu companheiro ficou profundamente intrigado. Primeiro, eu tinha me recusado a ir a uma audiência papal; depois, corri para ver o Papa, vencido pela excitação. Sentamo-nos na praça diante da Basílica de São Pedro, e ele confessou: "Não o entendo, Timothy!". Nem eu conseguia compreender a mim mesmo. Estava dividido entre um sentido profundo da necessária unidade da Igreja, que eu acreditava ter sido confiada ao Bispo de Roma, e uma infelicidade sobre o modo como era exercido o ministério petrino, além de uma forte dose de crítica jovem e tonta. O "Sim" e o "Não" lutavam dentro de mim. Como será possível mantê-los juntos? Se conseguirmos imaginar isso, talvez possamos dar um pequeno passo em direção a uma maneira de imaginarmos a unidade cristã que nos aproximará de outros cristãos.

Quando estudei em Paris durante um ano, tive o extraordinário privilégio de ser um humilde assistente de Yves Congar. Meu trabalho consistia, sobretudo, em oferecer-lhe café, fotocopiar documentos e discutir a tradução de textos ingleses. Ele é, muitas vezes, chamado de "o pai do Concílio Vaticano II". Defendeu, com ousadia, o papel do laicado e do ecumenismo, quando eles eram vistos com suspeita em Roma, e apoiou o movimento dos padres operários. Foi silenciado pelo Santo Ofício, o sucessor da Inquisição, que ele detestava e apelidava de Gestapo. Afirma Paul Murray, op:

> Congar, como qualquer outro da sua geração, percebia bem a importância, dentro da Igreja, da liberdade de pensar e de estudar, e da liberdade de falar. Para Congar, durante toda a sua vida adulta, essa liberdade foi parte da sua vocação como estudioso e pregador, e também do

seu sacerdócio. O estudo não era simplesmente uma espécie de direito ou dever acadêmico. Era parte de um encargo sagrado, uma missão de Deus para pregar a Palavra.[383]

Quando ele foi exilado para a Inglaterra em 1954, um castigo cruel para um francês, escreveu no seu diário: "Dizer a verdade. Com prudência e sem provocar um escândalo inútil. Mas permanecer – e tornar-se cada vez mais – uma testemunha autêntica do que é *verdadeiro*... A minha resistência só pode consistir nisto: nunca desistir, mas continuar e intensificar o meu serviço à Verdade".[384] Disse ele uma vez: "Amei a verdade, como se fosse uma pessoa".

Muitos dos santos que expressaram o seu "Não" sofreram profundamente, descobrindo o seu caminho, muitas vezes incompreendidos pelas autoridades da Igreja, perseguidos e até excomungados. E, no entanto, viveram esses momentos com alegria. Como pode ser? Ouçamos o testemunho de duas grandes mulheres, separadas por cinco séculos: de novo, Santa Catarina de Sena, doutora da Igreja, e Santa Mary MacKillop, a primeira australiana a ser canonizada. Ambas entenderam o que sofreram, da parte da Igreja, como uma participação no sofrimento de Cristo e como uma cura do Corpo de Cristo.

Em *Diálogo*, Catarina refere como Deus lhe falou: "Oferece, então, as tuas lágrimas e o teu suor, tu e meus outros servos. Tira-os da fonte do meu divino amor e usa-os para lavares a face da minha esposa. Prometo-te que assim verás restaurada a sua beleza".[385] Ela era implacável na sua denúncia dos pecados dos sacerdotes e da Cúria Romana, mas acreditava que o seu sofrimento era, de algum modo, redentor.

Quando a Irmã Mary MacKillop foi excomungada pelo seu bispo alcoólico, que depois se arrependeu, ficou estranhamente serena: "Amei, então, mais do que nunca, o bispo e os sacerdotes, a Igreja e o meu Deus misericordioso. Não me senti sozinha, mas não consigo descrever a bela serenidade de algo que estava perto". Pergunta

Cathleen Kaveny: "Como é que Mary suportou e carregou a sua cruz? De uma forma que, hoje, talvez se nos afigure contraintuitivo. Para ela, era mais fácil resistir aos falsos e pérfidos ataques feitos à sua pessoa; precisamente porque eram injustos, viu que eles a uniam mais intimamente a Cristo, que sofreu ataques semelhantes".[386] Os seus sofrimentos contribuíram para a cura da Igreja. Yves Congar sofria de uma forma de esclerose que, por fim, o deixou paralisado. Suportou esse sofrimento em nome da unidade cristã. A sua oração era que o sofrimento no seu corpo pudesse, de algum modo, dar fruto na cura do Corpo de Cristo.

Talvez isso seja difícil de engolir, mas suspeito que está certo. São Paulo, que tanto sofreu por parte dos seus fiéis cristãos, diz: "Agora eu me alegro nos sofrimentos por vós e completo em minha carne o que resta das aflições do Cristo em favor de seu corpo, que é a Igreja" (Cl 1,24). Santa Catarina e Santa Mary MacKillop, Congar e o seu confrade Marie-Dominique Chenu, op, e inúmeros outros suportaram sofrimentos no interior da Igreja, na esperança de que, de algum modo, a sua dor participasse na renovação da Igreja. O seu "Não" é parte do seu "Sim". Desafiaram as autoridades da Igreja, na fé e na esperança de que isso ajudaria a Igreja a crescer na verdade e na unidade, porque as nossas verdades só são autênticas se edificarem a unidade da Igreja, e se nós formos um só na verdade.

As duas mãos do Pai

Como poderemos curar as divisões que cindiram o Corpo de Cristo, no qual somos um, mas não apenas um? Santo Irineu, no século II, falou das duas mãos do Pai – o Filho e o Espírito Santo – que protegem e sustentam a Igreja.[387] A unidade da Igreja é alimentada pelo Espírito, que é o amor de Deus, e o Filho, o *Logos*, que é a sabedoria de Deus.

O Cardeal Murphy-O'Connor acompanhou Robert Runcie, arcebispo de Cantuária, num encontro com o Papa João Paulo II. Depois do encontro formal, o Papa ofereceu o seu braço ao arcebispo e o levou para almoçar, dizendo: "Não se preocupe. Como sabe, a colegialidade afetiva levará à colegialidade efetiva".[388] A unidade pela qual Jesus rezava era o amor do Pai e do Filho, e por isso só pode ser alcançada mediante o amor para com as outras Igrejas e tradições. Devemos amar as diferenças entre as nossas tradições. Sou grato por ter estudado teologia com tutores anglicanos e metodistas e porque sou um cônego ecumênico de uma catedral anglicana.

A cultura ocidental contemporânea receia a diferença. Os cristãos deveriam ser contraculturais, comprazendo-se com isso. O mundo da internet reúne comunidades globais. Quando abro a minha caixa de e-mail posso encontrar mensagens de três continentes, mas a tendência desse meio é que nos liguemos a pessoas afins. Se houver atrito, desconectam-se e desfazem a amizade. O romancista americano Jonathan Franzen afirma que "invisíveis algoritmos... nos encaminham para conteúdos com que concordamos, e as vozes não conformistas calam-se por receio de se queimarem, de serem motivo de piadas ou de hostilidade. O resultado é um silo em que, seja qual for o lado em que nos encontramos, nos sentimos absolutamente justificados em odiar o que abominamos".[389] Não resisto a citar a evocação, do nosso cibermundo, feita pelo romancista Tom Rachman, que receia empenhar-se e comprometer-se com aquilo que é outro:

> Vejamos os bordões e os motes que exalam cinismo e passividade – "É o que é" ou "Tanto faz" ou "Você é quem sabe". Ou "Invejosos vão odiar" – o que significa tão só que, se alguém se opõe à sua visão, deve ser descartado. Não discuta, exclua-o, sem mais; refugie-se na sua aconchegante bolha, feche os olhos, tape os ouvidos e murmure alto, até eles irem embora. Mas, primeiro, dê uma olhadela em seu *feed* de notícias. Outro meme está à espera. E isso pode ser divertido.[390]

O Cristianismo compraz-se na diferença. Está no seu DNA. A diferença é fecunda. Nossa Bíblia engloba as duas Alianças, a Antiga e a Nova. O Novo Testamento não revoga o Antigo, como pretenderam alguns dos primeiros cristãos, e o Judaísmo também não é simplesmente substituído pelo Cristianismo. Vivemos na interação da esperança do Antigo Testamento e da consumação do Novo. O Novo Testamento contém, sob uma mesma capa, quatro Evangelhos que descrevem a vida, a morte e a ressurreição de Jesus de modos aparentemente incompatíveis. Um bispo disse-me que, ao tentar explicar a um grupo de presos porque os Evangelhos apresentam narrativas inconciliáveis com aquilo que Jesus disse e fez, um deles não viu aí qualquer problema: "Se todos dissessem a mesma coisa, seria marmelada!".

Escreveu Francis Watson: "Pouco a pouco, emergiu um consenso de que os quatro Evangelhos devem ser lidos lado a lado, e que não se deve permitir a nenhum outro Evangelho participar na sua conversa intertextual".[391] A história da Igreja é a história do diálogo infindo entre Evangelhos. Escreveu John Berger: "Nunca mais uma história singular será contada como se fosse a única".[392] Há, naturalmente, modos errados de narrar a história do túmulo vazio – por exemplo, que os discípulos vieram de noite e roubaram o corpo –, mas isso não significa que exista apenas uma forma correta de relatá-la.

A pessoa de Cristo abrange a mais radical de todas as diferenças, a que existe entre o Deus criador e as suas criaturas. O mistério de Cristo é o mistério da diferença abraçada, mas não eliminada, não turva numa mistura, não confusa, mas perfeitamente una, como ensinou o Concílio de Calcedônia no ano 451. A doutrina da Trindade é a doutrina da diferença e da unicidade. Por isso, a imaginação cristã é carregada de um deleite na diferença e, por isso, as Igrejas cristãs não deveriam ter receio da nossa, e sim esperar aprender umas das outras e, pouco a pouco, construir a "colegialidade afetiva". Nada é mais enfadonho do que o mantra de que as Igrejas devem permanecer naquilo que nos une e não no que nos divide, fingindo que somos todos iguais. Que importa a conversa com aqueles com quem concordamos? Seria tão desinteressante, pelo menos para mim, como juntar-me a um clube de aficionados de Elvis Presley em que todos se assemelham.

A "mão" divina do Espírito Santo estende-se e atravessa fronteiras na amizade, abrindo-nos a outras mentes e a outras linguagens. Os amigos passam um tempo na companhia uns dos outros e atuam de forma conjunta, não por um dever austero, mas por prazer. E, no entanto, com que frequência os olhos de alguns se reviram consternados à vista de um serviço religioso ecumênico. Pensemos nos Inklings, integrada por católicos como Tolkien e por anglicanos como C. S. Lewis, construindo a amizade com canecas de cerveja, no *pub* Eagle and Child, a dois minutos do lugar onde eu vivo. Na Conferência de Lambeth, aprendi mais bebendo canecas de cerveja com bispos anglicanos do que nos debates formais. A colegialidade afetiva, apoiada no prazer do tempo gasto com os amigos, edifica a colegialidade efetiva. Uma mão de Deus, o Espírito de amizade, encaminha-nos para o deleite na diferença frutífera.

A outra mão do Pai é o *Logos*, a sabedoria de Deus. Pelo estudo e pela intuição talvez consigamos imaginar por que as outras pessoas têm concepções que a nossa comunidade não possui, e por que essas concepções podem trazer perspectivas que podemos aprender a apreciar. Fergus Kerr, op, pregou, num Capítulo da minha província, sobre o que ele mais apreciava no estilo de vida dominicano. O que ele diz aplicar-se-ia também ao modo como podemos edificar a unidade entre cristãos de diferentes Igrejas:

> Se me pedir para dizer o que aprecio cada vez mais ao longo da minha vida na Ordem (que completará quarenta anos em setembro), direi, então, que é o modo de pensar – de esperar que os outros tenham concepções das quais posso discordar; de esperar também ser capaz de compreender por que acreditam no que fazem – se tão só tivermos a imaginação, a coragem, a fé no derradeiro poder da verdade, a caridade de escutar o que os outros dizem, de escutar, sobretudo, aquilo de que eles têm medo, quando parecem relutantes em aceitar o que nós queremos que eles vejam.[393]

Tudo isso está enraizado no prazer da discussão, da circulação de ideias, na testagem de hipóteses, no deleite no desacordo. O choque de ideias ateia novos vislumbres e ajuda-nos a caminhar para uma verdade mais ampla e espaçosa. Lamentava-se Theodore Zeldin: "Infelizmente, embora os seres humanos ruminem, cogitem, ponderem, brinquem com ideias, sonhem e vivam a fazer inspiradas suposições sobre os pensamentos de outras pessoas, não há um *Kama Sutra* da mente para revelar os prazeres sensuais do pensamento, para mostrar de que forma as ideias flertam entre si e aprendem a aceitar".[394]

Esse sábio flerte implica que não nos tomemos demasiado a sério. São Domingos disse ter compreendido tudo *humili cordis intelligentia*,[395] com a inteligência do seu humilde coração. O outro é honrado por aquilo que traz à discussão, mesmo que discordemos vigorosamente de grande parte da sua posição. Santo Tomás de Aquino citou Aristóteles, o qual afirmou que "devemos estimar ambas as espécies de pessoas: aquelas cujas opiniões seguimos e aquelas cujas opiniões rejeitamos. Pois ambas procuram encontrar a verdade e, dessa forma, ambas nos auxiliam".[396]

Por agora, não consigo imaginar como nos tornaremos de novo um só como o Pai e o Filho são um só no Espírito. Mas, se deixarmos as duas mãos do Pai – o *Logos* e o Espírito – configurar-nos, se vivermos na amizade e nos escutarmos uns aos outros inteligentemente, e se abrirmos nossa imaginação ao que se afigura estranho e até errado, quem sabe o que poderá acontecer? Nada é impossível para Deus. A oração de Jesus, para que sejamos um só, será, de algum modo, atendida.

> *Thomas Merton, Tomás de Aquino e eu*
> *Fomos pescar lagostas*
> *Montamos as nossas armadilhas*
> *E passamos o dia inteiro*
> *Discutindo Jesus e Física Quântica*
> *Comemos como reis*
> *E bebemos ao sol.*[397]

13.
Aflição

"Tendo dito estas coisas, Jesus saiu com seus discípulos para o outro lado da torrente do Cedron, onde havia um jardim, no qual entrou com seus discípulos" (Jo 18,1). Sai para enfrentar não só a morte, mas a aniquilação da plenitude da vida que ele trouxe. Aquele que primeiro apareceu em cena como curador será agora ferido. Tudo o que ensinou aos seus discípulos na última noite será sistematicamente arrasado. Aqueles a quem chamou seus amigos irão abandoná-lo; a paz que ofereceu será tragada pela violência; a morada que prometeu aos seus amigos é demolida, e destruída a sua unidade. Jesus mergulha na noite para enfrentar algo pior do que a morte. A morte chega para todos, por vezes de forma gentil. Esta é extrema, é o colapso de todo o sentido.

Tudo se precipita. Jesus é preso, arrastado às pressas para a casa do sumo sacerdote, remetido ao governador romano, despido, escarnecido e enviado para a cruz. Tudo é anarquia e violência aleatória. Rowan Williams capta perfeitamente a confusão: "Ficamos com uma sensação de movimento intenso, rápido, *físico*. Há violência ao redor, a câmara é empurrada, uma luz brilhante incide em nossa face; em seguida, uma névoa de atividade confusa. À volta, consegue-se ouvir ou semiouvir vozes, mas não é possível entender o que elas dizem".[398] Ele faz uma comparação com *O processo* de Kafka, em que Joseph K é preso sem saber qual a acusação, enredado num processo judicial inteiramente caótico e, por fim, esfaqueado numa pedreira abandonada:

O verdadeiro terror desta narrativa é a certeza crescente de que não se consegue extrair sentido do que acontece. Como referiu o próprio Kafka, é como se soubéssemos que somos culpados, mas não daquilo de que somos culpados. Vamos morrer, mas nos é negada a satisfação de saber o porquê... Quando nos vemos enleados num mundo como esse, o poder revela-se pura e simplesmente inexplicável, em ambos os sentidos da palavra. Ninguém é responsável por ele, e também não é possível dar uma explicação racional do modo como ele funciona.[399]

Escravização

A aflição, segundo Simone Weil, "é algo à parte, específico e irredutível. É algo de todo diferente do simples sofrimento. Apossa-se da alma e a marca por completo com o seu selo muito particular, a marca da escravidão. A escravatura, como praticada pela Roma antiga, é apenas uma forma extrema de aflição. Os homens da Antiguidade, que conheciam tudo sobre esta questão, costumavam dizer: 'Um homem perde metade da sua alma no dia em que se torna escravo'".[400]

Segundo Aristóteles, as pessoas que, por natureza, eram escravizadas não eram plenamente humanas. As suas almas eram incompletas. "Desde a hora do seu nascimento, alguns são destinados à sujeição, outros ao domínio."[401] Os escravos não tinham uma existência independente. Eram extensões do seu senhor. Eram incapazes de previsão e estavam destinados ao trabalho. Não estavam humanamente vivos.

O drama dessas horas finais é a escravização de Jesus. Na ceia pascal, que ele partilhou com seus discípulos, de acordo com os três Evangelhos sinóticos, ele comeu "o pão da aflição", tal como os judeus recordavam a sua libertação do cativeiro do Egito. Agora, Jesus enfrenta a crucifixão, um castigo que os romanos reservavam para os escravizados. As revoltas de escravizados contra Roma eram punidas com a crucifixão de milhares. "Redenção" significa libertar alguém da escravatura. A nossa salvação é a nossa libertação da aflição da escravatura, que Cristo abraçou.

No filme *12 anos de escravidão*, um homem livre, afro-americano, é capturado e reduzido à escravidão.[402] Os seus captores exigem que ele reconheça que é, de fato, um escravo, e retiram-lhe as suas vestes limpas e elegantes, vestindo-o de trapos, num ato de humilhação ritual: "Essas suas coisas velhas são apenas trapos e farrapos. Precisa de algo adequado para usar. Vamos, vista isso. Isso. Muito bem. Está bem assim. Então, não vai agradecer?". Ele perde seus sapatos, sinal de um homem livre, calçado que o pai do filho pródigo restaurou. Eis uma reconstituição da aflição de Jesus, despido e escarnecido, e revestido com a paródia de uma coroa.

A narrativa da paixão e morte de Jesus não é uma fantasia de masoquistas ou sádicos. Expressa o modo como Deus, em Jesus, abraçou a aflição da humanidade. O ato mais horrendo da história humana, juntamente com o holocausto judaico, foi a escravização de doze milhões e meio de africanos, convertidos em mercadorias. Dois terços foram transportados, entre 1700 e 1808, época do chamado Iluminismo, "a idade da razão". Ainda hoje prossegue a escravização de pessoas para trabalho e exploração sexual. Segundo alguns cálculos, isso gera 150 bilhões de dólares por ano, ainda mais do que o tráfico de drogas.[403]

A escravatura é a mais extrema forma de aflição, mas não é a única. Simone Weil comprovou-a nas fábricas onde trabalhou: "Quando trabalhei na fábrica, impenetrável a todos os olhos, incluindo os meus, a aflição dos outros penetrou na minha carne e na minha alma". A palavra mais comum no Novo Testamento para aflição é *thlipsis*; significa "fazer pressão sobre" ou "constringir".[404] Engloba as aflições que São Paulo suportou, tudo o que sobrecarrega e esmaga a humanidade de alguém, tudo o que esgota o gosto pela vida. A aflição encerra-nos na miséria. Quem foi vítima de abuso sexual encontra-se, frequentemente, aprisionado na aflição ao longo dos anos. Tudo isso foi abraçado por Deus na humilhação de Jesus. Ousará a Igreja abraçar agora aqueles que nós afligimos?

Gerard Manley Hopkins expressa o peso dessa aflição nos seus sonetos sombrios:

> *Sou fel, sou azedume. O denso e obscuro decreto de Deus*
> *O amargor me fez provar: o meu sabor era eu;*
> *De ossos me compôs, a carne encheu, de maldição o sangue extraverteu.*
> *O fermento do espírito uma lerda massa avinagra. Vejo*
> *Os perdidos são também assim, e o seu flagelo é serem*
> *Como eu sou meu, seus eus penosos e suados; mas pior.*[405]

Ele está aprisionado em si mesmo: "o meu sabor era eu". O Senhor da vida toma a seu cuidado aqueles que mais longe da vida estão, os mortos-vivos, que foram reduzidos a uma existência igual a de um zumbi. É algo pior do que a morte, porque com a morte vem a paz. Os aflitos, muitas vezes, anseiam por morrer. Jó lamenta ter nascido:

> *Porque não morri no seio da minha mãe*
> *ou não pereci ao sair das suas entranhas?*
> *Porque encontrei joelhos que me acolheram*
> *e seios que me amamentaram?*
> *Estaria agora deitado em paz*
> (Jó 3,11-13).

Perante a aflição, que diremos? Jesus, no Evangelho de Mateus, nada diz quando é acusado: "Jesus foi posto perante o governador, que o interrogou: 'És tu o rei dos judeus?'. Jesus respondeu: 'Tu o dizes'. E, acusado pelos sumos sacerdotes e anciãos, nada respondeu. Então Pilatos lhe disse: 'Não ouves quantas coisas testemunham contra ti?' Mas ele não lhe respondeu nenhuma pergunta, de sorte que o governador estava muito surpreso" (Mt 27,11-14).

Quando a Palavra chega a seu termo, acabam as palavras. "Onde as palavras não prevalecem, prevalece a violência."[406]

Escreve Paul Murrey, op, que, "quando somos confrontados por alguém em grande aflição, as nossas palavras – todas as nossas palavras – parecem morrer nas nossas gargantas, uma reação inicial que é compreensível, e talvez até inevitável. Mas semelhante falta de jeito na presença dos aflitos tem um efeito colateral infeliz: leva-nos a fugir daqueles cujas vidas foram manifestamente cauterizadas. E o resultado é que os aflitos ficam sozinhos para lidar com o seu próprio sofrimento e num momento em que mais precisam de ajuda e de atenção. Ao pesado fardo, que já são obrigados a carregar, acrescenta-se o novo e, amiúde de todo imprevisto, fardo da solidão e do isolamento".[407]

Pierre Claverie, op, era bispo de Orã quando explodiu a violência na Argélia, levando à morte dos monges no mosteiro de Nossa Senhora de Atlas, em Thibirine, em 1996. Muitos amigos disseram a Pierre que ele devia regressar à França, porque, se permanecesse ali, seria consumido pelo terror. Pouco antes da sua morte, disse numa pregação:

> Durante os dramáticos acontecimentos na Argélia, perguntei muitas vezes a mim mesmo: "Que estou fazendo aqui? Por que você fica aqui? Sacuda o pó das suas sandálias! Volte para casa!". Casa... Onde é que estamos em casa?... Não temos poder, mas estamos ali como que à cabeceira de um amigo, de um irmão doente, silenciosamente segurando sua mão e limpando sua fronte. Estamos ali por amor de Jesus, porque ele é quem sofre no meio da violência que não poupa ninguém, crucificado uma e outra vez na carne de milhares de inocentes. Como sua mãe Maria e São João, estamos ali ao pé da cruz, onde Jesus morreu abandonado por seus seguidores e amargamente escarnecido pela multidão.[408]

Na cruz, Jesus fala; falam também os seus inimigos, mas Maria e o discípulo amado estão simplesmente ali.

No filme *Os últimos passos de um homem*, a Irmã Helen Prejean acompanha Matthew Poncelet no momento em que a permanência dele no corredor da morte se aproxima do fim e se determina o dia da sua execução:

> Digo-lhe: "Se morrer, quero estar com você". Ele afirma: "Não, não quero que você assista". Respondo-lhe: "Não suporto a ideia de que você morra sem ver um rosto amigo. Eu serei para você a face de Cristo. Olhe apenas para mim". Responde ele: "É terrível ver. Não quero que passe por tudo isso. Poderia destruí-la. Ficaria marcada para toda a vida". Sei que isso vai me aterrorizar. Como não iria me aterrorizar? Mas sinto força e determinação. Digo-lhe que isso não me destruirá, que tenho muito amor e apoio na minha vida. "Deus vai me dar essa graça", digo-lhe eu. Ele consente. Acena com a sua cabeça. Fica decidido. Estarei ali com ele no momento da sua morte.[409]

Poncelet precisava de um rosto para encarnar a face daquele que, por amor a nós, teve o seu breve tempo no corredor da morte e foi executado.

Um amigo meu perdeu a esposa e o filho num acidente de automóvel. Ficou acamado, gravemente ferido, enfurecido com Deus, enfurecido com a Igreja, enfurecido com todos, sobretudo se dissessem algo de piedoso. Não conseguia suportar a presença de um padre. O momento da cura começou quando um jovem sacerdote dominicano, capelão do hospital, foi vê-lo e declarou: "Não sei o que dizer". Se algo houver a dizer, ser-nos-á então dado. Como Jesus diz dos momentos de grande sofrimento: "Não vos preocupeis com o que havereis de falar, mas o que vos for dado naquela hora, isso falai, pois não sereis vós que falareis, mas o Espírito Santo" (Mc 13,11). Mas, por vezes, nada é dado. A solidão dos aflitos é absoluta, porque eles podem sentir-se abandonados até por Deus. Grita Hopkins:

> *E o meu lamento,*
> *são gritos incontáveis, gritos como cartas mortas enviadas*
> *ao mais querido que vive, ai de mim!, longe.*[410]

Escreve Simone Weil que "a aflição faz que Deus pareça ausente por um tempo, mais ausente do que um homem morto, mais ausente do que a luz na total escuridão de uma cela. Uma espécie de horror submerge toda a alma. Durante essa ausência, nada há para amar".[411] Essa total desolação é abraçada por Cristo na cruz quando brada: "*Eloí, Eloí, lemá sabactáni?*", que traduzido significa: "Meu Deus, meu Deus, por que me abandonaste?" (Mc 15,34). Todo o nosso sentimento de abandono é assumido em Deus, nesse momento. Deus conserva junto de si a nossa sensação de termos sido esquecidos por ele.

Lembrar os mortos é recusar-se a esquecer a aflição da sua humanidade. Em Phnom Penh, a capital do Camboja, o centro de execução Tuol Sleng (significa "Montanha das Árvores Venenosas") foi um dos cento e cinquenta utilizados pelo regime do *Khmer Vermelho* para o assassínio de centenas de milhares de opositores. A sétima das instruções inscritas pelo comandante na parede é: "Não faça nada, sente-se calmamente e espere pelas minhas ordens. Se não houver ordens, mantenha-se calado". É ordenado a eles ficar em silêncio, e é ordenado que a vida deles seja esquecida. Hoje, as paredes estão cobertas de fotografias dos que ali morreram para que não sejam esquecidos.

A nossa memória dos aflitos é um protesto contra a aniquilação, para a qual quiseram arrojá-los os seus perseguidores. Cada pequeno monumento de memória, cada fotografia meio desbotada afixada na parede, é uma recusa a condenar os aflitos à não existência. No livro *É isto um homem?*, Primo Levi registra as suas memórias de Auschwitz. A dedicatória no frontispício, onde ecoa a prescrição no livro do Deuteronômio para lembrar todos os mandamentos do Senhor, termina assim:

> *Pensem bem se isto é uma mulher,*
> *sem cabelos e sem nome,*
> *sem mais força para lembrar,*
> *vazios os olhos, frio o ventre,*
> *como um sapo no inverno.*

Pensem que isto aconteceu:
eu lhes mando estas palavras.
Gravem-na em seus corações,
estando em casa, andando na rua,
ao deitar, ao levantar;
repitam-nas a seus filhos.
Ou, senão, desmorone-se a sua casa,
a doença os torne inválidos,
os seus filhos virem o rosto para não vê-los.[412]

Jesus entrega, agora, o seu último fôlego e morre, tendo suportado toda a nossa aflição. Na série de BBC *Killing Eve*, a principal personagem, uma assassina chamada Villanelle, diz que as pessoas quando morrem caem para dentro: "Os seus olhos ficarão vazios. A sua alma vai para dentro. As pessoas pensam que sua alma, sua personalidade, ou seja lá o que for, abandona o corpo quando morrem; juro que ela vai para dentro. Cai tão fundo e torna-se tão pequenina que já não pode controlar o seu corpo". Tendo eu estado presente no momento da morte de algumas pessoas, isso me soa familiar. Melhor, é como se caíssemos para o centro do nosso ser, onde Deus é "mais íntimo a mim do que eu próprio" (*Tu autem eras interior intimo meo*).[413] Caímos nas mãos de Deus que estão à nossa espera.

Cantos diante da morte

Nesse relato de total aflição, há pequenos sinais de esperança, as palavras de Jesus na cruz, citações dos Salmos e atos de delicadeza. Mas existe um pequeníssimo pormenor nas narrativas de Mateus e de Marcos que toca particularmente a imaginação, tema deste livro: "E, tendo cantado os Salmos, saíram para o monte das Oliveiras" (Mc 14,26).

Jesus e os discípulos preparam-se para o que vai acontecer, cantando. Trata-se, quase certamente, da segunda parte do *Hallel*,[414]

Salmos 114 a 118, com que terminou a ceia da Páscoa. A palavra significa "louvor", da qual obtemos "Aleluia", "Deus seja louvado". Diante da sua paixão, Jesus e os discípulos cantam cantos de ação de graças e de louvor. O Salmo final alude alegremente a "jubilosos cantos de vitória", e também porque "a pedra que os construtores rejeitaram se tornou pedra angular". As últimas palavras são: "Dai graças ao Senhor, porque é bom, porque é eterno o seu amor". Em seguida, eles saem e começa a paixão de Jesus, mas a vitória final já é saudada de longe pelo canto. Na Sexta-feira Santa, tradicionalmente, a Paixão de Cristo é cantada.

Um provérbio árabe reza assim: "Quando o perigo se aproxima, cante para ele". Eis o modo como muitos mártires enfrentam a morte. Quando, em 3 de junho 1886, o rei Muanga do Buganda [atual Uganda] ordenou a execução de trinta e dois jovens cristãos, católicos e anglicanos, por se recusarem a renegar a sua fé, eles caminharam para a morte cantando. Conta-se que quando, em fevereiro de 2015, vinte cristãos coptas egípcios foram decapitados pelo Estado Islâmico numa praia da Líbia, morreram entoando cantos a Jesus. Paul Murray afirma que, perante a desolação, o único recurso para muitos é a poesia e a música. Depois do 11 de Setembro, surgiram poemas por toda a cidade de Nova Iorque. "Quase imediatamente após o acontecimento, mementos improvisados, concebidos, muitas vezes, em torno de poemas, surgiram por toda a cidade, nas vitrines, nos pontos de ônibus, no Washington Square Park, em Brooklyn Heights e em outros lugares. E poemas voaram através do ciberespaço, por todo o país, em e-mails enviados entre amigos."[415] Também se fez sentir a necessidade da música e do canto.

Uma ópera acerca do 11 de Setembro, *Between Worlds* [Entre mundos], composta por Tansy Davies, teve a sua estreia em 2015. Houve quem ficasse chocado por alguém ter composto uma ópera acerca de tão horrível acontecimento, mas talvez seja a única maneira de encarar a sua brutalidade. O compositor, Nicholas Drake, afirmou que: "ao colocarmos no centro do drama o poder transformador da música, pensamos que isso talvez nos permitisse ponderar a tragédia do que aconteceu em 11 de Setembro, e descobrir ainda assim uma espécie de luz na escuridão. A música parece até ter desempenhado um papel em ajudar algumas pessoas naquele dia. Um segurança cantou hinos para os que desciam as escadas para lhes infundir coragem. Alguns parentes, já sem palavras enquanto falavam ao telefone com entes queridos, cantaram juntos".[416]

No verão de 1942, Leningrado (agora, novamente São Petersburgo) estava cercada pelo exército alemão.[417] Os habitantes morriam de fome, devorando tudo o que podiam encontrar: ratos, gatos e cães; houve até rumores de canibalismo. Calcula-se que terão morrido de fome na cidade setecentos e cinquenta mil pessoas, antes de o cerco ser levantado, em janeiro de 1944. À medida que o controle do exército alemão apertava, o maestro Karl Eliasberg reuniu todos os que podiam tocar um instrumento musical para executar a *Sinfonia* nº 7, de Dmitri Shostakovich, cuja composição iniciara no ano anterior naquela mesma cidade. Os membros da orquestra estavam tão fracos, que alguns desmaiaram durante o ensaio. Um trompetista pediu desculpa por ser incapaz de produzir uma simples nota. Instalaram-se alto-falantes para emitir a execução, não só para a população da cidade, mas também para que os soldados alemães pudessem ouvir. Os membros da orquestra, que mal se aguentavam de pé, vestiam-se formalmente, com roupas sociais. Olga Kvade, com 18 anos de idade, encontrava-se na plateia. Afirmou que a única coisa que eles receavam era que os alemães iniciassem os bombardeios e pusessem fim ao concerto antes de terem terminado a *Sinfonia*. Ante a destruição, sem quase nada para comer, fizeram música.

Num dia de abril de 2015, dezenove pessoas foram mortas por carros-bomba, no lado ocidental de Bagdá. Karim Wasfi, o diretor da Orquestra Sinfônica Nacional do Iraque, foi para o lugar da primeira explosão com o seu violoncelo, sentou-se entre os destroços e tocou uma peça que ele compusera, intitulada *Baghdad Mourning Melancholy* [Melodia triste de Bagdá]. Disse mais tarde: "Quis mostrar o que a beleza pode ser, perante a paisagem hedionda dos carros-bomba, e respeitar as almas dos que morreram". Desde esse dia, ele tocou em muitos lugares bombardeados da cidade. Depois dos ataques terroristas em Paris, em novembro de 2015, um jovem arrastou um piano para o exterior do teatro Bataclan, cenário de tantas mortes, tocou e foi embora chorando.

Até aqueles que são afortunados o suficiente para morrer em paz numa cama precisam de música e poesia ao encarar o fim. Voei de Jerusalém para casa, a fim de acompanhar o meu pai na sua morte. Ele pedira o seu *Walkman* para poder ouvir o *Requiem* de Mozart e as *Sete últimas palavras* de Haydn. E, quando a morte chegou, os seus filhos partilharam o breviário e recitaram Salmos: cantos e poesia.[418] Quando os frades dominicanos morrem, reunimo-nos à volta da cama para cantar o hino a Nossa Senhora, o Salve-Rainha. Espero que os últimos sons que eu escutar sejam os dos meus confrades cantando, provavelmente não muito afinados.

A música penetra através das barreiras que nos separam. Quando os soldados alemães entoaram cantos de Natal nas trincheiras durante a I Guerra Mundial, os soldados ingleses juntaram-se às suas vozes e, pouco depois, abandonaram as suas trincheiras e uniram-se para cantar em harmonia e jogar futebol. Por um breve momento, o canto aliviou a aflição das trincheiras. Estranhamente, o canto que quebrou o silêncio da hostilidade era *Noite feliz*. No ano seguinte, os generais ingleses ordenaram que os canhões abafassem os cantos de paz.

Francis Spufford, escritor inglês, teve certa vez uma discussão terrível com a sua esposa. Discutiram, desde a meia-noite até as seis da manhã. Por fim, saiu de casa e foi a um bar tomar um café, sentindo-se completamente miserável. Então, o garçom pôs o adágio do *Concerto para clarinete em A Maior*, de Mozart. Ao escutá-lo, sua experiência transformou-se. Escreveu ele: "[O adágio] soa como se viesse de um mundo onde a dor é perfeitamente comum, mas ainda há mais coisas para dizer... Tudo o que você receia é verdadeiro.

E, todavia. Tudo o que fez de errado foi efetivamente um erro. E, no entanto. E, no entanto... Cale-se e escute, e deixe-se embalar, só um pouquinho, numa calma que você não precisa preparar para si mesmo, porque ela está aqui, oferecida gratuitamente".[419]

A música tem uma estrutura narrativa sem palavras que nos transporta para além da dor: a dor de Spufford é reconhecida pela música, mas ele é empurrado e arrojado para a frente pelo seu movimento, como um surfista impelido para a segurança da praia. A sua ordem cinge, na esperança, as desordens das nossas vidas.

Na versão de João, as últimas palavras de Jesus na cruz (Jo 19,30) traduzem-se melhor como "Tudo está completado" ou até "Tudo está aperfeiçoado". No início do último discurso, João escreveu: "tendo amado os seus que estavam no mundo, amou-os até o fim" – o grego diz literalmente "até a perfeição". O seu amor é perfeitamente cumprido e realizado na cruz.[420] Evoca uma harmonia derradeira que está além das nossas palavras e à qual, porventura, só se pode aludir em música.

Roger Scruton afirma que a música fala-nos, conduzindo-nos à completude. São eliminadas e transcendidas as desarmonias, superadas as crises, à medida que a música nos transporta para uma espécie de fechamento.

> O movimento musical é, ou parece ser, dirigido a uma meta. Ou seja, move-se para fechamentos ou semifechamentos definidos, e estes, por seu turno, não podem ser facilmente explicados em termos de tensão harmônica... E isso nos apresenta algo que não encontramos na vida quotidiana, demasiado perturbada pelo acaso – ou seja, o gesto completado, o gesto que se perfaz a partir do seu conteúdo intrínseco, que não tem outro alvo a não ser ele próprio, e, todavia, que também cumpre esse objetivo. Para muitos, esse é o mistério central, e a mais importante gratificação da música séria – ela mostra-nos a ação humana movendo-se para um fechamento.[421]

A música levanta o véu sobre um futuro lugar de paz no qual se resolvem os conflitos e as tensões e onde encontraremos o descanso a que aspiramos. No filme *Homens e deuses*, um helicóptero militar, qual enorme inseto, paira ameaçadoramente sobre a capela do mosteiro. O ruído incômodo das suas hélices quebra o silêncio da oração dos monges. Lentamente, eles levantam-se, inclinam-se uns para os outros e cantam o hino *O Père des lumières* [Oh, Pai das luzes]. Recusam-se a deixar que a sua melodia seja afogada pelas vibrações agressivas do helicóptero. A harmonia do canto e dos irmãos leva a melhor, e a máquina afasta-se. A música evoca a harmonia final em que descansaremos e habitaremos na serenidade. O teólogo do século XII, Pedro Abelardo, evocou esse vislumbre do fim da jornada:

> *Ali, o sábado sucede ao sábado*
> *Pela eternidade afora,*
> *A alegria que não tem fim*
> *De almas em festa e descanso.*[422]

Scruton argumenta que "a música é uma resolução percebida do conflito entre liberdade e necessidade, tornada possível num espaço muito seu".[423] A música profunda assumirá, muitas vezes, uma direção que não podíamos ter antecipado, mas que vemos de imediato ser justa, e até necessária. Ficamos atônitos, mas dizemos: "Tem de ser assim. Tudo o mais teria sido banal". Essa era a nota inevitável que esperávamos sem saber.

Quando Jesus resolve ir para Jerusalém, diz aos discípulos que *é necessário* (*dei*) que o Filho do Homem sofra muitas coisas e seja rejeitado pelas autoridades, seja morto e ressuscite ao terceiro dia. É o que *tem de* acontecer. Mas os discípulos nem aguentam ouvir. Pedro repreende Jesus, que lhe diz: "Vai para trás de mim, Satanás" (Mc 8,33). Por isso, tropeçam no caminho para Jerusalém com os seus ouvidos bloqueados, discutindo uns com os outros sobre ninharias bobas, por exemplo, quem é o maior. Essa morte necessária é livremente aceita na Última Ceia, quando Jesus faz uma oferta do seu corpo e do seu sangue numa liturgia que culmina no canto. Os discípulos que fogem para Emaús no dia da ressurreição ainda não tinham entendido, e Jesus censura-os: "Insensatos e lentos de coração para crer em tudo o que anunciaram os profetas! Não era necessário que o Cristo sofresse tudo isso para entrar em sua glória?" (Lc 24,25-26). Essa necessidade não era imposta por algum deus duro e cruel, levando a cabo um plano férreo: é o ato necessário do amor.

Em qualquer vida humana, o sofrimento afigurar-se-á uma imposição: "Por que eu?". Mas todos temos de morrer, a necessidade final e inevitável. Na música temos um vislumbre longínquo de como necessidade e liberdade se reconciliam. Seja qual for o sofrimento que invada nossas vidas, fazendo descarrilar os nossos planos, trazendo até a morte, pode ser acolhido. Não num espírito de masoquismo, mas como um ingresso na liberdade, um convite à vida. É difícil, e eu me rebelei muitas vezes contra isso, como Pedro em Cesareia. Hesitaria em falar assim a alguém debilitado pela doença ou rejeitando a sua morte iminente. Talvez soe presunçoso. Mas, na fração do pão, no canto e na música, a necessidade é livremente abraçada quando partimos para os nossos próprios Getsêmanis.

Canta o galo

Com um último canto, Jesus parte, pois, para enfrentar o que tem de acontecer. Esse canto de louvor, o *Hallel*, é o último sinal de ordem e sentido antes de o caos se instalar. É uma promessa de que o silêncio não é ainda o fim. Terá ficado para trás, nesse ponto da história, todo o canto? Existe talvez uma alusão de canto, o canto do galo. Jesus disse a Pedro: "Amém, eu te digo: tu, hoje, nesta noite, antes que o galo cante duas vezes, três vezes me renegarás" (Mc 14,30). No Evangelho de Marcos, nenhuma palavra se perde e, então, por que surge o canto do galo, o nosso canto final na noite? Em *Hamlet* de Shakespeare, o canto do galo é "a trombeta da manhã", e o galo é "a ave da aurora", que canta durante toda a noite, no Natal, para proclamar o nascimento do Salvador. Pinturas de Theodoor Rombouts

(*A negação de Pedro*, 1625-1630; Liechtenstein Museum) e Peter Jan Brandl (*O arrependimento de Pedro*, 1724; National Gallery, Praga) mostram a alvorada rompendo, quando Pedro nega a Jesus.

Mas o canto do galo não assinala a aurora. Marie-Joseph Lagrange, op, o fundador da Escola Bíblica e Arqueológica Francesa, em Jerusalém, sofria de insônia e notou que, em março e abril, os galos começavam a cantar entre as 2h30 e as 3h da manhã.[424] O galo começa a cantar quando a noite já ultrapassou a sua metade e a madrugada já não demora muito a chegar. O mundo está ainda na escuridão, mas esta está prestes a terminar. Na alvorada, Jesus será levado à casa de Pôncio Pilatos, entregue para ser crucificado e, assim, subir ao seu trono, a cruz. Em seguida, surge a aurora do dia de Páscoa, quando as mulheres irão encontrar o túmulo vazio e o sol já alto.

O canto do galo sugere, no silêncio da noite, que a negação de Pedro não é o fim. Entoa uma nota de plácida esperança para o que ainda não é visível ou sequer vislumbrado. A traição de Pedro integra-se numa história que ele ainda não pode narrar, mas que um dia há de conseguir. Percebe-se que o Evangelho de Marcos seja, amiúde, chamado de Evangelho de Pedro, a narrativa que ele transmitiu aos seus discípulos, e na qual teve a coragem de enfrentar o seu momento mais sombrio e de ser transportado para além dele.

Quando estou na cama e ouço "o coro da alvorada", habitualmente muito antes do amanhecer, ele fala de esperança. Dizem os peritos que esse coro é apenas constituído por aves rivais reivindicando o seu território e advertindo os seus competidores, tal como os turistas que vão cedo para a praia a fim de demarcar, com as toalhas, a sua porção de areia. Ficar nisso seria sucumbir ao "nada além do que...", de Mary Midgley. O coro da alvorada exala o que quer que seja o equivalente da alegria das aves.

No Magdalen College, Oxford, existe um caminho circular junto ao rio. Numa parede está gravado um poema de C. S. Lewis, que muitas vezes por ali passeou, *What the Bird Said Early in the Year* [O que a ave disse no início do ano]:

> *Ouvi no Addison's Walk uma ave cantar bem claro:*
> *Este ano, o verão vai chegar. Este ano. Este ano.*
>
> *Os ventos não derrubarão as flores das macieiras*
> *Este ano, nem a falta de chuva destruirá as ervilhas.*
>
> *Este ano a natureza do tempo não nos vencerá,*
> *Nem todos os momentos prometidos, ao passarem, nos hão de enganar.*
>
> *Este ano não te irão levar de volta*
> *Ao outono, um ano mais velho, pelo trilho bem gasto.*
>
> *Este ano, este ano, como vaticinam todas estas flores,*
> *Escaparemos ao círculo e quebraremos o feitiço.*
>
> *Amiúde enganados, abri, todavia, mais uma vez, o vosso coração,*
> *Depressa, depressa, depressa, depressa! – os portões já se alargaram.*

Na cruz, as últimas palavras de Jesus são citações do Salmos. Eles são os cantos e a poesia com que ele cresceu. Não foram cantados na cruz, ofegantes ou sussurrados, mas, apesar de tudo, são cantos, e encerram tudo o que ele sofreu desde o canto do *Hallel*, o grande canto de louvor antes de partir para o Getsêmani.

RESSURREIÇÃO

"Céu no cotidiano"

O objeto deste livro é provar que é mais provável incitarmos os outros com a nossa fé, se o Cristianismo for entendido como um convite a viver de uma forma plena. A vida do seu fundador, o seu ensinamento moral, o perdão dos pecados, as doutrinas da Igreja, a horrenda morte de Jesus – tudo isso se compreenderá de maneira apropriada como uma dádiva de vida abundante. O florescimento a que somos chamados não é a simples felicidade mortal. As escolas enganam-se quando prometem levar a cabo o potencial pleno dos seus alunos. Somos chamados a uma plenitude de vida que é mais do que humana: uma participação na vida divina.

A entrada na vida transcendente alcança-se na ressurreição. Na cruz, Cristo abraçou a nossa aflição e as nossas penas, tudo o que nos oprime e destrói, até mesmo a morte, e venceu-a. O que isso quer dizer? Muitas vezes, imagina-se que os cristãos acreditam numa vida após a morte. Depois de mortos, migramos para algum lugar melhor e temos outra vida. De forma encantadora, o *Royal Mail* [serviço postal nacional do Reino Unido] comunicou a um garoto de sete anos que tinha entregado um cartão de aniversário a seu falecido pai, "evitando as estrelas e outros objetos galácticos no caminho para o céu".[425]

É assim que alguns adultos também pensam, o que soa como a fantasia de alguém que fecha os olhos à natureza definitiva da morte. Contudo, a ressurreição não é outra vida, mas a plenitude da vida que começa já agora: "Nós sabemos que passamos da morte para a vida porque amamos os irmãos. Quem não ama permanece na morte" (1Jo 3,14). O que significa para nós agora partilhar a ressurreição com Cristo?

No primeiro capítulo, afiançamos que aquilo que mina uma imaginação religiosa não é tanto o ateísmo (também ele uma forma de crença), mas sim o modo enfadonho de ver o mundo, a que William Lynch, sj, chamou de "mentalidade unívoca". É uma imaginação redutora, "a globalização da superficialidade". Como mencionei então, nossa libertação da escravidão é ilustrada, com muita beleza, pelo romance *O quarto* de Emma Donoghue, no qual uma mulher e seu filho estão aprisionados num galpão. A criança pensa que nada mais existe a não ser "o quarto", até que, um dia, foge dos seus estreitos limites e descobre o mundo real com todas as suas gloriosas cores e a sua vitalidade. Ar fresco!

Os escritores do Novo Testamento não conseguem descrever diretamente a ressurreição, começo da nova criação, da mesma maneira que nós também não podemos descrever literalmente o Big-Bang, o início da velha criação. Mas é impressionante que a sua realidade incida, antes de tudo o mais, num túmulo vazio, na pedra que foi rolada. Jesus é desconfinado ou, poderia dizer-se, desencaixotado! Ar fresco, mais uma vez! Abre-se um buraco na cadeia dos eventos. As aparições de Jesus são marcadas pela libertação dos discípulos do confinamento: "Chegando a tarde daquele dia, o primeiro da semana, e estando as portas trancadas do lugar onde estavam os discípulos por medo dos judeus, veio Jesus e colocou-se de pé no meio deles e disse-lhes: 'Paz a vós'" (Jo 20,19). As paredes e as portas fechadas não constituem um obstáculo para o Cristo ressuscitado, não porque é conveniente perder as chaves, nem por ser ele um fantasma, uma vez que come com eles, mas porque a vitória do amor derruba todas as barreiras. Os discípulos são libertados do seu aprisionamento pelo medo no cenáculo.

Na Carta aos Efésios, a interpretação que o autor faz da ascensão utiliza a mesma linguagem de emancipação e liberdade. Ele levou "cativo o cativeiro". Elimina toda a servidão. Sobe para que possa "preencher todas as coisas" (Ef 4,10). A ascensão de Cristo não é aqui uma jornada para qualquer outro lugar. Ele ascende para dentro da onipresença de Deus que não conhece limites.

John Rae, antigo diretor da Westminster School, orientou durante muitos anos o canto vespertino na abadia, mas era incapaz de decidir se acreditava ou não em Deus. Organizou encontros com vários ateus e cristãos para o ajudarem a chegar a uma decisão.[426] Encontramo-nos algumas vezes e nos tornamos amigos. Regressávamos sempre à questão do que significava, para ele, amar a sua esposa, os seus filhos e os seus amigos. Será que o amor é uma emoção passageira num universo que, em última análise, não tem sentido? Ou será a experiência de um amor transcendental que dá significado a tudo? Estarão os seres humanos enleados num grande mistério de significado derradeiro ou, como pensava Stephen Hawking, seremos apenas "resíduo químico num planeta de tamanho médio, orbitando à volta de uma estrela muito mediana, no subúrbio exterior de uma entre milhões de galáxias"?[427] Não tenho problemas quanto a viver no subúrbio exterior. Não sou esnobe! Só levanto objeções à expressão "resíduo químico".

Não conseguimos imaginar a ressurreição, mas, nesta última parte, quero explorar como diferentes dimensões da nossa vida presente têm uma profundidade de significado que só conseguimos vislumbrar. Já agora começamos a participar do divino ar fresco, a fuga do confinamento, do Cristo ressuscitado. Tentaremos ver um pouco do que isso significa, ponderando alguns aspectos da nossa vida presente – a vida espiritual, a vida corporal, a vida pura e simples, a vida litúrgica e a vida de oração – e vendo como todas elas são um antegozo da ressurreição, do "céu no cotidiano",[428] segundo as palavras de George Herbert. Cada capítulo convida-nos a imaginar as coisas de uma forma diferente, sacramental.

Eu poderia ter acrescentado outros tópicos, mas o livro nunca acabaria. Poderia ter estruturado o material de maneira diversa e colocado alguns capítulos em outras partes do livro, tal como Lucas situa a pesca milagrosa feita pelos discípulos no início do seu Evangelho e João a põe após a Ressurreição. Começamos com o sopro do Espírito Santo, ar fresco, sem dúvida.

14. A VIDA ESPIRITUAL: AR FRESCO

No livro dos Atos dos Apóstolos, a dádiva do Espírito Santo em Pentecostes é o início da nova vida dos discípulos; comecemos, pois, por perguntar o que significa estar espiritualmente vivo. Muitos se identificam com uma vivência "espiritual, mas não religiosa". A religião é considerada algo institucional, religando-nos a uma seita de indivíduos que, provavelmente, se veem como superiores aos outros; algo que tolhe a mente com dogmas, bem como as ações individuais com regras. A espiritualidade é, em suma, mais libertadora. É individual; pode ser praticada na intimidade do lar. Lida com a experiência e não com a doutrina. Ocupa-se da paz interior e não com a conformidade exterior. É possível misturar espiritualidades como coquetéis exóticos, um toque de budismo temperado com ícones. E, se uma espiritualidade não ajudar, pode tentar-se outra. Como não gostar?

Respiração

Pura ilusão. Qualquer espiritualidade digna desse nome é rigorosa e transformadora. Consideremos, antes de mais nada, a palavra "espiritual". A palavra hebraica habitualmente traduzida por "espírito", *ruah*, significa também "respiração" ou "vento". Pentecostes é o sopro de Deus sobre os discípulos. A respiração é fundamental para a vida dos mamíferos, a mais íntima interação entre os nossos corpos e o resto da criação. Um ser humano respira em média cerca de seiscentos e cinquenta milhões de vezes, durante a vida. A respiração é mais do que o mecanismo para oxigenar o nosso sangue. É intrínseca a muitas das nossas experiências mais intensas de estarmos vivos.

No seu romance *Fôlego*, Tim Winton explora os dramas da respiração, começando pela primeira inspiração: "É engraçado, mas, na verdade, nunca pensamos muito na respiração. Até que ela se torna tudo em que se pensa. Recordo o olhar surpreendido das minhas filhas no momento após o nascimento de cada uma delas, quando aspiraram e forçaram o ar a entrar pela primeira vez".[429] O herói e o seu amigo Loonie praticam mergulho livre em apneia. É um modo de afirmarem a sua liberdade. Controlar a respiração simboliza ter o controle das suas vidas:

> Quando se é jovem, sentimos que a vida nos torna impotentes, arrastando-nos de volta, fôlego após fôlego, numa capitulação contínua à rotina biológica, e que o arbítrio humano consiste tanto em reivindicar o poder sobre o próprio corpo como em exercê-lo sobre outros. Loonie e eu agíamos por impulso, sem pensar, apenas pela brincadeira boba. Prendíamos a respiração e contávamos. Cronometravamo-nos no rio e no mar, no barracão do velho ou no chão da floresta, à luz tépida do outono.[430]

Ao longo do romance, encontramos respiração e composição musical, intimidade sexual e morte.

Durante o meu ano sabático em Berkeley, descobri o prazer da respiração rítmica do maratonista. O sono bom é um respirar calmo. Um confrade que abandonou a Ordem escreveu que a sua perda mais profunda era já não partilhar a respiração da comunidade no canto dos Salmos, em que cada lado do coro inspira e expira alternadamente, a respiração partilhada da vida comum. A cólera acelera a nossa respiração. Saulo persegue os cristãos, "respirando [de *pneuma*, 'espírito'] ainda ameaça e morte" (At 9,1). Em momentos de espanto, a nossa respiração fica suspensa. A aflição sufoca-nos. "*I can't breath*" [Eu não consigo respirar] foram as últimas palavras de um afro-americano, Eric Garner, repetidas onze vezes e gravadas nos celulares dos transeuntes, enquanto ele era sufocado até a morte pela polícia em Staten Island, Nova Iorque, a 17 de julho de 2014. Estas palavras tornaram-se o grito mobilizador dos afro-americanos, símbolo da sua opressão. Viver é respirar livremente. Foram igualmente as últimas palavras de Jamal Khashoggi, o jornalista saudita assassinado no consulado do seu país na Turquia, a 2 de outubro 2018.

A autobiografia de Paul Kalanithi, *O último sopro de vida*, vai buscar o seu título num poema de Fulke Greville, Barão Brooke: "Você que busca o que a vida é na morte agora encontra o ar que já foi respiração".[431] Esse neurocirurgião cultíssimo, ao descobrir, aos 36 anos, que tinha um câncer terminal, enfrentou sua decrescente capacidade de respiração à medida que a morte se aproximava. A sua respiração era garantida pela esposa, Lucy. Explicou ela: "Acamado em casa poucas semanas antes de morrer, eu perguntei a ele: 'Você consegue respirar direito com a minha cabeça no seu peito desse jeito?'. A resposta dele foi: 'É a única maneira que eu sei respirar'". Caminhamos inelutavelmente para o momento derradeiro, quando também a respiração de Paul se torna ar: "Quando o quarto escureceu com a noite, uma lâmpada mortiça foi acesa na parede, e as respirações de Paul ficaram entrecortadas e irregulares. Seu corpo continuava parecendo tranquilo, os membros, relaxados. Pouco antes das nove horas, seus lábios se abriram e os olhos fecharam. Paul inspirou, para em seguida exalar seu último sopro de vida".[432] Os nossos últimos alentos são a contagem regressiva para o fim, como no poema de R. S. Thomas, "Grandparents" [Avós]:

Ali estão eles
às janelas, com as faces olhando
para um último e inalcançado
lugar. Há o som
no silêncio da respiração
dos seus corpos relutantes à medida que
cada um deles entra na última volta.[433]

A vida humana depende da respiração do nosso planeta verde, das plantas e das árvores que transformam o dióxido de carbono em oxigênio, dos hemisférios norte e sul que inalam e exalam nas suas estações, do nosso planetário *chorus contra chorum*. A floresta amazônica é "o pulmão da terra", mas o planeta começa a sofrer de enfisema. Nos amontoados urbanos em que a maior parte da humanidade agora vive, as pessoas sentem-se ofegantes.

O sopro de Deus

Não surpreende, pois, que as religiões na sua maioria cultivem a boa respiração. A cabala judaica apresenta os três níveis de respiração de cada etapa da vida espiritual; o sufismo islâmico possui o exercício respiratório do *Dhikr* [ou *Zikr*, que significa "memória, pronunciamento ou invocação de Deus"]; e, no budismo, a respiração é a disciplina central da meditação. A oração de Jesus ["oração do coração"], no Cristianismo, é recitada ao ritmo da nossa respiração.

A narrativa cristã da criação e da recriação é um drama do sopro divino inalado e exalado. Deus dá o sopro de vida a todas as coisas vivas (Gn 1,30). De forma mais íntima: "O Senhor Deus formou o homem do pó da terra e insuflou-lhe pelas narinas o sopro da vida, e o homem transformou-se num ser vivo" (Gn 2,7).[434] A respiração é o dom da vida da divindade. A crise da relação de Deus com a humanidade precipita o dilúvio quando Deus jurou: "Vou lançar um dilúvio que, inundando tudo, eliminará debaixo do céu todos os seres vivos. Tudo quanto existe na terra perecerá" (Gn 6,17). Na arca, o sopro da vida é transportado por cima do silêncio do mar, que sufocou toda a vida.

No deserto, Moisés encontra a sarça ardente e ouve o nome de Deus. Segundo Jacob Josipovici, este nome, *ehyeh asher ehyeh*, "é o que, na linguagem, se aproxima, quanto nos é possível, da pura respiração, da não articulação, da não divisão... Com os sons 'h' e 'sh' repetidos, sua é a respiração que se encontra sob toda a expressão e toda a ação, um sopro vivo que não se move mas também não permanece estático, sustentando o discurso e o mundo".[435]

O nome divino é repetido, sempre que exalamos e inalamos.

Quando tudo parece perdido, Elias foge para o monte Horeb e espera pelo Senhor. O Senhor não estava na ventania, no terremoto ou no fogo, mas numa frase enigmática, que se pode traduzir por "gentil brisa"[436] ou ainda por "suave respiração".[437] Jó, o homem da aflição, é oprimido por Deus que não o deixa respirar (Jó 19,18) e cujo hálito a sua mulher acha repulsivo. O problema não é, seguramente, a halitose! A vida dele é que se tornou, para ela, repulsiva.

Deus fez-se um de nós quando Jesus respirou pela primeira vez, talvez com uma palmada no traseiro. A sua curta existência terminou quando ele inclinou a cabeça e entregou o Espírito [fôlego] (Jo 19,30). Agora, na manhã de Páscoa, ele soprará sobre os discípulos, partilhando a paz e o perdão de Deus. "E, tendo dito isso, soprou sobre eles e disse-lhes: 'Recebei o Espírito Santo. Aqueles a quem perdoardes os pecados, eles lhes estão perdoados. Aqueles a quem retiverdes, estão retidos'" (Jo 20,22-23). Todo pequeno ato de perdão é outro sopro do Corpo de Cristo. Sem ele estamos mortos. Uma comunidade que não perdoa sufoca toda a gente. Por fim, dá-se a grande efusão do sopro de Deus em Pentecostes.

Por isso, um modo de imaginar a ressurreição é como encher os nossos pulmões do oxigênio vivificador do sopro de Deus.[438] Deus respira dentro de nós. Quando uma amiga de Paul Murray, op, estava seriamente doente, ele escreveu-lhe o seguinte poema:

> *Agora que o seu espírito*
> *definha, você pode*
> *com o seu último fôlego*
> *respirar fundo*
> *e sentir a respiração do outro*
> *inalar e expirar*
> *dentro do seu alento.*[439]

Gerard Manley Hopkins comparou Maria ao "ar que respiramos", um ar que é envolvente e sadio, mas também tempestuoso e cósmico:

> Ó ar vivo,
> De paciência, penitência, oração:
> Ar maternal do mundo, ar agreste,
> Ventaneado contigo, em ti levado,
> Encerrada a casa, abraça célere o teu filho.[440]

Expirar

Não é possível respirar sem que os pulmões estejam vazios. A missão de Jesus começa com uma espécie de esvaziamento de si mesmo. Depois do batismo, "Jesus, pleno do Espírito Santo, retirou-se do Jordão e foi conduzido pelo Espírito através do deserto durante quarenta dias, sendo posto à prova pelo Diabo. Nada comeu naqueles dias e, quando chegaram ao fim, teve fome" (Lc 4,1-2). Prepara-se para a sua missão, expondo-se à fome, com o estômago vazio, no deserto, onde não há vida. É como se ele precisasse de um vazio no âmago do seu ser antes de iniciar a sua pregação.

Os discípulos são igualmente preparados para a missão mediante um vazio. Eles têm de perder Cristo, para receber o Espírito. A ausência de Jesus prepara o caminho. No último discurso do Evangelho de João, Jesus disse: "É melhor para vós que eu parta. Se eu não partir, o Defensor não virá a vós. Se eu for, eu o enviarei a vós" (Jo 16,7). No livro dos Atos, após a ascensão, dois homens com vestes brancas repreendem os discípulos: "Homens da Galileia, por que estais parados olhando para o céu? Este Jesus, que vos foi arrebatado para o céu, virá assim, do mesmo modo que o vistes partir para o céu" (At 1,11). Ele foi arrebatado enquanto uma presença no meio deles, para que possa estar com eles, mais intimamente, no Espírito. Não há inspiração, em todos os sentidos, até haver a expiração. A vida espiritual começa com um deixar de respirar.

Jean-Pierre Lintanf, op, dominicano bretão, disse: "Rogo a Deus que me deu, em meu próprio barro mortal, um pouco de seu próprio alento; tão pouco, é verdade, que a cada instante tenho que entregar minha respiração, para que ela me seja dada de novo".[441] Precisamos de um vazio no íntimo do nosso ser para receber o Espírito. Não é um vazio estéril, mas a fome expectante dos que têm "anseios imortais".[442] Não se trata de desolação, assim como não é infelicidade quando se anseia pela refeição seguinte. Se você se empanturra com barras de chocolate, não ansiará pelo banquete celeste. A fome abre-nos para o anseio por Deus.

Deus faz a sua morada no vazio. Quando os israelitas entraram no deserto, Moisés recebeu a ordem de construir um trono para Deus. Era apenas um espaço vazio entre as asas do querubim. Era pequeníssimo, não mais que da largura de uma mão. Deus não precisa de muito espaço. E, quando Deus se fez carne, habitou o pequeno espaço vazio do ventre de Maria. Quando o menino cresceu, foi cravado numa cruz e clamou por seu Pai, que parecia tão ausente. Eis um amplo vazio à espera de ser preenchido, na manhã da Páscoa. Em seguida, João diz-nos que Maria Madalena, Pedro e o discípulo amado encontraram o espaço vazio do túmulo, com dois anjos de cada lado, o novo trono da misericórdia do Senhor ressuscitado.

Por isso, quando em nosso coração sentimos um vazio que desejamos preencher, devemos estimá-lo porque é o trono de Deus. Para sermos fecundos, precisamos de um ventre vazio no cerne do nosso ser, à espera do Espírito fecundo de Deus. O vazio pode causar alarme. Será ele, alguma vez, preenchido? Era essa a questão de Ana, cujo seio estava vazio, ressentido com Fenena, a outra esposa de Elcana, a que tinha todos os filhos (1Sm 1). Se tivermos paciência, Deus preencherá o espaço.

Quando estamos diante de um grande compromisso – casamento, ordenação, profissão solene numa comunidade, até um novo emprego –, as pessoas, muitas vezes, estão na expectativa de que a perfeita realização está iminente. A sua alegria será completa. Quatro ou cinco anos mais tarde, instala-se, muitas vezes, a insatisfação. A companhia do amado tem momentos de tensão; os problemas de alguém não desaparecem totalmente com a ordenação; o novo papel não é assim tão excitante. Ainda não chegou o paraíso.

A tentação é preencher o vazio que existe no coração, talvez de alimento ou bebida, de sexo ou poder. Alguns tentam preenchê-lo com horas de televisão trivial, ou obsessivamente checando seus e-mails ou fazendo planos de se tornarem extremamente ricos. David Sedaris, comediante americano, reconhece que vai às compras para preencher o vazio: "Obviamente temos um buraco que estamos tentando preencher, mas alguém não tem? E preenchê-lo com boinas do tamanho de tampas de vaso sanitário, não será mais prático, ou pelo menos mais *saudável* do que enchê-lo com glacê, heroína ou sexo inseguro com estranhos?".[443] Sem dúvida, mas o vazio persiste, por mais boinas que ele compre. Inumeráveis bugigangas, iPhones e computadores, iPads e Kindles, ou carros velozes ou férias caras e experiências exóticas talvez proporcionem um alívio temporário, mas o vazio só pode ser preenchido por Deus, que chega no seu próprio tempo.

Talvez alguém seja, inclusive, tentado a preencher o vazio com infindas orações, longas devoções, batendo às portas do céu com novenas e cada vez mais mistérios do rosário, procissões e peregrinações – todas coisas boas em si mesmas, mas, por vezes, um modo de afogar o silêncio ensurdecedor de Deus e manter distância do Espírito que nos impele para o deserto, onde, como é dito a Oseias, Deus falará suavemente a Israel. "Pois, agora, eu é que vou seduzi-la, levando-a para o deserto e falando-lhe ao coração" (Os 2,16).

Nada
de tudo aquilo por que você suspirou
ou tentou agarrar
pode aliviá-lo da sua sede,
da sua solidão,

*até que aprenda
a tomar nas suas mãos
e a levar aos seus lábios
essa taça da solidão,
o seu cálice do vazio
e a esvaziá-lo até a última gota.*[444]

Como os discípulos, que esperam depois de Cristo ter subido ao céu, devemos persistir na esperança em tempos de vazio. Se estivermos cheios, não teremos espaço para os dons do Senhor. Numerosas posses são um contraceptivo para a fertilidade divina. Quando eu era um jovem frade, o velho sábio Gervase Mathew, op, costumava dizer que um dominicano não deveria ter mais do que aquilo que pode transportar nas duas mãos. Quando me mudei de Londres para Oxford, comunidades inteiras foram mobilizadas para encher e esvaziar a van. Um sacerdote da diocese de Westminster, chamado Michael Hollins, era famoso por nunca fechar a sua porta. Qualquer um podia entrar. Quando alguém o visitava, deparava-se com pessoas dormindo nas escadas. Havia ladrões que se aproveitavam disso, e ele não os impedia. Uma vez, Michael encontrou um ladrão no seu escritório pegando seu dinheiro. Deixou que ele o levasse e ofereceu-lhe uma xícara de chá. Semelhante vulnerabilidade ultrapassa-me, mas é um modo de se livrar do excesso de posses e de se abrir aos dons de Deus.

Quando vazios, podemos aproximar-nos dos que perderam Deus ou nunca o conheceram. Tomáš Halík, secretário-geral da Conferência Episcopal Católica Tcheca, acredita que somos incitados a lidar com o ateísmo. Em vez de vermos o ateísmo como o inimigo da fé, Halík afirma que devemos atrever-nos a entrar no deserto da ocultação de Deus e a escutá-lo: "Estou convencido de que uma fé madura deve incorporar essas experiências, a que alguns chamam 'a morte de Deus' ou – de forma menos dramática – o silêncio de Deus, embora seja necessário sujeitar essas experiências a uma reflexão interior, além de se submeter e de ultrapassá-las com sinceridade e não de uma forma superficial ou fácil. Não pretendo dizer aos ateus que eles estão errados, mas que têm falta de paciência. Digo-lhes que a sua verdade é uma verdade incompleta".[445]

Diz Halík: "Há poucas coisas que apontem para Deus e apelem tão instantaneamente a Deus como a experiência da sua ausência".[446] A sua grande heroína é Santa Teresa de Lisieux. Sempre me senti desencorajado pela sua alcunha, *Pequena Flor*, que soava demasiado melosa. Mas Halík mostra que a difícil vocação de Teresa era unir-se aos ateus. A França do século XIX fervia em raivoso anticlericalismo e ateísmo: "Teresa declara que considera os não crentes *seus irmãos*, com os quais *se senta à mesma mesa e come do mesmo pão* – e pede a Jesus que não a expulse daí".[447] Ela quis beber a taça de dor deles. Talvez eles venham, um dia, a partilhar com ela da mesma fé.

Jesus morre fora da cidade santa, aparentemente abandonado por seu Pai, amaldiçoado. Entrega o seu espírito, esvazia os seus pulmões. G. K. Chesterton, como sempre, vê o paradoxo: os que se revoltam contra a religião não encontrarão outra religião na qual Deus se juntou à revolta! "... deixemos que os próprios ateus escolham um deus. Eles encontrarão apenas uma divindade que chegou a expressar a desolação deles; apenas uma religião em que Deus por um instante deixou a impressão de ser ateu."[448]

Inspirar

Já expiramos, esvaziando os nossos pulmões. Recusamo-nos a preencher o vazio no âmago do nosso ser, esperando que Deus assim o faça. Que significa, então, encher os nossos pulmões do "ar vivo" de Deus? O Espírito Santo é o amor do Pai ao Filho e do Filho ao Pai. São Bernardo de Claraval chamou o Espírito Santo de beijo do Pai: "Se, como corretamente se entende, o Pai é aquele que beija, o Filho aquele que é beijado, então não é errado ver no beijo o Espírito Santo, porque ele é a paz imperturbável do Pai e do Filho, o seu vínculo inabalável, o seu amor indiviso, a sua unidade indivisível".[449]

Voltemos a um ponto que já antes abordei, quando me referi ao modo como estamos em casa em Deus (Capítulo 11): o amor divino, particular e universal. Jesus amou as pessoas em particular, como o discípulo amado do Evangelho de João. Amou a família de Lázaro, Marta e Maria, e chorou quando Lázaro morreu. "Nós sabemos que passamos da morte para a vida porque amamos os irmãos. Quem não ama permanece na morte" (1Jo 3,14).

Deus compraz-se em nós individualmente. Ele aprecia nossa particular humanidade. Tomás de Aquino acreditava que só Deus, com o seu conhecimento, penetra na total unicidade de cada um.[450] Deus deleita-se no ser irrepetível que cada um de nós é. Mesmo relativamente às pessoas que mais amamos, só em parte vislumbramos como elas são diferentes das demais. A nossa percepção dos outros supõe sempre uma leve névoa de abstração. Só em raros momentos fugidios é que vislumbramos o que Deus sempre vê: a unicidade delas.

Cada um de nós é sustentado na existência por esse amor particular. Escreveu Denys Turner: "Entre a minha existência e o meu nada existe apenas o amor divino".[451] Quando estive doente com câncer, fui atropelado por uma intensa experiência da minha mortalidade. Eu parecia aqueles personagens de desenho animado que alegremente passam por cima de ravinas e continuam a caminhar, descobrindo, ao olhar de repente para baixo, que nada havia debaixo dos seus pés. Vislumbrei então, por um momento, que a minha vida era uma dádiva, oferecida a cada instante. Não é necessário eu existir e, um dia, morrerei.

Essa é uma cegueira tipicamente ocidental. No romance de Abraham Verghese, *O décimo primeiro mandamento*, o herói diz: "Era como se na Etiópia, e até em Nairóbi, as pessoas achassem que toda doença – mesmo trivial ou imaginária – era fatal; esperavam a morte. A notícia que importava levar à África era a de que se deve manter a morte a distância... Na América, a minha impressão inicial era que a morte ou a sua possibilidade surgia sempre como uma surpresa, como se achássemos que somos imortais e que a morte era apenas uma opção".[452]

Os que nos amam são intermediários da dádiva da vida que Deus nos dá. Num estranho e admirável romance de Audrey Niffenegger, *A mulher do viajante no tempo*, o herói deixou uma carta para ser aberta pela esposa após sua morte: "Nosso amor foi o fio no labirinto, a rede embaixo de quem caminha na corda bamba, a única coisa verdadeira e confiável nessa minha vida estranha. Esta noite, sinto que meu amor por você tem mais densidade neste mundo do que eu mesmo tenho; como se pudesse permanecer depois de minha morte e te rodear, te proteger e te segurar".[453]

Segundo o teólogo católico alemão Josef Pieper, somos impelidos a dizer uns aos outros que "é maravilhoso que você exista".[454]

O amor do Espírito de Deus é, também, sem limites. Assim que o sopro de Deus é derramado sobre os discípulos em Pentecostes, eles serão enviados desde a Terra Santa até os confins do Império; Pedro e Paulo morrerão em Roma, a grande Babilônia, coração do mundo pagão. Deus impele-nos para fora de tudo o que é familiar, ou simplesmente para o nosso vizinho do lado, porque tudo pertence a Deus. "E a noite, a noite, quando o vento pleno dos espaços do mundo desgasta-nos a face..."[455]

Escreveu Chrys McVey, op, com a sua habitual intrepidez: "No início da Bíblia, está escrito que 'quem desejar consultar o Senhor deve vir à tenda do encontro, fora do campo' (Ex 33,7). 'Fora do campo' é onde encontramos Deus. Fora da instituição, fora das crenças e percepções culturalmente condicionadas, 'fora do campo', Deus fala-nos 'face a face' (Ex 33,11). É 'fora do campo' que encontramos um Deus que não pode ser controlado. E é fora do campo que encontramos o Outro que é diferente – e descobrimos quem somos. E onde realmente é a nossa 'casa'".[456]

Concordo, mas também dentro, dentro da igreja, de casa, da tradição. A respiração viva é rítmica. Se apenas expirarmos, desmaiaremos.

A tentação dos piedosos é permanecer enclausurados em espaços religiosos seguros, partilhando nossas vidas com crentes pouco ameaçadores, protegidos dos ventos desabridos do mundo secular. Na verdade, todos precisamos, de vez em quando, de tais lugares – paróquias, movimentos religiosos, comunidades monásticas, grupos de oração ou qualquer outra coisa – para que possamos respirar com calma e ser refrescados. Até grandes pregadores, como São Paulo ou São Domingos, tinham de ir para casa de tempos em tempos para se recuperar, mas não permaneciam ali. O Espírito de Deus os conduzia para fora do campo, para reivindicar o que é secular ou diferente. Madre Teresa atreveu-se a deixar o convento seguro da sua primeira vocação e a buscar Deus entre os moribundos nas ruas de Calcutá.

Inalar o sopro de Deus é, pois, ser oxigenado com um amor que é particular e universal. Ele acarinha a total "hecceidade" de cada coisa e nada exclui do seu âmbito. Por isso, uma família cristã não se fecha em si própria. Uma amiga minha, Irmã Pat Walters, dominicana americana, é uma entre onze filhos. Todos os anos se celebra uma festa de Natal para todos, uma centena ou mais de pessoas. Em determinado ano, Irmã Pat viu um casal de jovens que ela não conhecia e, por isso, aproximou-se e perguntou: "De quem são filhos?". Eles confessaram: "Estávamos de passagem e sentiamo-nos sozinhos; vimos as luzes, ouvimos a festa e, por isso, entramos". A matriarca da família decidiu que eles podiam ficar, contanto que assistissem aos vídeos de família, como todos os demais!

A vida espiritual é vivida na dinâmica destes dois imperativos: amar em particular e amar de forma mais ampla. Amamos em particular (a esposa/o marido, os amigos e os filhos), mas, ao respirarmos o ar fresco de Deus, os nossos amores são alargados, libertos da exclusividade e da estreiteza. Madre Teresa gostava de dizer: "O problema do mundo é que desenhamos um círculo familiar demasiado pequeno".

A disciplina da vida espiritual consiste em manter estável o ritmo da respiração, em permanecer fiel aos amores particulares, nos quais está enraizada nossa vida, mas abertos ao amor de outros também. Não é fácil. Como podem os cônjuges aprender a alargar o seu amor, sem o risco de se apaixonarem por outras pessoas e minarem o amor recíproco que é o seu solo? A promiscuidade pode ser uma tentativa errada de prender um amor que é expansivo. É como se alguém tivesse captado o sopro de um amor que é infinito e tentasse agarrá-lo de um modo que destrói o lar e a família.

Nelson Mandela inspirou o mundo com a sua dedicação ao triunfo da justiça e à derrota do *apartheid*, mas percebeu que tinha negligenciado sua família. "A dedicação ao meu povo, a milhões de sul-africanos que nunca viria a conhecer ou a encontrar, foi à custa das pessoas que eu mais profundamente conhecia e mais amei. Era tão simples e incompreensível como o momento em que uma criança pergunta a seu pai: 'Por que não pode fica com a gente?', e o pai tem de proferir estas terríveis palavras: 'Há outras crianças como você, muitas, muitas…' E a nossa voz some…"[457]

Talvez nenhum de nós alcance o equilíbrio perfeito entre cuidar dos que são próximos e abrirmo-nos a uma pessoa necessitada e inesperada. Amadurecemos na vida do Espírito quando aprendemos dolorosamente como articular *eros* e *ágape*, os amores individuais que nos sustêm e o amor espaçoso do qual ninguém deve ser excluído. O que em Deus é um só, em nós encontra-se em tensão. Por isso, a vida espiritual não é um modo aprazível de recuperar a calma no fim de um dia atarefado, o equivalente religioso de um gin tônica. É ver-se enleado na atmosfera inebriante de Deus, no oxigênio estonteante do sopro de Deus, que nunca nos deixa recuperar completamente o fôlego.

A coragem do corredor de fundo

Precisamos de coragem para encher os nossos pulmões do ar fresco de Deus. A vastidão do amor divino que tudo envolve e abarca é tremenda. Chrys McVey, op, cita São João Crisóstomo: "'Talvez seja possível a uma pessoa' – escreve ele – 'amar sem correr perigo, mas esse não é o nosso caso!' Não é o nosso caso, e assim não acontece com o místico sufi e poeta do século XIII, Jalaluddin Rumi, que também se refere ao risco envolvido: 'Sou um homem que não tem medo do amor; sou uma traça que não tem medo de ser queimada!'".[458]

Somos chamados a ser traças sem receio de se queimar.

Por isso, os que estão espiritualmente vivos juntam a coragem ao risco de serem feridos; de outro modo, não estão vivos. De acordo com Herbert McCabe, op: "Reconhecemos que a nossa verdadeira natureza nos chama a algo de novo e aterrador... Somos o tipo de ser que encontra a sua realização, a sua felicidade e o seu florescimento apenas na entrega de si mesmo, e no ir além de si. Precisamos nos perder no amor; eis que o tememos. Somos convidados a aventurar-nos no que é desconhecido, a abandonar o que é familiar e seguro, a iniciar uma jornada ou demanda. E, todavia, não gostamos de correr riscos. Contentamo-nos com a pessoa que perfizemos ou construímos porque temos medo de ser feitos à imagem de Deus. Essa ausência de resposta aos convites para a vida, esse fiasco da fé, chama-se pecado".[459]

Se amarmos verdadeiramente, cometeremos erros, faremos tolices, e até cometeremos pecados, mas é melhor do que nunca ter arriscado.

Pedro receou aceitar o apelo de Jesus a tornar-se pescador de homens. Os apóstolos hesitaram em contar com a companhia dos primeiros discípulos, após a ressurreição, e em dispersar-se até aos confins da terra. Só a perseguição é que, finalmente, os empurrou para o que viria a seguir. Quando São Domingos quis dividir a primeira comunidade dos irmãos, em Toulouse, em 1217, e enviar seus membros para as novas universidades da Europa a fim de iniciar a missão, alguns resistiram. Pela primeira vez, Domingos insistiu na obediência, dizendo: "Se o grão for semeado, dá frutos, mas se for armazenado, apodrece. Grãos armazenados apodrecem".

A coragem é fundacional para a vida espiritual. Em 1932, Bede Jarrett, op, provincial da Ordem, na Grã-Bretanha, resolveu enviar um jovem frade, Bertrand Pike, para se encarregar da missão da

Ordem na África do Sul. Mas Bertrand estava receoso. Nunca desejara partir em missão e não se sentia à altura dos desafios. Bede escreveu-lhe, recordando-lhe como, enquanto capelão na I Guerra Mundial, encontrou coragem para vencer o seu medo:

> Lembra-se do terrível dia em que teve de andar no meio das trincheiras em Ypres, quando a coragem lhe faltou e só após três ou quatro tentativas você se obrigou a caminhar, e como descobriu que as arestas esculpidas nas contas do seu rosário tinham penetrado nos seus dedos ao se agarrar inconscientemente a elas e ao segurá-las para ganhar nova coragem? Sim, eu lembrei-me disso. Mas, meu caro Bertrand, não há uma oposição entre coragem e medo. Só têm coragem os que fazem o que têm a fazer, embora sintam medo; ser desprovido de medo não é ser corajoso, mas tão só não precisar de coragem. São corajosos os que sentem medo e, no entanto, fazem o que devem.[460]

Os corajosos são os que se aventuram, sabendo que são fracos e que até podem falhar, confiando no Senhor e não na sua força. Mesmo que alguém fracasse de forma ignominiosa, como aconteceu a Pedro, o Senhor está ali para erguê-lo. Santo Tomás Moro, a mais humana das pessoas, profundamente deturpado por Hilary Mantel no seu soberbo romance *Wolf Hall: um romance da era Tudor*, escreveu a sua filha Meg, pouco antes da sua morte: "Não duvidarei dele, Meg, embora venha a sentir-me fraco e à beira de ser vencido pelo medo. Lembrar-me-ei de como São Pedro, com as rajadas de vento, começou a afundar por causa da sua falta de fé, e farei como ele fez: chamar por Cristo e pedir que me ajude".[461]

A vida espiritual não é, pois, para covardes, mas também não é apenas para fortes e heróis. É para todos nós, ao inalarmos o oxigênio do amor expansivo de Deus. Podemos ser timoratos e tropeçar, mas continuamos a tropeçar, e, com a graça de Deus, havemos de chegar e inalar uma atmosfera mais livre. O filme *Uma razão para viver* conta a história de Robin Cavendish, que, em 1958, com 28 anos, contraiu a poliomielite e deram-lhe apenas três meses de vida.[462] Era incapaz de respirar sem uma máquina de oxigênio. Ficou confinado a uma enfermaria, imobilizado na cama, à espera da morte. Mas recusou se render a tal destino. Ele e a sua esposa construíram uma cadeira de rodas com um equipamento de oxigênio incorporado, para que ele pudesse deixar a enfermaria e construir uma vida. Tiveram um filho, embarcaram em aventuras pela Espanha afora, tomaram ar e voaram. A missão da sua vida foi libertar do aprisionamento nas enfermarias de hospital outros igualmente atormentados, livres para se moverem em cadeiras oxigenadas e viverem desconfinados.

Ele e a sua esposa são fortes e heroicos. Eu me identifico mais com os outros pacientes libertados pela sua vitória sobre o destino, e que participam da sua saída da prisão. Eu sigo atrás, no encalço das pegadas de gente como São Francisco e São Domingos, que saíram e ofereceram oxigênio aos que vieram após eles. A coragem, tal como a covardia, é contagiosa.

15.

VIDA CORPÓREA:
SANTIFICANDO OS SENTIDOS

A missão de Jesus iniciou-se com curas (Capítulo 4). Ele respondeu às dores e ao sofrimento das pessoas: um primeiro e modesto sinal de que ele veio como o portador da vida para nós, seres corpóreos. Depois de Pentecostes, o lançamento da missão da Igreja é também uma cura, a do coxo desde o ventre materno (At 3,1-10). Mas o que essa cura teve a ver com a participação na vida do Senhor ressuscitado? Poderia pensar-se que nós, com a Ressurreição e a dádiva do Espírito em Pentecostes, entramos no novo reino da vida espiritual e deixamos para trás qualquer preocupação com tão banais dimensões físicas. Não, o Cristianismo é uma religião muito física. Assim como a "vida espiritual" se imagina melhor à luz da atividade corpórea mais básica, o respirar, também a nossa vida corpórea – ouvir, ver, tocar, caminhar, comer e beber – é santificada no Senhor. A nossa vida corporal está aberta ao transcendente. Nele todos os nossos sentidos são santificados.

Desde o início, o Cristianismo combateu o dualismo entre a mente ou a alma e o corpo e, por vezes, a ele sucumbiu. Nos primeiros séculos, o Gnosticismo, nas suas muitas formas, oferecia a salvação através da fuga do corpo. O Maniqueísmo, do século III em diante, imaginou um profundo antagonismo entre o espiritual e o físico, seduzindo até, durante algum tempo, Santo Agostinho. No século XIII, São Domingos fundou a Ordem dos Pregadores para combater os albigenses ou os cátaros, que afirmavam que o mundo físico fora criado por um deus mau. A filosofia de Descartes (1596-1650) é, muitas vezes, olhada como dualista: "Penso, logo existo". Mary Midgley, a filósofa de Newcastle, argumentou que a atual cultura científica sonha, amiúde, com a salvação como uma evasão do físico.[463] A WWW (World Wide Web) oferece-nos um mundo virtual, liberto das limitações do físico, que podemos remodelar a nosso bel-prazer. Aqui, não se morre. O nosso holograma vive para sempre. No famoso romance *ciberpunk* de William Gibson, *Neuromancer*, Case anseia por transcender a carne. "Nos bares que frequentara quando era um cowboy no auge, a atitude de elite era de um certo desprezo pela carne. O corpo era carne."[464]

A nossa cultura é profundamente ambígua perante o corpo. Este tem de ser jovem e belo, esguio e esbelto. Idosos obesos, como eu, envergonham-se de ir à praia, com receio de provocar uma gargalhada de aversão e repugnância. Jean Vanier conta como uma jovem mulher, exasperada, chegou à Arca, odiando o seu corpo. Pouco a pouco, a comunidade acalmou-a, convidando-a a usar a banheira de hidromassagem, oferecendo-lhe um perfume suave, penteando o seu cabelo, aplicando-lhe massagens e oferecendo-lhe belos vestidos, até que, por fim, ela se pacificou com o seu corpo. Há milhões de indivíduos afligidos pelo transtorno dismórfico corporal (TDC), detestando a sua aparência. Transtornos alimentares, como a anorexia e a bulimia, atormentam muitos jovens. O corpo de cada um tem uma importância enorme, é uma fonte de vergonha ou de orgulho.

Por outro lado, o corpo é desvalorizado, como se ele não fosse realmente parte de quem somos. Somos nossa mente e, por isso, podemos fazer o que quisermos com nosso corpo. A promiscuidade sexual é uma brincadeira inocente, porque não afeta o "eu" real. No mundo virtual podemos ter o corpo que quisermos – na realidade, até vários. No mundo real, podemos identificar-nos como homens ou mulheres, ou como alguém com gênero fluído. Nosso corpo é algo que temos, para fazer o que nos aprouver. Existe, pois, uma intensa ambiguidade em torno do nosso corpo, visto como fundamental ao que somos (está-se moralmente obrigado a ser belo), mas não exatamente.

O Cristianismo proclama a surpreendente notícia de que somos corpos, e que nosso corpo é bom. Seja qual for sua forma, cor ou tamanho, ele é uma dádiva que devemos acarinhar e amar. Santo Tomás de Aquino fez a afirmação impressionante de que "devemos amar nosso corpo com a mesma caridade com que amamos a Deus".[465] Em termos famosos, proclamou: "Não sou a minha alma". Escandalizou os seus contemporâneos pela sua vigorosa rejeição de todo o dualismo. A santidade do corpo escora a maior parte das doutrinas da nossa fé. Deus abraçou a nossa existência física em Jesus; oferece-nos o seu corpo como o pão da vida; nossa esperança é a ressurreição do corpo.

Escreveu Dorothy Day no seu diário: "Mas esta carne envelhecida, eu a amo, trato-a com ternura, mas também me alegro que tenha sido bem usada. Foi essa a minha vocação – esposa e mãe, entreguei-me ao marido e aos filhos, a minha carne bem utilizada encurva-se, os meus seios descaem, a minha face murcha, mas os meus olhos e os lábios alegram-se, amam e riem-se de felicidade".[466]

Nosso corpo deve ser amado, em primeiro lugar, porque é uma dádiva de Deus ofertada através dos nossos pais. Uma das maneiras de observarmos o mandamento de honrar os nossos pais é amando o corpo que eles nos deram, e que nós somos.[467] Somos santificados em todas as dimensões da nossa vida corpórea. Na sua autobiografia, escreveu Caryll Houselander: "Cristo, para a sua vida na terra, serviu-se da carne e do sangue de Maria, nas suas pulsações cardíacas foi expressa a Palavra de amor. Cristo utilizou o seu próprio corpo para expressar o seu amor na terra; o seu corpo perfeitamente real, com ossos e tendões, sangue e lágrimas; Cristo serve-se do nosso corpo para exprimir o seu amor na terra, a nossa humanidade. Uma vida cristã é uma vida sacramental, não é uma vida vivida apenas na mente, tão só pela alma... A nossa humanidade é a substância da vida sacramental de Cristo em nós, como o trigo para a hóstia, como as uvas para o cálice".[468]

Tertuliano, no século II, escreveu: *caro cardo salutis* (a carne é o eixo da salvação), o fulcro do nosso encontro com Deus.

Quando visitei o noviciado dos dominicanos ingleses, em 1965, perguntando-me se aquela poderia ser a minha vida, fiquei encantado quando um dos frades se referiu ao modo como os sacramentos abençoam os dramas da nossa vida física: nascimento e morte, comida e bebida, doença e saúde. Nada há de etéreo na vida sacramental. Ela é uma vida com os pés no chão, como o nosso Deus.

Há outra razão para o nosso amor do corpo que pode soar como bizarro e é difícil de se expressar em poucas palavras. O corpo está configurado para amar. Ao longo de milênios de evolução, tornou-se a consubstanciação de uma abertura para oferecer e receber amor e é, por isso, uma morada adequada para o Amor Absoluto. É como se em todos esses milênios de evolução humana, à medida que passamos a ficar eretos, a ser capazes de olhar uns para os outros, o nosso rosto se tornasse suscetível de expressar alegria e tristeza, sorrir e rir, e as nossas mãos, capazes de se tocar com sensibilidade – tudo isso conduz não só a nós, *homo sapiens*, mas também a uma morada apropriada para o Deus que é amor estar conosco. Somos feitos à imagem e semelhança de Deus, não porque Deus tem olhos, uma boca e ouvidos, mas porque ele é amor, e o nosso corpo, na sua própria estrutura, é uma abertura para o amor. Deus não poderia ter-se feito um cão pequinês, embora não caiba a mim negar que o cão pequinês possa revelar algum aspecto do ser divino. Os cães vivem num mundo de odores, para nós inimaginável.

O poeta do século XVII, Thomas Traherne, afirma que o corpo humano foi delineado para ser uma morada da divindade:

> *Tu deste-me um corpo,*
> *Onde brilha a glória do teu poder...*
> *Membros aprumados de forma rara,*
> *E feitos para o Céu...*
> *Pois Deus esculpe o teu corpo, por amor de si,*
> *Para fazer um templo da Deidade.*[469]

William Blake, mais de cem anos depois, faz uma afirmação semelhante:

> *Pois a Misericórdia tem um coração humano,*
> *A Piedade uma face humana,*
> *E o Amor a humana forma divina,*
> *E a Paz a veste humana.*[470]

Blake conclui, portanto, que "todos devem amar a forma humana", independentemente de a pessoa em questão ser judia, cristã ou muçulmana. O estrangeiro temido traz consigo a "humana forma divina", imagem de Deus, seja qual for a sua fé ou a ausência dela. Cada corpo humano é configurado por e para o mistério do amor e, por isso, é digno de reverência.

A missão da Igreja começa com o santo sopro de Deus, o sopro do amor; em seguida, é lançada com a cura do coxo. Não se trata apenas da solução rápida de uma invalidez. A interação dos discípulos e do enfermo está repleta da promessa de uma cura mais profunda. Todos os sentidos e capacidades do corpo humano incorporam algo do que, para nós, significa amar. O significado humano é encarnado. A nossa fé faz-nos sempre baixar à terra e à carne, para longe das abstrações em que a plenitude de estar vivo é tragada. Escreveu Dylan Thomas: "Toda ideia, intuitiva ou intelectual, pode ser imaginada e traduzida em termos do corpo, sua carne, pele e sangue, tendões, veias, órgãos, células e sentidos. Por intermédio da minha pequena enostose, aprendi tudo o que sei, experimentei tudo e tudo senti".[471] Tomás de Aquino afirmou que "nada existe no intelecto que, primeiro, não tenha estado nos sentidos".[472] Olhemos agora para o encontro dos discípulos e do coxo e vejamos o que ele sugere acerca da nossa participação corporal, mesmo agora, na vida ressurgida de Cristo:

> Pedro e João subiam ao Templo para a oração da hora nona. Havia um homem, coxo desde o ventre de sua mãe, que era carregado e colocado

diariamente à porta do Templo chamada "Formosa", para pedir esmola aos que entravam no Templo. Este, tendo visto que Pedro e João estavam para entrar no Templo, implorou que lhe dessem uma esmola. Pedro, com João, fixou a vista nele e disse: "Olha para nós". Ele os olhava atentamente, esperando receber algo deles. Pedro, porém, disse: "Não possuo prata nem ouro, mas o que tenho te dou. Em nome de Jesus Cristo, o Nazoreu, anda!". E, tomando-o pela mão direita, o ergueu. No mesmo instante, seus pés e tornozelos se fortaleceram; de um salto ficou de pé e andava. Entrou com eles no Templo, andando, saltando e louvando a Deus. Todo o povo o viu andar e louvar a Deus. Eles reconheciam-no como aquele que pedia esmola sentado junto à Porta Formosa do Templo, e ficaram completamente assombrados e desconcertados pelo que lhe havia acontecido (At 3,1-10).

Tendo visto que Pedro e João estavam para entrar no Templo, implorou que lhe dessem uma esmola.

Ele fala; eles escutam. Ouvem o seu apelo e olham para ele. Muitas vezes, não quero ouvir os gritos dos necessitados que pedem ajuda. Não quero ser desviado dos meus planos prementes e encontrar uma resposta. Há um sem-teto que vive na calçada, no exterior de Blackfriars, de nome Carl. Sempre que saio do priorado, ele chama pelo meu nome: "Padre Tim". Às vezes, só não quero ouvir o desespero na sua voz, sobretudo porque raramente tenho comigo prata e ouro. A tentação é de fechar os ouvidos e fazer de conta que não o ouvi, quando ele necessita, acima de tudo, de alguém que o reconheça e saiba o seu nome. Por vezes, ele quer apenas um toque físico. Ao caminhar pelas ruas de Oxford, na noite passada, fiquei impressionado pelo tom forte com que muitos sem-teto falam. Gritam e trocam obscenidades. Talvez queiram que nos lembremos de que eles existem. Recusam a invisibilidade com que encobrimos os pobres.

De férias, na Itália, o crítico literário James Wood vê jovens imigrantes que provavelmente chegaram da África: "Olho para esses homens com compaixão, vergonha, indignação, curiosidade, profunda ignorância, tudo junto na convicção convenientemente vaga de que, como Eduardo VIII, em termos famosos, se referiu ao desemprego maciço nos anos 1930: 'Há que se fazer alguma coisa'. Mas não de maneira que isso venha a perturbar a minha semana de férias... Não somos apenas moralmente impotentes; a continuação da nossa confortável vida assenta na continuação – no êxito – dessa impotência".[473]

A impotência escusa-nos de fazermos alguma coisa. Não temos prata e ouro suficiente, dizemos a nós mesmos, e passamos adiante.

Deus escuta sempre. O regresso de Israel a casa começa quando a voz na sarça ardente diz a Moisés: "Eu bem vi a opressão do meu povo que está no Egito, e ouvi o seu clamor contra os seus opressores; conheço, na verdade, os seus sofrimentos" (Ex 3,7). O ouvido de Deus fez-se carne em Jesus. Os discípulos estavam sempre afastando os necessitados e dizendo-lhes para não incomodar o Mestre, com toda a autoimportância dos que acompanham os grandes. Mas ele chama para junto de si o cego Bartimeu e pergunta-lhe o que deseja; junto do poço, escuta a dúbia mulher samaritana. Ouve o apelo da mulher siro-fenícia com um filho doente. Somos, agora, chamados a ser os ouvidos do Senhor ressuscitado.

Escutar é a arte mais difícil. Alguns anos atrás, havia um anúncio na televisão em que um jovem olhava na direção de uma bela mulher. Dizia ela: "O que aprecio em você é o fato de ser um ouvinte tão bom". Nenhuma reação. A imagem deslocava-se levemente e, por detrás dos ombros dele, via-se uma televisão transmitindo um jogo de futebol.

Amos Oz disse acerca do seu avô: "Ele tinha uma qualidade que quase não é encontrada nos homens, um atributo fantástico e talvez o mais sexy de todos para as mulheres: ele ouvia. Não fingia que estava ouvindo, interessado, mas que no fundo esperava impaciente que ela terminasse logo, se calasse e desse a vez para ele. Não cortava no meio a frase da interlocutora para terminá-la por ela, apressado. Não a interrompia e não se apoderava do assunto para finalizar do seu jeito e seguir adiante com a conversa. Não deixava a sua interlocutora falando para as paredes, enquanto imaginava sua resposta quando ela finalmente terminasse de falar. Não fingia que estava interessado e se divertindo, estava interessado e se divertindo de verdade".[474]

O bom ouvinte está atento não só ao que o outro diz, mas também ao modo como ele se expressa. Talvez utilize as palavras de um modo levemente diverso do nosso, com diferentes conotações. Os nossos ouvidos estão abertos ao que ele tenta dizer, mas não de forma inteiramente bem-sucedida. A filósofa inglesa Iris Murdoch afirmou que, para compreendermos os outros, temos de saber aquilo que eles receiam.[475] E do que tenho medo, fazendo-me relutante em ouvi-los? Para ouvir, temos de adentrar-nos em outros modos de ser e estar no mundo. Para estar atento a outro eu, devo ser altruísta.

Habitualmente, as opiniões dos outros são rejeitadas como absurdas, ridículas, contraditórias. Eis um fracasso da imaginação e da inteligência. Se não consigo imaginar por que alguém poderia dizer algo que eu jamais diria, permaneço fechado no meu pequeno mundo, incapaz ou indisposto a aventurar-me para lá do meu pequeno território. Trata-se aqui ou de preguiça moral – e, consequentemente, de falta de caridade – ou então de estupidez. Todo aquele que rejeita outros pontos de vista como "absurdos" é indigno de desempenhar um cargo público.

É improvável que escutemos a Deus, se não nos ouvirmos uns aos outros. Ambos requerem silêncio e tranquilidade. Disse São João da Cruz: "O Pai proferiu uma só Palavra, que foi o seu Filho, e essa Palavra profere-a sempre no silêncio eterno, e no silêncio ela deve ser escutada pela alma".[476] Se não estivermos serenos, nunca escutaremos o que os outros dizem. Diz Santo Agostinho que precisamos santificar o dia de sábado, "preceito [que] se impõe como o tributo de um repouso que consiste na paz do coração e do espírito e que produz a boa consciência". Caso contrário, seremos como os egípcios atormentados pelos mosquitos nascidos do pó da terra: "ou seja, moscas bem pequenas, sempre em movimento. Seu voo é irregular, elas entram nos olhos e não deixam repousar. Elas são afastadas, mas retornam.

Afastadas novamente e retornam sem cessar. Assim são as vãs imaginações dos corações contenciosos".[477]

Pedro, com João, fixou a vista nele e disse: "Olha para nós".

Note-se a intensidade desse olhar recíproco. Pedro olha para o coxo e convida-o a olhar para eles. Esse olhar mútuo encarna o profundíssimo anelo de Israel de que Deus possa olhá-la de modo gracioso e ela possa olhar para Deus. "Mostra-nos o teu rosto e seremos salvos!" (Sl 80[79],4). Na Oração Eucarística I pedimos, numa tradução levemente estranha, que Deus olhe para nós "com benevolência e agrado". Queremos que sorria para nós. A cantora americana Madonna suplica: "Jesus Cristo, você vai olhar para mim? Não sei quem eu deveria ser".[478] A paz consiste em descansar no olhar de Deus.

Mas Israel desejava igualmente ver a face de Deus. "A minha alma tem sede de Deus, do Deus vivo! Quando poderei contemplar a face de Deus?" (Sl 42,2). Foi o que Moisés também pediu a Deus: "Mostra-me a tua glória" (Ex 33,18). Mick Jagger, dos Rolling Stones, canta: "Você não quer caminhar e falar acerca de Jesus / Você só quer ver a sua face".[479]

Em Jesus, a face de Deus fixa-se em nós. Como fixaremos nele o nosso olhar? Nem sequer sabemos qual a aparência de Jesus e, por isso, temos de ser a sua face para os outros e ver nos outros a sua face. "Vossos são os olhos com que ele olha com compaixão para o mundo."[480] Descansamos no olhar das pessoas que amamos. É uma minúscula antecipação da visão beatífica. A face dos que amamos alimenta-nos.

Os meus confrades da Jamaica levaram-me a um aterro sanitário situado fora da capital, Kingston. Era um dos lugares mais malcheirosos que já visitei, e também a casa dos mais pobres. No cimo do aterro, havia um abrigo de papelão. Ao caminhar para lá por entre o lixo, apareceu uma jovem mãe com o seu filho. Ofereceu-me um refrigerante, provavelmente encontrado no lixo, e o seu filho perguntou-me se podíamos trocar nossas camisetas. Guardei a dele, durante muitos anos. O que persiste comigo, até hoje, é a reciprocidade do nosso olhar, dois seres humanos num depósito de lixo, olhando-se reciprocamente, olhos nos olhos. Senti-me como Moisés ao subir ao Monte Sinai e encontrar a Deus.

Numa sociedade verdadeiramente humana, as pessoas encontram-se nos olhares umas das outras. Nos aglomerados urbanos anônimos, em que vivem cada vez mais pessoas, o contato visual é evitado. Olhamos para os estranhos sub-repticiamente, de lado, receosos das consequências de um olhar direto. Isso poderia ser interpretado como uma ameaça ou um convite intrusivo. Francis Spufford capta perfeitamente essa evasão, no seu romance *Golden Hill*, que se passa na Nova Iorque do século XVIII. Uma mulher "voltou-se para encará-lo, olhando para a sua testa enquanto ele falava, para os seus ombros, para o seu peito – para tudo à volta dele, mas não para ele... Os olhos dela persistiam numa dança vacilante de evitação, à volta e em torno do seu rosto. Ele quase conseguia sentir: uma atenção titilante, desconfiada, seca, fracamente aveludada, como se ele estivesse sendo visitado por um enxame de abelhas".[481]

Para Wittgenstein, "o rosto é a alma do corpo".[482] Mas, amiúde, nossa face não revela o que estamos pensando e sentindo. Eleanor Rigby, numa letra dos The Beatles, abandona a casa, "usando o rosto que guarda num jarro, junto à porta". Os rostos podem ser máscaras atrás das quais nos ocultamos, com falsos sorrisos ou com rígida distância. Nossa face pode aplacar ou rejeitar a intimidade. Escreveu Roger Scruton: "Estou por detrás da minha face e, no entanto, estou presente nela, falando e olhando através dela para um mundo de outros que, por seu turno, se revelam e escondem como eu".[483] É inerente à nossa participação na vida de Cristo que habitemos nossa face, oferecendo-nos uns aos outros na mútua vulnerabilidade. Claro que, por vezes, é melhor ocultar o que estamos pensando!

A bondade de uma pessoa irradia no seu rosto. Disse Auden: "Os bem-aventurados não se preocuparão com o ângulo sob o qual são olhados / Porque nada têm a esconder".[484] Romano Guardini afirmou, de uma forma maravilhosa, que, quanto mais santos nos tornamos, mais as nossas faces são reveladoras: "A face de um homem que busca apaixonadamente a verdade é não apenas mais 'espiritual' do que a do homem com uma mente entorpecida; é também mais face, ou seja, é mais genuína e intensamente 'corpo'... O corpo, como tal, torna-se mais animado... à medida que é mais fortemente informado pela vida do coração, da mente e do espírito".[485]

Os santos não têm rostos impassíveis. A intensidade da vida deles revela-se na superfície de seus rostos, tal como a face de Moisés, radiante após o encontro com Deus.

As faces dos bons são transformadoras. Estão cheias de graça e são graciosas, como bem sabiam os padres do deserto: "Três padres costumavam ir, todos os anos, visitar Antão, e dois deles costumavam debater com ele os seus pensamentos e a salvação das suas almas, mas o terceiro permanecia sempre silencioso e nada lhe perguntava. Passado algum tempo, o abade Antão disse-lhe: 'Vens aqui, frequentemente, para me ver, mas nunca me perguntaste nada'; e o outro replicou: 'Basta-me olhar para ti, Pai'".[486]

Nelson Mandela tornou-se o rosto da campanha contra o *apartheid* apenas porque o governo proibiu a publicação de qualquer fotografia sua e, como há anos estava na prisão, já ninguém sabia qual era a sua aparência. Nos anos 1980, após ter passado décadas na prisão, foi levado ao hospital para um exame. Em seguida, foi-lhe permitido caminhar pela praia, durante algum tempo, antes de regressar ao presídio. Ninguém o reconheceu, porque a imagem na memória do público era a de alguém vinte anos mais novo. O governo tentou anular o poder da sua face.

É inerente também ao nosso crescimento na santidade que aprendamos o modo de ler o rosto dos outros e de contemplar a sua beleza oculta. Se alguém tiver olhos para ver, pode vislumbrar as feridas de outrem e a sua coragem. Brian Pierce, op, um dominicano americano, visitou o Peru como jovem estudante universitário enquanto aprendia espanhol. Um dia, estava sendo conduzido através de uma pobre aldeia nos Andes, quando uma mulher indígena olhou para dentro do carro e pediu-lhe uma moeda. Ele foi surpreendido pela face dela. Antes que pudesse fazer qualquer coisa, o carro seguiu e ele lamentou para sempre não ter nem sequer tocado na mão da mulher. O semblante dela, com a sua dignidade e o seu sofrimento, imprimiu-se para sempre na sua memória. Foi o início da sua vocação como dominicano. Escreveu ele: "Superficialmente fiquei impressionado, enjoado, mas, no fundo do meu ser, Deus preparava o terreno. Graças a Deus, vi aquela face e tentei tocar aquela mão, muitas, muitas vezes. Hoje, a face dela é para mim uma face de coragem e de dignidade. Hoje, vejo o rosto dela como a face de Deus".[487]

No Capítulo 11, descrevi o fim de um longo dia na Argélia, viajando com o Bispo Vesco, quando fomos bem acolhidos por estranhos no deserto. Na manhã desse dia, tínhamos sido bloqueados por confrontos violentos entre o povo e o exército. Tentamos seguir outros carros por uma trilha numa colina, mas era demasiado arenoso e derrapamos ladeira abaixo. As pessoas rodearam o carro que seguia à nossa frente, puxaram para fora o condutor e os passageiros para, provavelmente, fazê-los reféns. Diante do nosso carro, postou-se um jovem com uma grande pedra, do tamanho de uma bola de futebol, chamando a multidão para nos rodear. À medida que se juntavam, pensei que também nós seríamos capturados, mas o bispo descobriu uma saída, acelerou e escapamos.

Nunca esquecerei a cara do jovem. Inicialmente, distinguia-se apenas pelo ódio, mas, por detrás do ódio, consegui perceber o medo. Talvez ele ainda se interrogue como é que se viu enredado na violência da multidão e o que quase esteve prestes a fazer. Debaixo do medo, tive um vislumbre minúsculo de um jovem que foi amado e amável. Ali estava alguém de quem, em outras circunstâncias, eu poderia ter sido amigo. Mais tarde, ao pensar nesse encontro, impressionou-me a complexidade do seu rosto, o palimpsesto das emoções. Para vislumbrar alguém que é também um filho de Deus, há que se ver com clareza a particularidade do seu rosto, transcendendo as impressões gerais que mascaram a sua humanidade única. Quanto mais se vir a sua individualidade, como eles são diferentes de todos os demais, tanto mais se entreverá, porventura, o seu criador que os sustém no ser a cada momento. Cada face é uma palavra particular de Deus.

E, tomando-o pela mão direita, o ergueu.

Pedro cruza o espaço que o separa do coxo e toma-o pela mão. Toca nele. Jesus tocou nos intocáveis: os leprosos, os doentes e até os mortos – gesto que o tornava ritualmente impuro aos olhos dos fariseus. Não receava ser tocado.[488] Na Capela Sistina, Michelangelo pinta Deus estendendo a mão para tocar e chamar à vida o Adão adormecido. O toque divino torna-se carne e sangue em Jesus, e agora em nós. Somos agora chamados a ser o toque curativo de Deus. A Primeira Carta de João inicia-se com a mais extraordinária afirmação: "O que era desde o princípio, o que ouvimos, o que vimos com nossos olhos, o que contemplamos e nossas mãos tocaram da Palavra da Vida – porque a Vida manifestou-se e vimos e damos testemunho, e vos anunciamos a Vida eterna, que estava voltada para o Pai e manifestou-se a nós o que vimos e ouvimos anunciamos também a vós" (1Jo 1,1-3a). Quantas vezes nos falam os pregadores daquilo que tocaram com as suas mãos? Com que frequência a boa-nova surge abstraída e separada das nossas vidas corpóreas, desencarnadas?

Tomás de Aquino afirmou que o tato é o mais humano dos sentidos. É recíproco. Não é possível tocar de uma forma benévola sem ser tocado. É a encarnação da mutualidade. A pele é o maior órgão do corpo. Separa-nos uns dos outros, encerrando cada um na sua membrana, mas a pele é também o que estabelece contato e nos aproxima uns dos outros. O toque curativo e santo reconhece que estamos, simultaneamente, separados e unidos. Não estamos separados, ao rejeitar todo contato, mas também não mergulhamos no outro. Lembremos as palavras de Santo Tomás de Aquino: "No amor, os dois tornam-se um só, mas permanecem distintos".[489]

No romance de Jonathan Safran Foer, *Extremamente alto & incrivelmente perto*, uma das personagens escreve: "Tocá-lo sempre foi muito importante para mim. Era algo para o que eu vivia. Nunca pude explicar por quê. Pequenos toques, toques de nada. Os meus dedos no seu ombro. As partes externas das nossas coxas tocando-se quando nos apertávamos no ônibus. Nunca consegui explicar, mas precisava disso. Às vezes, eu me imagino costurando juntos todos os nossos pequenos toques. Quantas centenas de milhares de dedos, roçando uns contra os outros, são necessários para fazer amor?".[490]

Tocando, exploramos o mundo. A filosofia de Aristóteles radicava no seu deleite de tocar as coisas. Ele era um biólogo marinho, com a filosofia na ponta dos dedos.[491] No romance de Anthony Doerr, *Toda luz que não podemos ver*, a heroína é uma jovem cega que cresce num museu e sente o seu caminho para entender o mundo: "As mãos de Marie se movem incessantemente, juntando, investigando, testando. As penas do peito de um chapim empalhado e montado são extraordinariamente macias, o bico tão afiado quanto uma agulha. O pólen nas pontas das anteras das tulipas não é exatamente um pó, mas pequeninas bolas de óleo. Tocar alguma coisa de verdade, ela está aprendendo – seja a casca do tronco de um plátano nos jardins; ou um besouro preso em um alfinete no Departamento de Entomologia; ou o interior primorosamente lustroso de uma concha de vieira no laboratório do dr. Geffard –, significa amá-la".[492]

No Capítulo 11, referi-me ao modo como as pessoas, nos primeiros séculos, se escandalizavam com o toque íntimo do beijo da paz. Na igreja, os estranhos beijavam-se uns aos outros nos lábios! Mas, inclusive na nossa liturgia mais formal, o beijo da paz evoca uma memória distante do toque santo da encarnação. Dorothy Day comovia-se com o abraço ritual dos monges: "Nesta manhã, no momento do beijo da paz, ele foi dado de forma deliberada, não foi um abraço casual, negligente. O monge pôs as suas mãos sobre os ombros do monge à sua direita e inclinando-se, primeiro, levemente, dobrou a sua face até o rosto do seu irmão monge, de modo a tocarem-se, para que aquele amor humano e a ternura fossem expressos, sublimados pelo amor de Cristo. Mente, corpo e alma estão todos integrados em semelhante culto".[493]

"Um homem que sabe dar um abraço só pode ser bom."[494] O toque santo é intrínseco à encarnação, e deveria ser uma dimensão inerente à vida da Igreja. Mas a Igreja foi esmagada pela crise dos abusos sexuais. Milhares de jovens inocentes foram expostos ao toque abusivo, com dano impensável para a sua confiança e alegria. O abuso sexual subverte o mais humano dos sentidos. Transforma o toque de amor e de comunhão numa garra dominadora e exploradora. O abuso sexual dos jovens tem-se manifestado em todas as áreas da vida. Nenhuma instituição é inocente. Professores receiam tocar ou abraçar seus alunos. Para protegermos os nossos jovens como devemos, privamo-los da sua necessidade humana de um toque gentil e não possessivo.

A tragédia consiste, pois, em que hoje necessitamos urgentemente da boa-nova de Jesus, daquele cujo toque curava e nunca magoou. Mas a Igreja não pode disso dar testemunho por causa da sua cumplicidade no abuso de milhares de jovens inocentes. A Igreja não pode recuperar o toque santo enquanto não averbar a ferida virulenta do seu abuso. Escreveu Enda McDonagh, um sacerdote irlandês: "Estaremos destinados ao desespero, ao desespero que tem perseguido essas vítimas [de abuso sexual] durante décadas, enquanto elas buscavam uma mão amorosa, pastoral, para acompanhá-las no meio da sua escuridão? Eis onde todos precisamos estar agora, como irmãos e irmãs em Cristo, tentando partilhar a dor, a escuridão e o desespero".[495]

Se nos atrevermos a partilhar a profunda ferida dos que foram abusados, então talvez, com eles lado a lado, recuperemos um toque curativo, para que a compaixão encarnada de Deus possa, de novo, tornar-se carne na nossa vida.

No romance *The Final Retreat* [O retiro final], Stephen Hough retrata um sacerdote que se viciou no sexo, sobretudo com garotos de programa. Durante um retiro, ele reza pedindo a cura de seu toque:

"'Estende a tua mão', disse uma vez Cristo a um homem paralítico. Estou ouvindo ele dizer isso a mim, agora. Poderei eu esperar que, um dia, vontade e músculos estejam unidos, e que o meu membro seco possa, de novo, ser restaurado? Pelo menos, esse pensamento mantém o curativo no lugar; permite que um raio de luz entre no sepulcro".[496]

No mesmo instante, seus pés e tornozelos se fortaleceram.

Não foi por acaso que o primeiro milagre da Igreja, após Pentecostes, permitiu a alguém caminhar. O nome mais antigo da Igreja era "O caminho". O discípulo caminha na senda de Cristo. Quando o cego Bartimeu recupera a vista, logo "o seguia [a Jesus] no caminho" (Mc 10,52).

O pé tem uma nobre história. Há quatrocentos milhões de anos, peixes de barbatanas em forma de lóbulo saíram da água e começaram a cambalear na suas barbatanas, os antepassados dos nossos pés.[497] Vinte e seis ossos fecharam-se numa estrutura rígida a fim de que o mais antigo ser humano pudesse erguer-se, estender o olhar pela savana africana e, por fim, iniciar as grandes migrações do nosso primeiro lar rumo à Europa, à Ásia e às Américas.

O instinto migratório está literalmente incorporado nos nossos pés. Um número enorme de irmãs e irmãos nossos estão hoje em movimento, fugindo da guerra e da pobreza. Quando Shannon Jensen visitou o Sudão do Sul, em julho de 2012, ficou assombrada ao ver centenas de milhares de refugiados fugindo do Norte. Como ela poderia comunicar esse drama humano? Ninguém estava interessado, até que ela começou a fotografar o calçado roto, as últimas posses deles: "O incrível variedade de sapatos desgastados, apertados e improvisados, constitui um testemunho silencioso da difícil natureza dessa jornada, bem como da persistência e ingenuidade dos indivíduos que a ela sobreviveram".[498] Cada par de sapatos esfarrapados era um testemunho da extenuante aventura do seu dono. As fotos tocaram a nossa imaginação de um modo que simples estatísticas não conseguiam.

No romance *Tightrope* [Corda bamba], de Simon Mawer, a heroína, depois de ter sobrevivido a um campo de concentração, volta para a casa de seus pais. "'Você encontrará seus pés em breve.' Encontrar seus pés. Os pés eram a parte mais importante do corpo, muito mais importante do que seu cérebro. As mulheres arranhavam os olhos umas das outras por causa de um par de botas. À noite, desembrulhavam os seus pés e lavavam-nos com a pouca água que havia. Lavavam os pés umas das outras, muitas vezes. Com ternura. Com amor. Como Cristo. Seus pés eram a sua vida. Com o seu cérebro você só consegue pensar, mas, se tiver os seus pés, pode trabalhar e, se conseguisse trabalhar, poderia sobreviver."[499]

A narrativa da nossa salvação abarca e inclui o caminhar lento de muitos pés: Abraão chamado a partir de Ur dos Caldeus para a Terra Prometida; Moisés conduzindo o seu povo rabugento através do deserto, durante quarenta anos; um povo enviado para o exílio e caminhando para casa, novamente. Por fim, Deus fez-se um de nós, um ser humano que caminhou pela Galileia, pregando e ensinando, antes de se dirigir a Jerusalém, para enfrentar o sofrimento e a morte.

Na noite antes de morrer, ele lavou os pés cansados e sujos dos seus discípulos, e ordenou-lhes que assim fizessem uns aos outros. Num poema admirável, Chet Corey apresenta-nos os pés de cada um dos discípulos de Jesus, à medida que eles os apresentam para serem lavados e enxugados:

> *O pé de dedos de pomba de Mateus, o joanete*
> *no polegar de João – e os de Tomé,*
> *grandes como batatas.*[500]

Na primeira Quinta-feira Santa do pontificado do Papa Francisco, ele lavou os pés de doze jovens num centro de detenção juvenil perto de Roma, e um deles era uma jovem muçulmana sérvia. Esse ritual repete-se nas igrejas cristãs, em todo o mundo, como sinal de que todos nós somos peregrinos exaustos, socorrendo-nos uns aos outros ao longo do caminho.

Após a parada ao pé da cruz, na Sexta-feira Santa, o caminhar recomeça no dia de Páscoa. Às mulheres que se dirigiram ao túmulo para ungir o corpo de Jesus foi dito que ele não estava lá, "mas ide dizer a seus discípulos e a Pedro que ele vos precede na Galileia" (Mc 16,7). Continuem a andar! Os cristãos, desde sempre, assim o fizeram. Vamos em peregrinação a Jerusalém, Roma, Santiago de Compostela, Lourdes, Walsingham, Cantuária, Częstochowa, Vézelay, Guadalupe e a mil outros lugares. Todo fiel muçulmano espera fazer a *haje* [peregrinação] a Meca; os judeus, ao Muro das Lamentações, em Jerusalém; e os hindus vão a Varanasi, para se banharem no Ganges.

Caminhamos em manifestações. Pensemos nas longas caminhadas organizadas por Martin Luther King, a fim de conseguir o respeito pela igual dignidade de todos os seres humanos. Na sua *Carta da Cadeia de Birmingham*, King evoca a memória de uma mulher de 72 anos que se recusou a entrar em ônibus com lugares segregados, mas caminhou: "Meus pés estão cansados, mas minha alma está em paz".[501] Caminhamos em procissão nas liturgias solenes.

Todos esses gestos são simbólicos da nossa busca humana, da demanda infinda para compreender quem somos e para onde vamos. Caminhamos na luz e nas trevas. O Papa Bento XVI expôs uma instrução maravilhosa e lúcida sobre a fé cristã, tão clara como a luz do dia. Mas não podemos deter-nos aqui. O Papa Francisco induz-nos à exploração de tópicos difíceis, onde, por vezes, a claridade se encontra mais à frente. Se exigirmos, a todo momento, uma claridade plena, nunca nos moveremos. O nome da primeira santa indígena americana, Tekakwitha, significa, mais ou menos, "aquela que caminha tateando o seu caminho", uma boa padroeira para a Igreja de hoje, nesta época de transição que, para alguns, é jubilosa, mas, para outros, difícil.

De um salto ficou de pé e andava. Entrou com eles no Templo, andando, saltando e louvando a Deus.

O coxo não se limita a caminhar; ele pula! Se somos almas encarnadas ou corpos animados, a nossa alegria tem de explodir em expressão física. Os Salmos estão cheios de convites à dança, mas hoje permanecemos firmemente sentados. O rei Davi dançou e saltou diante da arca, para desgosto da sua mulher (2Sm 6,16). Com encanto e graça, Malaquias 3,20 diz que "o sol da justiça há de nascer, trazendo o alívio em suas asas. Saireis saltando livres como bezerros do curral". São João Batista estremeceu no ventre, quando Maria visitou Isabel, e Jesus disse-nos que, quando formos perseguidos, devemos "exultar" e pular de alegria (Lc 6,23), porque é grande no céu a nossa recompensa. Quando Deus se fez carne, ele saltou e dançou, embora nós permaneçamos sentados. É de se admirar que as pessoas achem aborrecido o nosso culto?

A oração na Idade Média era mais física do que hoje. São Domingos recorria a nove modos de oração, e cada um com uma diferente atitude corporal. A sua oração era atlética. Tomás de Celano diz-nos que, quando São Francisco de Assis pregou diante do Papa Honório III e dos cardeais, deixou de lado as palavras e foi impelido a dançar, "não brincando, mas ardendo no fogo do amor divino".[502] Com a Reforma e a Contrarreforma, porém, a oração tornou-se menos corporal. Como Descartes, pensamos que éramos mente e que a nossa oração era mental.

Bruno Hussar, op, ficou espantado ao ver judeus hassídicos celebrarem a festa de *Simchat Torá* ("Alegra-te na Torá"): "Toda a comunidade começou a cantar e a dançar em um círculo, e cada um punha as suas mãos nos ombros de quem estava à sua frente. No meio do círculo, quatro ou cinco 'piedosos' fechavam os rolos da Torá, encimados por coroas e sinetas, enquanto dançavam seguindo o ritmo. De tempos a tempos, alguém saía do círculo para substituir um dos que seguravam o rolo. Olhei para os olhos desses homens, muitos deles já anciãos, e eles brilhavam com alegria infantil. Por vezes, aquele que segurava o rolo parecia estar em êxtase".[503]

Como poderemos recuperar a expressão física da nossa alegria no Senhor? Acho constrangedor o bater palmas dos carismáticos e a maior parte da dança litúrgica. Encarreguei um dominicano mexicano, Angel Méndez Montoya, de coreografar uma dança em honra de São Domingos, que ele efetuou no Capítulo Geral da Ordem, em 2001. A maioria dos confrades, aparentemente, ficou encantada, mas alguns deram a impressão de querer desaparecer por debaixo dos bancos, constrangidos.

Precisamos dos nossos irmãos e irmãs africanos para nos ensinarem a dançar em louvor a Deus. Quanto visitei a casa de estudantes da província nigeriana em Ibadã, fui saudado com centenas de irmãos dançando e batucando. Não sabia o que fazer, até que um bispo dominicano, que estava de visita, me deu um empurrão: "Dance, pelo amor de Deus, Timothy". Quando a cidade de Kinshasa foi cercada por rebeldes e se podia ouvir a troca de tiros, dançamos na missa com uma alegria que desafiava os ecos da violência ali perto, os acólitos faziam rodopiar as velas e o turíbulo traçava anéis e volutas de incenso. Eu me misturei aos outros.

A dança torna-nos graciosos com a graça de Deus. "Se dançais, acaso, desejara que fosseis uma vaga, para que não fizésseis senão isso."[504]

> *Graça é o nome de uma menina*
> *É também um pensamento que mudou o mundo...*
> *Graça leva um mundo nas suas ancas...*
> *Não há giros ou pulos entre os seus dedos...*
> *Graça cria e extrai beleza de coisas feias.*[505]

Seria agradável e gratificante explorar outros sentidos que aqui não são mencionados, como o olfato. No Antigo Testamento, Deus gosta do odor aprazível dos sacrifícios. No Domingo do Rosário, abençoamos as rosas, dizendo: "Criastes estas rosas como fonte de aprazível fragrância e a nós as destes para elevarmos os nossos espíritos". Dorothy Day pensava que os versos do Cântico dos Cânticos – "Irei atrás do aroma das tuas vestes" e "O perfume dos teus vestidos é como o odor do Líbano" – expressavam a atração de Cristo. Nas ocasiões solenes, desfrutamos do cheiro do incenso. Diz-se que os santos morrem em "odor de santidade". Mas este capítulo já está longo demais.

Existe um último pormenor dessa narrativa da cura que precisa ser mencionado. O coxo nunca está sozinho. Todos os dias alguém o carrega até o seu lugar, para que possa pedir esmola, e quando é curado, entra no templo com Pedro e João. Passa a pertencer a uma nova comunidade. Ser corpóreo é ser dependente. Os doentes e os anciãos ensinam-nos que isso é bom. Constitui um repto à visão ocidental do indivíduo como essencialmente solitário, apoiado apenas nos seus dois pés. A interpretação cristã do eu é essencialmente comunitária e, por isso, contrapõe-se necessariamente ao entendimento que o Iluminismo teve do eu como autônomo e solitário, encontrando a liberdade ao subtrair-se às exigências dos outros. Para a imaginação cristã, a liberdade encontra-se na pertença de uns aos outros numa mútua dependência.

A cura do homem coxo, logo no início da missão da Igreja, sugere que participamos da Ressurreição de Cristo abraçando a nossa existência corpórea. Santo Agostinho escreveu que "através do Cristo humano chegamos ao Cristo divino".[506] Deus fez-se humano e nós também assim devemos proceder para nos tornarmos divinos. Pedro e os discípulos, cheios do Espírito Santo, têm ouvidos abertos à miséria do homem coxo, olhos limpos para ver esse ser humano necessitado e o toque que o cura e o ergue sobre os seus pés. Eles estão vivos no extremo de seus sentidos, encarnando o amor que o Senhor é no seu verdadeiro ser.

16. A IMAGINAÇÃO SACRAMENTAL *VERSUS* A IMAGINAÇÃO TECNOCRÁTICA

O corpo não é um pedaço de carne de que a alma anseia libertar-se. É sagrado. Todos os sentidos do corpo nos abrem para os outros e para Deus. A nossa existência física – ouvir, ver, tocar, caminhar e também cheirar – abre-nos para a transcendência. A nossa participação na vida de Cristo ressuscitado é uma questão bem ao rés do chão. O mistério da vida eterna já impregna as nossas interações quotidianas.

Iremos agora considerar dois momentos da vida da Igreja primitiva, que têm a ver com a partilha ou a retenção de dádivas. Em Atos 4, aprendemos que a comunidade inteira é um só coração e uma só alma, e que ninguém chama a coisa alguma de sua: tudo é partilhado. Em seguida, somos informados acerca de Ananias e sua esposa Safira, bem como da disputa sobre a partilha do pão: há dons retidos. A Ressurreição é a vitória da infinita generosidade daquele que disse: "Este é o meu corpo entregue por vós" sobre as forças que o prenderam e lhe arrebataram a vida. Mas, embora a vitória tenha sido alcançada no dia de Páscoa, cada geração tenta imaginar o que isso significa. O Espírito de Deus e o corpo de Cristo são dados, mas, em Atos, vemos a contenda para compreender o modo como se há de viver com a radical generosidade de Cristo.

Para nós, hoje, isso é particularmente difícil, porque vivemos sob o fascínio daquilo que o Papa Francisco chama de "imaginação tecnocrática", a qual encara tudo como matéria a ser usada para os nossos próprios fins. A criação, em toda a sua gloriosa diversidade, é material a ser manipulado para nossa satisfação. Para semelhante imaginação, a generosidade da vida divina é incompreensível. Como poderemos abrir os nossos olhos para ver um mundo de dádiva? Mas, antes de qualquer coisa, olhemos para a primitiva Igreja em Atos, tentando captar o que pensavam a esse respeito.

Visão bifocal

"A multidão dos que acreditaram era um só coração e uma só alma e ninguém dizia que era seu aquilo que possuía, mas tudo era comum entre eles" (At 4,32). Lucas descreve a comunidade primitiva dos cristãos em Jerusalém vivendo em perfeita unidade e partilhando tudo. Parecia uma forma primitiva de comunismo. Mas, alguns versículos mais adiante, Ananias e sua esposa Safira retêm secretamente parte da sua propriedade para uso privado. Quando São Pedro os confronta com sua fraude, ambos caem mortos – o que é um castigo deveras drástico, por não terem sido generosos na coleta! Em seguida, no Capítulo 6, é-nos dito que há divisões entre os cristãos de língua grega e os de idioma hebraico, disputas a propósito da distribuição do pão. Assim, um quadro de perfeita paz e unidade é imediatamente seguido de relatos de conflitos acerca de posses. Como é que essas narrativas incompatíveis se relacionam entre si? Terá sido a harmonia de coração e alma apenas uma breve lua de mel na vida da comunidade, ou era um sonho daquilo a que os discípulos aspiraram, mas nunca alcançaram?

Os relatos de Lucas são ambos verdadeiros, mas de forma diferente. Os discípulos eram, de fato, profundamente um só, batizados no Corpo de Cristo. As vidas deles estavam intimamente enredadas umas nas outras. Havia entre eles um vínculo recíproco inalienável. Mas também é verdade que eles discutiam, mentiam e brigavam. Isoladamente, a primeira narrativa apresentaria uma utopia que fechava os olhos às tensões e aos fracassos da comunidade. A segunda, também isolada, omitiria o que é mais profundo na comunidade, a sua unidade no Senhor ressuscitado. A verdadeira natureza dessa comunidade primitiva, bem como da nossa, apreende-se na interação dos dois relatos. Requer-se uma visão bifocal para perceber a vitória e o fiasco que caracterizam a vida cristã. Somos o Corpo ferido e vivo de Cristo. Somos abençoados, mas persistimos em espetar a faca uns nos outros. Estamos ligados como um casal irascível, em que os dois são uma só carne e, todavia, arrancam-se os olhos um ao outro.

As verdades expostas por cada narrativa não são da mesma natureza. As descrições de luta e desunião referem o que é fácil de ver e verificar, mesmo hoje. Basta apenas percorrer com os olhos os meios de comunicação para ver que a corrupção e o conflito ainda afetam as comunidades cristãs. O livro de Frédéric Martel, *No armário do Vaticano: poder, hipocrisia e homossexualidade*, é disso uma ilustração clara.[507] Mas a nossa unidade mais profunda em Cristo, a vida comum que nenhuma agressão ou fracasso pode destruir, é uma verdade, amiúde, invisível. O véu só raramente se levanta. Pequenos gestos de amor e atos simbólicos é que descerram essa realidade mais profunda. A presença de Deus no meio de nós é absolutamente discreta. Segundo R. S. Thomas:

> *Nunca o surpreendemos*
> *em ação, mas só podemos dizer,*
> *ao descobrir de súbito uma mudança,*
> *que ele esteve aqui.*[508]

Acreditamos que isso se verifica com toda a humanidade, na verdade com toda a criação. Pois, através de Cristo, aprouve a Deus "reconciliar todas as coisas para ele, fazendo a paz por intermédio do sangue de sua cruz, tanto sobre a terra como nos céus" (Cl 1,20). A humanidade já é uma só, e não podemos florescer separados uns dos outros; mas é também verdade que somos destroçados pelo conflito e pela desigualdade. A justiça busca-se nessa tensão, escutando os gritos dos pobres e dos feridos e lutando por trazer à luz os nossos laços ocultos. A justiça consiste em dar a cada um o que é seu, mas só raramente se consegue vislumbrar o que é isso, quando o nevoeiro se levanta e vemos como somos parte uns dos outros. O monge cisterciense Thomas Merton escreveu no seu *Diário asiático*: "Somos já um só. Mas pensamos que não. E o que temos de recuperar é a nossa unidade original. O que temos de ser é o que somos".[509] A tarefa aqui é, mais uma vez, a da imaginação, da imaginação sacramental que apreende o modo como somos um só e como ainda estamos divididos.

Frank Cottrell Boyce mostrou como dois acontecimentos recentes revelam verdades análogas acerca da comunidade do Reino Unido.[510] O primeiro foi a cerimónia de abertura dos Jogos Olímpicos de Londres, em 2012, a que assistiram milhões de pessoas em todo o mundo. "A cerimónia propunha um retrato de uma nação progressista, inclusiva, inovadora e divertida, metendo uma espantosa herança na sua mochila, a caminho de um futuro brilhante... A cerimónia de abertura colocou a cultura no coração da nossa narrativa nacional. O relato que se iniciou com a Revolução Industrial deslocou-se para a música pop e a literatura infantil, como que para dizer, eis o que então fizemos, eis o que agora fazemos. A cultura é a nossa indústria. A cerimónia de abertura devia, supostamente, ter redefinido a nação e anunciado uma nova era de coesão social e de orgulho nacional."

Cottrell Boyce diz que "a cerimónia não retratou uma nação, revelou-a". Não era um retrato literal do nosso modo de ser. A música, a dança, o humor e até o ritual levantaram o véu. Quase se lhe poderia chamar um momento sacramental. Não é simples coincidência que Cottrell Boyce e Danny Boyle, que criaram e conceberam a cerimónia, sejam católicos alimentados por uma imaginação sacramental. Muitos espectadores choraram, porque reconheceram nela quem eram e quem eram chamados a ser. Eis algo que se assemelha à narrativa, presente em Atos, da comunidade como um só coração e uma só alma.

O segundo acontecimento, equivalente aos relatos do furto de Ananias e Safira e das viúvas brigando por causa do pão, foi o drama da contestada pertença da Grã-Bretanha à União Europeia. Pouco depois do voto, escreveu Cottrell Boyce: "A imprensa, nas últimas semanas, tem estado recheada de artigos sobre o modo como a desagregadora orgia de medo e aversão, que foi a campanha do referendo, constituiu uma espécie de anticerimônia de abertura. Desagregadora onde a cerimônia de abertura fora inclusiva. Destruidora da alma, onde a outra fora inspiradora. Robert Harris caracterizou a campanha como 'o acontecimento político mais depressivo, divisionista e hipócrita de toda a minha vida'".

Foi um grande grito de dor de milhões de pessoas que sentiam já não pertencer à Grã-Bretanha de hoje, como se fossem esquecidas e invisíveis. Ambos os acontecimentos revelaram verdades sobre quem somos. O empenho por uma sociedade justa significa que encaramos a dor da nossa sociedade ferida e polarizada e, por isso, esforçamo-nos por revelar a unidade profunda que, segundo a fé cristã, já nos envolve.

A imaginação tecnocrática

A imaginação sacramental requer, pois, que ao menos o modo de vermos o mundo e o modo de nos vermos uns aos outros interajam entre si – um vislumbre da nossa unidade em Cristo e uma percepção clara da sua possível destruição. Congrega-nos a dádiva e cinde-nos a rapacidade. O que o Papa Francisco rotula de "imaginação tecnocrática", paradigma cultural prevalecente da nossa época, cega-nos para ambos. O Papa não se refere ao poder que a tecnologia tem de reconfigurar o mundo, mas a todas as formas de encarar a criação como se estivesse simplesmente aí para ser usada e subordinada à nossa vontade. Na Encíclica *Laudato Si'*, escreve a propósito da "globalização do paradigma tecnocrático".[511] A nossa relação com a criação tornou-se destrutiva e agressiva.[512]

A imaginação tecnocrática cega-nos para a presença do transcendente na criação. O poema "God's Grandeur" [A grandeza de Deus], de Gerard Manley Hopkins, evoca o esplendor da presença de Deus:

> A grandeza de Deus o mundo inteiro a admira.
> Em ouro ou ouropel faísca o seu fulgor;
> Grandiosa em cada grão, cada limo em óleo
> amor tecido. Mas por que não temem sua ira?

Mas, em seguida, Hopkins lamenta o modo como a Revolução Industrial nos tornou insensíveis ao divino. Ela dessacramentaliza o nosso mundo.

> [...]
> E gora em mercancia; em barro, em borra de labor;
> E ao homem mancha o suor, o sujo, a sujeição; sem cor
> O solo agora é; nem mais, solado, o pé o sentira.[513]

A imaginação tecnocrática cega-nos igualmente para a segunda narrativa dos Atos dos Apóstolos sobre o modo como a humanidade está dividida e deteriorada. Os seus cálculos estraçalham a interdependência da humanidade. Ela é, ao mesmo tempo, a galinha incapaz de voar, de Flannery O'Connor, que encontramos no primeiro capítulo, incapaz de voar para o transcendente, e é o mundo da terceira perna abstrata das galinhas de Shigeto Oshida, que suga nosso comprazimento no particular e no finito. Não nos eleva ao céu nem nos traz à terra; eis por que ela é a pura antítese da imaginação religiosa.

Charles Taylor explorou, de forma brilhante, a emergência de uma visão mecanicista da realidade, durante e após o século XVII, sobretudo no Norte da Europa. O mundo é desencantado. "Temos de abandonar a tentativa de ler o cosmo como o lugar de sinais, rejeitá-la como ilusão, para adotarmos efetivamente a atitude instrumental. Não certamente ao nível da crença popular, como um mundo de espíritos; temos, sim, de desencantar o universo; temos, por isso, de levar a cabo a deslocação análoga no alto nível cultural da ciência, e trocar um universo de signos organizados, em que tudo tem um significado, por uma máquina silenciosa, mas benéfica."[514]

A criação já não é uma unidade orgânica, carregada de significado simbólico, mas um imenso relógio.

Esse paradigma tem uma força tão poderosa sobre a nossa imaginação que é difícil ver o universo de outra forma. Escreve o Papa Francisco: "Não se consegue pensar que seja possível sustentar outro paradigma cultural e servir-se da técnica como mero instrumento, porque hoje o paradigma tecnocrático tornou-se tão dominante que é muito difícil prescindir dos seus recursos, e mais difícil ainda é utilizar os seus recursos sem ser dominados pela sua lógica... a técnica tem tendência a fazer com que nada fique fora da sua lógica férrea".[515]

"A vida", prossegue ele, "passa a ser uma rendição às circunstâncias condicionadas pela técnica, entendida como o recurso principal para interpretar a existência."[516]

Escreveu Ludwig Wittgenstein: "Uma imagem mantinha-nos prisioneiros. E não podíamos escapar, pois ela residia em nossa linguagem, e esta parecia repeti-la para nós, inexoravelmente".[517] Quando ficamos enredados num modo de ver as coisas, numa imagem do mundo, somos como uma mosca presa num apanha-moscas, esbarrando contra as paredes e incapaz de sair. O objetivo da filosofia de Wittgenstein era "mostrar à mosca a saída do apanha-moscas".[518] Por isso, o nosso desafio é libertar a nossa imaginação do cativeiro dessa única e singular visão de mundo, que nos cega para a nossa unidade em Cristo e para as divisões que laceram a nossa humanidade.

Não se trata de rejeitar a tecnologia ou a ciência moderna. Sem elas, eu já estaria morto agora. A tecnologia e a ciência são bênçãos de múltiplos modos, e enriqueceram a nossa vida imaginativa também. O Papa não nos chama a ser "ludistas", mas a libertar nossa mente da servidão a um só modo de ver o mundo. Rezava assim

William Blake: "Que Deus nos guarde de uma só visão e do sono de Newton".[519] Se permanecermos prisioneiros da imaginação tecnológica, o Papa Francisco acredita que a civilização desmoronará e o planeta morrerá.

Mas como poderemos ser libertados? Um modo comum e banal é tentar amedrontar as pessoas com a forma dominante de pensar, descrevendo o apocalipse que nos espera. Isso se chama de "catastrofismo". Se não atuarmos de imediato, aguarda-nos o desastre social e ecológico. Acredito na verdade dessas predições, mas, quando se aterroriza as pessoas, elas podem sentir-se tão impotentes que fecharão a mente ao horrível futuro. Talvez já seja demasiado tarde para fazer seja o que for. Comamos, bebamos e alegremo-nos, porque amanhã morreremos. O catastrofismo leva, pois, ao desespero.

Stephen Jackson escreveu que, na introdução ao seu livro, *This Changes Everything* [Isso munda tudo],[520] Naomi Klein segue essa linha de raciocínio, quando refere as suas experiências pessoais com a política das alterações do clima: "Neguei as mudanças climáticas durante mais tempo do que gostaria de admitir", escreve ela. "Muitos de nós alinham-se com esse tipo de negação das alterações climáticas. Olhamos durante uma fração de segundo e, logo a seguir, desviamos o olhar. Ou olhamos, mas inventamos um gracejo ('mais sinais do apocalipse!'). É outra maneira de desviar o olhar... Negamos porque receamos admitir a realidade plena da crise que irá mudar tudo. E estamos certos".[521]

Naomi Klein ficou surpreendida por ter sido convidada pelo Vaticano para apoiar o lançamento da Encíclica *Laudato Si'*, do Papa Francisco, sobre a ecologia do nosso pequeno Planeta. Na conferência de imprensa, o porta-voz do Vaticano apresentou-a explicitamente como secular, judia e feminista. Um só daqueles adjetivos teria bastado para fazer tremer um vaticanista tradicional. Os três juntos assemelham-se a uma revolução!

Ela aceitou o convite porque, na sua opinião, as religiões são os únicos tipos de corpos que podem mudar radicalmente as convicções das pessoas. Escreveu ela: "Pessoas de fé, sobretudo de fés missionárias, acreditam profundamente em algo a cujo respeito muitos seculares não estão tão seguros: que todos os seres humanos são capazes de profunda mudança. Continuam convencidos de que a correta combinação de argumento, emoção e experiência pode levar a transformações que alteram a vida. Essa é, afinal de contas, a essência da conversão".[522]

Então, como é que os cristãos, nesta época perigosa, quando a imaginação tecnocrática coloca em perigo o futuro da humanidade, podem experimentar uma conversão de coração e mente e partilhá-la com os nossos contemporâneos? Precisamos renovar esses dois modos de ver a realidade que encontramos em Atos dos Apóstolos, a imaginação sacramental da nossa unidade em Cristo e a percepção nítida das feridas da humanidade. Precisamos aprender novamente a ver, pois isso é o que significa a palavra grega para arrependimento, *metanoia*.

Um só, no partir do pão

No início de Atos, Lucas associa explicitamente a partilha dos bens comuns ao partir do pão e à oração: "Eles eram perseverantes no ensinamento dos apóstolos, na comunidade de vida, na fração do pão e nas orações. Nascia em toda alma certo temor, pois muitos prodígios e sinais aconteciam por intermédio dos apóstolos. Todos os fiéis estavam unidos e tinham tudo em comum; vendiam as propriedades e os bens e os distribuíam entre todos, conforme a necessidade de cada um" (At 2,42-45).

O pão partilhado levou aos bens partilhados. Eles estavam unidos por uma dádiva recíproca.

Descobrimos o mundo da graça de Deus, através da recíproca graciosidade, porque "toda a boa dádiva e todo o dom perfeito provêm do alto, do Pai das luzes, junto ao qual não há mudança nem sombra de variação" (Tg 1,17). "Eucaristia" significa "ação de graças". Uma imaginação eucarística revela um mundo de dádivas: dádivas recebidas, o Corpo e o Sangue de Cristo e a dádiva de uns aos outros.

A imaginação tecnocrática cega-nos para este mundo das dádivas, porque tudo é visto como grão para o moinho humano, a fim de ser utilizado, devorado e consumido. A terra é para ser explorada; a matéria bruta, para ser submetida à nossa vontade, violentada para nosso prazer e lucro. É, decerto, verdade que temos de usar as coisas: extrair minerais, gerar energia, consumir alimentos e configurar coisas para os nossos propósitos. Se não o fizéssemos, a vida humana seria impossível. Letal é o predomínio exclusivo da imaginação utilitária.

Tudo é visto em termos de posse, domínio, poder puro e simples. Essa visão infecta, inclusive, a linguagem da política, que não se converte em serviço do bem público, mas em controle das alavancas do poder, da máquina do governo. Durante as eleições, os assentos no parlamento estão "em disputa"; quando Theresa May assumiu o cargo de primeira-ministra, ela tomou posse "das chaves do n. 10 da Downing Street" – residência oficial e escritório do primeiro-ministro britânico, em Westminster, Londres (Inglaterra).

A tradição judeo-cristã é, com frequência, censurada pela interpretação explorativa da relação da humanidade com a natureza. Quando se completaram os dias da criação, Deus disse aos primeiros seres humanos: "Crescei e multiplicai-vos, enchei e dominai a terra. Dominai sobre os peixes do mar, sobre as aves dos céus e sobre todos os animais que se movem na terra" (Gn 1,28). É como se a terra, aparentemente, fosse nossa e pudéssemos fazer dela tudo o que quiséssemos. Temos o domínio, diz a Bíblia, e, por isso, a nossa herança religiosa deve suportar a censura e a reprovação pelo desastre ecológico iminente.

A palavra traduzida por domínio (*radah*) não implica dominação. É uma palavra régia. "Incapaz de estar presente num território extenso, um rei nomeava um funcionário para vigiar a região em seu nome. Dizia-se que ele tinha 'domínio' sobre essa parte do reino, e estava encarregado de cumprir os desejos do soberano que ele representava."[523] Israel não podia dispor da criação como desejasse. O povo de Deus devia representar a benigna gestão da terra de Deus que, aos seus olhos, era muito boa. Quando a terra se encontra ameaçada pela catástrofe, Noé exerce o cuidado de Deus pelas suas criaturas, trazendo-as, aos pares, para o interior da arca. "Domínio" significa intendência. A ideia de que domínio significa dominação só surgiu com a ascensão da imaginação tecnocrática.

Gestos transformadores

Como desafiaremos essa implacável imaginação tecnocrática? Os cristãos primitivos expressaram a sua nova visão de mundo num pequeno gesto, o partir do pão em conjunto. Era um gesto diferente da maciça máquina dos sacrifícios do templo, do holocausto de centenas de ovelhas e de vitelos – negócio violento e sujo do massacre diário. De início, os cristãos em Jerusalém continuaram a frequentar o templo. Pedro ia para lá quando ouviu o grito do homem coxo. Mas a forma peculiar de sacrifício da comunidade, pouco a pouco, alterou-se. Era apenas um pequeno ato, dificilmente perceptível, o pão partido e distribuído.

Escreveu o ensaísta francês Georges Perec[524]: "Busco, ao mesmo tempo, o eterno e o efêmero".[525] Ambos parecem tão afastados quanto possível, mas, com frequência, é no frágil e no fugaz que a eternidade brilha e transparece, e se vislumbra o Doador dos dons. É, pois, adequado que a dádiva da vida eterna de Deus tome a forma de pão que, em sentido literal, é efêmero, durando só um dia. Depois disso, fica velho, seco. Eis por que pedimos o pão quotidiano, dia após dia, tal como recebemos o nosso oxigênio em cada respiração, confiando que a próxima também nos será concedida.

Dorothy Day acreditava sobretudo na eficácia dos pequenos gestos. Gostava de citar John Henry Newman, a saber, que a tragédia é nunca chegar a começar, e também o provérbio russo segundo o qual um homem que plantou três árvores nunca irá para o inferno. A genuína humildade dos pequenos gestos desafia a imaginação tecnocrática que assenta em intervenções maciças que remodelam através da sua força: "choque e pavor". A confiança na força dos pequenos gestos desafia as pretensões dos poderosos. Em 1º de dezembro de 1955, a Sra. Rosa Parks recusou-se a mudar de lugar num ônibus com segregação de assentos. Disse, então: "Não aguento mais!", e não se mexeu, mas o mundo, sim.[526]

Mahatma Gandhi compreendeu igualmente que as pequenas ações podem ter amplas consequências. As taxas de sal impostas pelos ingleses impediam os indianos de colher sal, e, por isso, em 1930, Gandhi levou milhares de seguidores ao longo de quase trezentos e noventa quilômetros até a cidade costeira de Dandi, no mar Arábico, onde apanhou um pequeno torrão de sal. Milhares de seguidores fizeram o mesmo. Esse pequeníssimo ato de desobediência civil abalou o poder do Império britânico. Foi uma expropriação simbólica das pretensões inglesas à possessão de outras terras e de outros povos. Sugeria a imagem de outro mundo.

O Papa Francisco, tal como antes dele o Papa João Paulo II, tem uma inteligência para os pequenos gestos que abrem os nossos olhos. Nisso ele segue o seu patrono, São Francisco de Assis. G. K. Chesterton escreveu que "as coisas que ele [São Francisco] dizia eram mais imaginativas do que as que escrevia, e as coisas que fez foram mais imaginativas do que as que disse... Desde o momento em que arrancou as suas roupas e lançou-as aos pés do pai, até o momento em que se estirou moribundo sobre a terra nua, num modelo de cruz, sua vida foi composta dessas atitudes inconscientes e gestos sem hesitação".[527]

Os gestos abrem uma janela na imaginação e perturbam nossos pressupostos sobre o modo como as coisas devem ser. No dia da canonização de Madre Teresa de Calcutá, o Papa Francisco convidou mil e quinhentos sem-teto para almoçar pizza napolitana no

Vaticano. Eles não eram mendigos, mas convidados. O Papa afirma frequentemente que a nossa tarefa não consiste sempre em desencantar soluções, mas em iniciar processos. A refeição compartilhada abre a porta para outro mundo, onde todos podem se sentar à mesa.

A falha em realizar pequenos gestos também pode ser eloquente. Assisti a uma conferência nos Estados Unidos, organizada por irmãs religiosas, sobre a ameaça das alterações climáticas. Estava um dia quente, mas no interior do edifício a temperatura era gélida, e, por isso, a maioria das irmãs vestia um casaquinho e ainda pareciam estar com frio. Do lado de fora, ouvia-se o ruído de centenas de aparelhos de ar-condicionado.

Os sacramentos são pequenos gestos que transformam o mundo. Um bebê é aspergido com água; comida e bebida são abençoadas e partilhadas; a testa e as mãos de um enfermo são ungidas com óleo; as mãos juntam-se no Matrimônio; uma pessoa acabrunhada sussurra para um sacerdote. Elevamos o pão na consagração, extraindo-o do seu contexto banal e inserindo-o na nossa relação com Deus. São acontecimentos mínimos, facilmente esquecidos, mas é através de tais atos e palavras que o poder transformador de Deus entra no mundo. Quais são, então, os pequenos gestos que podemos fazer e revelam o mundo como um lugar de dádivas, em vez de um mundo apenas a ser usado e, muitas vezes, violentado?

O dom de si mesmo

Não há maior dom do que o dom de si mesmo. Eis o coração da vida sacramental: "Este é o meu corpo, entregue por vós", "Este é o meu sangue, derramado por vós e por todos". Deus, o doador de todas as coisas boas, torna-se a dádiva. Um mártir, palavra grega que significa "testemunha", é alguém que faz da sua vida uma dádiva. "Ninguém tem maior amor do que aquele que dá sua vida em favor dos amigos" (Jo 15,13). Eis a antítese mais radical dos cálculos áridos da imaginação tecnológica.

Em 8 de dezembro de 2018, muito acima de Orã, a segunda cidade da Argélia, a Igreja beatificou dezenove religiosos que se recusaram a fugir da violência que engoliu o país nos anos 1990 e, por isso, morreram. Os primeiros mártires foram a Irmã Paul-Hélène Saint-Raymond, uma Irmãzinha da Assunção, e um Irmão Marista, Henri Vergès, assassinados, em maio de 1994. Quando o Arcebispo Henri Tessier advertiu os seus sacerdotes e religiosas do perigo que corriam em ficar, a irmã Paul-Hélène disse: "Padre, as nossas vidas já foram entregues". Não podiam ser tomadas. Ela geria uma biblioteca na Casbah, bairro pobre da diocese de Argel, para que os estudantes muçulmanos tivessem algum lugar para estudar. Dois anos mais tarde, quando fui conduzido por sua diocese, o Bispo Pierre Claverie, o último dos mártires, disse que, naquele momento, estava difícil encontrar alguém para gerir a sua biblioteca diocesana, era muito perigoso. Um velho confrade, Jean-Pierre Voreaux, op, sentado no banco traseiro do carro, ofereceu-se de imediato: "Sou suficientemente velho para morrer. Eu vou para a biblioteca".

Sabendo o que se aproximava, Pierre disse: "Oferecer a vida por esta reconciliação [entre muçulmanos e cristãos], como Jesus deu a sua para derrubar o muro de ódio que separava judeus, gregos, pagãos, escravos, pessoas livres – não será uma maneira de celebrar o sacrifício de Jesus?".[528] Os sete monges das montanhas do Atlas, representados no filme *Homens e deuses*, descobriram, pouco a pouco, que dar sua vida à Ordem significava doar a sua vida na morte.

Claro, poucos de nós enfrentaremos uma desapropriação tão violenta, mas a tarefa ainda é a mesma, a de tornar-nos um dom em tudo o que somos e fazemos. Pierre dava a isso o nome de "martírio branco": "O martírio branco é o que alguém tenta viver cada dia, a doação da sua vida gota a gota – num olhar, numa presença, num sorriso, num gesto de preocupação, um serviço, em todas aquelas coisas que fazem da vida de alguém uma vida que é partilhada, dada, concedida a outros. Eis onde a abertura e o desapego assumem o significado do martírio, da imolação – em deixar a vida seguir seu rumo".

Essa é, sem mais, a lógica da imaginação sacramental, a partilha do pão. Que sentido fará receber o dom, se alguém não transforma a si mesmo em dádiva?

Claverie admitia que tal atitude se assemelhava a uma loucura: "Há certa loucura na santidade, a loucura do amor, a autêntica loucura da cruz, que zomba de todo cálculo e sabedoria humana".[529] Haverá aqui uma contradição tão radical com os cálculos da imaginação tecnocrática que isso já não faz sentido hoje? Pelo contrário: a verdadeira loucura dos primeiros mártires cristãos abalou o Império Romano pagão e alertou as pessoas para as boas-novas de que algo de novo e maravilhoso estava em marcha.

Quando visitei o Bispo Claverie, pouco depois do assassínio dos monges, ele disse-me que, ao dirigir, receava encontrar barricadas na estrada porque elas eram, muitas vezes, levantadas por terroristas disfarçados de policiais para capturarem pessoas como ele. Quando me levou a fazer um percurso pela sua diocese, telefonou primeiro aos amigos para saber onde havia maior risco nesse dia. Quando regressei a Orã para a beatificação, havia muitas barricadas, mas dessa vez para nos protegerem. A esplanada do santuário estava repleta de parentes e irmãos e irmãs religiosas dos mártires. O ministro dos Assuntos Religiosos, Mohamed Aïssa, expressou o "total contentamento" do Governo com a beatificação. Centenas de funcionários muçulmanos participaram da nossa celebração. A presença deles foi saudada com um aplauso ensurdecedor.

Até onde sei, nunca antes uma coisa assim acontecera num país de maioria muçulmana. Como isso foi possível? Talvez porque não estávamos ali para recordar o assassínio de cristãos mortos por muçulmanos. Duzentos mil muçulmanos foram vítimas da violência, incluindo cento e dezenove imãs e centenas de intelectuais e jornalistas. Celebrávamos a doação da vida daqueles religiosos, sem condições ou reservas, ao povo da Argélia. O fruto foi essa festa partilhada na esplanada da igreja, que recebeu um novo nome "Vivre ensemble", sob a estátua de Nossa Senhora, padroeira da cidade.

Foi esse incondicional dom de si, dos mártires, que abriu um espaço onde cristãos e muçulmanos poderiam descobrir a amizade e a estima mútuas. Essa generosidade radical derrubou as barreiras que havia entre nós.

Símbolo dessa alteração na perspectiva foi a amizade entre o Bispo Claverie e Mohamed Bouchikhi, um jovem muçulmano que, às vezes, era seu motorista e que com ele morreu, em 1º de agosto de 1996, devido à explosão de uma bomba no exterior da residência do bispo, quando entravam no edifício, pouco antes da meia-noite. Mohamed também está ali, retratado entre os mártires no ícone descerrado durante a cerimônia. Na noite da beatificação, houve a representação de uma peça, *Pierre e Mohamed*, escrita por Adrien Candiard, op, que narra a amizade entre os dois. A peça foi vista pela mãe de Mohamed, que deu um beijo no ator que representou seu filho e abraçou o bispo. Esses mártires morreram pela sua fé no nosso generoso Senhor.

Talvez a generosidade radical consiga abalar e abater o fascínio e o poder da imaginação tecnocrática e abrir os olhos dos nossos contemporâneos para o mundo de dádivas em que vivemos e as dádivas que nós somos. Talvez a generosidade eucarística possa abrir os olhos das pessoas para o Deus que é o doador de todas as coisas. Desafiamos o paradigma dominante vivendo como aqueles que são dádivas e recebem as dádivas que são os demais.

Vendo os outros como dádivas

No momento em que escrevo, a França está sendo abalada por protestos que começaram em novembro de 2018. Os manifestantes usam os *gilets jaunes* (coletes amarelos), que a lei francesa exige a todos os condutores, para que possam ser facilmente visíveis caso o carro deles vier a quebrar. Os protestos dos coletes amarelos alastraram-se por todo o mundo, desde a América do Norte até o Iraque e o Norte da África. Os coletes amarelos são também conhecidos como jaquetas "hi-vis" (*high visibility*). O seu uso equivale a dizer: "Olhem para mim". Expressam e encarnam o sentimento de milhões que se tornaram invisíveis. Ninguém nota que eles existem. Se não têm influência, então, para a imaginação tecnocrática, eles não existem.

Afirma Etienne Grieu, sj, que "um mundo dominado pela competição põe em execução uma tremenda tarefa de classificação, não só de realizações, mas também de pessoas. No fundo do quadro estão justamente aqueles que não são suficientemente eficientes. Tornaram-se, assim, invisíveis para os outros porque são incapazes de demonstrar a sua utilidade em qualquer das várias trocas e permutas de que participamos... Sentem-se também humilhados porque só dificilmente conseguem os meios para dizer quem são ou para levar os demais a reparar no tesouro único que eles administram".[530]

Uma cultura seduzida pelo dinheiro não registra a existência dos pobres. Estes não contam e não são contados. Nossa casa, segundo o analista político e antigo primeiro-ministro David Marquand, é o *Reino de Mamon*, no qual tudo se pode comprar e vender.[531] O historiador das ideias, o americano Lewis Hyde, mostra que a mentalidade de mercado invade tudo: "A lealdade das crianças em idade escolar, o conhecimento indígena, a água potável, o genoma humano – tudo está à venda".[532]

Karl Polanyi, historiador econômico húngaro, descreve o nascimento da "ficção da mercadoria" na Grã-Bretanha do século XVII. Tal ficção significa que a terra, o trabalho e o dinheiro são apenas objetos a serem possuídos. Para os nossos antepassados medievais, era óbvio que os outros seres humanos e o solo da terra de Deus não podiam ser, de forma alguma, objeto de posse. Por mais que os ricos governassem a terra e impusessem a sua vontade, a terra, em última análise, é do Senhor, e foi confiada ao nosso cuidado comum. Mas nossos antepassados deixaram-se seduzir pela nova ficção da posse total.

Escreveu Polányi: "... o trabalho, a terra e o dinheiro obviamente não são mercadorias. O postulado de que tudo o que é comprado e vendido tem que ser produzido para venda é enfaticamente irreal no que diz respeito a eles. [...] A descrição do trabalho, da terra e do dinheiro como mercadorias é inteiramente fictícia".⁵³³ Seria uma ficção necessária, se o mundo tivesse de se transformar num mercado universal e irrestrito. Tal ficção coincidia com a explosão do tráfico de escravos, a venda por atacado de seres humanos como se eles fossem simples mercadorias.

A mercantilização da criação reduz tudo a ouro ou dólares. Assim se expressa o *Timão de Atenas*, de William Shakespeare:

> *Que vejo? Ouro faiscante, ouro amarelo,*
> *o precioso metal. Não, deuses! Nunca! [...]*
> *Este escravo amarelo os sacrossantos*
> *votos anula e quebra, lança a bênção*
> *nos malditos, amável deixa a lepra,*
> *dá estado aos ladrões e lhes concede*
> *títulos e homenagens lado a lado*
> *dos senadores [...]*⁵³⁴

O dinheiro torna tudo homogêneo, material para venda. Tudo deve ser mensurável, quantificável. Tudo tem um preço. O antropólogo americano David Graeber escreve que "a capacidade que tem o dinheiro de transformar a moralidade em uma questão de aritmética impessoal – e ao fazer isso justificar situações que, de outra maneira, pareceriam ultrajantes ou obscenas",⁵³⁵ como a captura e a venda de seres humanos. Estes são reduzidos a quantidades em balancetes. O Sr. Gradgrind, no romance de Dickens, *Tempos difíceis*, tipifica o duro e cruel mundo da Revolução Industrial, ao professar que toda imaginação e fantasia serão suprimidas, embora ele ignore ser um exemplo da imaginação tecnocrática:

> Sr. Thomas Gradgrind. Um homem de realidades. Um homem de fatos e cálculos. Um homem que trabalha de acordo com o princípio de que dois mais dois são quatro, e nada mais, e não pode ser persuadido a

permitir nada mais. [...] Com uma régua e uma balança, e a tabuada sempre no bolso, senhor, pronto para pesar e medir qualquer parcela da natureza humana, e dizer o resultado exato. É uma mera questão de números, um caso de simples aritmética.[536]

Ao refletirmos sobre a não violência de Jesus, vimos que as armas seduzem a nossa cultura. São atraentes. Mamon exerce uma sedução análoga: "Existe um mistério em torno do dinheiro, e também um fascínio. Ele é fungível, proteico, evanescente e indefinível, tão difícil de conter quanto o mercúrio deslizando sobre uma superfície polida".[537] Estamos desligados da realidade da criação de Deus, com a sua inimaginável diversidade e o deleite no puro ser das coisas. Em vez disso, veneramos o dinheiro, que é algo morto, e frequentemente nada mais do que números cintilando numa tela. Moisés desceu da montanha e interrompeu o culto do bezerro de ouro. Depois de terem sido levados à liberdade e livrados da servidão no Egito, os israelitas tornam-se de novo escravos, rebaixando-se perante um ídolo de ouro.

Um mundo dominado pelo dinheiro cega-nos para os pobres e, por isso, conseguimos tolerar uma desigualdade galopante. O Reino Unido, por exemplo, é a mais desigual das "democracias há muito estabelecidas no continente europeu".[538] Nos últimos trinta anos, os salários médios de todo o país triplicaram, ao passo que o dos executivos de topo aumentaram, em certos casos, cerca de cinco mil por cento.[539] Muitos CEOs recebem mais em prêmios anuais do que a maioria das pessoas ganha durante uma vida inteira. Muitos dos super-ricos ganham mais do que países inteiros. Marquand nos diz que a sociedade está dividida entre os *Haves* e os *Have Yachts*.

A desigualdade dramática de rendimentos é acentuada pelo montante da riqueza escondida em paraísos fiscais, que Marquand chama de "ilhas do tesouro". Há milhares de Ananias e Safiras que escondem as suas riquezas além do nosso escrutínio. Bastian Obermayer e Frederik Obermayer revelam como os ramos de um escritório de advocacia do Panamá lida com trilhões de dólares de ricos que evitam ou fogem dos impostos, enquanto os cidadãos comuns têm de pagá-los.[540] Políticos de todos os continentes, empresários, celebridades e jogadores de futebol conseguem esquivar-se do pagamento da sua quota. O dinheiro é sugado da riqueza comum e, desse modo, inteiramente privatizado.

Poder-se-ia perguntar se interessa que algumas pessoas tenham grandes quantidades de dinheiro. Depois de se ter comprado um iate, um time de futebol ou uma série de cavalos de corrida, o que elas, ao fim e ao cabo, podem fazer com isso? Mas o fosso entre os extremamente ricos e todos os outros destrói a nossa suposta e idealizada humanidade comum. O filósofo político Michael Sandel assere que "quanto maior o número de coisas que o dinheiro compra, menor o número de oportunidades para que as pessoas de diferentes estratos sociais se encontrem. [...] Democracia não quer dizer igualdade perfeita, mas de fato exige que os cidadãos compartilhem uma vida comum".[541] A grande desigualdade desfaz qualquer sentido que tenhamos de uma identidade e destino partilhados; e destrói o sentido de que, como afirmou George Osborne, ex-Chanceler do Tesouro do Reino Unido, "estamos todos juntos nisto". Não estamos.

A grande desigualdade humilha os pobres. Marquand escreve que "não há espaço para eles na narrativa da 'meritocracia', da 'oportunidade' e da 'ambição' que domina a nossa cultura pública, tanto à esquerda como à direita; e eles não têm narrativa alternativa para combatê-la".[542] A desigualdade escandalosa corrói a confiança, o liame que agrega a sociedade. Se virmos outras pessoas como diferentes de nós, elas vão parecer pertencer a outra espécie. Mais uma vez, Marquand: "À medida que a sociedade se torna mais desigual, ela se fragmenta. Murcha a empatia... Os que estão na parte de baixo da pilha podem ficar boquiabertos com os que estão no topo, mas não podem simpatizar com eles. Os que estão em cima não olham para os que estão embaixo; tremem de aversão ou de medo ou de ambas. O 'meio espremido' olha para cima com ressentimento e para baixo com ansiedade".[543]

O Cristianismo proclama a verdade contracultural de que as diferenças de riqueza não têm relevância para a nossa dignidade. De fato, segundo ele, Deus tem uma predileção pelos pobres. Deus fez-se carne numa família sem importância, num canto do Império romano, do qual as pessoas de fino trato, o regime, nunca tinham ouvido falar, e morreu de uma morte ignominiosa, reservada aos escravos.

Abrindo os nossos olhos

Vimos, há pouco, que desafiamos a imaginação tecnocrática ao fazermos de nossa vida uma dádiva aos outros. O exemplo supremo é o do mártir, no qual vemos a plena generosidade de Jesus que a nós se entregou. A lógica da Eucaristia, o mundo das dádivas, liberta-nos dos cálculos da tecnocracia. Opor-nos-emos às suas consequências devastadoras olhando para aqueles que ela torna invisíveis e comprazendo-nos neles como dádivas.

Martin Luther King esforçou-se por partilhar com alguns pastores brancos, ciosos de a ele se juntarem, este terrível sentido de se ver espoliado da existência: "... quando o seu primeiro nome passa a ser 'crioulo', o seu nome do meio passa a ser 'moleque' (independentemente de sua idade), seu último nome passa a ser 'João', e sua esposa e sua mãe nunca serão tratadas respeitosamente pelo título de 'senhora'; quando você é assolado de dia e assombrado à noite pelo fato de ser um negro, vivendo constantemente com cautela, sem nunca saber o que vai acontecer em seguida, e é atormentado por medos internos e ressentimentos externos; quando enfrenta eternamente o sentimento corrosivo de 'não ser ninguém' – então você vai compreender por que achamos difícil esperar".[544]

Ao evocar a marcha para Washington, em 1963, King deu-se conta de que aquilo que mudou tudo foram as imagens na televisão de pessoas serenas, pacíficas, não violentas, em marcha. Muitos brancos nunca mais puderam olhar para os afro-americanos da mesma maneira. Os receios da população branca tinham sido projetados neles, motivando a violência que lhes era infligida, as surras de cassetete, o uso de cães agressivos e de canhões de água. Escreveu King: "Milhões de brancos americanos puderam ver pela primeira vez, durante um longo período, negros envolvidos numa atividade séria. Pela primeira vez, milhões puderam ouvir as palavras esclarecidas e responsáveis de oradores negros de todas as classes e profissões. O estereótipo do negro sofreu um duro golpe. Isso ficou evidente em alguns comentários que refletiam surpresa diante da dignidade, da organização e até dos trajes e do espírito cordial dos participantes".[545]

Para alguns, pelo menos, colapsaram as caricaturas e iniciou-se o diálogo.

O almoço do Papa para os sem-teto mostra que eles não são vermes humanos que ameaçam e põem em perigo a vida dos cidadãos comuns, mas irmãos e irmãs de Jesus Cristo, "o Filho do Homem que não tinha onde reclinar a cabeça". A marcha do sal de Gandhi lança luz sobre a serena dignidade dos indianos oprimidos, que se destacaram com o seu próprio poder e identidade. O Império britânico foi desmascarado como brutal e mesquinho. Sua mística como fonte de justiça e esclarecimento desmoronou.

Muitas vezes, a ficção é que revela a verdade de quem somos. Os grandes romances e poemas ajudaram-nos muito a abrir os olhos para a humanidade dos estrangeiros e, acima de tudo, dos pobres, tendo robustecido a nossa resistência à grande desigualdade.[546] Martha Nussbaum, filósofa judia, afirma que os vitorianos foram despertados para o horror da pobreza pelo romance *Tempos difíceis*, de Charles Dickens. *A cabana do pai Tomás* mobilizou muita gente, nos Estados Unidos, para combater a escravatura. O romance *As vinhas da ira*, de John Steinbeck, despertou o público americano para o sofrimento dos trabalhadores migrantes e granjeou apoio para o *New Deal*.[547] O *Arquipélago Gulag*, de Alexander Soljenitsin, revelou a barbárie devastadora do comunismo soviético.

Dorothy Day disse que a sua vida se baseava nos ensinamentos de Jesus e da Igreja, e na leitura de romances: Dostoiévski, Tolstói, Gorki: "Eu gostaria que as pessoas dissessem que 'ela amou realmente esses livros!'... Eis o significado da minha vida – viver à altura da visão moral da Igreja e de alguns dos meus escritores favoritos... levar a sério esses artistas e romancistas e viver à luz da sua sabedoria".[548]

O terrível Sr. Gradgrind entende que a sua tecnocracia é ameaçada pela leitura de romances. Após longas horas de trabalho duro nas suas fábricas, os trabalhadores vão às bibliotecas para ler histórias: "Imaginavam coisas sobre natureza humana, paixões humanas, esperanças e medos humanos, as lutas, os triunfos e as derrotas, as preocupações, os prazeres e as tristezas, a vida e a morte de homens e mulheres comuns! Às vezes, após quinze horas de trabalho, sentavam-se para ler meras fábulas sobre homens e mulheres mais ou menos como eles, e sobre crianças mais ou menos como seus próprios filhos. De Foe falava aos seus sentimentos, ao contrário de Euclides, e eles pareciam sentir-se, em geral, mais confortados por Goldsmith do que por Cocker".[549]

Os agricultores da montanha, aos quais R. S. Thomas prestava assistência religiosa, não estavam muito interessados nos seus sermões ou nele. Era-lhe também difícil relacionar-se com eles. Mas, na sua poesia, manifesta a humanidade comum, deles e nossa. Um poema poderá valer por muitos outros. Um lavrador dirige-se a Thomas e a nós, e convida-nos a escutá-lo:

> *As galinhas entram e saem pela porta*
> *Do sol para a sombra, tal como ideias dispersas*
> *Cruzam o chão do meu amplo crânio. A sujidade habita sob as minhas unhas rachadas,*
> *O esterco mancha e suja a história da minha vida;*
> *Farfalha o catarro. Mas o que estou dizendo*
> *Sobre a erva áspera com orvalho*
> *É, Escuta, Escuta, sou um homem como você.*[550]

Nada de humano é estranho a Cristo. Cada romance, poema, filme ou pintura que nos abre para os nossos irmãos e irmãs invisíveis é um aliado da imaginação sacramental.

O Papa Francisco convida-nos a abrir os olhos e ver. Não apenas os nossos congêneres, feitos à imagem e semelhança de Deus, mas a criação de Deus em toda a sua beleza. Annie Dillard assevera que "o dom de ver é a pérola preciosa".[551] Às vezes ela se delicia em olhar por um microscópio ou um telescópio. A tecnologia pode nos ajudar a imaginar! Caso contrário, ela simplesmente olha, quase vagamente, esperando ser surpreendida, olhando de soslaio. "Aprenda a ver o que está aí sem a necessidade de possuir, colher, rechear, picar, fotografar. Basta deixar que se mostre... há um tipo de ver que envolve um desapego. Quando vejo dessa maneira como eu balanço, transpassada e vazia."[552] Dillard conta sobre uma criança que recebe um microscópio para que ela possa olhar a selva em uma gota d'água e se encantar:

> Mas na poça ou lagoa, no reservatório da cidade, num fosso ou no Oceano Atlântico, os rotíferos ainda giram e mastigam, as dáfnias ainda filtram e são filtradas, e os copépodes ainda enxameiam pendurados com cachos de ovos. Estas são criaturas reais com órgãos reais vivendo vidas reais, uma a uma. Não posso fingir que elas não estão lá. Se eu tenho vida, sentido, energia, vontade, um rotífero também tem. Um monostilo vai para o ponto escuro da tigela: para qual círculo estou indo?[553]

O Papa Francisco convida-nos a dar outro passo, ainda mais surpreendente. Se realmente virmos a face das pessoas, conversaremos com elas. Se virmos o mundo natural com olhos límpidos e não possessivos, ele dirigir-se-á a nós. São Francisco de Assis dirigiu-se à criação com a linguagem da família: Irmã Terra, Irmão Sol, Irmã Lua, Irmão Vento e Irmã Água. Para os *Gradgrinds* desta terra, isso não passa de sentimentalismo bobo. Mas, mais ainda, a criação nos fala. A Irmã Terra "grita agora para nós por causa do dano que lhe infligimos, devido ao nosso uso irresponsável e ao abuso dos bens com que Deus a dotou... Ela grita 'com dores de parto'".[554]

Para a imaginação judeo-cristã, toda a criação fala de Deus e exulta de alegria. Na oração da manhã, em cada dia de festa, entoamos o cântico de Daniel (3,57): "Obras do Senhor, bendizei todas o Senhor, a ele a glória e o louvor eternamente!", e prosseguimos proclamando que todos os elementos da criação – sol e lua, chuva e orvalho, aves e peixes –, tudo louva o Senhor. Santo Agostinho escreveu que a natureza é o grande livro que fala de Deus: "Os céus e a terra gritam-vos, 'Foi Deus que me fez'".[555]

Temos aliados

Quando vemos as forças mobilizadas pelos poderes tecnocráticos deste mundo, podemos ser tentados a duvidar de que se possa fazer alguma coisa. O Papa Francisco questiona, de forma honesta, a capacidade de nos libertarmos do punho de ferro do paradigma tecnocrático. As multinacionais que controlam a economia global, a mão invisível do mercado, o *tsunami* do dinheiro que se move, num instante, de um centro financeiro para outro, a ascensão de ditaduras em todos os continentes: como poderemos fazer algo diante de tais forças?

Temos aliados nos romancistas e poetas que mencionei, e nos jovens que nos incutem esperança. Os nossos *millenials* não perdem a esperança de desempenhar o seu pequeno papel em prol da humanidade e do nosso pequeno mundo. Não esperam que os políticos mudem as coisas. Na sua maioria, estão profundamente desiludidos com as instituições, políticas, legais ou religiosas. Mas acreditam no seu poder de mudar as coisas de outras maneiras. Pensemos no movimento Avaaz, uma rede de campanhas internacionais, que tem mais de quarenta milhões de seguidores, mais de quatro milhões só na França. Na Grã-Bretanha, há numerosos grupos de campanhas conquistando o entusiasmo de milhões de pessoas, amiúde jovens que querem fazer a diferença. Alguns são religiosos, mas muitos não. Inspirada pela direção artística de Danny Boyle da abertura dos Jogos Olímpicos de Londres de 2012, a organização 38 Degrees de ativismo político sem fins lucrativos e sem filiações político-partidárias afirma "fazer campanha por justiça, defender direitos, promover a paz, preservar o planeta e aprofundar a democracia no Reino Unido".

Uma nova imaginação está surgindo. Inumeráveis pequenas organizações buscam um modo diferente de viver, que caminhe com maior suavidade sobre a terra e cuide da rede frágil da criação da qual somos parte. A Irmã Margaret Atkins chama a isso de "o movimento da vegetação rasteira".[556] São organizações que partem da base para o topo e rejeitam o modelo econômico dominante do crescimento infinito. Há uma onda cada vez maior de pessoas de todas as culturas que querem viver de forma sustentável.

O filme *In Transition 2.0*, "uma história de resiliência e esperança em tempos extraordinários", produzido por Emma Goude, explora o modo como uma rede avulsa de mais de mil e oitocentas organizações se espalha pelo mundo, fazendo a transição para um novo estilo de vida. Muitas vezes, essas iniciativas estão ligadas à produção de alimento, desde áreas desoladas do centro da cidade de Filadélfia à plataforma da estação de metro de Kilburn, em Londres, que agora ostenta com orgulho uma macieira. Com frequência, essas organizações surgiram em resposta a uma crise, como o desastre nuclear no Japão ou o terremoto em Christchurch (Nova Zelândia), ambos em 2011.

Segundo Naomi Klein, só a fé pode levar à indispensável conversão do coração e da mente, se quisermos sobreviver, mas já milhões de pessoas, sobretudo jovens, rejeitam o paradigma tecnocrático dominante. Nós, crentes, não temos de fazer tudo sozinhos. Se pudermos escutar os jovens, aderir às suas iniciativas, a Igreja poderá partilhar a sua sabedoria e ser, por ser turno, enriquecida. Se nos juntarmos, poderemos alterar o modo de ver o mundo.

Coloquemos a nossa esperança no Senhor que nos promete o triunfo da vida sobre a morte e da dádiva sobre a avidez do lucro. Não sabemos como isso acontecerá. A nossa esperança talvez não seja cumprida como a antevemos. Não podemos fazer alvitres sobre Deus. É a esperança que Martin Luther King expressou no seu brilhante discurso, em que a poesia da Bíblia abraça o trabalho árduo do movimento dos direitos civis.

> Sei que vocês estão se perguntando hoje: "Quanto tempo vai demorar?". Eu vim dizer a vocês aqui esta tarde que, independentemente das dificuldades deste momento, independentemente da frustração desta hora, não vai demorar, pois a verdade esmagada sobre o solo vai se erguer novamente.
>
> Quanto tempo? Não muito, porque nenhuma mentira pode viver para sempre.
>
> Quanto tempo? Não muito, porque você colhe aquilo que semeia.
>
> Quanto tempo? Não muito, porque o arco do universo moral é longo, mas se inclina no sentido da justiça...
>
> Ele soou as trombetas que jamais convocarão à retirada. Ele está erguendo o coração dos homens diante do local de seu julgamento. Ó, seja rápida, minha alma, em responder a ele. Fiquem exultantes, meus pés. Nosso Deus está marchando.[557]

Nos dois últimos capítulos, abordarei o modo como, enquanto esperamos, somos apoiados pelo culto e pela vida de oração.

17.

A IMAGINAÇÃO LITÚRGICA: A PROVIDÊNCIA DE DEUS

Se alguém for à missa num domingo, verá coisas estranhas, muito diferentes das práticas da sociedade secular: pessoas circulando com roupas bizarras, algumas usando, quiçá, chapéus pontiagudos; as calças serão raras, mesmo no caso dos homens; haverá gestos peculiares – inclinações, genuflexões e até prostrações. A estranha coreografia da liturgia é causa de fascínio para muitos, cujos corações palpitam à vista de um manípulo [faixa bordada com três cruzes, confeccionada em seda ou tecido semelhante, pendurada no braço esquerdo, usada por membros do clero da Igreja Católica e, ocasionalmente, por alguns anglo-católicos e luteranos], e que ficam extaticamente felizes quando um cardeal sucumbe à tentação de usar uma capa magna [manto eclesiástico com uma longa cauda, utilizada na Igreja Católica por cardeais, bispos, e alguns outros prelados honorários]. Possivelmente, isso tem para eles o encanto de um bailado. Outros, como eu próprio, são mais imunes aos encantos da liturgia extravagante. Um dos meus confrades até sugeriu, com delicadeza, que eu não era a pessoa mais indicada para escrever este capítulo. Foi justamente por isso que desejei abordar o tema, na esperança de que assim se ampliasse a minha imaginação não litúrgica. A liturgia é um modo de os cristãos expressarem o que, para eles, significa participar na vida ressurgida de Cristo, bem como de Cristo partilhar da nossa. Escolher a vida implica aceitar o convite de adentrar na liturgia da Igreja. A imaginação litúrgica é um aspecto da imaginação cristã. Tentei compreender e interpretá-la, e estou contente por tê-lo feito.

Nos primeiros dias após Pentecostes, os cristãos iam orar no templo e os seus rituais próprios eram domésticos: "Frequentavam diariamente o templo, partiam o pão em suas casas e tomavam o alimento com alegria e simplicidade de coração. Louvavam a Deus e tinham a simpatia de todo o povo" (At 2,46-7). Quando a comunidade cristã se ajustou à sua identidade específica, eles deixaram de ir ao templo, denunciado pelo primeiro diácono, Estêvão, e destruído pelos romanos no ano 70 d.C. Quando deixaram Jerusalém, os cristãos, durante algum tempo, frequentaram provavelmente as sinagogas judaicas e construíram as suas próprias. A Igreja estava inaugurando a senda do seu próprio desenvolvimento litúrgico independente, sobretudo depois de o Cristianismo se ter tornado a religião oficial do Império, após a conversão de Constantino no ano 312.

Como poderá um indivíduo secular contemporâneo relacionar-se com as liturgias das nossas igrejas, sobretudo com as dos católicos, ortodoxos e anglicanos, que têm celebrações teatrais da sua fé? Quando rituais domésticos, como dar graças antes das refeições partilhadas, estão desaparecendo, que sentido se pode descortinar em qualquer ritual? No entanto, em maio de 2018, o Metropolitan Museum of Art, em Nova Iorque, em colaboração com o Vaticano, apresentou a sua maior exposição, com luminares como Dolce & Gabbana, Versace e Schiaparelli: "Corpos celestes: moda e imaginação católica". Foi visitada por um milhão e trezentas mil pessoas. Foram apresentadas peças extravagantes, por famosos estilistas como Alexander McQueen, Yves Saint Laurent e John Galliano, que aludiam "aos cultos dos santos, dos anjos e da Virgem Maria". Os trajes eclesiásticos dos *monsignori* do Vaticano cingiam figuras femininas. A exposição foi aberta pelo cardeal-arcebispo de Nova Iorque, e o catálogo foi apresentado pelo Cardeal Ravasi, do Vaticano.

O nosso monótono mundo secular está, aparentemente, muito afastado do drama da liturgia, com as suas prostrações e genuflexões; e, no entanto, milhões de fãs da série *The Game of Trones* discutiam apaixonadamente por que Jon Snow se recusou a "dobrar o joelho" diante de Daenerys Targaryen. A expressão entrou no vernáculo popular. "Ajoelhar-se" durante o hino nacional, no início dos jogos da National Football League [liga esportiva profissional de futebol americano] nos Estados Unidos, tornou-se uma forma de protesto contra a violência da polícia e talvez contra as políticas do Presidente Trump. Foi proibido em maio de 2018. A liturgia dos jogos de futebol começou a incluir a sua própria contraliturgia subversiva. A elaborada liturgia cristã do casamento do Príncipe Harry e Meghan Markle foi vista por muito mais gente do que qualquer outro evento em 2018. Foi amplamente contemplada como uma expressão do que significa ser britânico, embora o animado sermão do Bispo Curry lembrasse ao mundo que Deus tinha, pelo menos, um papel de figurante. Quando olhamos com atenção, vemos rituais em toda parte. Os seres humanos são animais ritualistas. O que, então, a liturgia cristã diz a propósito de se escolher a vida?

Tempo providencial

Nossa vida é ordenada por muitos calendários: o ano agrícola, com as suas semeaduras e colheitas; o ano escolar, com as férias e os períodos letivos, as competições desportivas e as provas; o ano financeiro, com o seu tempo de contabilidade e de tributação; a temporada de futebol, que agora parece ser ininterrupta, e assim por diante. As vidas humanas são organizadas de muitos modos diferentes. A Igreja e o seu ano litúrgico organizam nossa vida de acordo com a nossa fé, expressando outra compreensão do tempo, que vai do Advento ao Natal e à Epifania, da Quarta-feira de Cinzas à Semana Santa, e daí até Pentecostes, com períodos entremeados de "Tempo Comum". Em cima da minha mesa está um livro com o título de *Ordo*, a ordenação do ano litúrgico. É diferente das "organizações" ou processos empresariais que mantêm o comércio funcionando, e das "ordens" e prescrições que governam o exército. O "missal" organiza nossa vida para o nosso último destino.

No dia em que comecei a escrever este capítulo, em 17 de dezembro de 2018, iniciamos, nas Vésperas, as Antífonas do Ó, que nos lembram e encaminham para a vinda de Cristo no Natal. A primeira, que vou cantar daqui a pouquinho, depois de escrever estas palavras, invoca a Sabedoria, que é o Filho de Deus, para que ordene as nossas vidas:

> *O Sapientia, quae ex ore Altissimi prodidisti,*
> *attingens a fine usque ad finem,*
> *fortiter suaviterque disponens omnia:*
> *veni ad docendum nos viam prudentiae.*
>
> [Ó Sabedoria que saístes da boca do Altíssimo,
> atingindo de uma a outra extremidade,
> e tudo dispondo com força e suavidade:
> Vinde ensinar-nos o caminho da prudência.]

Assim é o verdadeiro ordenamento das nossas vidas rumo à felicidade e à liberdade em Deus, asseveram os cristãos. A história não é, como afirmou o fabricante de automóveis Henry Ford, "chatice atrás de chatice". A humanidade e toda a criação estão organizadas "com firmeza e suavidade" pela discreta providência de Deus, rumo à sua plenitude. Apesar da tragédia e do fracasso, a providência de Deus está serenamente em ação. Quando Abraão se apronta para matar o seu filho Isaac e, desse modo, extinguir a promessa dos descendentes, um carneiro é descoberto no meio de um silvado: por isso, "Abraão chamou àquele lugar 'O Senhor providenciará'; e dele ainda hoje se diz: 'Na montanha, o Senhor providenciará'" (Gn 22,14). O tempo litúrgico organiza nossa vida para que possamos receber os dons de Deus. É um tempo providencial.

Naturalmente, são necessários outros calendários para que a comunidade humana sobreviva, os negócios e as escolas funcionem, o alimento seja semeado e colhido, os aviões decolem e pousem no horário, mas todas essas formas de organizar nossa vida são secundárias e estão reunidas sob a ordenação derradeira da "Sabedoria que procede da boca do Altíssimo". Na catedral de Antuérpia, as guildas das diferentes profissões dessa industriosa cidade tinham os seus próprios altares, onde as confrarias dos cervejeiros, tosquiadores, tintureiros e outros profissionais se encontravam para rezar. Cada profissão tinha a sua própria finalidade, que articulava a vida de seus membros. Mas, na liturgia da Igreja, essas finalidades secundárias congregavam-se em vista da meta final de toda vida e morte humana, estar vivo em Deus.

A Antífona pede que aprendamos a *via prudentiae* (o caminho da prudência). Não é uma oração para sermos cautelosos e não investirmos dinheiro demais em alguma aventura, para não irmos à falência. A prudência é a bela virtude de viver no mundo real com olhos bem abertos para o modo como as coisas realmente são. A prudência, nessa acepção, às vezes pode exigir coragem e ação audaciosa. A pessoa prudente tem a coragem de escolher a vida e evitar as seduções da devoção mesquinha pela riqueza ou fama. O mundo real é o mundo de Deus. O tempo sagrado oferece-nos "o tempo da nossa vida".

A liturgia é regulada. Caminhamos em procissões, inclinamo-nos uns para os outros e damos mutuamente o beijo da paz, porque, antes de mais nada, estamos ordenados mutuamente. O primeiro nome do nosso lugar de culto foi *domus ecclesiae* (a casa da assembleia). Pertencemos à nossa família, mas, na liturgia, ocupamos o nosso lugar no meio de estranhos porque fazer parte da família de Deus, do Corpo de Cristo, é a nossa mais profunda identidade.

Diferentemente do Judaísmo e do Islã, o nosso culto não se vira para nenhum lugar. A sinagoga orienta os seus fiéis para Jerusalém. Diz-nos o Papa Bento XVI que "o rabi e o povo olham para a 'Arca da Aliança' e, ao fazê-lo, orientam-se para Jerusalém, viram-se para o Santo do Santos no Templo como o lugar da presença de Deus para o seu povo. Assim continuou a ser, mesmo após a destruição do Templo. O Santo do Santos vazio tinha já sido uma expressão de esperança e, por isso, também o é agora o Templo destruído, que aguarda o regresso da Shekinah, a sua restauração pelo Messias, quando ele chegar".[558]

O nicho semicircular na mesquita, o *mihrab*, indica a direção da *qiblah*, a Caaba em Meca, para a qual se voltam os fiéis.

Os cristãos têm lugares santos – Jerusalém, Roma, Walsingham, Santiago de Compostela etc. –, mas o nosso culto não se orienta para qualquer deles. O Senhor ressuscitado está em toda parte. O nosso ordenamento é, literalmente, uma orientação. Viramo-nos para o *sol oriens* (o sol nascente). Nossas igrejas orientavam-se para o Leste, a não ser que isso fosse impossível, e até que a descoberta de Copérnico, segundo o qual a Terra gira à volta do sol, deslocou a nossa geografia cósmica e a aurora deixou de ter um significado religioso óbvio. Todavia, o nascer e o pôr do sol imbuem a linguagem do nosso culto. Todas as manhãs, no *Benedictus*, celebramos "o coração misericordioso do nosso Deus, que das alturas nos visita como sol nascente" (Lc 1,78). Mesmo nas igrejas que não estão voltadas para o Leste, costumamos fazer de conta que é assim, virando-nos para o "Oriente litúrgico", a fim de honrar a orientação da nossa vida para Cristo ressuscitado.

Esta manhã,
ao entrar na fria capela,
olhei primeiro
para o sol, como faz o pagão,
não por rigoroso costume,
não por constrangimento, mas porque
também eu, como criatura,
sinto a emoção primitiva do ser humano;
a sua necessidade de louvar.
E assim, como sacerdote ou pagão,
à medida que o sol se move, cumpro
este antigo ritual.

> *E embora nem sempre capaz*
> *de me aproximar*
> *muitas vezes, apagado na luz,*
> *eu parto este*
> *pão comum*
> *como uma coisa santa.*[559]

A vida humana assenta nas estações do sol: primavera e verão, outono e inverno, semeadura e colheita, os períodos em que os animais nascem e crescem. Num momento em que as nossas frutas e os nossos legumes afluem de todo o Planeta, talvez nos esqueçamos de como a nossa vida está incrustada nos ritmos solares da vida animal e vegetal.

O drama da nossa salvação é representado, todos os anos, à luz do modelo de fortalecimento e enfraquecimento do sol. Embora não articulemos o nosso culto relativamente a um lugar, no Hemisfério Norte, o ano litúrgico reflete a região onde Cristo nasceu, viveu e morreu. Assim, o nascimento de Cristo é celebrado no solstício de inverno, o anúncio da sua concepção nos primeiros sinais da primavera, a Ressurreição no florescimento do ano, a festa de João Batista, o qual disse: "Ele deve crescer, e eu diminuir" (Jo 3,30), quando o dia alcança a sua mais longa duração, e a comemoração dos fiéis defuntos quando o inverno aperta a sua garra. Somos Adão, literalmente seres terrenos, cujas vidas não podem florescer apartadas da vida do solo, elevada ao drama da eternidade: "Mantendo o tempo, / mantendo o ritmo na sua dança, / Como também no seu viver nas estações vivas".[560]

Os vizinhos de Israel tinham igualmente sacralizado o ciclo das estações. Veneravam deuses da fertilidade. Não causa grande estranheza descobrir vestígios da divindade nos ciclos solares. Contudo, Israel, e, em seguida, o Cristianismo não se contentaram com a repetição infinda do ano, mas aguardavam uma vitória final do divino. Os cristãos encaravam o sol nascente como algo mais do que a vitória anual da primavera sobre o inverno e da vida sobre a morte. Estamos virados para Cristo, que há de vir no final dos tempos, quando a morte deixar de existir. De novo, o Papa Bento XVI: "Orar virado para o Oriente significava ir ao encontro de Cristo que há de vir. A liturgia virada para Oriente proporciona, digamos assim, a entrada na história rumo ao futuro, aos Novos Céus e à Nova Terra, que encontramos em Cristo".[561] O tempo litúrgico está repassado de esperança.

Entrar numa Igreja Católica medieval era ver-se rodeado de uma narrativa tão antiga como o universo. A estrutura, com os seus vitrais e as suas estátuas, impeliam para a Nova Jerusalém, Esposa do Cordeiro. Por isso, o próprio edifício da igreja traduzia uma jornada para a liberdade. O "Tempo Comum" no calendário da Igreja não é o tempo em que nada de especial acontece, como o Natal ou a Páscoa. É o tempo em que a vida cotidiana, com os seus dramas habituais, está orientada para a sua meta final. Os seus paramentos são verdes, a cor do nosso florescimento. O modo como estamos ordenados mutuamente, em Deus e para Deus uns nos outros, não é invenção nossa. É recebido como uma dádiva. Eis por que as grandes liturgias da vida cristã não podem ser simplesmente improvisadas, à medida que avançamos. "Fazei isto em memória de mim", diz Jesus. São Paulo escreve aos Coríntios, que estavam claramente envolvidos em arrojadas experiências litúrgicas: "Eu recebi do Senhor o que também vos transmiti" (1Cor 11,23). O Papa Bento contrapõe a liturgia que Deus deu a Israel na montanha ao culto do bezerro de ouro, que os israelitas inventaram, um "culto autogerado":

> Nestes ritos, descubro que algo se acerca de mim, que eu próprio não fiz; que me adentro em algo maior do que eu próprio, que, em última análise, deriva da revelação divina. Eis a razão por que o cristão do Oriente chama a liturgia de "Divina", expressando assim a independência da liturgia em relação ao controle humano.[562]

Para Bento XVI, a última coisa que a liturgia deve ser é espontânea. "A 'criatividade' não pode ser uma categoria autêntica para assuntos litúrgicos."[563]

Ele tem razão, sem dúvida, ao afirmar que não podemos simplesmente inventar a liturgia. Embora eu hesite em discordar de tão grande teólogo, cuja profunda compreensão da liturgia assinala este capítulo, nem toda espontaneidade é proibida. Não precisamos nos sujeitar passivamente a todas as rubricas, sem uma brisa de criatividade. O povo de Deus é uma comunidade do povo livre de Deus, sobre o qual é derramado o Espírito Santo, ao qual é confiado um culto que evolui ao longo do tempo, por meio de inumeráveis pequenas adaptações, em ritos diversos e em diferentes lugares. Para mim, um mestre de cerimônias mandão é um convite e um incentivo à rebelião. Mas devo ter cuidado de aqui extravasar o meu íntimo, para não ser abocanhado pelos tubarões litúrgicos.

Com a modernidade, adveio uma transformação do nosso sentido do tempo. O verdadeiro tempo já não era sagrado, governado pela suave e doce providência divina. Era um "tempo homogêneo, vazio", na frase do crítico cultural alemão Walter Benjamin.[564] O historiador Jacques Le Goff afirmou que "a forma mais importante de a burguesia urbana difundir a sua cultura talvez tenha sido a revolução que ela levou a cabo nas categorias mentais do homem medieval. A mais espetacular dessas revoluções foi, certamente, a que dizia respeito ao conceito e à medida de tempo".[565] O tempo já não estava, "poderosa e suavemente", orientado para o nosso florescimento. Ressoava no tique-taque, com a sua regularidade implacável, insensível às nossas esperanças humanas e aos nossos dramas. A medida do tempo estava a serviço da nossa cultura de controle.

É o tempo do Sr. Gradgrind, das fábricas, dos trilhos dos trens e dos exércitos. É o tempo da imaginação tecnocrática. O sociólogo francês da religião, Gabriel Le Bras, dizia, gracejando, que as plataformas da Gare du Nord, em Paris, eram mágicas, visto que no momento em que os pés dos devotos camponeses bretões as pisavam ao chegarem da província, eles deixavam de ser católicos. A estação de trem simbolizava um sentido de tempo e de ordenação da nossa vida diferente do da Igreja. O impessoal "tempo do trem" sobrepujou o tempo providencial das dádivas de Deus.

Precisamos, evidentemente, também desses outros tempos, tal como as pessoas na Idade Média precisavam de todos os seus muitos calendários, mas o verdadeiro tempo, o tempo derradeiro, já não era o de Deus. Tendo construído o grande relógio do universo, Deus deixou-o simplesmente fazendo tique-taque sem qualquer meta. Eis um tópico fascinante e complexo, que agora não temos tempo para explorar mais[566] e, por isso, concluamos com uma citação de Charles Taylor, que explorou amplamente essa transformação complexa da mente moderna: "O tempo tornou-se um recurso precioso, que não devia ser desperdiçado. O resultado foi uma criação de um ambiente temporal tenso e ordenado. Envolveu-nos até se tornar, aparentemente, natural. Construímos um ambiente em que temos a vivência de um tempo secular uniforme e unívoco, que tentamos medir e controlar para fazer as coisas".[567]

Esse "enquadramento temporal" granjeou a famosa descrição de Weber como a "jaula de ferro" da modernidade. Os que vivem sob o domínio desse tipo de tempo acharão as nossas liturgias incompreensíveis. Elas são uma perda de tempo porque, aparentemente, nada se faz. Mas, para a imaginação cristã, elas encarnam o ponto derradeiro de tudo, que é o louvor de Deus.

Adoração

A descrição mais elaborada de uma liturgia no Novo Testamento encontra-se nessa obra fascinante e opaca que é o livro do Apocalipse. O Capítulo 4 descreve a adoração celestial de Deus:

> Imediatamente, fui arrebatado em espírito: vi um trono no céu e sobre o trono havia alguém sentado. O que estava sentado era, no aspecto, semelhante à pedra de jaspe e de sardônica, e uma auréola, de aspecto semelhante à esmeralda, rodeava o trono. Formando um círculo à volta do trono, vi que havia vinte e quatro tronos e sobre eles estavam sentados vinte e quatro anciãos vestidos de branco e com coroas de ouro na cabeça. Do trono saíam relâmpagos, vozes e trovões; sete

lâmpadas de fogo ardiam diante do trono de Deus, as quais são os sete espíritos de Deus. Diante do trono havia também uma espécie de mar de vidro, transparente como cristal. No meio do trono e à volta do trono havia ainda quatro seres viventes cobertos de olhos por diante e por detrás: o primeiro vivente era semelhante a um leão; o segundo era semelhante a um touro; o terceiro tinha uma face semelhante à de um homem e o quarto era semelhante a uma águia em voo. Os quatro seres viventes tinham cada um seis asas cobertas de olhos por fora e por dentro. E não cessavam de cantar, de dia e de noite:

*"Santo, santo, santo
é o Senhor Todo-Poderoso,
o que era, o que é e o que há de vir".*

E, sempre que os seres viventes dão glória, honra e ação de graças ao que está sentado no trono e que vive pelos séculos dos séculos, os vinte e quatro anciãos prostram-se diante do que está sentado no trono e adoram ao que vive para sempre; e, lançando as suas coroas diante do trono, aclamam: "Digno és, Senhor e nosso Deus, de receber a glória, a honra e a força; porque criaste todas as coisas, por tua vontade foram criadas e existem" (Ap 4,2-11).

O céu é uma liturgia eterna que, confesso, não me deixa impaciente para juntar-me ao coro celeste. Uma missa solene infinda não é a minha ideia de alegria celestial. Mas tenho de moderar as minhas reações viscerais e escancarar a minha imaginação. Nossas liturgias são uma participação presente na vida ressurgida de Cristo e uma antecipação da glória futura. Sempre que cantamos "Santo, Santo, Santo", antes da Oração Eucarística, juntamo-nos ao coro das quatro criaturas viventes. No ano 988, quando o Príncipe Vladimir de Kiev visitou Constantinopla, escreveu para a pátria, depois de ter participado na Eucaristia em Santa Sofia: "Não sabíamos se estávamos no céu ou na terra. Nunca vimos tanta beleza... Não sabemos descrevê-la, mas disto temos certeza: ali, Deus habita entre a humanidade".[568]

Poderíamos acrescentar, e aqui a humanidade habita, até mesmo agora, com Deus.

O ponto central de todo drama litúrgico é o ato de *adoração* do inominado no trono e do Cordeiro. Escolher a vida é adorar. Os israelitas são libertados do Egito para que possam adorar. Deus manda Moisés dizer ao faraó: "O Senhor, Deus dos hebreus, enviou-me ao teu encontro, dizendo: 'Deixa partir o meu povo, para que me sirva no deserto'" (Ex 7,16). Quatro vezes o faraó recusa, até que as pragas e os tormentos o forçam à submissão. Talvez os pais sonhem com semelhantes medidas drásticas para conseguir que sua prole frequente, hoje, a igreja. A Terra Prometida não é simplesmente um lugar para ser possuído, mas é onde Deus podia ser adorado pelo seu povo santo, obediente à sua lei. A ética e a política encontram a sua suprema expressão na adoração.

A liturgia celeste do Cordeiro no Apocalipse (Capítulo 4) é um acontecimento ordenado, estruturado pela repetição, com os anciãos lançando as suas coroas diante do trono. (Quando é que as recuperaram?) Exibe um elenco de centenas de milhares de anjos e santos. É uma cerimônia gigantesca. Num conto de George Mackay Brown, a personagem principal defende-se da acusação de ter sido aliciada e seduzida pelo palavreado papista:

> É uma cerimônia que nos torna suportáveis os terrores e os êxtases que residem nos abismos da terra e na nossa natureza humana nutrida pela terra. Só os santos conseguem enfrentar tais "realidades". O que nos salva é a cerimônia... A cerimônia torna-nos tudo suportável e belo. Assim transfiguradas pela cerimônia, as verdades que de outro modo não conseguiríamos tolerar vêm até nós. Nós as convidamos para entrar. Oferecemos um lugar em nossas mesas. Esses anjos trazem dádivas para a morada da alma... É a essa cerimônia de salvação que vós chamais "idolatria" e "conversa fiada".[569]

O instinto de adoração é inerente à nossa humanidade. Não pode ser suprimido nem mesmo pela imaginação tecnocrática. Segundo o teólogo inglês Peter Tyler, quase todo mundo tem alguma experiência do transcendente, habitualmente entre os 10 anos e o início dos 20. Os céus abrem-se por um instante. Temos um vislumbre da glória. Mas, geralmente, o adolescente não encontra ajuda para saber como responder. Escreveu Tyler: "Assim, quando o inevitável encontro com o transcendente ocorrer – e deve ocorrer – muitos jovens hoje não terão uma estrutura conceitual com a qual entendê-lo. Pode assumir uma aparecência estranha, uma irrelevância ou mesmo uma patologia mental ou psicose".[570] Muitos jovens limitam-se a abanar as suas cabeças e interrogar-se sobre o que significaria tudo aquilo. O que estive fumando ou bebendo? Então, a porta que se abriu fecha-se novamente e regressamos à banalidade da época.

Mas a nossa fé oferece-nos uma antiga tradição do que devemos fazer quando somos tocados pelo infinito, e o mundo se enche de glória. Ajoelhamo-nos. Nunca esquecerei um momento em que, sozinho na grande abadia de Downside, me senti obrigado a ajoelhar-me em oração. Naquele instante, todos os meus fracassos no esporte e no estudo não significavam coisa alguma. Tinha sido ensinado a ajoelhar, mas só naquele momento o senti como um imperativo belo e libertador.

Semelhante vislumbre da transcendência pode sobrevir por intermédio da natureza. Bede Griffiths descreve um momento de revelação quando, ainda jovem estudante, ouviu uma cotovia cantar no declinar do dia: "Tudo, então, ficou sereno, enquanto o pôr do sol se desvanecia e o véu do crepúsculo começou a cobrir a terra. Lembro-me agora do sentimento de admiração que se apoderou de mim. Senti-me impelido a ajoelhar-me no chão, como se estivesse na presença de um anjo; e a custo ousei olhar para a face do céu, porque, aparentemente, era como se ele fosse apenas um véu diante da face de Deus".[571]

Dorothy Day registrou no seu diário: "um dia, vi a Sra. Barrett às dez da manhã rezando, ajoelhada ao lado de sua cama, no quarto ao lado da cozinha, e de repente [percebi] a grandeza daquele ato de adoração".[572] Ela percebe, como talvez o perplexo secularista no fundo da igreja não perceba, que ajoelhar-se em adoração a Deus é um ato de grandeza. É natural para nós. Etty Hillesum, uma judia holandesa que se aproximou do Cristianismo e morreu em Auschwitz, escreveu: "Por vezes, um desejo de me ajoelhar pulsa através do meu corpo, como se o meu corpo tivesse sido idealizado e feito para o ato de ajoelhar".[573]

No romance de Patrick White, *Riders in the Chariot* [Cavaleiros na carruagem], quatro personagens aparentemente desprezíveis, um João-Ninguém no mesquinho mundinho burguês da Austrália suburbana, foram tocados secretamente pela glória de Deus. A Senhorita Hare, uma velha solteirona meio louca, a Senhora Godbold, a lavadeira, o antigo professor Mordechai Himmelfarb, que fugiu de um campo de concentração na Alemanha nazista e agora faz lanternas para bicicletas, e Alf Dubbo, um aborígene que varre o chão da fábrica, são os cavaleiros na carruagem da glória de Deus, revelada na visão de Ezequiel e evocada na citação do livro do Apocalipse. Eles veem através do mundano e captam vislumbres da secreta presença e adoração de Deus.

A Senhorita Hare perambula pelo jardim decadente de Xanadu, sua casa arruinada: "Em determinado momento, ela caiu de joelhos com as suas práticas meias marrons, não porque estivesse desanimada ou doente – tinha chegado a um tempo da vida em que os conhecidos e os vizinhos estavam sempre em busca de derrames cerebrais –, mas porque era natural adotar uma posição de joelhos no ato de adoração, e porque a convicção intensa, às vezes, se expressará melhor através do desalinho da espontaneidade. Permaneceu por alguns instantes, então, de joelhos, sob a grande aba do seu chapéu, e cravou os seus dedos toscos e sardentos na terra acolhedora. Ajoelhou-se, por instantes, no corredor fechado que levava a Xanadu, e qualquer pessoa a teria achado mais grotescamente feia, menos aceitável do que havia pensado".[574]

O velho Himmelfarb, recitando as dezoito bênçãos do Judaísmo na sua cabana semidesmoronada, é um dos que viram. Juntam-se, assim, esses quatro personagens, parceiros da iniciação no mistério da glória de Deus. O Papa Bento XVI escreveu que "a adoração nos faz participar do modo de existência celestial, do mundo de Deus, e permite que a luz desça do mundo divino para o nosso, então ela tem um 'caráter de antecipação'".[575]

A imagem mais famosa da adoração é, sem dúvida alguma, a pintura do século XV que ficou conhecida como *A adoração do cordeiro místico*, dos irmãos Hubert e Jan van Eyck. É mais do que um retrato da adoração descrita no livro do Apocalipse. É uma participação nela. Nos dias festivos, os painéis eram abertos logo atrás do altar onde a missa estava sendo celebrada. O desdobramento dos painéis abria uma porta entre o céu e a terra. O grande espaço da igreja tornava-se uma antecâmara do paraíso. Tal como o garoto no romance de Emma Donoghue, que se liberta dos limites do quarto, o painel abre a janela da realidade mundana das nossas vidas. Cada ícone é uma porta situada entre o finito e o infinito. Respiramos o ar fresco de Deus. A visão celestial refulge através de uma pintura que se encanta e compraz no mundo material, nas flores e nas joias, nas vestes e no edifício. Jan van Eyck tinha uma tal paixão pela realidade, um tal gosto pelo mundo material, que só poderia revelar o seu Criador. A eternidade cintila através do particular.

A liturgia é a nossa participação na cena esplendorosa que os irmãos Van Eyck representam. A cena é estruturada em doze cenas, oito das quais são venezianas fechadas. Os painéis laterais são pintados em ambos os lados, dando duas perspectivas diferentes caso se encontrem abertos ou fechados. Quando o sacerdote eleva o cálice na consagração, aponta para o Cordeiro, de cujo peito flui o sangue. A pintura é um descerramento e um anúncio. Quando, hoje, alguém a contempla, costuma ser vencido por um "assombro sem palavras". Conta Frits van de Meer que uma criança, ao vê-la, disse num fôlego: "Papai, deve ser o céu, não é?".[576]

Os celebrantes litúrgicos envergam paramentos belos e exóticos como sinal de que participamos já, agora, da adoração celestial. Eles são um sinal da beleza que nos espera. Os gurus da moda, que participaram da exibição do Metropolitan Museum de Nova Iorque, muitos dos quais tiveram educação católica, talvez tenham conservado uma memória longínqua de que a glória das suas vestes não diz respeito ao estado presente, mas à promessa futura.

O ato típico de adoração, pelo menos na minha tradição, é a genuflexão. Dobramos o joelho e de novo nos levantamos. É um gesto fluído, de descer e subir. Ajusta-se ao movimento de Jesus, na Carta de Paulo aos Filipenses: "Identificado como homem, rebaixou-se a si mesmo, tornando-se obediente até à morte, e morte de cruz. Por isso mesmo é que Deus o elevou acima de tudo e lhe concedeu o nome que está acima de todo nome, para que, ao nome de Jesus, se dobrem todos os joelhos, os dos seres que estão no céu, na terra e debaixo da terra; e toda a língua proclame: 'Jesus Cristo é o Senhor!', para a glória de Deus Pai" (Fl 2,8-11).

Ajoelhamo-nos com Jesus, para com ele nos podermos levantar. O Concílio de Niceia proibiu que os cristãos se ajoelhassem na Páscoa. Cada instante no movimento de genuflexão tem o seu tempo sagrado, a Quaresma para o ajoelhar-se e a Páscoa para o estar de pé, expressando a nossa participação na vitória de Cristo. Ele está à direita do Pai, a fim de interceder por nós.

A imaginação cristã talvez permaneça opaca até experimentarmos a gloriosa liberdade de nos ajoelharmos em adoração. Quando falo a jovens cristãos, o empenho deles na fé está quase sempre radicado em certa experiência do imperativo para adorar. O Papa Bento XVI oferece-nos uma magnífica elucidação: "A palavra latina para adoração é *ad-oratio* – contato boca a boca, um beijo, um abraço e, portanto, em última análise, amor. A submissão torna-se união, porque aquele a quem nos submetemos é Amor. A submissão adquire assim um significado porque nada nos impõe a partir de fora, mas liberta-nos nas profundezas".[577]

Adoração é ser beijado pelo Senhor.

A adoração arranca-nos da bolha sufocante do nosso próprio ser. Rejeita o narcisismo e a autocontemplação. Liberta-nos de um egoísmo complacente e expressa a nossa relação fundamental de uns com outros, como parceiros no ato de adoração. Há eucaliptos que precisam dos incêndios florestais para abrirem as suas sementes e estas poderem germinar. Sem o fogo, a árvore não consegue libertar a semente. O fogo da adoração abre-nos para que possamos ser fecundos. Somos libertados da nossa minúscula auto-obsessão, daquilo a que Irish Murdoch chama "inquieto e gorducho ego". Ajoelhamos e adoramos porque, graças a Deus, não somos o centro do mundo. Ele gira ao redor dos outros e, em última análise, à volta de Deus. Na frase admirável do franciscano americano Richard Rohr: "A sua vida não tem a ver com você".[578] Diz São Paulo: "Não sou eu que vivo, é Cristo que vive em mim". Nós cedemos o centro do palco. Somos felizes com um pequeno papel de figurante: no meu caso, de frade desmazelado.

A quem adoramos?

Não haverá algo de obsceno em torno de um Deus que exige que nos dobremos perante ele? Não haverá aqui a alusão a um tirano, cuja glória é a nossa humilhação? A adoração de algo ou de alguém poderia ser encarada como menosprezo da dignidade humana. No *Paraíso perdido* de Milton, Satã recusa-se a inclinar-se e a adorar o Filho de Deus. Quando é vencido e atirado no inferno, gloria-se, em termos famosos, na sua liberdade: "Aqui, por fim [no inferno] / serei livre. [...] É melhor reinar no inferno do que servir no céu!" (I. 258-9, 263). Os padres do deserto aperceberam-se de que, muitas vezes, os demônios não têm joelhos. Não haverá algo de nobre em recusar-se a ajoelhar, como quando, em 1793, Lorde McCartney se negou a prostrar-se diante do imperador chinês, embora tenha simulado uma genuflexão? Quando Margaret Thatcher caiu nas escadas, no exterior do Grande Palácio do Povo em Pequim, alguns chineses pensaram que, por fim, a Grã-Bretanha fazia a sua prostração!

Devemos adorar, mas adorar a quem? A adoração só é humilhante se adorarmos alguém ou alguma coisa diferente de Deus. Por duas vezes, quando o vidente do Apocalipse se dobra para adorar um anjo, ele é censurado. "E eu caí a seus pés, para o adorar. Mas ele repreendeu-me: 'Atenção! Isso não! Eu sou teu companheiro e dos teus irmãos, que são testemunhas de Jesus. Adora a Deus!'" (Ap 19,10; cf. 22,8-9). Tomás de Aquino asseverou que os seres humanos são tentados a colocar a riqueza, a honra, o prazer ou o poder no lugar de Deus e adorá-los.[579] Mas eles nunca nos dão o que queremos e escravizam-nos. Prometem o que não podem oferecer e, por isso, ficamos enleados num vício fútil, buscando cada vez mais a bebida, o poder, a honra ou a riqueza. Deus é o único cuja adoração nos liberta.

No livro do Apocalipse, a divisão é entre os que veneram Deus e os que se inclinam perante a Besta. A liturgia celestial do Apocalipse não é a fantasia escapista de alguém que não consegue lidar com a vida no "mundo real" e se refugia em cenas imaginárias, com estranhas bestas e anjos. Ela revela a verdade; é Deus que reina, e não a Besta, que "representa o poder político dos imperadores romanos"; também não é a Prostituta da Babilônia, que é "a cidade de Roma em toda a sua prosperidade, obtida pela exploração econômica do Império".[580] Os ouvintes de João viviam num mundo saturado de símbolos religiosos, com a adoração do imperador divinizado e os cultos dos deuses olímpicos. A cidadania prescrevia a adoração dos deuses imperiais e locais. Muitos dos ouvintes de João eram prósperos, envolvidos na religião da sua nova fé e nos cultos romanos. João denuncia o culto do imperador e a adoração da riqueza como idólatras e falsos. A liturgia celestial do Capítulo 4 é a festa da nossa liberdade e a emancipação desses falsos deuses.

O livro do Apocalipse e a sua liturgia propõem-nos uma imaginação contracultural. Ele rompe o poder da *Besta* e da *Prostituta* sobre a mente dos ouvintes. Elas, aparentemente, são poderosas, mas o império é pouco firme. Não demorará muito a desaparecer. O autor descreve o colapso iminente do comércio, alistando os produtos sobre os quais Roma edificou o seu poder: "Chorarão também por ela e se lamentarão os comerciantes da terra porque ninguém mais comprará as suas mercadorias: os objetos de ouro, de prata, de pedras preciosas e de pérolas; de linho, de púrpura, de seda e de escarlate; toda espécie de madeiras de sândalo, de objetos de marfim e de madeiras preciosas; de bronze, de ferro, de mármore, canela, cravo, especiarias, perfumes e incenso, vinho, azeite, flor de farinha e trigo, bois e ovelhas, cavalos e carros, escravos e prisioneiros" (Ap 18,11-13).

A imaginação do autor levantou o véu e mostrou-nos onde reside o verdadeiro poder. E quanto a nós? Os governantes e políticos de hoje, na sua maioria, não aspiram à divindade. Podemos trabalhar num banco e lidar com bens comerciais sem oferecer sacrifícios aos deuses da cidade. Pelo menos no Ocidente, vivemos num mundo secular com liberdade de religião. Serão as nossas liturgias um desafio para alguém ou alguma coisa? Será a nossa imaginação litúrgica subversiva? Um bispo afirmou que, quando São Paulo pregava, ocorriam tumultos, mas, quando ele prega, oferecem-lhe uma xícara de chá.

Nos capítulos anteriores, vimos como muitos aspectos da nossa imaginação contemporânea nos podem escravizar. A sedução da violência, o culto da celebridade, o medo do estrangeiro, o Reino de Mamon. Consideremos apenas dois: um cientificismo que extingue qualquer sentido da providência de Deus e a divinização do mercado. Ambos são aspectos do paradigma tecnocrático, criticado pelo Papa Francisco.

Nossos antepassados acreditavam que as estrelas do zodíaco exerciam influências poderosas sobre nossa vida, mas em Cristo todo fatalismo foi desfeito. Estamos libertos do domínio dos astros. Isso explica o fascínio extraordinário com os magos, na Idade Média. Esses homens sábios, astrólogos, sepultados, segundo a lenda, na grande catedral de Colônia, seguiram a estrela que os conduziu ao Menino, que era o verdadeiro Rei do Universo. Uma estrela libertou-os dos astros. Abraão deixou Ur, a região dos astrólogos. Moisés desafiou os magos da corte do faraó e levou o seu povo a adorar o Deus da liberdade. A magia e a feitiçaria não prevaleceram no povo de Deus.

Que se passa, porém, com os nossos contemporâneos, que raramente acreditam na astrologia? O nosso universo não está sujeito ao regime de poderes celestiais. Desde o século XVII, ele tornou-se um relógio cósmico, que vai orbitando de acordo com as leis imutáveis da natureza. O governo inflexível dos astros foi substituído pelo governo imutável das leis de Newton. Nenhum espaço resta para Deus, a fim de guiar providencialmente a humanidade para a bem-aventurança. Os milagres contradizem a ordem conhecida, revelada pela nova religião da ciência e são, por isso, impossíveis. A realidade é revelada pela ciência. Tudo o mais é emoção.

Escreve Aidan Nichols, op, que o filósofo escocês David Hume "sublinha que é razoável e racional aceitar que o mundo é ordenado e previsível; que o sol se levantará, cada manhã, e que a minha escova de dentes não se transformará, durante a noite, numa tartaruga. Por isso, conclui Hume, é sempre mais razoável supor que algo correu mal com as evidências do que aceitar que um milagre aconteceu realmente – a não ser que tenhamos uma prova absolutamente irrefutável a favor dos milagres, da qual, na prática, *jamais* dispomos. A questão que se deve apresentar a Hume, e a todos os que rejeitam os milagres, é esta: que tipo de ordem é, em última análise, a ordem do mundo? Só respondendo a esta pergunta podemos encontrar o caminho para o tipo de racionalidade apropriado à compreensão de um mundo 'ordenado'".[581]

A resposta do Cristianismo, incorporada na nossa liturgia, é esta: para a nossa aceitação plena das leis da natureza e para a nossa gratidão pela sua previsibilidade, há um arranjo mais basilar da criação, a "forte e suave" disposição que a Sabedoria faz em vista do nosso florescimento derradeiro. Diz o Papa Bento, na Encíclica *Spe salvi*: "Não são os espíritos elementares do universo, as leis da matéria, que ultimamente governam o mundo e a humanidade, mas um Deus pessoal comanda e rege os astros, isto é, o universo; não são as leis da matéria e da evolução que têm a última palavra, mas a razão, a vontade, o amor – uma Pessoa. E se conhecemos esta Pessoa e ela nos conhece, então, decerto o poder inexorável dos elementos materiais não tem mais a última palavra; não somos escravos do universo e das suas leis, somos livres".[582]

Há outra libertação que celebramos: a da regência do mercado. Harvey Cox, em *The Market as God* [O Mercado como Deus],[583] afirma que a *Prostituta de Babilônia* ainda exige nossa adoração. Ele percebeu isso quando um amigo o aconselhou a saltar as primeiras páginas do *New York Times* e ir diretamente para o caderno de negócios. Isso revela o que está acontecendo no "mundo real". É o mercado, com os seus valores e pressupostos, que determina o que conta como "realidade".

> Por detrás das referências de aquisições e fusões, da política monetária e das convoluções e reviravoltas do Dow e do NASDAQ, juntei, pouco a pouco, as peças de uma grande narrativa acerca do significado intrínseco da história humana, por que as coisas dão errado e como é possível restaurá-las. Os teólogos chamam a esses mitos das origens de "lendas da queda" e "doutrinas do pecado e da redenção". Ei-las aqui, de novo, e apenas num disfarce muito tênue: crônicas sobre a criação de riqueza, as tentações sedutoras do excesso de regulamentação, a submissão a ciclos comerciais sem rosto e, por fim, a salvação graças ao advento dos mercados livres, com uma pequena dose do ascético apertar do cinto para as economias que caem no pecado de obrigações não cumpridas... A fé na eficácia dos mercados assume efetivamente a forma de uma religião que funciona, completa com os seus sacerdotes e rituais, as suas doutrinas e teologias, os seus santos e profetas, e até o zelo de levar o seu Evangelho a todo o mundo e ganhar adeptos e convertidos em toda parte.[584]

Tem os seus videntes e profetas, as suas sagradas escrituras, os seus dias festivos, como a *Black Friday*, o dia seguinte à Ação de Graças, quando os varejistas atravessam a linha do "vermelho" para o "preto". Trata-se, diz ele, de uma religião substituta: "Quis demonstrar que, hoje, o exercício da economia mundial não é simplesmente 'natural', não é 'o modo como as coisas funcionam', mas é configurado por um poderoso e global sistema de valores e símbolos, os quais podem ser mais bem entendidos como uma religião substituta. Ambas as palavras são importantes. É uma religião porque... exibe todas as características de uma fé clássica. Mas é substituta, porque o mercado, à maneira dos antigos deuses esculpidos, foi construído por mãos humanas".[585]

Os seus valores estão em toda parte. E o seu lema é: "Compre isso e seja feliz".

Cox não é contra os mercados, mas contra a total preponderância desse modo de ver o mundo, tal como o Papa Francisco não se opõe à tecnologia, mas à supremacia do paradigma tecnocrático: "O mercado deve ser despojado da sua aura sagrada, para que possamos pensar com clareza a seu respeito. Não precisamos tirar os nossos sapatos e os nossos chapéus, quando entramos no seu santuário".[586] Poderia argumentar-se que Cox exagerou no seu argumento. Os mercados são altamente regulamentados. Não se impõe um culto incondicional. Todavia, ele tem razão ao dizer que fomos cativados, nas palavras de Wittgenstein, por uma imagem. Acabou por se afigurar natural pensar os seres humanos como motivados pela ganância e animados pela competição. No seu romance *A fogueira das vaidades*, Tom Wolfe descreve o pequeno grupo de pessoas, "umas trezentas, quatrocentas, quinhentas", que eram "os Mestres do Universo", os jovens que geriam o mercado de títulos em Nova Iorque nos anos 1980. Sherman, um comerciante de títulos e obrigações, olhou para Manhattan com assombro: "Ali estava Roma, Paris, a Londres do século XX, a cidade da ambição, a compacta rocha magnética, o destino irresistível de todos os que insistem em estar *onde as coisas acontecem* – e ele encontrava-se entre os vencedores!".[587]

Como no tempo do livro do Apocalipse, nossa liturgia diz: "Não! Há um único Mestre do Universo, e é a ele que devemos a adoração. Dobramos o joelho para honrar a sua glória, e ele eleva-nos para partilhar a sua liberdade. Nos seus rituais, somos todos igualmente discípulos, seguidores do Cordeiro, e não meros consumidores. Aqui, é-nos prometida uma felicidade que não pode ser comprada, mas que é livremente oferecida. É justamente aqui que 'as coisas acontecem', a dádiva do corpo de Cristo, a libertação da servidão, e não pela venda de títulos". Catherine Pickstock afirma que, com a máxima probabilidade, nossas liturgias nos hão de abrir um novo modo de ver o mundo: "As comunidades tradicionais, norteadas por determinados modelos litúrgicos, provavelmente, serão hoje as únicas fontes de resistência às normas capitalistas e burocráticas".[588]

As liturgias mais poderosas talvez se realizem da maneira mais sutil, quase invisível, porque elas se opõem a forças que as procuram aniquilar. Quando o Cardeal Arcebispo de Praga, Dominik Duka, op, era provincial dos dominicanos na Checoslováquia, na época do comunismo soviético, partilhou uma cela da prisão com Václav Havel, o dramaturgo e futuro Presidente da República. A celebração da Eucaristia estava estritamente proibida e, por isso, os dois prisioneiros jogariam, aparentemente, xadrez, mas a coroa da rainha continha uma pequeníssima quantidade de vinho e a coroa do rei um fragmento de pão, para que, aos olhos dos guardas, passasse despercebida a sua participação na liturgia dos céus. Sussurrando suavemente "Santo, Santo Santo", eles participavam na adoração dos anjos.

Um jesuíta americano, o Padre Walter Joseph Ciszek, sj, entrou incógnito na União Soviética para prestar assistência a quaisquer católicos que ele encontrasse. Foi capturado e passou vinte e três anos preso, em prisões e campos de trabalho soviéticos, celebrando a Eucaristia sempre que possível e ouvindo confissões. Às vezes, conseguia reunir algumas pessoas num canto das casernas para a mais simples das cerimônias: "Eu tinha um pequeno cálice e uma patena de níquel, que um dos prisioneiros fizera para mim; o vinho, mais uma vez, era vinho de passas, e o pão era cozido especialmente por alguns letões católicos que trabalhavam nas cozinhas do campo".[589] Outras vezes, era vigiado de forma tão cuidadosa, que tinha de celebrar a Eucaristia estendido na sua casamata, como se estivesse dormindo, murmurando as palavras da consagração. Mesmo assim, o sacrifício do Cordeiro era oferecido, como também o foi secretamente por sacerdotes católicos na Inglaterra vitoriana, que seriam enforcados, arrastados e esquartejados, se fossem apanhados celebrando a missa. A genuína humildade da cerimônia era um protesto contra as pretensões dos governantes da região. Adoramos aquele que está sentado no trono.

Quando nos viramos para o Oriente, quer literalmente, quer liturgicamente, na nossa adoração do Cordeiro reconhecemos aquele que há de vir e que orienta e encaminha nossa vida para a liberdade. Ajoelhamo-nos com ele, e somos por ele elevados. "A ele pertence o tempo e a eternidade", como confessamos na vigília pascal. Não estamos aprisionados nem pelo governo implacável dos astros nem pelas leis inflexíveis da natureza. Não somos escravos do poderio do mercado ou de qualquer ideologia tirânica. Não são os poderes deste mundo que nos regem, mas o Cordeiro que sobe ao trono na liturgia celestial, o humilde e poderoso, que é a nossa libertação. O seu tempo é o tempo das dádivas, e ele, "com poder e suavidade", leva nossa vida à plena realização.

Louvai-o

A liturgia celestial no Apocalipse atinge o seu clímax no louvor. Os vinte e quatro anciãos lançam ao chão a suas coroas e clamam: "Digno és, Senhor e nosso Deus, de receber a glória, a honra e a força; porque criaste todas as coisas, por tua vontade foram criadas e existem". A liturgia está orientada para o louvor. De fato, toda a criação encontra aqui a sua meta e consumação, o louvor do Criador. Mas não haverá algo de perverso num Deus que exige que o adoremos e, ademais, que lhe digamos quão admirável ele é? Lembro-me dos professores na escola que me batiam com uma régua quando eu fazia algo errado, e, em seguida, insulto por cima da dor, pediam que eu lhes desse um aperto de mão.

Eis o quebra-cabeças que C. S. Lewis abordou no seu escrito *Lendo os Salmos*: "Todos nós costumamos desprezar aqueles que fazem questão de continuamente afirmar a própria virtude, inteligência ou prazer; costumamos desprezar com mais intensidade as multidões que se reúnem ao redor de todo ditador, de todo milionário, de toda celebridade que satisfaça essa exigência".[590] E continua ele: "Eu até poderia compreender a gratidão, a reverência e a obediência a Deus, mas não entendia esse elogio perpétuo."[591]

Lewis viu bem que devemos louvar a Deus, não por este ser vaidoso e desejar que se lhe diga quão estupendo ele é, mas porque o que dizemos em louvor é verdadeiro, e a verdade deve ser expressa. A nossa alegria precisa, de fato, encontrar uma voz. "Quando amantes continuamente dizem um ao outro o quão belo ele (ou ela) é, não o fazem apenas por dever; o prazer é incompleto até que seja expresso. É frustrante descobrir um novo autor e não poder dizer a ninguém quão bom ele é; chegar de repente em uma curva de uma estrada que corta um vale encravado na montanha, contemplar uma paisagem de esplendor inesperado e então ter de manter silêncio porque as pessoas que estão com você não dão a mínima para aquele cenário; ouvir uma boa piada e não encontrar ninguém para compartilhá-la."[592]

Os vinte e quatro anciãos proclamam o seu canto de louvor pelo puro deleite na sua verdade. Nosso louvor a Deus, na liturgia, é apenas a antecipação dessa alegria; mas ainda tenho de confessar que nem sempre sinto muita alegria na perspectiva de uma missa muito demorada.

Em tempos sombrios como o nosso, é difícil louvar, mas é ainda mais importante que o façamos. Quando Etty Hillesum deixou o campo de Westerbork para Auschwitz, conseguiu remeter um postal para um amigo. Nele dizia: "Saímos do campo cantando".[593] Os cristãos coptas cantaram os louvores de Jesus quando estavam alinhados para serem chacinados nas praias do Egito. Os místicos, poetas, pintores e músicos ajudam-nos a desbloquear a torrente do louvor, quando é difícil e o mundo é sinistro. Rilke acredita que essa é a vocação do poeta, na realidade, de todos os artistas.

Diz-me, poeta, o que fazes?
Eu louvo.
Mas a morte, as coisas monstruosas,
como podes tolerá-las, como consegues suportá-las?
Eu louvo.
Mas os mistérios, que anônimos e sem-nome,
como podes ainda, poeta, invocá-los?
Eu louvo.
Mas que direito, em todos os seus disfarces e em todo tipo de máscara,
podes presumir permanecer verdadeiro?
Eu louvo.
E como tanto a quietude quanto a turbulência
sabem que você gosta de estrelas e tempestades?
Eu louvo.[594]

18. A VIDA DE ORAÇÃO: A POESIA DA ESPERANÇA

Uma imaginação cristã, nas suas múltiplas formas, desafia a tediosa imaginação tecnocrática. Nas palavras de William Blake: "Onde outros veem apenas a aurora cobrindo a colina, eu vejo a alma de Deus gritando de alegria!".[595] Vemos e contemplamos um mundo de dádivas, não apenas de objetos para serem consumidos. Na liturgia, nossa vida está orientada para a derradeira alegria e liberdade, e não sujeita apenas ao cálculo utilitarista.

Como demonstrei, aquilo que uma imaginação religiosa subverte não é tanto o secularismo quanto o fundamentalismo, a "mentalidade unívoca" de Lynch. A maneira redutora e mesquinha de ver a realidade cega-nos para as sugestões do transcendente e suprimem o impulso de venerar aquele que nos torna livres. Quem quer que seja importunado por questões extremas – Por que existe algo em vez de nada? Em que consiste a felicidade humana? O que significa amar? – pode ser nosso aliado, mesmo que adira a outras crenças ou a nenhuma. Quem quer que seja fiel à complexidade da experiência humana, às suas alturas e profundezas, às dores e ao êxtase, pode ajudar os cristãos a compreender melhor o que significa escolher a vida. E, se prestarmos atenção aos que são sábios em tais matérias, talvez eles prestem atenção em nós.

Como conseguiremos manter fresca uma imaginação cristã, quando somos assaltados, o dia todo, pela banalidade? Como poderemos preservar um ouvido afinado para a beleza dos convites de Deus a partilhar a sua vida, quando somos martelados por uma incessante enxurrada de correios eletrônicos, blogues, anúncios publicitários, que nos convidam a ver o mundo de uma forma puramente utilitária, como material de consumo, pequenos desejos em busca de satisfação? Uma hora na igreja, todos os domingos, não será suficiente. O americano médio vê televisão durante mais de cinco horas por dia. A "globalização da superficialidade" é como uma manta de amianto, que abafa o fogo de uma imaginação viva.

Sabemos que a Terra é redonda, mas vivemos como se ela fosse plana e que, se formos longe demais, cairemos pela borda. É difícil manter viva outra percepção da realidade e do destino humano. Visitei um priorado dominicano, dentro de uma famosa universidade pertencente à Ivy League, e fiquei chocado com os tapetes caros espalhados pelo chão. Quando interpelei os confrades, eles responderam que todos os membros da congregação tinham aquilo. Estavam apenas se adaptando – justamente o que não deveriam ter feito! No ruído e no alvoroço da noite de Londres, os rouxinóis aprenderam que têm de cantar mais forte, se querem ser ouvidos.[596] Por isso, também nós, cristãos, devemos entoar, com maior ousadia, o nosso canto contracultural.

O modo tradicional como os cristãos resistiram ao impulso gravitacional da banalidade foi reservar momentos do dia para recitar ou cantar poesia. Durante dois milênios, a Igreja manteve viva a imaginação contracultural, mediante cantos e poemas, em especial os Salmos – poemas indomáveis, por vezes beligerantes e, frequentemente, belos. Eles arrancam-nos do modo banal e utilitário de ver a nossa vida. Os membros das ordens religiosas reúnem-se várias vezes por dia para cantar cânticos que nos sacodem do "senso comum" da nossa sociedade. Milhões de leigos rezam o breviário conosco ou sozinhos.

O canto dos Salmos foi vital e tonificante para os nossos antepassados, quando a nossa fé era ainda mais contracultural. O canto regular dos Salmos começou, provavelmente, durante o exílio de Israel na Babilônia, no século VI a.C. O Templo de Jerusalém fora destruído e, por isso, os sacrifícios não podiam ser oferecidos. O Deus de Israel parecia ter-lhes falhado. A pressão para eles se ajustarem à fé dos seus conquistadores era quase irresistível. A única maneira de manter viva a esperança era cantar os Salmos e compor outros novos. Eles foram sustentados pela sua poesia! Mas enfrentaram um dilema, porque seus conquistadores escarneciam repetidamente deles por entoarem essas canções tolas acerca do seu Deus fracassado e da sua ridiculamente pequena colina de Sião. O Salmo 137 enuncia o choque de imperativos que intimamente os dilaceravam. Como eles podiam cantar para seus desdenhosos conquistadores? Mas tinham de cantar, para suportar a desolação do exílio.

> Na beira dos rios de Babilônia, nós nos sentamos a chorar, com saudades de Sião.
> Nos salgueiros ali perto penduramos nossas cítaras.
> Lá os que nos tinham exilado pediam cânticos, canções alegres, os nossos opressores:
> "Cantai para nós um cântico de Sião!"
> Como cantar os cânticos do Senhor em terra estrangeira?
> Se eu te esquecer, Jerusalém, fique paralisada a minha mão direita;
> minha língua fique colada ao paladar se eu perder tua lembrança, se eu não puser Jerusalém acima de qualquer outra alegria.

O canto da poesia de Israel susteve igualmente os primeiros cristãos, durante os longos anos da perseguição imperial. Quando Constantino, pelo Édito de Milão de 313 d.C., garantiu a tolerância do Cristianismo, o radicalismo da vocação cristã começou a esmorecer. Nossa fé tornou-se normal, entrou na moda, amortecendo o seu desafio; por isso, homens e mulheres retiraram-se para os desertos do Egito e da Síria, a fim de viverem um severo discipulado de ascese, cantando os Salmos, frequentemente recitando o saltério inteiro, todos os dias. Isso amparou a sua imaginação contracultural cristã. Foi no deserto, e com os leigos reunidos nas catedrais, que nosso breviário começou a ganhar forma.

Quando o Império Romano ruiu e a Europa entrou numa era obscura de caos e barbárie, a imaginação cristã manteve-se viva nos mosteiros que seguiam a Regra de São Bento, a qual formalizava algo de muito semelhante ao nosso atual breviário. Durante os confusos séculos V e VI, esses antigos poemas bíblicos mantiveram acesa a chama de outra imaginação, até que uma nova Europa cristã pôde nascer.

O filósofo escocês Alasdair MacIntyre traçou um paralelismo entre a barbárie dessa época de trevas e os nossos tempos confusos. Precisamos também de um moderno São Bento, afirmou ele: "Desta vez, porém, os bárbaros não estão esperando além das fronteiras; já estão nos governando há muito tempo. E é a nossa falta de consciência disso que constitui parte dos nossos problemas. Estamos esperando, não Godot, mas outro – sem dúvida bem diferente – São Bento".[597] Em todas as épocas em que a nossa fé remou contra a corrente – e, até certo ponto, sempre o faz –, respondemos com a poesia, a velha poesia dos Salmos, e também com novos poemas. Tive de explicar a alguns visitantes do nosso convento de Blackfriars que o Ofício Divino não é o lugar onde o Papa desenvolve a sua atividade, mas a ocupação diária que liberta a nossa imaginação da banalidade.

A bênção das horas do dia.
Nos desertos do coração
Deixa manar a fonte que cura,
Na prisão dos seus dias
Ensina o homem livre como deve louvar.[598]

Há quem ache que uma outra poesia pode ensinar-nos melhor a louvar; e, todavia, a recitação diária dos Salmos ainda anima a imaginação de milhões de cristãos; por isso, perguntar o porquê deles é uma boa maneira de concluir este livro.

Por que os Salmos?

Por que continuamos a cantar os Salmos, mais de dois mil e quinhentos anos após o exílio de Babilônia? Eles estão cheios de crua e áspera paixão, e não são politicamente corretos. Às vezes, divirto-me a olhar para os meus confrades, quando recitam: "Moab é a bacia em que me lavo, sobre a Idumeia lançarei minhas sandálias, sobre a Filisteia cantarei vitórias" (Sl 60,10). Sentamo-nos no coro, tão contentes e satisfeitos como gatos ronronando: "Eu os calquei [os meus inimigos] como a poeira do chão, pisei neles como no barro das ruas" (Sl 18,43).

Muito brevemente, já que essa questão mereceria um livro inteiro, eles estão cheios de paixões ferozes que podemos não sentir ou que reprimimos. Mas o propósito dos Salmos não é expressar o que eu sinto, mas abrir o alcance dos meus sentimentos. Eu não grito espontaneamente: "Até quando, Senhor?" (Sl 13,1), mas os meus confrades dominicanos no Iraque gritam! Os jovens no Iraque nunca conheceram a paz, desde o começo da guerra entre Irã e Iraque, em 1980. Até hoje eles suportam guerra, sanções, invasões, o Estado Islâmico, os atentados suicidas. Com eles devo gritar: "Até quando, Senhor?". Se não o fizer, porque a minha vidinha está segura e a salvo, então, devo ter esquecido quem sou, ou seja, irmão deles. Muitos dos Salmos clamam por vingança. Esse desejo pode ser feio, mas espreita no coração de milhões que, pela guerra e pela violência, foram expulsos de seu país e perderam os seus entes queridos. É um sentimento condenado por Jesus, mas como poderemos superá-lo, se não o reconhecermos?

Embora muitos Salmos estejam repletos de raiva e desespero, sempre terminam (com uma exceção) com uma nota de esperança e louvor. Expressam raiva de uma forma muito real. Quando sofremos, talvez estejamos enfurecidos com Deus. Como Deus permitiu que isso me acontecesse? A Igreja não diz, como o ex-Primeiro-ministro britânico David Cameron a uma deputada: "Acalme-se, querida". Diz: "Deixe sua raiva sair. Temos as melhores palavras para ajudá-lo a fazer isso". Quando nos sentimos abandonados, sozinhos e decepcionados, podemos repetir as palavras que Cristo gritou na cruz: "Por que me abandonaste?" (Sl 22,2). As palavras do Salmo exprimem e abraçam essa raiva para que não fiquemos isolados, porque as palavras são partilhadas por cristãos e judeus, em todo o mundo e ao longo dos tempos. Não estamos sós na nossa fúria.

Na véspera da morte de meu pai, toda a minha família – a minha mãe, com os seis filhos – reuniu-se à volta do seu leito. Eu acabara de chegar de Jerusalém e, por isso, o único livro de orações que tinha à mão era o meu breviário. Ele circulou entre nós, que nos revezamos para recitar os Salmos. A Igreja forneceu-nos as palavras necessárias para expressarmos as nossas emoções confusas, vencendo a nossa timidez num momento solene como aquele. Acolhemos a poesia, composta há milhares de anos no Oriente Médio, para dar voz ao que sentíamos e não sabíamos como dizer. Estávamos em comunhão com todos os nossos irmãos e irmãs ao redor do mundo e ao longo dos séculos, que choraram ou se enfureceram, lamentando a perda dos seus entes queridos. Mas esses cantos não nos deixam ali parados. O cantor é transportado pelo movimento do canto, é arrancado do sofrimento e introduzido na alegria, como uma onda que transporta o surfista para a segurança da praia. Não há uma explicação. Apenas acontece. Essa é a estrutura de cada Salmo e de todo o saltério, que se fecha com exuberantes Salmos de louvor. "Tudo o que respira louve o Senhor!" (Sl 150,6). Se você consegue exprimir a sua tristeza ou infelicidade, talvez esteja pronto para ir além dela. Cada Salmo tem uma espécie de dinamismo esperançoso, ao qual você pode se render.

O teólogo e pastor batista Ian Stackhouse aduz o exemplo comovedor do filme *O Homem elefante*, que se situa no século XIX.[599] Um homem, horrivelmente desfigurado, uma aberração de circo, passa a ser cuidado pelo médico Frederick Treves. O "homem elefante", John Merrick, nunca profere uma palavra. Algumas pessoas pensam que ele não é realmente humano. Treves está convencido de que, apesar da total ausência de reação, está ali um ser humano como ele próprio. Justamente no momento em que está prestes a abandonar todas as tentativas de se comunicar, o homem fala perfeitamente, citando o Salmo 23:

> O Senhor é o meu pastor, nada me falta.
>
> Ele me faz descansar em verdes prados, a águas tranquilas me conduz.
>
> Restaura minhas forças, guia-me pelo caminho certo, por amor do seu nome.
>
> Se eu tiver de andar por vale escuro, não temerei mal nenhum, pois comigo estás.
>
> O teu bastão e teu cajado me dão segurança.

Embora estivesse, aparentemente, aprisionado no silêncio, durante todo o tempo ele fora alimentado por palavras vivas, compostas há milhares de anos. Ele sabia "de cor" as palavras, e estas configuraram um coração para a esperança.

O canto dos Salmos interrompe o fluxo do dia. Dorothy Day confessava, no seu diário: "A Senhorita Jordan disse-me que eu olho para as pessoas como se elas fossem roubar-me cinco minutos do meu tempo! Fico muito triste que ela tenha essa impressão".[600] Tenho certeza de que eu também passo essa impressão quando a campainha me chama, quatro vezes ao longo do dia, para cantar o Ofício Divino. Normalmente, isso acontece quando estou cheio de motivação para a escrita. Parece-me um desperdício pisar no freio quando, finalmente, a inspiração chegou. Ou, então, é justamente no momento em que preciso de um cochilo ou sinto vontade de dar uma volta. Mas a importância e o significado desses momentos de poesia consistem precisamente em interromper a nossa vida e lembrar-nos da meta derradeira de toda a existência humana: o louvor de Deus. Eis o termo à luz do qual são avaliados e julgados todos os outros propósitos. Quatro vezes por dia, na minha comunidade, interrompemos todas as coisas importantes que estivermos fazendo – preparando conferências, tirando um cochilo – para nos lembrarmos da finalidade de tudo isso.

Na realidade, não é exatamente assim. Como membros da Ordem dos Pregadores, devemos, às vezes, dar a prioridade à missão e não participar das orações comunitárias. Santo Tomás de Aquino afirma que, uma vez, não assistiu ao ofício da Quinta-feira Santa para responder a uma carta urgente do Mestre da Ordem,[601] uma resposta rápida que eu nem sempre recebi durante o tempo em que desempenhei esse cargo! Quando é necessário responder a alguém ou pegar um trem para ir rezar, certamente, a pessoa deve se ausentar do coro; ou até, às vezes, se estiver exausta. Mas isso não elimina o ponto fundamental, a saber, que o padrão partilhado dos nossos dias é, de vez em quando, interrompido quando a comunidade se junta para louvar o Senhor – a fruição mais importante de nossa vida. A evocação da nossa meta derradeira precisa da elevação da poesia para nos libertar da superficialidade da vida de todos os dias.

Não importa se, às vezes, a mente de alguém está vazia ou se ele pende com sono. É um preconceito da nossa cultura ocidental pós-cartesiana que algo verdadeiramente importante só acontece se ocorrer na nossa cabeça: *Cogito ergo sum*. Muitas vezes, mostramos o que é importante simplesmente pelo que fazemos. Escrevemos um cartão de aniversário para nossa mãe, fazemos compras para os doentes, cozinhamos para os nossos amigos, e assim por diante. Não interessa o que estávamos pensando naquele momento. Tais ações indicam para onde a nossa vida se encaminha. Mostramos isso indo ao coro, mesmo quando isso nos parece uma perda de tempo, mesmo se estamos morrendo de sono. Disse um monge egípcio: "Se eu vir o meu irmão cair no sono, segurarei a sua cabeça e colocá-la-ei gentilmente no meu colo".[602] Nunca fui assim tão longe. Quando Santa Teresa de Lisieux era criticada por adormecer no coro, replicava que uma mãe ama o seu filho, mesmo quando ele dorme.

Cantos de esperança

Ian Stackhouse descobriu a beleza da Liturgia das Horas quando entrou na Igreja Saint-Gervais [São Gervásio], em Paris, onde centenas de pessoas se juntam no canto diário da oração da manhã e da tarde. Ele escreveu, depois, o melhor livro sobre oração do breviário que eu conheço, o qual me foi de imensa ajuda na preparação deste capítulo.[603] Ele faz esta afirmação surpreendente: "Parece-me que a batalha pela civilização irá girar em torno do desafio, insultuosamente simples, de viver bem cada dia".[604] Um dia não é feito apenas das vinte e quatro horas do tempo cronológico, com o seu incansável tique-taque progressivo. É marcado pelo nascer e pôr do sol, pelo sol para o qual nos voltamos na celebração, evocando Cristo que chega para irradiar luz na nossa vida, e cuja vinda final aguardarmos. Cada momento do dia tem o seu significado: a alvorada, o meio-dia, a tarde e a noite. Cada um deles fala-nos do modo como vivemos a jornada de uma vida humana e avançamos, respondendo aos convites do Senhor.

O Papa Francisco fez uma intrigante, embora levemente enigmática, observação acerca da prioridade do tempo sobre o espaço na imaginação cristã: "Recusemo-nos a ser privados da esperança ou a permitir que a nossa esperança seja esmaecida por respostas e soluções fáceis, que bloqueiam o nosso progresso, 'fragmentando' o tempo e transmutando-o em espaço. O tempo é sempre muito mais amplo do que o espaço. O espaço endurece os processos, ao passo que o tempo impele para o futuro e encoraja-nos a avançar na esperança".[605]

A estrutura cristã do tempo, o ano litúrgico e a liturgia das horas diária, mantêm vivo em nós o instinto de peregrinação. O tempo cristão é um tempo esperançoso.

Um mantra da época atual é o que nós devemos viver no instante presente. Este momento é o único que existe. Viva agora! "O presente é o presente de Deus", e assim por diante. Mas o que é este momento presente? Santo Agostinho afirma nas suas *Confissões* que, no instante em que começamos a pensar sobre ele, ele se subtrai à nossa compreensão. "O que agora parece claro e evidente para mim é que nem o futuro, nem o passado existem, e é impróprio dizer que há três tempos: passado, presente e futuro. Talvez fosse mais correto dizer: há três tempos: o presente do passado, o presente do presente e o presente do futuro. E essas três espécies de tempos existem em nossa mente, e não as vejo em outra parte. O presente do passado é a memória; o presente do presente é a percepção direta; o presente do futuro é a esperança".[606]

Só conseguiremos viver o momento presente com esperança, se a nossa relação com o passado e com o futuro for sadia, de modo a lembrar-nos bem, a vivermos na expectativa e, por isso, estarmos agora em paz. Henri Lacordaire, um dominicano francês do século XIX, é muitas vezes citado como tendo dito: "Entre o passado, onde estão as nossas memórias, e o futuro, onde se situam as nossas esperanças, existe o presente".

Stackhouse afirma que a estrutura da Liturgia das Horas ajuda-nos a viver bem um dia, a recordar o passado nas Vésperas, a esquecê-lo e abandoná-lo nas Completas para podermos dormir, a virar-nos para o futuro nas Laudes, e assim, na oração da Hora Média, a viver agora. Cada um desses momentos de oração tem o seu jubiloso cântico do Novo Testamento – o *Magnificat* de Maria, o *Nunc dimittis* de Simeão, o *Benedictus* de Zacarias –, o que confere uma cor especial a cada uma dessas horas, expressando cada uma a sua esperança particular. A única exceção é a oração da Hora Sexta, ao meio-dia em ponto, quando os cristãos recordam a crucificação, quando o tempo aparentemente parou e é difícil encontrar esperança.

A Liturgia das Horas não expressa apenas a nossa esperança. Vivemos num tempo configurado e moldado pela esperança. No livro *Animal Dreams* [Os sonhos dos animais] de Barbara Kingsolver, vislumbramos a que isso se assemelha: "Codi, eis o que decidi: o mínimo que você pode fazer na sua vida é imaginar aquilo que espera. E o máximo que você pode fazer é viver dentro dessa esperança. Não a admire a distância, mas viva nela, sob o seu teto... Agora mesmo eu estou vivendo nessa esperança, correndo pelos seus corredores e tocando nas paredes de ambos os lados. Não consigo nem dizer como isso é bom".[607]

A Liturgia das Horas modela uma esperança que podemos habitar, tocando nas paredes de ambos os lados. Não é apenas para o futuro, mas a nossa atmosfera presente, o ar vivo que respiramos.

No Gênesis, cada dia começa com a tarde: "Assim, surgiu a tarde e, em seguida, a manhã: foi o primeiro dia" (Gn 1,5). O mesmo acontece ainda com a vigília de todas as grandes festividades da Igreja Católica. Quando chega a aurora, ela é uma dádiva para aquilo que esperamos. Iremos olhar o "insultuosamente simples desafio de viver bem um dia", começando pelas Vésperas ou canto vespertino.

Assim, surgiu a tarde...

O dia bíblico começa à tarde, mas nenhuma tarde é um começo absoluto. Michel de Certeau, sj, escreveu que, "apesar da ficção persistente, nunca escrevemos numa página em branco, mas sempre numa página na qual já se escreveu".[608] Quando vivi em Roma, encorajei os membros do conselho geral a juntarem-se a mim para uma bebida, à tarde, para partilhar o que acontecera ao longo do dia. Sentar no terraço sobranceiro a Roma, partilhando o que havia acontecido de bom ou de ruim, ajudava-nos a nos despedir do dia e seguir adiante. Precisamos partilhar as alegrias de cada dia, mas também os momentos difíceis e as frustrações; caso contrário, eles vão nos assombrar e não seremos livres para viver o agora e seguir em frente.

O cântico das Vésperas, o *Magnificat*, é o cântico de uma jovem grávida no início de uma vida dramática, que será cheia de sofrimento e de alegria, da morte prematura e humilhante do seu filho e da assombrosa nova vida da Ressurreição. Mas essa jovem prepara-se para essa vida inimaginável, recordando os grandes feitos que o Senhor fez por ela e por Israel. Recorda as promessas do Senhor. É somente com essa memória que ela consegue viver esse estranho momento que é o presente, sua gravidez misteriosa, e enfrentar o futuro desconhecido.

A minha alma glorifica o Senhor
E o meu espírito se alegra em Deus, meu Salvador.
Porque pôs os olhos na humildade da sua serva:
De hoje em diante me chamarão bem-aventurada todas as gerações.
O Todo-Poderoso fez em mim maravilhas:
Santo é o seu nome.
A sua misericórdia se estende de geração em geração
Sobre aqueles que o temem.
Manifestou o poder do seu braço
E dispersou os soberbos.
Derrubou os poderosos de seus tronos
E exaltou os humildes.
Aos famintos encheu de bens
E aos ricos despediu de mãos vazias.
Acolheu a Israel, seu servo,
Lembrado da sua misericórdia,
Como tinha prometido a nossos pais,
A Abraão e à sua descendência para sempre
(Lc 1,46-55).

Também nós ousaremos agarrar o momento presente e o seu futuro desdobramento, se recordarmos que não temos de nos lançar a partir do zero. Recordamos as grandes coisas que o Senhor fez por nós e pelos nossos predecessores em Jesus Cristo. Somos apanhados na maré da relação amorosa de Deus com a humanidade que começou há muito tempo e nos impele para a frente.

Maria exulta no Senhor com um canto novo, mas nem esse canto é um começo absoluto, pois evoca os cantos dos seus antepassados, sobretudo o de Ana, que rejubilou com a sua gravidez (1Sm 2). Só Deus pronuncia uma palavra que é absolutamente nova. Nossas palavras são a herança do passado, dos cantos de Israel, e grávidas de futuro. Quando o filósofo francês Michel Foucault, numa ocasião solene, deu a sua lição inaugural no Collège de France, percebeu o peso e a responsabilidade de quebrar o silêncio e dar início ao seu ensino:

"Ao invés de tomar a palavra, gostaria de ser envolvido por ela e levado bem além de todo começo possível. Gostaria de perceber que no momento de falar uma voz sem nome me precedia há muito tempo: bastaria, então, que eu encadeasse, prosseguisse a frase, me alojasse, sem ser percebido, em seus interstícios, como se ela me houvesse dado um sinal, mantendo-se, por um instante, suspensa".[609]

Nós, cristãos, atrevemo-nos a falar, porque nos lembramos de que as nossas palavras "encadeiam-se", "prosseguem a frase", na longa conversação de Deus com a humanidade.

Nem todas as memórias são boas. Algumas precisam ser enfrentadas com coragem. A grande oração que abarca as nossas memórias mais dolorosas é a Eucaristia, a qual foi, na sua origem, uma oração vespertina, antes de se ter tornado o sacrifício matutino dos cristãos.[610] Jesus celebrou a Última Ceia na noite antes de morrer, e foi no crepúsculo, em Emaús, quando o dia já estava no ocaso, que ele partiu o pão para os discípulos que tinham fugido de Jerusalém (Lc 24,29). As celebrações caóticas e embriagantes da ceia do Senhor, em Corinto, que Paulo tão asperamente critica (1Cor 11), tinham lugar, provavelmente, no fim da tarde.

Na Eucaristia recordamos não só o dom que Jesus nos faz do seu Corpo e do seu Sangue, mas também o fracasso dos discípulos e, acima de tudo, a negação do Senhor por Pedro. O registro mais antigo dessa memória dolorosa encontra-se no Evangelho de Marcos, escrito mais de trinta anos após a Ressurreição. Se Paulo tivesse conhecido o texto, teria decerto martelado Pedro pelo seu fracasso. Foram necessários todos esses anos para que a Igreja ousasse recordar tudo o que aconteceu naquela noite. Se a tradição estiver correta, que o Evangelho de Marcos narra as memórias de Pedro, então o próprio Pedro ousou quebrar o silêncio e falar da sua vergonha. Talvez isso tenha sido necessário naquele momento, porque muitos cristãos fracassaram no tempo da perseguição que Nero moveu à Igreja, no ano 64 d.C.[611] Alguns abandonaram a fé e outros atraiçoaram os seus irmãos e irmãs. A memória que Pedro partilhou da sua vergonha passada ajudou-os a encarar a sua própria com esperança e a seguir em frente.

Orientei um retiro no velho seminário da diocese de Colônia, na Alemanha. A capela é dedicada a Santa Teresa Benedita da Cruz (a filósofa judia Edith Stein, depois da sua adesão à fé cristã e de se ter tornado monja carmelita). É perturbador descobrir que essa capela foi planejada para evocar a câmara de gás em que Edith morreu, em Auschwitz, em 1942. Foi construída cerca de trinta e cinco anos após o fim da guerra. Foi preciso todo esse tempo para se ousar trazer à memória as coisas terríveis que tinham acontecido, o mesmo tempo de que os discípulos precisaram, antes de poderem recordar o que tinham feito ao Senhor. Foi preciso todo esse tempo para que os alemães recordassem plenamente os crimes dos nazistas, e para que os franceses enfrentassem a colaboração de tantos com esse regime brutal. Como britânico, pergunto-me se já nos atrevemos a rememorar os bombardeamentos sistemáticos a cidades alemãs inteiras, originando incêndios que incineraram centenas de milhares de pessoas inocentes. Um confrade irlandês disse-me, certa vez: "O problema é que vocês, ingleses, nunca se lembram, e nós, irlandeses, nunca esquecemos!". Se isso é verdade – e quem sou eu para negar? –, então, os ingleses deveriam ir às Vésperas com mais frequência e os irlandeses às Completas, como veremos!

Assim, ao fim da tarde, nas Vésperas e na Eucaristia, seja qual for a hora em que é celebrada, ousamos recordar quem somos e o que fizemos para podermos deixar para trás o passado, e vivermos agora e adiante. Lembramos igualmente as histórias que nos importunam, as histórias que possuímos, mas que também nos possuem. Penso num antigo confrade que encontrei nas Caraíbas, que nunca deixou de se indignar por não lhe ter sido concedida a oportunidade de fazer o doutorado. Deixe isso para lá!

Podemos recordar e ser livres, porque essas não são apenas as nossas histórias pessoais para serem suportadas sozinhas, mas pequenas histórias dentro de uma grande e abarcante história das grandes coisas que o Senhor fez por nós. Pedro pôde atrever-se a reviver seu fracasso, porque não é uma história privada de vergonha, mas um incidente na boa-nova do Evangelho. Todas essas memórias, as que ousamos enfrentar e as que nos mantêm cativos, podem ser colocadas sobre o altar, no ofertório, e ali deixadas, para que, no final da Eucaristia, possamos sair em liberdade.

E surgiu a noite...

Nas Vésperas, deixamos para trás, recordando. Nas Completas, no final do dia, efetuamos um abandono mais radical, mediante o esquecimento. O seu cântico é o canto do velho Simeão. Ele esperou e manteve-se vigilante, aguardando a vinda do Senhor ao templo. Agora, na velhice, pode abandonar a sua vida:

> *Agora, Senhor, segundo a tua palavra,*
> *deixarás ir em paz o teu servo*
> *(Lc 2,29).*

Se vamos dormir, devemos deixar o dia ir embora. Devemos nos libertar do controle e entregar tudo a Deus. Em tom de gracejo, o Papa João XXIII referiu que, todas as noites, dizia a Deus: "O Papa agora tem de ir dormir, e cabe a vós, ó Deus, olhar pela Igreja, durante algumas horas". Escreve Stackhouse: "O tempo noturno representa a derradeira heresia para os modernos: obriga-nos a parar. Para dormir bem, há que renunciar, deixar para trás. E como deixar para trás é algo em que não somos bons, muitos de nós não dormem bem".[612]

Temos de desistir dos cuidados e das preocupações do dia. Quando alguém acorda às 3 da manhã, como frequentemente acontece comigo, quando estou preocupado com o que vem a seguir – as conferências para as quais não tenho ideias, este livro, as esperanças das pessoas a quem não quero desapontar –, é preciso deixar tudo nas mãos de Deus e aceitar a sua dádiva do sono. Jesus dormiu no barco em plena violência da tormenta, enquanto os discípulos entravam em pânico.

É preciso deixar de lado as irritações e as raivas do dia. Diz São Paulo: "Que o sol não se ponha sobre o vosso ressentimento" (Ef 4,26). No seu livro sobre a vida comunitária, Dietrich Bonhoeffer admoesta: "Esta é uma regra fundamental da comunhão cristã: toda separação ocorrida durante o dia tem que ser sanada à noite. É perigoso para o cristão deitar-se de coração não reconciliado".[613]

Mergulhar todas as noites no sono é uma imagem do derradeiro deixar ir, que é a morte. Alguns monges e monjas, no passado, dormiam nos seus caixões. Lembremo-nos de que, um dia, temos de nos abandonar àquela a que São Francisco de Assis chamava "Irmã Morte". Muita gente precisa de permissão para partir, como fez Simeão ao ver Cristo criança. Ao regressar de Lourdes, cheguei a tempo de estar com a minha mãe quando ela se aproximava da morte. Ela era uma pessoa dócil. Estava pronta para a morte, e gracejava, comentando por que Deus demorava tanto; mas, quando chegou a hora, teve necessidade de que alguém lhe dissesse: "Está tudo bem, pode ir agora" – e eu estava lá para isso. Eis a nossa derradeira obediência. Alguém, espero, igualmente me dirá: "Timothy, pode partir".

Só vivemos realmente o agora se encararmos a nossa mortalidade. Enquanto a morte permanece apenas uma possibilidade teórica, não compreendemos o dom absoluto de estarmos vivos agora e, portanto, preparados para a dádiva da vida eterna. Fui pela primeira vez a Bagdá no tempo de Saddam Hussein, em 1998. Havia uma zona de exclusão aérea sobre todo o país e, por isso, tive de voar para a Jordânia e atravessar o deserto de carro, durante dezessete horas. Como sempre fazia antes de dormir, sintonizei o rádio no Serviço Internacional da BBC, e fiquei sabendo que, naquela noite, poderia haver um bombardeio americano e inglês sobre Bagdá. Fiquei irritado, ao pensar que poderia ser morto por uma bomba britânica. Na manhã seguinte, perguntei ao nosso confrade Yousif Mirkis, op, agora arcebispo de Kirkuk, se ele tinha ficado preocupado. Respondeu que os confrades conviviam há tanto tempo com a morte, que já não ficavam mais preocupados. O importante era se eles teriam parte na ressurreição!

"Até durante o sono, ele derrama os seus dons sobre os seus amigos" (Sl 127,2). Enquanto dormimos, a novidade germina no nosso coração e na nossa mente. Quantas vezes fui dormir tentando resolver um dilema e acordei com a resposta. "Jesus dizia-lhes: 'O Reino de Deus é como quando alguém lança a semente na terra. Quer ele esteja dormindo ou acordado, de dia ou de noite, a semente germina e cresce, sem que ele saiba como. A terra produz o fruto por si mesma: primeiro aparecem as folhas, depois a espiga e, finalmente, os grãos que enchem a espiga. Ora, logo que o fruto está maduro, mete-se a foice, pois o tempo da colheita chegou'" (Mc 4,26-29).

Ao desistirmos do controle, percebemos a secreta fecundidade da Palavra de Deus que atua em nós, então, de manhã, podemos nos abrir para o futuro.

> *Apesar de todo trabalho e cuidado do agricultor,*
> *Ele não consegue chegar até onde a semente, devagar,*
> *"Se transforma e transmuta em verão". A terra faz esse dom.*[614]

E houve uma manhã...

Nas Vésperas e nas Completas, enfrentamos "o presente do passado", ousando recordar de forma a sermos capazes de esquecer em seguida. De manhã, vivemos o "presente do futuro", nas palavras de Agostinho.

> *Agora, após a longa noite*
> *de silêncio e anseio,*
> *na minha testa, no*
> *pequeníssimo sulco da minha palma,*
> *finas linhas de orvalho*
> *se estão formando. E aquilo*
> *por que tão longamente desesperei*

> *está aqui. O sol,*
> *fiel ao seu juramento, com*
> *profecias de luz e ar*
> *desperta o horizonte.*
> *Sobrevivi*
> *afinal. Tenho uma nova*
> *aurora sobre os meus ombros.*[615]

Estamos orientados para o futuro. A edificação da Igreja é uma encarnação e materialização da esperança. Cantamos as Laudes, que significam "louvores", não porque é bom louvar a Deus, mas porque é esse o nosso destino final e a realização plena da nossa humanidade. O cântico da manhã, o *Benedictus*, é endereçado a uma criança, João, por seu pai, o velho Zacarias, porque o futuro pertence aos jovens.

> *E tu, menino, serás chamado profeta do Altíssimo,*
> *porque irás à sua frente a preparar os seus caminhos,*
> *para dar a conhecer ao seu povo a salvação*
> *pela remissão dos seus pecados,*
> *graças ao coração misericordioso do nosso Deus,*
> *que das alturas nos visita como sol nascente,*
> *para iluminar os que jazem nas trevas e na sombra da morte*
> *e dirigir os nossos passos no caminho da paz (Lc 1,76-79).*

Mark Barrett refere-se ao conceito de "mente de principiante", do mestre Zen: "O principiante, ao longo do caminho, está atento aos sinais. Não pensa que já sabe, então continua disposto e capaz de ser surpreendido. Há algo que Jung teria chamado 'puer aeternus', na pessoa cuja vida foi marinada e temperada no espírito de Deus, a 'criança eterna' que é constantemente capaz de começar outra vez".[616]

O pai do filho pródigo tem algo dessa "criança eterna", que acolhe o filho que regressa. Juntos, ambos começarão de novo, ao passo que o filho mais velho permanece enredado no passado. Teresa d'Ávila escreveu, no final da sua longa e atarefada vida: "Fomos nós que começamos a obra; cabe aos que se seguem continuar começando".[617] Cada nova geração começa de novo, não a partir do nada, mas no nosso progresso rumo a tudo.

Brian Pierce, op, conta-nos que, um dia, quando vivia num local pobre de Lima, acordou deprimido e foi dar um passeio pelos bairros sujos. Cruzou com algumas crianças divertindo-se absortas no jogo das cinco pedrinhas, ao lado do cadáver de um cão. Nesse jogo, joga-se uma pedrinha para cima e apanham-se tantas pedrinhas quantas for possível do chão, agarrando a pedrinha na volta, antes de ela cair. De repente ele percebeu que não havia pedrinhas. As crianças estavam improvisando o jogo a partir do nada, na alegria de uma nova manhã, os filhos de Deus criando *ex nihilo*, em plena brincadeira.

Jesus levantava-se muito cedo para orar (Mc 1,35). Era muito cedo, na manhã de Páscoa, quando encontrou Maria Madalena no jardim, o novo Adão no início de uma nova criação. De manhã cedo, levantamo-nos para ouvir o chamado de Deus a um discipulado renovado. Quando o Cardeal Bernardin, arcebispo de Chicago, ainda era um jovem bispo em veloz ascensão na hierarquia eclesiástica, ele não passava de um administrador eficiente, que sabia como fazer as coisas. Certa vez, jantou com três jovens sacerdotes e a conversa girou em torno da vida de oração. O jovem bispo confessou que não se dedicava muito, e pediu-lhes conselho sobre o que devia fazer. Perguntaram a ele: "Está falando a sério? Você realmente quer mudar?".[618] A reação dos jovens sacerdotes convenceu-o do que ele devia fazer. A partir desse dia, passou a levantar-se mais cedo para dedicar a primeira hora do dia ao Senhor. Isso o transformou, de simples burocrata eclesial, na pessoa santa a cujo funeral assistiram dezenas de milhares de pessoas, ao longo das ruas da cidade.

Levantamo-nos cedo para atender ao convite do Senhor a abrirmo-nos ao inesperado. Mas os seres humanos frequentemente resistem ao que é novo. Instalamo-nos nos nossos padrões habituais e nas nossas fraquezas costumeiras. A hora das Laudes abre com o "Salmo invitatório", que nos convida a escutar: "Oxalá ouvísseis hoje a sua voz! Não endureçais os vossos corações, como em Meriba" (Sl 95,7-8). Mas, como os israelitas no deserto, muitas vezes não queremos ouvir. Não queremos nem nos levantar. Mark fala, com eloquência, da "paisagem de relutância".[619] O muezim chama os fiéis muçulmanos à oração, asseverando que a oração é mais doce do que o sono. Normalmente, não é bem assim. Quando eu era um jovem frade e também fumante, a escolha difícil era aproveitar mais um minuto na cama ou levantar-me e fumar um primeiro cigarro, antes das Laudes.

Nem todos temos o mesmo estilo de vida. Alguns são cotovias e outros corujas. As Laudes matutinas não são para todos, mas a sabedoria da tradição diz que, para a maioria de nós esse é o momento em que estamos mais sintonizados com o fresco apelo de Deus. Isso não é possível se alguém tem de preparar o café da manhã para os filhos pequenos, levá-los à escola a tempo ou deslocar-se cedíssimo para o trabalho. Janet Martin Soskice, teóloga em Cambridge e mãe, assegura que muita literatura espiritual é composta por monges que não passam por estes desafios: "O que queríamos era um monge que encontrasse Deus enquanto estivesse cozinhando com um filho pedindo água, outro que precisa trocar a fralda e um bebê que regurgitou sobre o seu ombro".[620] Soskice está convencida de que lidar com a vida familiar tem a sua própria dimensão contemplativa, à medida que os pais aprendem a prestar atenção aos apelos de seu filho. Acredito que, seja qual for a nossa vida, de alguma forma, mesmo que apenas por cinco minutos, precisamos consagrar o início do novo dia.

Uma vocação não é apenas um evento único. Muitas vezes, existe o que John Hemmer, missionário de Mill Hill, denomina "o chamamento dentro do chamamento".[621] São Paulo foi chamado à fé na sua infância. Em Damasco, recebeu um apelo mais radical para também abandonar a violência, para seguir o Senhor que ele perseguira. A vocação de Isaías como sacerdote é radicalizada no seu convite a ser profeta. Madre Teresa de Calcutá respondeu ao chamado de Deus entrando na Congregação das Irmãs de Loreto, mas esse chamado foi aprofundado quando ela fundou as Missionárias da Caridade e acrescentou um quarto voto, servir os mais pobres dos pobres. Todos os monges do filme *Homens e deuses* tinham consentido na sua vocação à vida monástica. Como escrevi num dos capítulos anteriores, chega o momento em que eles se dão conta de que essa vocação exige uma generosidade mais radical do que aquela com que, de início, tinham contado. O Irmão Christophe grita: "Não me tornei monge para morrer". Replica o abade: "Mas você já entregou a sua vida".

Às vezes, é como se aparentemente alguém recebesse uma segunda vocação. Um dos meus confrades teve um casamento feliz e foi pai de quatro filhos. Sua esposa morreu quando ele estava no princípio dos seus sessenta anos, e respondeu ao chamamento para se tornar frade dominicano e sacerdote. Foi essa realmente uma nova vocação ou uma nova fase, numa resposta única ao Senhor da vida? Alimentar uma vocação significa manter o ouvido atento, todas as manhãs, ao apelo, ao passo seguinte e ao amor mais profundo.

E foi um dia...

Abrimos mão do passado, primeiro, atrevendo-nos a recordar nas Vésperas e na Eucaristia e, em seguida, esquecendo, ao mergulharmos no oblívio do sono. De manhãzinha, abrimo-nos ao futuro. Ao meio-dia, com o sol a pino no céu, aprendemos a viver, agora, a indefinível união do passado e do futuro.

Jesus foi um homem que viveu o agora. Tencionava passar por uma aldeia, mas avista o pequeno Zaqueu em cima da árvore e diz: "Zaqueu, desce depressa, pois hoje tenho de ficar em tua casa" (Lc 19,5). Ele toma posse do momento. "Hoje, veio a salvação a esta casa, por este ser também filho de Abraão." "Este é o dia que o Senhor fez, alegremo-nos e regozijemo-nos nele." E, acima de tudo, nas bem-aventuranças: "Não vos angustieis pensando: 'Que comeremos? Que beberemos? Que vestiremos?', pois são os gentios que procuram ansiosamente essas coisas. Vosso Pai celeste já sabe que tendes necessidade de tudo isso" (Mt 6,31-32). Ou como diz a piada: "Não se preocupe sobre o fim do mundo hoje. Já é amanhã na Austrália".

São John Fischer foi acordado, na Torre de Londres, no dia em que iria ser decapitado. Quando soube que a sua execução fora adiada por algumas horas, perguntou se poderia tornar a dormir mais um pouco. Isso é que se chama viver no momento presente!

Mas, como bem sabiam os padres do deserto, viver no momento presente é a mais árdua disciplina. Quando me sento na meditação, passo a maior parte do tempo pensando no café da manhã. Quando chega a hora do café da manhã, dificilmente o aproveito, porque já estou pensando no que devo dizer às pessoas com quem vou me encontrar ao longo da manhã, ou nas conferências que estou preparando. Mas, quando as pessoas chegam, só escuto metade do que dizem; minha mente já está pensando no almoço.

Tradicionalmente, o Mestre-geral da Ordem Dominicana tem um encontro de cerca de trinta minutos com cada frade, durante o seu mandato de nove anos. No final de um longo dia de conversas, no México, já quase incapaz de manter os olhos abertos, um confrade com quem eu estudara em Oxford e era meu amigo explodiu: "Timothy, você já olhou três vezes para o relógio!". Aprendi a lição e nunca mais fiz isso, embora tivesse colocado um relógio justamente atrás do assento à minha frente! O que mais me impressionou, numa longa conversa que tive com o Papa Francisco, foi ele nunca ter olhado para o seu relógio. Prestava atenção à única outra pessoa na sala.

Quando os confrades visitavam Bede Jarrett, op, o provincial da Inglaterra há cem anos, ele sempre parecia não estar fazendo nada, exceto esperar por eles. Foi um pregador famoso e orientador de retiros, autor de muitos livros e, no entanto, nunca estava trabalhando quando os irmãos iam ao seu quarto. Estava ali justamente para eles. Só depois da sua morte é que se descobriu que ele escrevia na sua gaveta – que podia ser fechada no momento em que alguém entrava. Quanto a mim, fiquei perito em dar a impressão de estar imensamente ocupado, mesmo quando estava jogando Paciência, que rapidamente sumia da tela e era substituído pelo sermão do domingo seguinte.

Para os padres do deserto, o meio-dia era o tempo da *acédia*, da "inquietude amarga".[622] Segundo Evágrio Pôntico, padre do deserto do século IV, "parece então que o sol mal se move, se é que se move, e que o dia tem cinquenta horas... e instala-se no coração do monge um ódio pelo lugar, uma aversão à sua própria vida, uma repulsa pelo trabalho manual".[623] É o que os padres do deserto chamavam de demônio do meio-dia. Rowan Williams reconheceu a tentação de pensar que, se alguém estivesse em outro lugar, tudo estaria bem. "Em qualquer outro lugar, eu poderia ser mais interessante, mais santo, mais equilibrado, mais desligado da crítica, mais disciplinado, capaz de cantar afinado e, provavelmente, também mais magro."[624]

Essa é a experiência típica da meia-idade, pouco à vontade com aquele em que alguém se transformou. Como Dante, no início de *A Divina Comédia*, quando "No meio do caminho desta vida, me vi perdido numa selva escura, solitário, sem sol e sem saída". Ele entra em si mesmo (*mi ritrovai*), como o filho pródigo entrou em si e descobriu a necessidade de ir para casa.

Os padres do deserto sabiam que, no momento de desolação, importa entrar em si mesmo, permanecer onde se está e ser aquele que se é. Disse o abade Moisés: "Sente-se na sua cela, e a sua cela lhe ensinará tudo". Se corrermos para outro lugar qualquer, seremos como uma ave que abandona os seus ovos e os impede de chocar.[625] Isso parece contradizer a esperança das Laudes, a voz do Senhor que nos convida ao que é novo. Mas, só podemos discernir o que o Senhor nos pede, se não fugirmos de nós mesmos. Se enfrentarmos a pessoa que nos tornamos, talvez escutemos o convite do Senhor a sermos quem ele nos chama a ser. Stackhouse confronta-nos com o desafio:

> Temos medo de parar; tememos a normalidade que a vida, fora da via expressa, significará; receamos a nossa própria companhia. Uma das razões de precisarmos consultar o aplicativo de mensagens, checar o e-mail ou assistir à televisão com tanta frequência é que a perspectiva de viver com nós mesmos é assustadora demais. Mas as consequências de vivermos num mundo tão acelerado estão surgindo. Em toda

parte, dentro e fora das comunidades religiosas, as pessoas começam a despertar para o fato de que esse tipo de estilo de vida não só é insustentável, mas também destrutivo.[626]

Há um meio-dia na existência de todos os que têm uma vida muito longa, quando temos de aceitar que a nossa vida já não está aberta a possibilidades infinitas. Para mim, já não é realista ter e criar um filho ou aprender mandarim, pilotar um avião, correr uma maratona ou aprender a tocar violoncelo. Bem, talvez o violoncelo. O "Sonho Americano", segundo o qual alguém pode ser o que quiser, nunca foi verdadeiro e, em determinada altura da vida, isso se torna óbvio. A pessoa que sou é fruto de inúmeras escolhas, para o bem e para o mal. Tenho de encarar essa pessoa com olhos bem abertos, porque é a pessoa que o Senhor agora ama e chama.

Para Simon Tugwell, a pureza de coração é essa clara autoconsciência na qual podemos repousar e estar em paz. Diz ele: "É o fim da tensão, embora não seja o fim da luta e da agonia. A pressão e a impureza vêm da recusa de reconhecer o que existe em nós, da determinação de tratarmos a nós mesmos como animais domesticados, em vez de vermos que somos rufiões como os demais... O caminho para a paz é a aceitação da verdade. Qualquer pedacinho de nós que nos recusamos a aceitar será nosso inimigo, forçando-nos a tomar posições defensivas. E as peças descartadas de nós mesmos rapidamente irão incorporar-se naqueles que nos rodeiam".[627]

Se nos recusarmos a reconhecer quem somos e suprimirmos a consciência dos aspectos desagradáveis de nós mesmos, acabaremos por encontrar esses fragmentos em outras pessoas e a odiá-las. Se enfrentarmos a verdade de quem somos, ouviremos o Senhor convidando essa pessoa, e não um eu qualquer inexistente e idealizado, a encaminhar-se para ele. Nesse "hoje" apreenderemos vislumbres do dia eterno que o Senhor fez e nele rejubilaremos.

Conclusão

Comecei perguntando como poderíamos despertar a imaginação de nossos contemporâneos seculares com a nossa fé cristã. Como todos somos filhos desta era e modelados pelas suas percepções seculares da realidade, também os cristãos, no esforço de viver uma vida coerente, precisam refletir sobre o modo como a luz da fé sustentará tudo o que fazemos e somos. Nada de humano é estranho a Cristo.

Afirmei que aquilo que arruína a fé em Deus não é o ateísmo ou o secularismo em si, mas aquilo a que Adolfo Nicolás, sj, chamou "a globalização da superficialidade". Toda civilização digna desse nome levanta questões fundamentais, a saber, por que existe algo em vez de nada ou onde reside a felicidade humana. Certa aplainação da imaginação, talvez devida aos modernos meios de comunicação com as suas infinitas mensagens triviais, geraram as galinhas sem asas de Flannery O'Connor e a terceira perna abstrata das galinhas de Shigeto Oshida, op. É a mentalidade unívoca, acerca da qual William Lynch escreveu de forma brilhante. Quem quer que mergulhe, com fé ou sem ela, na complexidade do ser humano, no ato de se apaixonar, no conflito de conceder o perdão, na descoberta de si como desordem e caos, na tentativa de entender a sua vida, é nosso aliado. Se atendermos à sua sabedoria, talvez eles possam se abrir à riqueza da nossa fé. Não sou perito em literatura ou em artes criativas. Apenas usei o que tinha à mão. Cada capítulo é o esboço de um livro que outra pessoa poderia ter escrito melhor do que eu.

Ao longo desta obra, vimos que, muitas vezes, é preciso desfazer preconceitos acerca daquilo em que os cristãos acreditam, se quisermos envolver-nos com os nossos contemporâneos. Não, perdoar não é esquecer; não, os ensinamentos da Igreja não são ideologia e doutrinamento. Eles libertam a mente e o coração. Não, o Cristianismo não rejeita o corpo, mas aprecia a sua santidade, e assim por diante. Em outros momentos, tentamos escapar da prisão de um quadro, deixando a mosca sair da garrafa, para nos servirmos aqui da imagem de Wittgenstein. Como nos furtaremos à sedução da violência ou ao fascínio do dinheiro, do Reino de Mamon, e às garras da imaginação tecnocrática? Como descobriremos que o estranho é nosso irmão ou irmã? Como manteremos vivo o sentido de que vivemos num mundo de dádivas e de que nem tudo é mercadoria?

Uma metáfora fundamental para esse desafio emergiu no decurso do livro: fugir do confinamento para o ar fresco. Começamos com o romance *Quarto* de Emma Donoghue, baseado na história verdadeira de uma jovem mulher, raptada e aprisionada num galpão com o seu filho Jack, que cresce pensando que toda a realidade é apenas aquele "Quarto", até o momento em que foge da prisão e descobre o mundo exterior, com o seu ar fresco e as suas cores brilhantes. Isso me tocou como uma metáfora maravilhosa da libertação da nossa imaginação das restrições da "mentalidade unívoca". Vamos do preto e branco para a cor.

Todas as crenças tradicionais são profundamente poéticas, incitando-nos à "Claraboia sem-teto. Vento que refresca o conhecimento", nas palavras de Seamus Heaney.[628] A jornada perigosa dos discípulos para Jerusalém, ignorando o que os espera, liberta-os dos constrangimentos da vida de pescadores galileus, encaminha-os, por fim, para um túmulo vazio, para a pedra que foi rolada, sendo assim transcendidas todas as cadeias. Ei-los, então, prontos para receber o ar fresco do sopro de Deus em Pentecostes.

Na imaginação cristã, o corpo não é uma prisão da qual precisamos nos libertar. O corpo está aberto ao amor do outro e à encarnação daquele que é Amor. A formação espiritual é, em grande medida, aprender a descamar os nossos olhos, a afinar o nosso ouvido, a ler as complexidades da face humana, a viver na ponta dos nossos dedos. A abertura está arraigada em nossos sentidos, que antecipadamente nos direcionam para o exterior. Uma casa verdadeiramente humana tem as portas abertas, dando as boas-vindas ao estranho. A liturgia abre uma porta para a transcendência, uma passagem entre o céu e a terra.

"Abertura" é uma das palavras favoritas dos cristãos liberais. O uso reiterado que dela fiz talvez sugira um Cristianismo insosso, em que vale tudo. De forma alguma. O caminho para uma verdadeira abertura passa, frequentemente, pelo que está ordenado e sujeito à disciplina. Assim como a poesia é um exercício altamente rigoroso que abre um buraco através das constrições de uma imaginação banal, também a liberdade e a soltura da prisão se obtêm mediante a amizade exigente e incondicional de Jesus. Para quem tem tal aptidão, isso acontece através do rigor do estudo, que abre os mistérios da presença de Deus. Minha esperança é que esse realce da abertura e da ordem proponha um caminho que ultrapasse a polarização entre conservadores e progressistas, liberais e tradicionalistas, que tantas feridas causa na Igreja.

Por fim, falei um pouco sobre o modo como podemos fomentar uma imaginação contracultural. Dedicamos mais tempo aos meios de comunicação do que a ouvir a Palavra de Deus – pelo menos é o que eu faço. Talvez seja mais fácil manter viva uma intensa imaginação religiosa, se vivermos imersos no milagre anual da fecundidade da natureza. Isso também é verdade para quem vive numa comunidade que valoriza as artes, a poesia e o canto.

Com a ajuda de um papa católico e de um ministro batista, tentei descobrir como podemos manter aberta a janela da nossa imaginação nos ciclos anual e cotidiano da liturgia. O ano litúrgico celebra como a Sabedoria ordena, "com poder e suavidade", toda a criação, rumo à sua consumação em Deus. Todos os nossos diferentes calendários estão reunidos à sombra desse arranjo fundamental da nossa vida, em vista do culto e do louvor. O tempo litúrgico está estruturado por um tempo, não homogêneo e vazio, mas de espera vigilante.

A liturgia diária das horas, como nos convida Stackhouse, ajuda-nos a viver bem cada dia, deixando para trás os fardos e as responsabilidades do passado e abrindo-nos ao dom do futuro, e a ser, assim, mais ou menos capazes de viver agora, nesse momento, atentos às pessoas diante de nós e ao que hoje nos é dado fazer. São poucos, entre nós, os que dispõem de tempo para viver a liturgia das horas e a sua renovação da nossa esperança. Mas há quem tenha outra poesia, outros cânticos, para nos oferecerem alimento, à medida que caminhamos e despertamos da sonolência da banalidade.

Tenho uma profunda consciência de que a imaginação cristã por mim esboçada é formada pela minha experiência, pelo meu catolicismo, pela minha idade e pelo meu percurso e pelo meu sexo, sendo assim bastante restrita e limitada. Tudo o que qualquer um de nós consegue fazer é acender o seu pequeno farol e esperar que outros façam o mesmo. No Peru do século XVII, como resposta ao sofrimento das populações indígenas após um terremoto, os jesuítas recolheram dos Evangelhos as sete últimas palavras de Jesus na cruz e inventaram uma nova forma de devoção, baseada nos exercícios espirituais inacianos. Era um novo e pequeno lume, que transmitia a boa-nova da Páscoa.

Cerca de um século mais tarde, em 1785, pediram a Haydn para compor uma música para essas sete últimas palavras, para a Sexta-feira Santa, na catedral de Cádiz. O seu gênio musical acendeu outro farol. Como relatei, ao visitar o meu pai já quase morrendo em 1993, ele me pediu que levasse o seu toca-discos ao hospital. Em face da morte, queria ouvir as *Sete últimas palavras* de Haydn e o *Réquiem* de Mozart. Quando me pediram para pregar sobre as Sete últimas palavras, na catedral de Seattle, o último pedido de meu pai ajudou-me a acender o meu pequeno farol, *Sete últimas palavras*.[629]

Meses depois, recebi uma carta da diretora de uma escola do Oeste da Inglaterra, informando-me que tinha pedido aos estudantes e aos docentes para escreverem um musical, baseado, em parte, no meu livro. Por fim, estavam envolvidas quatro escolas e mais de quatrocentos alunos. Fui à catedral católica de Plymouth assistir à apresentação, e fiquei surpreso. Os professores e os estudantes tinham feito algo novo, e ainda gravaram um CD,[630] a partir das últimas palavras de Jesus. Elas despertaram a criatividade, suscitaram nova poesia e novas canções. Os estudantes utilizaram alguns dos meus textos, mas as canções eram composições deles. Não entendi todas as letras. Mas isso não teve importância. Fazemos o coração das pessoas arder, com atenção e seriedade, quando soltamos a sua imaginação de maneira que nunca poderíamos ter antecipado e que nem sequer conseguimos compreender.

Notas

1. Stephen Bullivant, *Contemporary Catholicism in England and Wales: A Statistical Report Based on Recent British Social Attitudes Survey Data*, Catholic Research – forum 1. Twickenham: Benedict XVI Centre Publications, St. Mary's University, 2016.
2. Neil MacGregor, *Living with the Gods: On Beliefs and Peoples*. London: Allen Lane, 2018, p. x.
3. Memorando escrito em 23 de julho de 1857.
4. Theology and imagination, *Thought* 29/112, primavera de 1954, p. 66.
5. Adolfo Nicolás, sj, Depth, Universality and Learned Ministry: Challenges to Jesuit Higher Education Today (conferência proferida na cidade do México, em 23 de abril de 2010). Disponível em: <http://www.sjweb.info/documents/ansj/100423_Mexico%20City_Higher%20Education%20Today_ENG.pdf>.
6. Roger Scruton, *The Soul of the World*. Princeton: Princeton University Press, 2014, p. 39. [Ed. bras.: *A alma do mundo*: a experiência do sagrado contra o ataque dos ateísmos contemporâneos. Rio de Janeiro: Record, 2017.]
7. George Weigel. Disponível em: <https://eppc.org/publications/flannery-oa%C2%80%C2%99connora%C2%80%C2%99s-wingless-chickens>.
8. Emma Donoghue, *Room*. London: Picador, 2010, p. 84. [Ed. bras.: *Quarto*. Campinas: Verus, 2011.] Romance que deu origem ao filme *O quarto de Jack*, de 2015, com direção de Lenny Abrahamson, Irlanda/Canadá, 118 min.
9. *República*, 514a-520a.
10. Carta a Thomas Butts, em 22 de novembro de 1802, *Complete Writings*, Geoffrey Keynes (org.). Oxford: Oxford University Press, 1969, p. 818.
11. Seamus Heaney, The Skylight. In: *New and Selected Poems: 1988-2013*. London: Faber, 2014, p. 18.
12. Id., Lightenings. In: *Seeing Things*. London: Faber, 2010.
13. Czesław Miłosz, Ars poetica? In: *Selected and Last Poems: 1931-2004*. Robert Hass e Anthony Miłosz (orgs.). London: Penguin, 2014, p. 93.

14 G. S. Viereck, What life means to Einstein, *The Saturday Evening Post*, 26 de outubro de 1929, citado em: Nicolas Steeves, *Grâce à l'imagination: intégrer l'imagination en théologie fondamentale*. Paris: Éditions du Cerf, 2016, p. 17.

15 Robert Gilbert, *Science and the Truthfulness of Beauty: How the Personal Perspective Discovers Creation*. Abingdon/New York: Routledge, 2018, p. 9.

16 Nicholas Spencer, Voyage from faith, *The Tablet*, 14 fev. 2009, p. 9.

17 Paul Kalanithi, *When Breath Becomes Air*. London: Vintage, 2016, p. 169. [Ed. bras.: *O último sopro de vida*. Rio de Janeiro: Sextante, 2016.]

18 Zoë Heller, *The Believers*. London: Fig Tree, 2008, pp. 209-210. [Ed. bras.: *Os crentes*. Rio de Janeiro: Record, 2012.] *Mikvá* [ou mikvé] é um banho que faz parte das imersões rituais do Judaísmo. Geralmente é utilizado para purificação da mulher após a menstruação e o nascimento de um filho, e também é requerido aos que se convertem ao Judaísmo. Também praticada pelos homens antes do *Yom Kippur* e, em algumas comunidades, assume-se como um ritual semanal antes do *Shabbat*.

19 George Weigel, *Witness to Hope: The Biography of Pope John Paul II*. London: HarperCollins, 2009, p. 329.

20 *De catechizandis rudibus*.

21 Devo este pormenor a uma conversa com Denys Turner.

22 Penelope Fitzgerald, *The Knox Brothers*, introdução de Richard Holmes. London: Fourth Estate, 2013, p. 267.

23 "Zen: the mystery of the word and reality"; <http://www.monasticdialog.com>.

24 *Takemori Sōan: Teachings of Shigeto Oshida, a Zen Master*, compilação de Claudia Mattiello. Buenos Aires: Continente, 2007.

25 William Lynch, sj, *Christ and Apollo: The Dimensions of the Literary Imagination*, introdução de Glenn C. Arbery. Wilmington: ISI Books, 2004, p. 146.

26 Nicolas Steeves, *Grâce à l'imagination*, p. 234.

27 As correspondentes palavras em português são: "bolota, adicionador, cinza, faia, campainha, botão de ouro, amentilho, prímula, filhote de cisne, dente-de-leão, samambaia, avelã, urze, garça, hera, martim-pescador, cotovia, visco, néctar, salamandra, lontra, pasto e salgueiro". As novas palavras ou expressões admitidas são também comuns, atualmente, no vocabulário dos meios audiovisuais de língua portuguesa, e, frequentemente, respeitam a grafia inglesa original (Robert MacFarlane, *Landmarks*. London: Hamish Hamilton, 2015, p. 3).

28 George Eliot, *Middlemarch*. Ware, Wordsworth Classics, 1994, p. 162. [Ed. bras.: *Middlemarch*: um estudo da vida provinciana. Rio de Janeiro: Record, 1998.] Citado em: Mary C. Grey, *The Spirit of Peace: Pentecost and Affliction in the Middle East*. Durham: Sacristy Press, 2015, p. 115.

29 David Jones, *The Anathemata*. London: Faber, 1952, p. 53.

30 Pied Beauty, *Poems and Prose of Gerard Manley Hopkins*, compilação e introdução de W. H. Gardner. London: Penguin, 1985, p. 30.

31 Ele partilhou isso comigo numa conversa privada.
32 Citado por: Tim Crane, Reduced to Clear: What happens When a Religious Leader Takes on Consciousness, *Times Literary Supplement* [*TLS*], 27 jul. 2018, p. 12.
33 M. C. Howatson (org.), *The Oxford Companion to Classical Literature*. 2. ed., Oxford; Oxford University Press, 1993 (Heau'tón timōrū'menos, 77, pp. 260-261).
34 4 de setembro de 1908, *Briefe aus den Jahren 1907-1914*, publicado por: Ruth Sieber Rilke; Carl Sieber, Leipzig, Insel, 1933, p. 48. Citado em: Mark Patrick Hederman, *Dancing with Dinosaurs: A Spirituality for the Twenty-First Century*. Dublin: Columba Press, 2011, p. 84.
35 Frase que foi primeiramente atribuída a Allen Saunders.
36 Citado por: Michael D. Hurley e Marcus Waithe, *Thinking through Style: Non-Fiction Prose of the Long Nineteenth Century*. Oxford: Oxford University Press, 2018, p. 103.
37 Rose Tremain, *Music and Silence*. London: Vintage, 2000, p. 385.
38 *Adversus haereses*, IV, cap. 20.
39 De uma conferência da Irmã Mary Luke Tobin. Disponível em: <http://fatherlouie.blogspot.com/2012/12/mertons-last-words.html>.
40 *Multiple Echo*, publicado por: Fergus Kerr, op; Timothy Radcliffe, op, com prefácio de Donald Mackinnon. London: Darton, Longman and Todd, 1979, p. 1.
41 T. S. Eliot, Murder in the Cathedral, parte 1, *The Complete Poems and Plays of T. S. Eliot*. London: Faber, 1973, p. 243. [Ed. bras.: *Crime na catedral*. Rio de Janeiro: Opera Mundi, 1970.]
42 William Boyd, *Sweet Caress: The Many Lives of Amory Clay*, Londres, Bloomsbury, 2015.
43 Graham Swift, *Mothering Sunday: A Romance*, London/New York, Scribner, 2016. [Ed. port.: *O domingo das mães*. Barcarena: Editorial Presença, 2018.]
44 Frontispício. Seria interessante explorar por que Boyd deu a esta personagem um nome quase idêntico ao de um explorador americano do século XIX, que viveu na fronteira entre o mundo indígena e o faroeste americano.
45 Swift, *Mothering Sunday*, p. 132.
46 Ibid.
47 Jeanette Winterson, *Why Be Happy When You Could Be Normal?* London: Jonathan Cape, 2011, p. 168. [Ed. bras.: *Por que ser feliz quando se pode ser normal?* Rio de Janeiro: Record, 2014.]
48 Jonathan Sacks, *Not In God's Name: Confronting Religious Violence*. London: Hodder and Stoughton, 2015, p. 161. [Ed. port.: *Não em nome de Deus: como explicar a violência religiosa*. Porto Salvo: Desassossego, 2022.]
49 *Jesus Cristo Superstar*.
50 Winterson, *Why Be Happy When You Could be Normal?*, p. 23.
51 Mel McEvoy, do rascunho de um poema não publicado, citado aqui com a sua permissão.

52 M. M. Bakhtin, *Art and Answerability*. Austin: University of Texas Press, 1990, p. 1.

53 Disponível em: <https://parablesreception.blogspot.co.uk/>.

54 Neil Macgregor, *Living with the Gods: On Beliefs and Peoples*. London: Allen Lane, 2018, p. 283.

55 *The Return of the Prodigal Son*. London: Darton, Longman and Todd, 1994, p. 64. [Ed. bras.: *A volta do filho pródigo: a história de um retorno para casa*. 16. ed. São Paulo: Paulinas, 2008.]

56 The power of patience: Teaching Students the Value of Deceleration and Immersive Attention, *Harvard Magazine*, nov.-dez. 2013.

57 Exortação apostólica pós-sinodal *Verbum Domini*, Vaticano, 30 set. 2010.

58 Ben Quash, *Abiding*. London: Bloomsbury, 2012, p. 46.

59 *Not in God's Name*, p. 13.

60 Simone Weil, *The Need for Roots: Prelude to a Declaration of Duties towards Mankind*, tradução de Arthur Wills. London: Routledge, 2010, p. 14. [Ed. bras.: *O enraizamento*. Bauru: EdUSC, 2001.]

61 Id., *Waiting for God*. New York: Harper & Row, 1973, p. 112. [Ed. bras.: *Espera de Deus*. Petrópolis: Vozes, 2019.]

62 Herbert McCabe, op, *God Matters*. London: Geoffrey Chapman, 1987, p. 229.

63 Elizabeth Schüssler Fiorenza, *Discipleship of Equals: A Critical Feminist Ekklesialogy of Liberation*, New York: Crossroad, 1993. [Ed. bras.: *Discipulado de iguais: uma ekklesia-logia feminista crítica da libertação*. Petrópolis: Vozes, 1995.] Citado por: Kate Stogdon, Nothing Was Taken from Me: Everything Was Given: Religious Life and Second Wave Feminism. In: Gemma Simmonds, cj (org.), *A Future Full of Hope?* Dublin: Columba Press, 2012, p. 63.

64 Jim Forest, *At Play in the Lions' Den: A Biography and Memoir of Daniel Berrigan*. New York: Orbis Books/Maryknoll, 2017, frontispício.

65 Claire Fox, *I Find That Offensive!* London: Biteback Publishing, 2016.

66 Disponível em: <http://famouspoetsandpoems.com/poets/li_po/poems/16221.html>.

67 Walt Whitman, Song of the Open Road. In: *The Complete Poems*. London: Penguin, 2004, p. 178. [No Brasil a compilação de todas as poesias do autor intitula-se *Folhas de relva*. São Paulo: Martin Claret, 2005.]

68 Cormac McCarthy, *The Road*. Basingstoke/Oxford: Picador, 2006. [Ed. bras.: *A Estrada*. Rio de Janeiro: Alfaguara, 2007.]

69 McCarthy, *The Road*, p. 307.

70 Estas citações provêm de uma palestra não publicada que Lorde Alton de Liverpool proferiu na Pusey House, Oxford, em 25 de abril de 2017.

71 Disponível em: <http://www.ekklesia.co.uk/node/5966>.

72 Citado por: Rowan Williams, *Open to Judgement: Sermons and Addresses*. London: Darton, Longman and Todd, 1994, p. 29.

73 Charles Taylor, *A Secular Age*. Cambridge/London: Harvard University Press, 2007, p. 230. [Ed. bras.: *Uma era secular*. São Leopaldo: Unisinos, 2010.]

74 Ibid., p. 261.

75 W. H. Auden, *Selected Poems*. Edward Mendelson (org.). London: Faber, 1979, p. 50. Este poema também foi publicado na obra *Outro tempo*, traduzida por Margarida Vale de Gato. Lisboa: Relógio d'Água, 2003.
76 Fitzgerald, *The Knox Brothers*, p. 97.
77 Cf. Ceferinto Puebla Pedrosa, op (org.). *The Witnesses of the Faith in the Orient: Dominican Martyrs of Japan, China and Vietnam*, Hong Kong, província dominicana de Nossa Senhora do Rosário, 1989. A obra mostra o enorme custo colocado a uma única província da Ordem Dominicana.
78 Mary Nona McGreal, op, *Samuel Mazzuchelli: American Dominican*. South Bend: Notre Dame, 2005, p. 191.
79 Jean-Jacques Pérennès, op, *Passion Kaboul: le père Serge de Beaurecueil*. Paris: Éditions du Cerf, 2014, p. 112.
80 Ibid., p. 17.
81 São João da Cruz, Noche escura. In: *Obras completas*. Madrid, Editorial de Espiritualidad, 1957, p. 494. [Ed. bras.: *Obras completas*. 6. ed. Petrópolis: Vozes/Carmelo Descalço do Brasil, 2000.]
82 Leitura do breviário para o seu dia de festa, 1º de outubro.
83 Fitzgerald, *The Knox Brothers*, p. 80.
84 Citado por: Cardeal Murphy-O'Connor, Fiftieth Anniversary of priesthood. In: Daniel P. Cronin, *Priesthood: A Life Open to Christ*. London: St. Pauls Publishing, 2009, p. 134.
85 Ver a nota anterior.
86 Abraham Verghese, *Cutting for Stone*. London: Vintage Books, 2010, p. 6. [Ed. bras.: *O décimo primeiro mandamento*. 6. reimpr. São Paulo: Companhia das Letras, 2016.]
87 *The Cave of making.*
88 Terry Eagleton, *Radical Sacrifice*. New Haven: Yale University Press, 2018, p. 62.
89 Citado por: Jon M. Sweeney, *The Lure of Saints: A Protestant Experience of Catholic Tradition*. Cape Cod: Paraclete Press, 2004.
90 Jonathan Sacks, *Not in God's Name: Confronting Religious Violence*. London: Hodder and Stoughton, 2015, p. 201. [Ed. port.: *Não em nome de Deus: como explicar a violência religiosa*. Porto Salvo: Desassossego, 2022.]
91 The power of Boundless Compassion, conferência de Gregory Boyle, sj, no Boston College, em 25 de outubro de 2012. Disponível em: <www.bc.edu/bc-web/schools/stm/sites/encore/main/2012/Boundless-Compassion.html>.
92 Gerry W. Hughes, *God, Where Are You?* London: Darton, Longman and Todd, 1997, p. 141.
93 Madeleine Thien, *Do Not Say We Have Nothing*. London: Granta, 2016, p. 457.
94 Ben Morgan, *Late Medieval Mysticism and the Modern Self*. New York: Fordham University Press, 2013, p. 101.
95 Fiódor Dostoiévski, *The Brothers Karamazov*. San Francisco: Farrar, Straus & Giroux, 1990, pp. 252s. [Ed. bras.: *Os irmãos Karamázov*. 3. ed. 1. reimpr. São Paulo: Editora 34, 2013.]

96 Graham Greene, *The Power and the Glory* (new ed.). London: William Heinemann and Bodley Head, 1971, p. 251. [Ed. bras.: *O poder e a glória*. Rio de Janeiro: Biblioteca Azul, 2020.]
97 Ibid., p. 253.
98 Ibid., p. 264.
99 Robert Ellsberg (org.). *The Duty of Delight*: The Diaries of Dorothy Day. New York: Image Books, 2008, p. 3.
100 Citado por: Rowan Williams, *Silence and Honey Cakes: The Wisdom of the Desert*. Oxford: Lion Books, 2003, p. 82.
101 Citado por: Elizabeth Johnson, *Ask the Beasts*. London: Bloomsbury, 2014, p. 114.
102 *Macbeth*, Ato V, cena V.
103 Elizabeth Johnson, *Ask the Beasts*, p. 128.
104 Ibid., p. 155.
105 Ibid., p. 176.
106 *Summa Theologiae*, I, q1, a.2, ad. 2.
107 Lynch, *Christ and Apollo*, p. 106.
108 William Blake, Auguries of Innocence, *Complete Writings*, p. 431.
109 Thomas F. Mathew, *The Clash of Gods: A Reinterpretation of Early Christian Art* (publicação revista e aumentada). Princeton/Oxford: Princeton University Press, 1999, p. 92.
110 David Brown, *Tradition and Imagination: Revelation and Change*. Oxford: Oxford University Press, 1999, p. 94. Esta obra de Brown ajudou-me muito, nesta parte.
111 Ibid., p. 81.
112 Eusébio de Cesareia, *The History of the Church*, tradução de G. A. Williamson. London: Penguin, 1965, p. 305. [Ed. bras.: *História eclesiástica*. São Paulo: Novo Século, 2002.]
113 Ibid., p. 306.
114 Edição inglesa: *A Pax Book*, prefácio de W. K. Lowther Clarke. London: SPCK, 1931, cap. XXXVI. [Ed. bras.: *A regra de São Bento*. 4. ed. Rio de Janeiro: Lumen Christi, 2017.]
115 Olga Hartley, *Women and the Catholic Church*. London: Burns and Oates, 1935, pp. 222-223.
116 Pontifício Conselho para a Pastoral no Campo da Saúde. *Catholic News Agency*, 10 de fevereiro de 2010.
117 Robert Calderisi, *Earthly Mission: The Catholic Church and World Development*. New Haven/London: Yale University Press, 2013, p. 208.
118 Henry Marsh, *Do No Harm: Stories of Life, Death and Brain Surgery*. London: Weidenfeld and Nicolson, 2014, p. 43. [Ed. bras.: *Sem causar mal: histórias de vida, morte e neurocirurgia*. São Paulo: nVersos Editora, 2016.]
119 José A. Pagola, *Jesus: An Historical Approximation*. Tradução de Margaret Wilde. Miami: Convivium, 2009, p. 158. [Ed. bras.: *Jesus: aproximação histórica*. 7. ed. Petrópolis: Vozes, 2014.]

120 Katherine Boo, *Behind the Beautiful Forevers: Life, Death and Hope in a Mumbai Slum*. London: Portobello Books, 2012, p. 35. [Ed. bras.: *Em busca de um final feliz*. Ribeirão Preto: Novo Conceito, 2013.]
121 Richard Woods, op, *Wellness: Life, Health and Spirituality*. Dublin: Veritas, 2008, p. 10.
122 Boo, *Behind the Beautiful Forevers*, p. 119.
123 *The New Criterion*, janeiro de 1926, p. 35.
124 Clive James, *Sentenced to Life: Poems 2011-2014*. Basingstoke/Oxford: Picador, 2015, p. 8.
125 Alex García-Rivera, *St. Martin de Porres: The "Little Stories" and the Semiotics of Culture*, introdução de Robert L. Schreiter. Maryknoll: Orbis, 1995, p. 80.
126 Colações, n. 17. Citado por: Richard Woods, *Meister Eckhart: Master of Mystics*, introdução de Timothy Radcliffe. London/New York: Continuum, 2011, p. 163.
127 Jean-Dominique Bauby, *Le Scaphandre et le papillon*. Paris: Robert Laffont, 1997. [Tradução inglesa de Jeremy Leggatt, London: HarperCollins, 2008. Ed. bras.: *O escafandro e a borboleta*. 3. ed. São Paulo: WMF Martins Fontes, 2014.]
128 Kalinithi, *When Breath becomes Air* [Ed. bras.: *O último sopro de vida*. Rio de Janeiro: Sextante, 2016.]. O autor morreu em 2015, com 37 anos de idade.
129 *A Doctor's touch*. Disponível em: <https://youtu.be/sxnlvwprf_c>.
130 James, Event Horizon, in: *Sentenced to Life*, p. 15.
131 Catarina de Sena, *The Dialogue*, tradução e introdução de Suzanne Noffke, op. New York /Mahwah: Paulist Press, 1980, p. 38. [Ed. bras.: *O diálogo*. 2. ed. São Paulo: Paulus, 2021.]
132 Pagola, *Jesus*, p. 166.
133 *Othello*, Act I, sc. i. cf. Peter Murnane, op, *Archways to the Infinite: My Journey towards the Transcendent*. Mulgrave: Garratt Publishing, 2018, p. 152.
134 *Making Waves: A Thematic Review of CAFOD Supported Community Radio Projects in Latin America*. London: CAFOD, 2003, p. 19.
135 Timothy Radcliffe, op, *Take the Plunge: Living Baptism and Confirmation*. London: Bloomsbury, 2012, pp. 77-94. [Ed. port.: *Imersos na vida de Deus*. Prior Velho: Paulinas Editora, 2013.]
136 Peter Brown, *The World of Late Antiquity: AD 150-750*. London: Thames & Hudson, 1993, p. 53.
137 E. R. Dodds, *Pagan and Christian in an Age of Anxiety: Some Aspects of Religious Experience from Marcus Aurelius to Constantine*. Cambridge: Cambridge University Press, 1965.
138 Diarmaid Macculloch, *The Reformation: Europe's House Divided, 1490-1700*. London: Penguin, 2003, p. 574.
139 Samuel Earle, Vatican 2.0: How Technology Companies Think That They Can Become God, *TLS*, 17 de novembro de 2017, p. 4.
140 Isabella Tree, *Wilding: The Return of Nature to a British Farm*. London: Picador, 2018, p. 294.
141 Terry Eagleton, *On Evil*. New Haven/London: Yale University Press, 2010, pp. 60-61.

142 Javier Lesaca, On social media, ISIS uses modern cultural images to spread anti-modern values. The Brookings Institution, 24 set. 2015. Disponível em: <https://www.brookings.edu/blog/techtank/2015/09/24/on-social-media-isis-uses-modern-cultural-images-to-spread-anti-modern-values/>.

143 Jean Vanier, *Essential Writings*, compilação e introdução de Carolyn Whitney Brown. London: Darton, Longman and Todd, 2008, p. 87.

144 Clayborne Carson (org.), *The Autobiography of Martin Luther King, Jr.* London: Abacus, 2000, p. 8. [Ed. bras.: *A autobiografia de Martin Luther King*. Rio de Janeiro: Zahar, 2014.]

145 Hannah Arendt, *Eichmann in Jerusalem: A Report on the Banality of Evil*. Harmondsworth: Penguin, 1979. [Ed. bras.: *Eichmann em Jerusalém: um relato sobre a banalidade do mal*. 20. reimpr. São Paulo: Companhia das Letras, 2016.]

146 Eagleton, *Radical Sacrifice*, p. 70.

147 Thomas Merton, *Hidden Ground of Love: Letters*, compilado e publicado por William Henry Shannon. New York: Farrar, Straus and Giroux, 1985, p. 294.

148 Citado por: Sarah Tirri, *Is This the Best that God Could Do?* Marlborough: eBookIt, 2011.

149 G. K. Chesterton, On Household Gods and Goblins. In: *Coloured Lands*. NewYork: Sheed and Ward, 1938. Disponível em: <http://inamidst.com/stuff/gkc/goblins>.

150 *Undergoing God: Dispatches from the Scene of a Break-In*. London: Darton, Longman and Todd, 2006, pp. 35s.

151 Cf. Hugo Rahner, sj, *Man at Play, or Did You Ever Practise Eutrapelia?*, tradução de Brian Battershaw e Edward Quinn. London: Burns and Oates, 1965. Rahner apresenta alguns exemplos interessantes de ideias análogas no mundo clássico, que aqui não podemos explorar por falta de espaço.

152 Adrian Thatcher, *Theology and Families*. Oxford: Blackwell, 2007, p. 102.

153 John Hooper, *The Italians*. London: Penguin, 2015.

154 MacGregor, *Living with the Gods*, pp. 122s.

155 Parecer atribuído a *First Things First*. Disponível em: <http://firstthings.org/importanceof-positive-male-role-models>.

156 Dave Eggers, *What Is the What*. London: Penguin, 2008, p. 47.

157 Citado por: Seamus Perry, in: The Ear and the Air, *TLS*, 30 de novembro de 2018.

158 Henri Nouwen, *Prodigal Son*. London: Darton, Longman and Todd, 1994, p. 99. [Ed. bras.: *A volta do filho pródigo: a história de um retorno para casa*. 16. ed. São Paulo: Paulinas, 2008.]

159 Citado em: Nouwen, *Prodigal Son*, p. 36.

160 Jennifer Egan, *A Visit from the Goon Squad*. London: Constable and Robinson, 2010, (Kindle), loc. 1598. [Ed. bras.: *A visita cruel do tempo*. Rio de Janeiro: Intrínseca, 2012.]

161 Philip Larkin, This be the Verse, *Collected Poems*. New York: Farrar, Straus and Giroux, 2001.

162 Neil Postman, *The Disappearance of Childhood*. New York: Vintage Books, 1994. [Ed. bras.: *O desaparecimento da infância*. Rio de Janeiro: Graphia, 1999.]

163   Ibid., p. 67.
164   Mona Chalabi, *Guardian*, 4 nov. 2013.
165   Saint Irenaeus. Against the Heresies, Book III, Chapter 22. In: Alexander Roberts; James Donaldson (orgs.), *The Ante-Nicene Fathers: The Writings of the Fathers Down to 325 A.D.*, v. 1. Grand Rapids: W. M. Eerdmans Publishing Company, 1981, p. 455.
166   John Steinbeck, *East of Eden*, introdução de David Wyatt. London: Penguin Books, 1992, p. 215. [Ed. bras.: *A leste do Éden*. 4. ed. Rio de Janeiro: Record, 2005.]
167   Simon Tugwell, op, *Reflections on the Beatitudes*. London: Darton, Longman and Todd, 1980, p. 101.
168   C. Day-Lewis, Walking Away, *Complete Poems*. London: Sinclair Stevenson, 1992.
169   Walden, citado em: Neil Postman, *The End of Education: Redefining the Value of School*. New York: Vintage, 1996, p. 94. [Ed. bras.: *O fim da educação: redefinindo o valor da escola*. Rio de Janeiro: Graphia, 2002.]
170   Zadie Smith, *Swing Time*. London: Hamish Hamilton, 2016, p. 336. [Ed. bras.: *Ritmo louco*. São Paulo: Companhia das Letras, 2018.]
171   Steinbeck, *East of Eden*, p. 576.
172   Sian Griffiths, *Sunday Times*, 5 mar. 2017.
173   Citado em: Galen Strawson, Brimming with X: LSD, Love and Losing the "Fat Relentless Ego", *TLS*, 10 ago. 2018, p. 4.
174   Ibid.
175   Emily Dickinson, *The Complete Poems*. London: Faber, 2016, p. 288. [Ed bras.: *Poemas*. Trad. de Augusto de Campos. Campinas: Unicamp, 2008.]
176   The Benefit of Patience. In: John Henry Parker et al. (orgs.), *Library of the Fathers*, tradução pelos membros da Igreja inglesa, v. III. Oxford: Oxford University Press, 1839, p. 251.
177   Simon Tugwell, op (org.), *Early Dominicans: Selected Writings*. Mahwah: Paulist Press, 1982, p. 90.
178   Vigília de oração com os jovens, 27 jul. 2013. Disponível em: <https://www.vatican.va/content/francesco/pt/speeches/2013/july/documents/papa-francesco_20130727_gmg-veglia-giovani.html>.
179   Sermão de Allan White, op, *The Acts of the Provincial Chapter of the English Province of the Order of Preachers*. Oxford: Província Inglesa da Ordem dos Pregadores, 2000, p. 66.
180   Papa Bento XVI, *The Spirit of the Liturgy*. San Francisco: Ignatius Press, 2000, eBook, loc. 673.
181   Citado em: Rowan Williams, *Silence*, pp. 29-30.
182   *Summa Theologiae*, II-II, 73.3.
183   Hugo Rahner, *Man at Play*, p. 9.
184   Citado em: Michal Oklot, Maturing into Childhood: An Interpretive Framework of a Modern Cosmogony and Poetics, *Alif: Journal of Comparative Poetics*, n. 27, 2007, p. 135.
185   Rupert Clive Collister. A Journey in Search of Wholeness and Meaning, Berna, Peter Lang, 2010, p. 115.

186 Louise Erdrich. *The Last Report on the Miracles at Little No Horse*. London: Harper Perennial, 2002, p. 74.

187 Paul Murray, op. *The New Wine of Dominican Spirituality: A Drink Called Happiness*. London/New York: Continuum, 2006.

188 Ibid., p. 130.

189 Ibid., p. 147.

190 Citado em: Forest, *At Play in the Lions' Den*, p. xiii.

191 Joseph A. Fitzmeyer. *The Gospel according to Luke X-XXIV*. Doubleday/New York: Anchor Bible, 1985, p. 1088.

192 Henri Nouwen, *The Return of the Prodigal Son: A Story of Homecoming*. London: Darton, Longman and Todd, 1994, p. 69. [Ed. bras.: *A volta do filho pródigo: a história de um retorno para casa*. 16. ed. São Paulo: Paulinas, 2008.]

193 Gabriel Chevallier, *Clochemerle*, tradução de Jocelyn Godefroi. London: Vintage, 1936, p. 24. [Ed. bras.: *Os escândalos de Clochemerle*. Rio de Janeiro: Record, 1988.]

194 Brian Pierce, op, *Jesus and the Prodigal Son: The God of Radical Mercy*. Maryknoll: Orbis, 2015, p. 110.

195 Torch, op. (org.), Sermão para o Dia de Natal, 2012.

196 Francis Spufford, *Unapologetic: Why, Despite Everything, Christianity Can Still Make a Surprising Emotional Sense*. London: Faber, 2012, p. 45.

197 Winterson, *Why Be Happy When You Can Be Normal?*, p. 150.

198 MacCulloch, *The Reformation*, p. 600.

199 Artigo, *New York Times*, 15 abr. 2016.

200 Kindle (texto de domínio público), p. 166.

201 Susan Heller Anderson, For Edna O'Brien, Writing is a Kind of Illness, *New York Times*, 11 out. 1977.

202 Stephen Hough, *The Final Retreat*. London: Sylph Editions, 2018, p. 69.

203 Taylor, *A Secular Age*, p. 262.

204 Radcliffe, *Take the Plunge*, pp. 35-53 [Ed. port.: *Imersos na vida de Deus*. Prior Velho: Paulinas Editora, 2012, pp. 47-69].

205 Herbert McCabe, op, *Law, Love and Language*, London/Sydney: Sheed and Ward, 1968, pp. 115-124.

206 Citado por: Galen Strawson, in: Brimming with X: LSD, Love and Losing the "Fat Relentless Ego", *TLS*, 10 ago. 2018, p. 4.

207 Os ovos Fabergé são obras-primas da joalheria produzidas por Peter Carl Fabergé e seus ourives, no período de 1885 a 1917, para os czares da Rússia (fonte: Wikipédia – N.E.).

208 Elena Ferrante. *My Brilliant Friend*. New York: Europa Editions, 2012, p. 142. [Ed. bras.: *A amiga genial: infância, adolescência*. Rio de Janeiro: Biblioteca Azul, 2015.]

209 John Milbank; Catherine Pickstock, *Truth in Aquinas*. London: Routledge, 2001, p. 14.

210 Exortação apostólica *Evangelii Gaudium*, 24 de novembro de 2013, n. 284.

211 *The Poems of Rowan Williams*. Grand Rapids: Eerdmans, 2002, p. 100.

212 Shirley du Boulay, *Teresa of Avila: An Extraordinary Life*. London: Darton, Longman and Todd, 2004, pp. 250s.

213 D. H. Lawrence, Lizard, *Poems*, compilação e introdução de Keith Sagar. London: Penguin, 1975, p. 193.
214 Citado por: Chrys Mcvey, op, in: *Dialogue as Mission: Remembering Chrys McVey*, publicado por: Prakash Anthony Lohale, op; Kevin Toomey, op. Chicago: New Priory Press, 2014, p. 38.
215 *Hamlet*, Ato II, c. ii.
216 Eagleton, *Radical Sacrifice*, p. 129.
217 <www.theguardian.com/world/2015/nov/17/bataclan-paris-victimhelene-muyal-husband-antoine-leiris-killers-open-letter>.
218 Eagleton, *Radical Sacrifice*, p. 128.
219 Susan Nagelsen; Charles Huckelbury, *Secrets Shared: The Life and Work of Sister Pauline Quinn OP*. London: Dogs and Jobs, 2016.
220 Stephen Cherry, *Healing Agony: Re-Imagining Forgiveness*. London/New York: Continuum, 2012, p. 190 e passim.
221 T. S. Eliot, Gerontion, *The Complete Poems and Plays of T. S. Eliot*. London: Faber, 1969, p. 38.
222 Cherry, *Healing Agony*, p. 193.
223 Ibid., p. 67.
224 Citado por: Eagleton, in: *Radical Sacrifice*, p. 134.
225 George Herbert, do hino "Let All the World in Every Corner Sing".
226 Citado por: Eagleton, in: *Radical Sacrifice*, pp. 129s.
227 Nicholas Lash, *Believing Three Ways in One God: A Reading of the Apostles' Creed*. London: SCM Press, 1992, p. 10.
228 The Mercy of Mr. Arnold Bennett, *Fancies vs. Fads*. New York: Dodd, Mead and Company, 1923; <http://www.gkc.org.uk/gkc/books/Fancies_Versis_Fads.txt>.
229 Eagleton, *How to Read a Poem*. Oxford: Blackwell, 2007, p. 89.
230 *The Universe* (jornal católico), 5 set. 1993.
231 R. S. Thomas, Pilgrimages, *Collected Poems: 1945-1990*. London: Phoenix, 1993, p. 364.
232 Herbert McCabe, op, *Faith within Reason*, organização e introdução de Brian Davies, op. London/New York: Continuum, 2007, p. 9.
233 Cf. capítulo 1.
234 McCabe, *Faith within Reason*, p. 33.
235 Flannery O'Connor, *The Habit of Being: Letters of Flannery O'Connor*, organização de Sally Fitzgerald. New York: Farrar, Straus and Giroux, 1988.
236 Herbert McCabe, op, *God Matters*. London: Geoffrey Chapman, 1987, p. 236.
237 Erika Rummel, *Erasmus as a Translator of the Classics*. Toronto: University of Toronto Press, 1985, p. 8.
238 Thomas Kyd, *The Spanish Tragedy*, Act II, sc. i.
239 Scott Wright, *Oscar Romero and the Communion of Saints*. New York: Orbis, 2009, p. 37. [Ed. bras.: *Oscar Romero e a comunhão dos santos*. São Paulo: Paulus, 2011.]

240 Citado por: Seamus Heaney, *The Redress of Poetry*. London/New York: Farrar, Straus and Giroux, 1995, p. 4.

241 Mark Zborowski; Elizabeth Herzog, *Life is with People: The Culture of the Shtetl*, 5. ed., rev. New York: Schocken Books, 1995, p. 85.

242 Anthony Kenny, *Brief Encounters: Notes from a Philosopher's Diary*. London: SPCK, 2018, p. 97.

243 Citado por: Servais Pinckaers, op, Dialogue and Action for Peace, in: Francesco Compagnoni, op, e Helen Alford, op (orgs.), *Preaching Justice: Dominican Contributions to Social Ethics in the Twentieth Century*. Dublin: Dominican Publications, 2007, p. 141.

244 Pérennès, *Passion Kaboul*, p. 13, citando Louis Massignon.

245 Ibid., p. 101.

246 Citado por: Michiko Katutani, The Death of the Truth: How We Gave Up on Facts and Ended Up with Trump, *Guardian*, 14 de julho de 2018.

247 Dave Eggers, *A Heartbreaking Work of Staggering Genius*. London: Picador, 2007 [Ed. bras.: *Uma comovente obra de espantoso talento*. Rio de Janeiro: Rocco, 2003.]; Karl Ove Knausgaard, *My Struggle*. London: Vintage, 2013, v. 1. [Ed. bras.: *Minha luta. A morte do pai* (livro 1). São Paulo: Companhia das Letras, 2013.]

248 Wendell Berry, *Given: Poems*. Berkeley: Counterpoint, 2006, p. 127.

249 Conversa não publicada com o autor.

250 Raymond Studzinski, *Reading to Live: The Evolving Practice of Lectio Divina*. Kalamazoo: Cistercian Publications, 2009, p. 130, citado por: Joshua J. Whitfield, *The Crisis of Bad Preaching: Redeeming the Heart and Way of the Catholic Preacher*. South Bend: Ave Maria Press, 2019, p. 59.

251 *Liber Constitutionum et Ordinationum Fratrum Ordinis Praedicatorum*. Roma: Curia Generalitia, 2010, p. 77. II.

252 Day, *Duty of Delight*, (ed. Kindle), loc. 271.

253 Leonard Cheshire, *The Light of Many Suns*. London: Methuen, 1985, pp. 5-6.

254 Irmã Teresa Benedita da Cruz – Edith Stein (1891-1942), monja carmelita descalça, mártir: <https://www.vatican.va/news_services/liturgy/saints/ns_lit_doc_19981011_edith_stein_en.html>.

255 Por exemplo, a última questão da primeira parte da *Summa* é a Questão 119. O Artigo 2 pergunta se o sêmen provém de alimentos supérfluos e não da constituição física do pai.

256 <https://www.patheos.com/blogs/rogereolson/2013/01/did-karl-barthreally-say-jesus-loves-me-this-i-know/>.

257 Sobre a razão do por que isso não basta, ver McCabe, *Law, Love and Language*.

258 G. K. Chesterton, *St. Thomas Aquinas*. London: Hodder and Stoughton, 1949, p. x. [Ed. bras.: *Santo Tomás de Aquino: biografia*. São Paulo: LTr, 2003.]

259 <https://www.bbc.co.uk/news/education-47043831>.

260 Ao arrumar o meu quarto – acontecimento raro – deparei-me com um livro, do qual já não me lembrava, *No Journey will Be Too Long: Friendship in Christian Life*, de José Tolentino Mendonça, tradução de Mary John Ronayne, op, New York/Mahwah: Paulist Press, 2012 [Ed. bras.: *Nenhum caminho será longo: para uma teologia da*

261   Mendonça, *No Journey*, p. 16.

262   Cf. M.-D. Chenu, L'Orde de St Dominique: a-t-il encore sa chance? Conferência não publicada, proferida em Toulouse, 11 de outubro de 1970.

263   Denys Turner, *Thomas Aquinas: A Portrait*. New Haven/London: Yale University Press, 2013, p. 150.

264   <http://battlefields1418.50megs.com/point_du_jour.htm>.

265   Ana Carolina Hosne, Friendship among Literati: Matteo Ricci, sj (1552-1610), in: Late Ming China, *Transcultural Studies*, disponível em: <http://heiup.uni-heidelberg.de/journals/index.php/transcultural/article/view/11362/8707>; James V. Schall, sj, Matteo Ricci's "Maxims" and Friends: The Methods of the 16th-Century Jesuit Missionary to China Offer Lessons for Christians Living in Suspicious or Hostile Cultures, disponível em: <http://www.catholicworldreport.com/Item/3966/matteo_riccis_maxims_and_friends.aspx>.

266   Citado por: Schall, Matteo Ricci's "Maxims" and Friends.

267   Friendship among Literati, nota 8.

268   Hosne, Friendship among Literati.

269   Michael Fontana, *Matteo Ricci: A Jesuit, Scientist and Humanist in China*. Roma: De Luca Editori d'Arte, 2010, p. 91.

270   Jean Vanier, *Our Journey Home: Rediscovering a Common Humanity Beyond our Differences*, tradução de Maggie Parham. London: Hodder and Stoughton, 1997, p. viii.

271   Ibid., p. 33.

272   Disponível em: <http://www.jean-vanier.org/en/his_works/foundations/larcheds>.

273   Servais Pinckaers, op, *The Sources of Christian Ethics*, tradução de Sr. Mary Thomas Noble, op. Edimburgo: T. and T. Clarke, 1995, p. 434.

274   E. M. Forster, *A Passage to India*. London: Hodder and Stoughton, 2010, p. 301. [Ed. bras.: *Uma passagem para a Índia*. Rio de Janeiro: Biblioteca Azul, 2013.]

275   The Ethics of Global Relationships, in: Richard Carter; Samuel Wells (orgs.), *Who Is My Neighbour? The Global and Personal Challenge*. London: SPCK, 2018, p. 18.

276   Alan Bennett, *The Lady in the Van*. London: Profile Books, 2015. [O livro deu origem ao filme *A senhora da van*, dirigido por Nicholas Hytner, com Maggie Smith e Alex Jennings, lançado em 2016.]

277   Cardeal John Heenan, *Not the Whole Truth*. London: Hodder and Stoughton, 1974.

278   McCabe, *God Matters*, pp. 108s.

279   Ibid., p. 108.

280   Charity as Friendship, in *Language, Meaning and God: Essays in honour of Herbert McCabe OP*, Brian Davies, op (org.). London: Geoffrey Chapman, 1987, pp. 21s.

281   Hanya Yanagihara, *A Little Life*. London: Picador, 2015. [Ed. bras.: *Uma pequena vida*. Rio de Janeiro: Record, 2016.]

282   Ibid., p. 73.

283 Ibid., p. 225.
284 Ibid., p. 675.
285 Anne Michaels, *Fugitive Pieces*. London: Bloomsbury, 1997, p. 194. [Ed. bras.: *Peças em fuga*. São Paulo: Companhia das Letras, 1997.]
286 Terrence Rynne, Contemporary Scriptural Exegesis Ethics on Jesus "Nonviolence". Disponível em: <nonviolencejustpeacedotnet.files.wordpress.com/2016/05/contemporary_scriptural_exegesis_ethics_on_jesus_nonviolence.pdf>.
287 Citado por: Fr. John Dear e Ken Butigan, An Overview of Gospel Nonviolence in the Christian Tradition. Disponível em: <https://nonviolencejustpeacedotnet;files.wordpress.com/2016/05/our_nonviolence_tradition.pdf>.
288 William H. Shannon, *Seeds of Peace: Contemplation and Non-Violence*. New York: Crossroad, 1996, p. 152.
289 Day, *The Duty of Delight*, p. 943.
290 Ibid., p. 895.
291 Pregação no *Angelus*, 18 de fevereiro de 2007.
292 Louis Fischer, *The Life of Mahatma Gandhi*. London: HarperCollins, 1997, pp. 438-454.
293 L'aiuola che ci fa tanto feroci, Dante Alighieri, *The Divine Comedy*, tradução de John D. Sinclair. Oxford: Oxford University Press, 1961, Paradiso, XXII, linha 151. [Ed. bras.: *A divina comédia*. 5. ed. bilíngue. São Paulo: Editora 34, 2019.]
294 Thomas Merton, *Conjectures of a Guilty Bystander*. New York: Doubleday, 1966, p. 86. [Ed. bras.: *Reflexões de um espectador culpado*. Petrópolis: Vozes, 1970.]
295 Fischer, *The Life of Mahatma Gandhi*, p. 308.
296 Tolstói fez essa afirmação depois de ter visitado um açougue, no final dos anos 1890; ele registra essa experiência em: "Primeiro passo", prefácio ao livro de Howard Williams, *The Ethics of Diet*. Hove: White Crow Books, 2010.
297 Citado por: Jonathan Sacks, *Not in God's Name*, p. 178.
298 Citado por: William H. Shannon, *Seeds of Peace*, p. 107.
299 Ibid., p. 107.
300 Gary Younge, *Another Day in the Death of America*. London: Guardian Books, 2016, última página.
301 Ibid. (ed. Kindle), loc. 58.
302 Gregory Boyle, sj, *Tattoos on the Heart: The Power of Boundless Compassion*. New York: Free Press, 2010, p. 89.
303 Steinbeck, *East of Eden*, p. 268.
304 Sacks, *Not in God's Name*, p. 99.
305 Ibid., p. 100.
306 Forest, *At Play*, p. 214.
307 *Autobiography of Martin Luther King*, p. 96.
308 Younge, *Another Day* (ed. Kindle), loc. 840.
309 Sacks, *Not in God's Name*, p. 63.

310 Tugwell, *Beatitudes*, p. 112.
311 *Autobiography of Martin Luther King*, p. 82.
312 Ibid., p. 95.
313 Kenyan Muslims Shield Christians in Mandera Bus Attack, 21 de dezembro de 2015; <xww.bbc.com/news/world/Africa>.
314 Younge, *Another Day* (ed. Kindle), loc. 808.
315 Marlon James, *A Brief History of Seven Killings*. London: Oneworld Publications, 2015, p. 72. [Ed. bras.: *Breve história de sete assassinatos*. Rio de Janeiro: Intrínseca, 2017.]
316 Seamus Heaney, 2 Settings. XXI, *Seeing Things* (ed. Kindle), loc. 1146.
317 Orrin G. Hatch, Children, Violence and the Media. A Report for Parents and Policy Makers. Comissão Senatorial sobre Assuntos Judiciais, preparado pela Comissão Majoritária de Justiça do Senado, 14 set. 1999.
318 Freeman A. Dyson, *Weapons and Hope*. New York: Harper & Row, 1984, citado por: William C. Spohn, *Go and Do Likewise: Jesus and Ethics*. New York/London: Continuum, 2007, p. 69.
319 Younge, *Another Day*, loc. 75.
320 Ibid., loc. 295.
321 Conferência não publicada.
322 Marilynn Robinson, *Gilead*. New York: Farrar, Straus and Giroux, 2004, p. 66. [Ed. bras.: *Gilead*. Rio de Janeiro: Nova Fronteira, 2005.]
323 Robert Graves, A Dead Boche, *War Poems*. Charles Mundye (org.). Bridgend: Seren, 2016, p. 108.
324 Escrito nas paredes do quarto onde estudou, no Institut Catholique de Paris.
325 Papa Francisco, 1º de janeiro de 2017.
326 Tugwell, *Beatitudes*, p. 115.
327 D. C. Schindler, *Communio*, outono de 2006, p. 394.
328 James Rebanks, *The Shepherd's Life: A Tale of the Lake District*. London: Penguin, 2015, p. 9.
329 Ibid., p. 282.
330 Alastair Bonnett, *Off the Map: Lost Space, Invisible Cities, Forgotten Islands, Feral Places and What They Tell Us about the World*. London: Aurum Press, 2014, p. 85.
331 Seamus Heaney, *Finders Keeper: Selected Prose 1971-2001*. London: Faber, 2002, p. 3.
332 Winterson, *Why Be Happy When You Can Be Normal?*, p. 59.
333 John McGahern, *Memoir*. London: Faber, 2005, p. 64.
334 Seamus Heaney, A Sense of Place, in: *Preoccupations: Selected Prose 1968-1978*. London: Faber, 1984, pp. 131-149.
335 *Evangelii Gaudium*, n. 47.
336 Robert Frost, Death of the Hired Man, *The Collected Poems*. Edward Connery Lathem (org.). London: Vintage Books, 2013, p. 34.
337 Maya Angelou, *All God's Children Need Traveling Shoes*. New York: Vintage, 1991, p. 196.

338 Mary Jo Weaver, Sheed and Ward, *The US Catholic Historian*, v. 21, verão de 2003, p. 17.
339 Elie Wiesel, *Souls on Fire: Portraits and Legends of Hasidic Masters*. New York: Summit Books, 1972, p. 110.
340 Ibid., p. 111.
341 Anthony Philpot, *Priesthood in Reality: Living the Vocation of a Diocesan Priest in a Changing World*. Bury St. Edmunds: Kevin Mayhew, 1998, p. 88.
342 Yehuda Amichal, The Place Where We Are Right. In: *The Selected Poetry of Yehuda Amichai*, organização e tradução Chana Bloch and Stephen Mitchell. Oakland: University of California Press, 1996.
343 Raymond J. Lawrence Jr, *Sexual Liberation: The Scandal of Christendom*. Westport: Praeger, 2007, p. 29.
344 Alexander Roberts et al. (org.), Athenagoras, "A Plea for the Christians", in: *Ante-Nicene Fathers: The Writings of the Fathers down to A.D. 325*. Grand Rapids: Eerdmans, 1983, p. 123, v. 2.
345 Homilia XLV sobre os Atos dos Apóstolos, 20,32, citada em: Fabio Baggio, Theology of Migration, *Exodus Series: A Resource Guide for the Migrant Ministry in Asia*. Quezon City: Scalabrini Migration Center, 2005, p. 21.
346 Juan Tomás Ávila Laurel, *The Gurugu Pledge,* tradução de Jethro Soutar. Sheffield And Other Stories, 2017 (ed. Kindle), loc. 912.
347 Ibid., loc. 761.
348 Carlo Carretto, *Ho cercato e ho trovato*. Roma: Opere di Carlo Carretto, 2007. [Ed. bras.: *Procurei e encontrei*. 3. ed. São Paulo: Paulus, 1989.]
349 Disponível em: <http://lukasvesely.tk/tag/carlo-carretto-ode-to-the-church>.
350 S. de Beaurecueil, *Pretre des non-chrétiens*. Paris: Éditions du Cerf, 1968, p. 50.
351 *The Times*, 24 de dezembro de 2011.
352 Rebanks, *The Shepherd's Life*, p. 204.
353 <http://www.theguardian.com/uk-news/2014/dec/28/rowan-williamsshakespeare>.
354 Evelyn Waugh, *Brideshead Revisited*. Boston: Little, Brown & Co., 1973, p. 351. [Ed. bras.: *Memórias de Brideshead*. São Paulo: Campanhia das Letras, 1991.]
355 Scruton, *Soul of the World*, p. 123.
356 Catarina de Sena, *The Dialogue*, tradução e introdução de Suzanne Moffke, op, p. 359.
357 Ibid., p. 364.
358 Bento XVI, *Sacramentum caritatis*, Roma, 22 de fevereiro de 2007, Festa da Cátedra de São Pedro, n. 51.
359 Eliot, Journey of the Magi, *Collected Poems and Plays*, p. 104.
360 Um provérbio muito apreciado por Chrys McVey, op.
361 C. S. Lewis, *The Weight of Glory*. New York: Macmillan, 1966, pp. 4-5. [Ed. bras.: *O peso da glória*. 2. ed. São Paulo: Vida Nova, 1993.]
362 W. H. Lewis (org.), *The Letters of C. S. Lewis*. New York: Harcourt Brace & World, 1966, p. 289.
363 Nicholas King, sj, *The Scandal of Christian Disunion*. Stowmarket: Kevin Mayhew, 2017.

364 Alguns estudiosos impugnam a autoria de São Paulo.
365 *Lumiere et vie*, 45/5, dezembro de 1996, pp. 75-80, citado em: King, *The Scandal*, p. 9.
366 Fitzgerald, *The Knox Brothers*, p. 93.
367 Também em Marcos 6,50 e 14,62.
368 Sacks, *Not in God's Name*, p. 64.
369 Ibid.
370 Sarah Coakley, *God, Sexuality and the Self: An Essay "On the Trinity"*, Cambridge, Cambridge University Press, 2013, p. 252.
371 Paul Elie, *The Life You Save May Be Your Own: An American Pilgrimage*. New York: Farrar, Straus and Giroux, 2003, p. 4.
372 G. K. Chesterton, *Orthodoxy*. London: Hodder and Stoughton, 1996, p. 63. [Ed. bras.: *Ortodoxia*. São Paulo: Mundo Cristão, 2008.]
373 *The Annotated Origin: A Facsimile of the First Edition of On the Origin of Species*, comentado por: James Costa. Cambridge/London: Harvard University Press, 2009, p. 489 [Ed. bras.: *A origem das espécies*. tradução de Daniel Moreira Miranda; prefácio, revisão técnica e notas de Nelio Bizzo. São Paulo: Edipro, 2018.]. Citado em: Johnson, *Ask the Beasts*, p. xviii.
374 Palavras alegadamente ditas por Lutero, embora não haja uma comprovação efetiva.
375 Em 28 de abril de 1967; ver: Edward Yarnold, sj, *They Are in Earnest: Christian Unity in the Statements of Paul VI, John Paul I, John Paul II*. Slough: St. Paul Publications, 1982, p. 66, citado em: King, *The Scandal*, p. 12.
376 King, *The Scandal*, p. 12.
377 *The Last Temptation of Christ*, tradução de P. A. Bien. New York: Simon and Schuster, 1998, p. 373. [Ed. bras.: *A última tentação*. 2. ed. São Paulo: Grua, 2015.]
378 Thomas McDermott, op, *Catherine of Siena: Spiritual Development in Her Life and Teaching*. New York: Paulist Press, 2008, p. 68.
379 Carta 16, in: *Le Lettere di S. Caterina da Siena*, Pierro Misciatelli (org.). Siena: Giuntini Bentivoglio, 1922, p. 68, v. 1. [Ed. bras.: *Cartas completas*. São Paulo: Paulus, 2005.]
380 Day, *The Duty*, (ed. Kindle), loc. 8042.
381 Patrick Jordan, Every Day, Yes or No, in: *Not Less than Everything: Catholic Writers on Heroes of Conscience from Joan of Arc to Oscar Romero*. Catherine Wolff (org.). New York: Harper-One, 2013, p. 199.
382 Day, *The Duty*, (ed. Kindle), loc. 8211.
383 Murray, *New Wine*, p. 119.
384 Yves Congar, op, *Journal d'un théologien: 1946-1956*, Etienne Fouilloux (org.). Paris: Éditions du Cerf, 2000, p. 271.
385 *Dialogue* 15, 54, citado em: McDermott, *Catherine of Siena*, p. 217.
386 Catherine Wolff (org.), *Not Less than Everything: Catholic Writers on Heroe of Conscience, from Joan of Arc to Oscar Romero*. New York: HarperOne, 2013, p. 211.
387 Irineu, *Contra os hereges*, Livro V, capítulo 6.
388 Cormac Murphy-O'Connor, *An English Spring: Memoirs*. London: Bloomsbury, 2015, p. 130.

389   Is It Too Late to Save the World?, *Guardian*, 4 nov. 2017.
390   Writers Gonna Write, *TLS*, 19 de janeiro de 2018.
391   Francis Watson, *Gospel Writing: A Canonical Perspective*. Grand Rapids/Cambridge: Eerdmans, 2013, p. 614.
392   John Berger, *G*. New York: Viking, 1972, p. 129. [Ed. bras.: *G*. Rio de Janeiro: Rocco, 2005.]
393   Acts of the Chapter of the English Province of the Order of Preachers, 1996.
394   Theodore Zeldin, *An Intimate History of Humanity*. London: Vintage, 1994, p. 442. [Ed. bras.: *Uma história íntima da humanidade*. Rio de Janeiro: Edições BestBolso, 2008.]
395   Jordão da Saxônia, *Libellus*, 7.
396   Ver *Sententia super metaphysicam*, XII, 9, 2566. Torino: Marietti, 1971, p. 599. Em outro lugar, Tomás observa que "toda a verdade, seja dita por quem for, provém do Espírito Santo (*omne verum, a quocumque dicatur, est a Spiritu Sancto*)", *Summa Theologica*, I II, q.109, a.1, ad 1.
397   Poema não publicado de Scott G. Braathen, citado com a permissão do autor.
398   Rowan Williams, *Christ on Trial: How the Gospel Unsettles Our Judgement*, Londres, Fount, 2000, p. 3.
399   Ibid., p. 3.
400   Simone Weil, The Love of God and Affliction, in: *Waiting on God*, tradução de Emma Crauford. London: Routledge and Kegan Paul, 1951, p. 63. [Ed. bras.: *Espera de Deus*. Petrópolis: Vozes, 2019.]
401   *Política*, Livro 1, 1254.
402   Dirigido por Steve McQueen e lançado em 2013, o filme baseia-se nas memórias de Solomon Northup.
403   Relatório do Arcebispo Ivan Jurkovic, Observatório Permanente da Santa Sé na ONU, 12 de setembro de 2017.
404   Nicholas King, sj, comunicação privada.
405   I wake and feel the fell of dark, *Poems and Prose of Gerard Manley Hopkins*, p. 62.
406   Thomas Kyd, *The Spanish Tragedy*, Ato II, c. 1.
407   Paul Murray, op, *Scars: Essays, Poems and Meditations on Affliction*. London: Bloomsbury, 2014, p. xv. É grande a minha dívida com Paul Murray, sobretudo neste capítulo.
408   Jean-Jacques Pérennes, op, *A Life Poured Out: Pierre Claverie of Algeria*. New York: Orbis Books, 2007, pp. 243s.
409   Helen Prejean, *Dead Man Walking: An Eyewitness Account of the Death Penalty in the United States*. New York: Vintage Books, 1996, p. 37.
410   *Poems and Prose of Gerard Manley Hopkins*, p. 62.
411   Weil, *Waiting on God*, p. 66.
412   Primo Levi, *If This Is a Man and the Truce*. London: Abacus, 1987, p. 15. [Ed. bras.: *É isto um homem?* Rio de Janeiro: Rocco, 1988.]
413   *Confissões* III, 6, 11.
414   Joachim Jeremias, *The Eucharistic Words of Jesus*. London: SCM Press, 1966, p. 225.

415 Murray, *Scars*, p. 4.
416 *Independent*, 28 mar. 2015; <www.independent.co.uk/arts-entertainment/classical/features/911-opera-between-worlds-envisages-what-happened-inside-the-towers10139876.html>.
417 Jason Caffrey, *BBC World Service Magazine*, 2 jan. 2016; <http://www.bbc.co.uk/news/magazine-34292312>.
418 O breviário é um livro que contém todos os textos litúrgicos do Ofício Divino.
419 Spufford, *Unapologetic*, p. 16.
420 A palavra para "fim" relaciona-se com a palavra para "completado".
421 Scruton, *Soul of the World*, p. 145.
422 *Medieval Latin Lyrics*, tradução de Helen Waddell. Harmondsworth: Penguin, 1952, p. 177.
423 Scruton, *Soul of the World*, p. 146.
424 Marie-Joseph Lagrange, op, *Evangile selon St Marc*. Paris: Éditions du Cerf, 1947, p. 385, n. 30.
425 *The Times*, 30 de novembro de 2018.
426 Cf. John Rae, *The Agnostic's Tale*. London: Thistle Publishing, 2013.
427 Citado em: Tim Crane, Reduced To Clear: What Happens When a Religious Leader Takes On Consciousness, *TLS*, 27 jul. 2018, p. 12.
428 George Herbert, Prayer 1, *Poet to Poet*, selecionada por W. H. Auden. London: Penguin, 1973, p. 54.
429 Tim Winton, *Breath*. London: Picador, 2008, p. 42. [Ed. bras.: *Fôlego*. São Paulo: Argumento, 2008.]
430 Ibid., p. 43.
431 Caelica 83, Paul Kalanithi, *When Breath Becomes Air*. London: Vintage, 2016, frontispício. [Ed. bras.: *O último sopro de vida*. Rio de Janeiro: Sextante, 2016.]
432 Ibid., p. 200 (ambas as citações).
433 R. S. Thomas, *Collected Poems: 1945-1990*. London: Phoenix, 1993, p. 418.
434 Aqui, não *ruah*, mas *neshama*.
435 Jacob Josipovici, *The Book of God: A Response to the Bible*. New Haven/London; Yale University Press, 1988, p. 74.
436 C. F. Burney, *Notes on the Hebrew Text of the Books of Kings*. Oxford: Clarendon Press, 1903, p. 23.
437 Sei que, algures no livro, utilizo uma tradução diferente, mas por que ficar restrito só a uma?
438 Esse é apenas um modo de imaginar a ação do Espírito Santo dentro de nós. Poderíamos ter recorrido à imagem do fogo.
439 Murray, *Scars*, pp. 79-80.
440 Hopkins, *Poems and Prose*, pp. 54-58.
441 Brian Pierce, *We Walk the Path Together: Learning from Thich Nhat Hanh and Meister Eckhart*. Maryknoll: Orbis, 2005, p. 38.

442 William Shakespeare, *Antony and Cleopatra*, At V, II. [Ed. bras.: *Antônio e Cleópatra*. Porto Alegre/Santa Cruz do Sul: Movimento/EdUNISC, 2017.]

443 Citado por: Becca Rothfeld, Kangaroo Nunchakus: A Patchwork of Desperate Quirkiness. A review of David Sedaris, *Calypso* (New York: Little, Brown, 2018), in: *TLS*, 22 jun. 2018.

444 Murray, *Scars*, p. 101.

445 Tomáš Halík, *Patience with God: The Story of Zacchaeus Continuing in Us*, tradução de Gerard Turner. New York: Doubleday, 2009, p. xiv. [Ed. bras.: *Paciência com Deus*. São Paulo: Paulinas, 2015, p. 19.]

446 Ibid., p. xiii [p. 19.].

447 Ibid., p. 29 [p. 53].

448 G. K. Chesterton, *Orthodoxy*. London: Hodder and Stoughton, 1996, pp. 205-206. [Ed. bras.: *Ortodoxia*. São Paulo: Mundo Cristão, 2008.] O fim do capítulo sobre "O romance da ortodoxia".

449 Sermão 8 sobre o Cântico dos Cânticos; <www.pathsoflove.com/bernard/songofsongs/sermon08.html>.

450 *Summa Theologica*, I, q.14, art. 11.

451 Denys Turner, *Thomas Aquinas: A Portrait*. New Haven/London: Yale University Press, 2013, p. 227.

452 Verghese, *Cutting for Stone*, p. 396.

453 Audrey Niffenegger, *The Time Traveler's Wife*. London: Vintage, 2005, p. 503. [Ed. bras.: *A esposa do viajante no tempo*. Rio de Janeiro: Ponto de Leitura, 2011.]

454 Josef Pieper, *Faith, Hope, Love*. San Francisco: Ignatius Press, 1997, p. 170.

455 Rainer Maria Rilke, *Duino Elegies*, tradução de David Young. New York/London: W. W. Norton & Co., 2006, p. 27. [Ed. bras.: *Elegias de Duíno*. 2. ed., ed. bilíngue, rev. pela tradutora. São Paulo: Globo, 2001.]

456 McVey, *Dialogue as Mission*, p. 73.

457 Nelson Mandela, *Long Walk to Freedom*. London: Abacus, 1995, p. 750.

458 McVey, *Dialogue as Mission*, p. 113.

459 McCabe, *God Matters*, pp. 94-95.

460 *Letters of Bede Jarrett*, Aidan Bellenger e Simon Tugwell (dir.), Bath/Oxford, Downside Abbey & Blackfriars Publications, 1989, p. 190.

461 Do Ofício de Leituras da Liturgia das Horas para a festa dos Santos, John Fischer e Tomás Moro, 22 de junho.

462 Lançado em 2017, o filme foi realizado por Andy Serkis, com o roteiro de William Nicholson. Foi interpretado por Andrew Garfield, Claire Foy e Hugh Bonneville.

463 Mary Midgley, *Science as Salvation*. Abingdon: Routledge, 1994.

464 William Gibson, *Neuromancer*. London: Gollancz, 2016, p. 6. [Ed. bras.: *Neuromancer*. 5. ed. São Paulo: Aleph, 2016.]

465 *Summa Theologica*, IIa IIae 25, 4 e 5; cf. McCabe, *Faith within Reason*, p. 108.

466 Day, *Duty of Delight* (ed. Kindle), loc. 1766.

467 Jean-Louis Brugues, op, *L'éternité si proche*. Paris: Éditions du Cerf, 1995, p. 102.

468 Caryll Houselander, *A Rocking-Horse Catholic: A Caryll Houselander Reader*, Marie Anne Mayeski (org.). London: Sheed and Ward, 1991, p. 49.
469 Thanks giving for the Body, in: Thomas Traherne, *Selected Poems and Prose*, A Bradford (org.). London: Penguin, 1991, pp. 169-183.
470 William Blake, The Divine Image, *Complete Works*, p. 117.
471 Carta a Pamela Hansford Johnson, citada, in: Heaney, *The Redress of Poetry*, p. 131.
472 *Nihil est in intellectu quod non sit prius in sensu*; cf. *De veritate*, q.2, a.3, 19. Tomás afirma, aqui, que isso se aplica à alma humana, mas não à mente divina.
473 Citado em: Thomas Meaney, Politics *vs* aesthetics, *TLS*, 6 de abril de 2018, p. 7.
474 Amos Oz, *A Tale of Love and Darkness*. London: Vintage, 2005, p. 110. [Ed. bras.: *De amor e trevas*. 5. reimpr. São Paulo: Companhia das Letras, 2016.]
475 Iris Murdoch, *The Sovereignty of the Good*. Abingdon: Routledge, 1970, p. 71. [Ed. bras.: *A soberania do bem*. São Paulo: UNESP, 2013.]
476 Maxims on Love, 21, in: *The Collected Works of St John of the Cross*, tradução de K. Kavanaugh e R. Rodriguez. Washington: Institute of Carmelite Studies, 1979, p. 675.
477 Sermon 8, On the Third Commandment, *The Works of St Augustine*, vol. III, tradução de Edmund Hill, op. Brooklyn: New City Press, 1997, p. 244.
478 David Brown, *God and Grace of the Body*. Oxford: Oxford University Press, 2007, pp. 303, 307.
479 I Just Want to See His Face. In: *Exile On Main St.*, Rolling Stones Records/Atlantic Records, 1972.
480 Atribuído, amiúde, a Santa Teresa d'Ávila, provavelmente de forma errônea.
481 Francis Spufford, *Golden Hill*. London: Faber, 2016, pp. 157s.
482 Ludwig Wittgenstein, *Culture and Value*, edição revista. Hoboken: John Wiley and Sons, 1998, p. 23.
483 Scruton, Soul of the World, p. 97.
484 Auden, *Selected Poems*, p. 187.
485 Romano Guardini, The Spiritual Body, in: *The Last Things*, tradução de C. E. Forsyth; G. B. Branham. London: Pantheon, 1954, p. 61. Citado em: Murray, *Scars*, p. 32.
486 *The Sayings of the Desert Fathers: The Alphabetical Collection*, tradução e prefácio de Benedicta Ward. Dubuque: Cistercian Publications, 1975, p. 7.
487 Brian Pierce, op, *Jesus and the Prodigal Son*, p. 22.
488 Ver, a propósito, Radcliffe, *Take the Plunge*, pp. 160-165.
489 Cf. *Summa Theologica*, II, II, 17.3.
490 Jonathan Safran Foer, *Extremely Loud and Incredibly Close*. London: Penguin, 2006, p. 181. [Ed. bras.: *Extremamente alto & incrivelmente perto*. Rio de Janeiro: Rocco, 2006.]
491 A expressão favorita de Giles Hibbert, op.
492 Anthony Doerr, *All the Light We Cannot See*. London: Fourth Estate, 2015, p. 30. [Ed. bras.: *Toda luz que não podemos ver*. Rio de Janeiro: Intrínseca, 2015.]
493 Day, *The Duty of Delight* (ed. Kindle), loc. 5474.

494 Orhan Pamuk, *My Name Is Red*, tradução de Erdag M. Göknar. London: Faber, 2001, p. 112. [Ed. bras.: *Meu nome é Vermelho*. 2. ed., 1. reimpr. São Paulo: Companhia das Letras, 2006.]
495 Enda McDonagh, Shared Despair, *The Furrow*, maio 2002, p. 261.
496 Hough, *The Final Retreat*, p. 119.
497 Kristiaan D'Aout e Peter Aerts, The Evolutionary History of the Human Foot. Disponível em: <http://citeseerx.ist.psu.edu/viewdoc/download?doi=10.1.1.499.2010&rep=rep1&type=pdf>.
498 Veja as fotos em: <https://www.hypeness.com.br/2013/02/fotografo-retrata-sapatos-de-refugiados-que-caminharam-longas-distancias-para-fugir-da-guerra/>; <https://noticias.uol.com.br/album/2013/03/27/fotos-mostram-sapatos-de-quem-andou-longas-distancias-para-fugir-da-guerra.htm?foto=1>.
499 Simon Mawer, *Tightrope*. London: Abacus, 2016, p. 21.
500 Chet Corey, Footwashing, *National Catholic Reporter*, 9 abr. 2004, p. 16.
501 *Autobiography of Martin Luther King*, p. 203.
502 Peter Loewen, *Music in Early Franciscan Thought*. Lovain: Brill, 2013, p. 30.
503 Bruno Hussar, op, *When the Cloud Lifted*. Dublin: Veritas Publications, 1989, p. 55.
504 William Shakespeare, *Conto de inverno*, Ato IV, cena III.
505 "Grace", faixa 11 do álbum do U2, *All That You Can't Leave Behind* (2000), citado em: David Brown, *God and Grace of Body: Sacraments in Ordinary*, Oxford, Oxford University Press, 2007, p. 6.
506 Per hominem Christum tendis ad Deum Christum. Cf. Sermo 261. 7. *Patrologia Latina* 38, coll. 1202-1207.
507 Frédéric Martel, *In the Closet of the Vatican: Power, Homosexuality, Hypocrisy*, Londres, Bloomsbury, 2019. [Ed. bras.: *No armário do Vaticano: poder, hipocrisia e homossexualidade*. Rio de Janeiro: Objetiva, 2019.]
508 R. S. Thomas, Adjustments, *Collected Poems*, p. 345.
509 Thomas Merton, *Asian Journal*. New York: New Directions, 1973, p. 308.
510 Disponível em: <https://www.theguardian.com/music/2016/jul/15/frank-cottrellboycepromslecture-what-point-culture-in-brexit-britain>.
511 Papa Francisco, *Laudato Si'*, Parte II.
512 Cf. ibid., n. 106.
513 G. M. Hopkins, *Poems and Prose*, p. 27. [Tradução de Augusto de Campos. Disponível em: <https://www.ihuonline.unisinos.br/artigo/20-artigo-2008/2338-antologia-de-poemas?start=9>.]
514 C. Taylor, *A Secular Age*, p. 98.
515 Papa Francisco, *Laudato Si'*, n. 108.
516 Ibid., n. 110.
517 Ludwig Wittgenstein, *Philosophical Investigations*. Oxford: Basil Blackwell, 1963, n. 115, p. 48. [Ed. bras.: *Investigações filosóficas*. 9. ed. Petrópolis/Bragança Paulista: Vozes/EdUSF, 2014.]
518 Ibid., n. 309.

519 Carta para Thomas Butts, 22 de novembro de 1802, versos compostos enquanto caminhava de Felpham para Lavant, *Complete Writings*, p. 818.
520 Naomi Klein, *This Changes Everything: Capitalism versus the Climate*. London: Penguin, 2015.
521 Stephen Jackson, Catastrophism Is As Much an Obstacle to Addressing Climate Change as Denial. In: *Open Democracy*, 16 set. 2016. Disponível em: <https://www.opendemocracy.net/en/transformation/catastrophism-is-as-much-obstacle-to-addressing-climate-change-as-den/>.
522 Naomi Klein, A Radical Vatican, *The New Yorker*, 10 jul. 2015.
523 Johnson, *Ask the Beasts*, p. 263.
524 Citado em: Derek Schilling, L'Éternel et l'éphémere: temporalités dans l'oeuvre de Georges Perec, *French Studies*. Oxford: Oxford University Press, v. 66, n. 1, janeiro de 2012, pp. 113-114.
525 Citado por Lauren Elkin, Lucid meet ludic, *TLS*, 6 abr. 2018, p. 12.
526 *Autobiography of Martin Luther King*, p. 50.
527 G. K. Chesterton, *St. Francis of Assisi*. London: Hodder and Stoughton, 1923, p. 106. [Ed. bras.: *São Francisco de Assis*. São Paulo: Mundaréu, 2016.]
528 Pérennes, *A Life Poured Out*, p. 163; tradução de Phyllis Jestice; Matthew Sherry de Pierre Claverie, *Un Algérien par alliance*. Paris: Éditions du Cerf, 2000, p. 246.
529 Ibid., p. 209.
530 Etienne Grieu, sj, Discovering Who God is in Caritas, in: *Caritas, Love Received and Given: A Theological Reflection*, Oscar Cardinal Rodríguez Maradiaga (org.). Luxembourg: Éditions St. Paul, 2011, p. 18.
531 David Marquand, *Mammon's Kingdom: An Essay on Britain Now*. London: Penguin, 2013.
532 Lewis Hyde, *The Gift: How the Creative Spirit Transforms the World*. Edinburgh: Canongate, 2006, p. x. [Ed. bras.: *A dádiva: como o espírito criador transforma o mundo*. Rio de Janeiro: Civilização Brasileira, 2010.]
533 Karl Polanyi, *The Great Transformation: The Political and Economic Origins of Our Time*. Boston: Beacon Press, 1957, p. 72. [Ed. bras.: *A grande transformação: as origens de nossa época*. 2. ed. Rio de Janeiro: Campus, 2012.]
534 *Timão de Atenas*, Ato IV, cena III.
535 David Graeber, *Debt: The First 5000 Years*. New York: Melville House, 2011, p. 14. [Ed. bras.: *Dívida: os primeiros 5.000 anos*. São Paulo: Três Estrelas, 2016.]
536 Palavras de abertura do Capítulo II.
537 Marquand, *Mammon's Kingdom*, p. 4.
538 Ibid., p. XIV.
539 Ibid., p. 82.
540 Bastian Obermayer e Frederik Obermayer, *The Panama Papers: Breaking the Story of How the Rich and Powerful Hide Their Money*. London: Oneworld Publications, 2016.
541 Michael Sandel, *What Money Can't Buy: The Moral Limits of Markets*. London: Allen Lane, 2012, pp. 202-203 [Ed. bras.: *O que o dinheiro não compra: os limites morais do mercado*. 10. ed. Rio de Janeiro: Civilização Brasileira, 2018.], citado em: Marquand, *Mammon's Kingdom*, p. 122.

542 Marquand, id., p. 142.
543 Ibid., p. 150.
544 *Autobiography of Martin Luther King*, p. 192.
545 Ibid., p. 227.
546 Cf. Nicholas Boyle, *Sacred Scriptures: A Catholic Approach to Literature*. London: Darton, Longman and Todd, 2004.
547 Fui buscar todos esses exemplos em Martha Nussbaum, Sewage Lagoon, *TLS*, 12 de outubro de 2012, p. 3.
548 Elie, *The Life You Save*, p. 452.
549 Livro 1, Capítulo VIII. Edward Cocker (1631-1675) foi o autor de um apreciado livro de aritmética.
550 R. S. Thomas, The Hill Farmer Speaks, *Collected Poems*, p. 31.
551 Annie Dillard, *Pilgrim at Tinker Creek*. New York: Harper Perennial, 1988, p. 33.
552 Ibid., p. 37.
553 Ibid., p. 121.
554 *Laudato Sí*, n. 2.
555 Sermão 68, 6. Citado em: Johnson, *Ask the Beasts*, p. 152.
556 Conferência não publicada, proferida no Las Casas Institute for Social Justice, Oxford, Blackfriars.
557 *Autobiography of Martin Luther King*, p. 286.
558 Papa Bento XVI, *The Spirit of the Liturgy*, tradução de John Saward. San Francisco: Ignatius Press, 2000, p. 66.
559 Paul Murray, op, Introit, *Rites and Meditations*. Dublin: The Dolmen Press, 1982, p. 10.
560 T. S. Eliot, East Coker, de *Four Quartets*, in: *Complete Poems and Plays*, p. 178.
561 Bento XVI, *The Spirit of the Liturgy*, p. 69.
562 Ibid., p. 165.
563 Ibid., p. 168.
564 Walter Benjamin, *Illuminations*. New York: Schocken Books, 1969, p. 261.
565 *The Fontana Economic History of Europe: The Middle Ages*. London: Harper Collins, 1971. Citado em: G. J. Whitrow, *Time in History: View of Time from Prehistory of the Present Day*. Oxford: Oxford University Press, 1989, p. xi. [Ed. bras.: *O tempo na história: concepções sobre o tempo da pré-história aos nossos dias*. Rio de Janeiro: Zahar, 1993.]
566 Timothy Radcliffe, Time and Telling: How To Read Biblical Stories, in: *I Call You Friends*. London: Continuum, 2001.
567 C. Taylor, *A Secular Age*, p. 59.
568 Scott Hahn, *The Lamb's Supper: The Mass as Heaven on Earth*. London: Darton, Longman and Todd, 2003, p. 115. [Ed. bras.: *O banquete do cordeiro: a missa segundo um convertido*. Lorena/São Paulo: Cléofas/Loyola, 2014.]
569 George Mackay Brown, The Tarn and the Rosary, in: *Hawkfall*. Edimburgh, Polygon, 2004.

570 The Psychology of Vocation, in *The Disciples'Call: Theologies of Vocation from Scripture to the Present Day*, Fr. Christopher Jamison, osb (org.). London: Bloomsbury, 2013, p. 218.
571 Bede Griffiths, *The Golden String*. London: Fount, 1979, p. 9.
572 Day, *Duty of Delight* (ed. Kindle), loc. 546.
573 *An Interrupted Life: The Diaries and Letters of Etty Hillesum, 1941-1943*, tradução de A. J. Pomerans. London: Persephone Books, 1996, p. 129. [Ed. bras.: *Uma vida interrompida: os diários de Etty Hillesum*. Belo Horizonte: Âyiné, 2019.]
574 Patrick White, *Riders in the Chariot*, Londres, Vintage Books, 1996, p. 13.
575 Papa Bento XVI, *The Spirit of the Liturgy*, loc. 163.
576 Peter Schmidt, *The Adoration of the Lamb*, tradução de Lee Preedy. Lovain: Davidsfonds, 2005, p. 7.
577 Papa Bento XVI, Homilia, 21 de agosto de 2005, Colônia, Marienfeld.
578 O seu blogue, 25 de maio de 2016.
579 *Summa Theologica*, II.I, 2.
580 Richard Bauckham, *The Theology of the Book of Revelation*, Cambridge, Cambridge University Press, 1993, pp. 35-36.
581 torch.op.org, 28 de outubro de 2012.
582 *Spe Salvi*, n. 5, 30 de novembro de 2007, Cidade do Vaticano.
583 Harvey Cox, *The Market as God*. Cambridge: Harvard University Press, 2016.
584 Ibid., pp. 4-5.
585 Ibid., p. 7.
586 Ibid., p. 256.
587 Tom Wolfe, *The Bonfire of the Vanities*. London: Picador, 1990, p. 91. [Ed. bras.: *A fogueira das vaidades*. Rio de Janeiro: Rocco, 2018.]
588 Liturgy, Art and Politics, *Modern Theology*, 17 de dezembro de 2002, p. 164.
589 Walter Ciszek, sj, e Daniel Flaherty, sj, *With God in Russia*. New York: Doubleday, 1966, p. 198.
590 C. S. Lewis, *Reflections on the Psalms*. New York: Brace, Jovanovich, Harcourt, 1986, p. 80. [Ed. bras.: *Lendo os Salmos*. Viçosa: Ultimato, 2015.] Citado em: Justin Taylor, C. S. Lewis on the Theology and Practice of Worship; <https://www.thegospelcoalition.org/blogs/justin-taylor/c-s-lewis-on-the-theology-and-practice-of-worship/>.
591 Ibid., p. 91.
592 Ibid., p. 97.
593 Hillesum, *An Interrupted Life*, p. 426.
594 Tradução de *Oh sage, Dichter, was du tust?*; a versão inglesa, incluída na edição original, é de Jurg Schmidt e Paul Murray, op. Citado em: Murray, *Scars*, pp. 20-21.
595 Citado por William in De Profundis, in Complete Works of Oscar Wilde, introdução de Vyvyan Holland, Londres e Glasgow, Collins, 1966, p. 957
596 Dom Mark Barrett, *Crossing: Reclaiming the Landscape of Our Lives*. 2. ed., Harrisburg: Morehouse Publishing, 2008, p. xii.

597 Alasdair MacIntyre, *After Virtue: A Study in Moral Theory*. 2. ed., London: Duckworth, 1981, p. 263. [Ed. bras.: *Depois da virtude*. São Paulo: EdUSC, 2001.]

598 W. H. Auden, In Memory of W. B. Yeats, *Selected Poems*, p. 83.

599 Cf. Ian Stackhouse, *The Day Is Yours: Slow Spirituality in a Fast-Moving World*. Milton Keynes: Pater Noster, 2008, p. 96.

600 Day, *Duty of Delight* (ed. Kindle), loc. 1404.

601 Jean-Pierre Torrell, op, *Spiritual Master*, tradução de Robert Royal. Washington: Catholic University of America Press, 2003, p. 378, v. 2.

602 *Apopthegmata Patrum*, Poemen 92, PG 65: 344, citado em: Simon Tugwell, *Prayer in Practice*. Springfield: Templegate Publishers, 1974, p. 32.

603 Stackhouse, *The Day Is Yours*. Cf. do mesmo autor: *Praying the Psalms: A Personal Journey through the Psalter*. Eugene: Cascade Books, 2018.

604 Ibid., p. 13.

605 *Lumen fidei*, n. 57.

606 Livro XI, 20, 26.

607 Barbara Kingsolver, *Animal Dreams*. New York: HarperCollins, 2003.

608 Michel de Certeau, *The Practice of Everyday Life*. Berkeley: University of California Press, 1988, p. 43.

609 Michel Foucault, *L'ordre du discours: leçon inaugurale au Collège de France prononcée le 2 décembre 1970*. Paris; Gallimard, 1971, p. 7. [Ed. bras.: *A ordem do discurso: aula inaugural no Collège de France, pronunciada em 2 de dezembro de 1970*. 24. ed. São Paulo: Loyola, 2014.]

610 Cf. Papa Bento XVI, *The Spirit of the Liturgy*, loc. 1066.

611 Cf. Timothy Radcliffe, op, The Coming of the Son of Man: Mark's Gospel and the Subversion of the Apocalyptic Imagination, in: *Language, Meaning and God*, Davies Ed., pp. 176-189.

612 Stackhouse, *The Day Is Yours*, p. 79.

613 Dietrich Bonhoeffer, *Life Together*. London: SCM Press, 1992, pp. 55-56. [Ed. bras.: *Vida em comunhão*. 12. ed. rev. São Leopoldo: Sinodal, 2021.] Citado in: Stackhouse, *The Day Is Yours*, p. 85.

614 R. M. Rilke, The Sonnets to Orpheus, XII, in: *Selected Poems with Parallel German Text*, tradução de Susan Ranson e Marielle Sutherland. Oxford: Oxford University Press, 2011, p. 195.

615 Paul Murray, op, Beginning, *Scars*, p. 129.

616 Barrett, *Crossing*, p. 48.

617 Citado em: McVey, *Dialogue as Mission*, p. 55.

618 Joseph Bernardin, *The Gift of Peace: Personal Reflections*. London: Darton, Longman and Todd, 1998, p. 5.

619 Barrett, *Crossing*, p. 17.

620 Janet Martin Soskice, *The Kindness of God: Metaphors, Gender, and Religious Language*. Oxford: Oxford University Press, 2007, p. 23.

621 What Theologies of Vocation Are to Be Found in the Bible?, in: *The Disciples' Call*, Jamison (org.), pp. 9-28.

622 Barrett, *Crossing*, p. 53.
623 Citado in Stackhouse, *The Day Is Yours*, p. 71.
624 Williams, *Silence and Honey Cakes*, p. 84.
625 Cf. ibid., p. 82.
626 Stackhouse, *The Day Is Yours*, p. 127.
627 Tugwell, *Beatitudes*, p. 117.
628 S. Heaney, Lightenings, in: *Seeing Things*.
629 Cf. Timothy Radcliffe, op, *Seven Last Words*. London/New York: Continuum, 2004.
630 *Seven Last Words Live at Exeter Cathedral and Buckfast Abbey*, Plymouth, Notre Dame Roman Catholic School, 2012. Diretor musical e arranjos: I. Bailey; diretor artístico: A. Casey.

Bibliografia

ALISON, James. *Undergoing God: Dispatches from the Scene of a Break-In* (Darton Longman and Todd, Londres, 2006).

AMICHAI, Yehuda. *The Selected Poetry of Yehuda Amichai*, ed. & trans. Chana Bloch & Stephen Mitchell (University of California Press, Oakland, 1996).

ANGELOU, Maya. *All God's Children Need Traveling Shoes* (Vintage, Nova Iorque, 1991).

AQUINO, Santo Tomás de. *Sententia super metaphysicam*, XII, 9, 2566 (Marietti, Turim, 1971).

ARENDT, Hannah. *Eichmann in Jerusalem: A Report on the Banality of Evil* (Penguin, Harmondsworth, 1979).

AUDEN, W. H. *Selected Poems*, ed. Edward Mendelson (Faber & Faber, Londres, 1979).

AGOSTINHO DE HIPONA. *The Works of St Augustine*, vol. III, trans. Edmund Hill, op (New City Press, Brooklyn, NI, 1997).

ÁVILA LAUREL, Juan Tomás. *The Gurugu Pledge,* trans. Jethro Soutar (And other Stories, Sheffield, 2017).

BAGGIO, Fabio. Theology of migration, *Exodus Series: A Resource Guide for the Migrant Ministry in Asia* (Scalabrini Migration Center, Quezon City, 2005).

BAKHTIN, M. M. *Art and Answerability* (University of Texas Press, Austin, 1990).

BARRETT, Dom Mark. *Crossing: Reclaiming the Landscape of Our Lives,* 2nd edn (Morehouse Publishing, Harrisburg, NI, 2008).

BAUBY, Jean-Dominique. *The Diving Bell and the Butterfly*, trans. Jeremy Leggatt (HarperCollins, Londres, 2008). [Originalmente publicado como: *Le Scaphandre et le papillon* (Robert Laffont, Paris, 1997)].

BAUCKHAM, Richard. *The Theology of the Book of Revelation* (Cambridge University Press, Cambridge, 1993).

BEAURECUEIL, op, S. de. *Prêtre des non-chrétiens* (Éditions du Cerf, Paris, 1968).

BENTO XVI, Papa. *The Spirit of the Liturgy* (Ignatius Press, São Francisco, 2000).

BENTO XVI, Papa. *Sacramentum caritatis*, Festa da Cátedra de São Pedro, Roma, 22 de fevereiro de 2007.

BENTO XVI, Papa. *Verbum domini, exortação pós-sinodal*, Vaticano, 30 de setembro de 2010.

BENJAMIN, Walter. *Illuminations* (Schocken Books, Nova Iorque, 1969).

BERGER, John, *G.* (Viking, Nova Iorque, 1972).

BERNARDIN, Joseph Cardinal. *The Gift of Peace: Personal Reflections* (Darton, Longman and Todd, Londres, 1998).

BERRIGAN, Daniel. *Ten Commandments for the Long Haul* (Abingdon Press, Nashville, 1981).

BERRY, Wendell. *Given: Poems* (Counterpoint, Berkeley, 2006).

BLAKE, William. *Complete Writings*, ed. Geoffrey Keynes (Oxford University Press, Oxford, 1969).

BLAKE, William. *The Complete Poetry and Prose of William Blake,* ed. David V. Erdman (University of California Press, Berkeley & Los Angeles, 2008).

BONHOEFFER, Dietrich. *Life Together* (SCM Press, Londres, 1992).

BONNETT, Alastair. *Off the Map: Lost Space, Invisible Cities, Forgotten Islands, Fera Places and What They Tell Us about the World* (Aurum Press, Londres, 2014).

BOO, Katherine. *Behind the Beautiful Forevers: Life, Death and Hope in a Mumbai Slum* (Portobello Books, Londres, 2012).

BOULAY, Shirley du. *Teresa of Avila: An Extraordinary Life* (Darton, Longman and Todd, Londres, 2004).

BOYD, William. *Sweet Caress: The Many Lives of Amory Clay* (Bloomsbury, Londres, 2015).

BOYLE, sj, Gregory. *Tattoos on the Heart: The Power of Boundless Compassion* (Free Press, Nova Iorque, 2010).

BOYLE, Nicholas. *Sacred Scriptures: A Catholic Approach to Literature* (Darton, Longman and Todd, Londres, 2004).

BROWN, David. *Tradition and Imagination: Revelation and Change* (Oxford University Press, Oxford, 1999).

BROWN, David. *God and Grace of the Body* (Oxford University Press, Oxford, 2007).

BROWN, Peter. *The World of Late Antiquity: AD 150–750* (Thames & Hudson, Londres, 1993).

BRUGUÈS, op, Jean-Louis. *L'éternité si proche* (Éditions du Cerf, Paris, 1995).

BULLIVANT, Stephen. *Contemporary Catholicism in England and Wales: A Statistical Report Based on Recent British Social Attitudes Survey Data*, Catholic Research Forum 1 (Benedict XVI Centre Publications, St Mary's University, Twickenham, 2016).

BURNEY, C. F. *Notes on the Hebrew Text of the Books of Kings* (Clarendon Press, Oxford, 1903).

CAFFREY, Jason. Shostakovich's Symphony played by a Starving orchestra, *BBC World Service Magazine*, 2 de janeiro de 2016; <http://www.bbc.co.uk/news/ magazine-34292312>.

CALDERISI, Robert. *Earthly Mission: The Catholic Church and World Development* (Yale University Press, New Haven, CT, & Londres, 2013).

CARRETTO, Carlo. *Ho cercato e ho trovato*, Opere di Carlo Carretto (Roma, 2007).

CATARINA DE SENA. *Le Lettere di S. Caterina da Siena,* ed. piero misciatelli, vol. I (Giuntini Bentivoglio, Sena, 1922).

CATARINA DE SENA. *Catherine of Siena: The Dialogue,* trans. & introduction Suzanne Noffke, op (Paulist Press, Nova Iorque, 1980).

CERTEAU, sj, Michel de. *The Practice of Everyday Life* (University of California Press, Berkeley, 1988).

CHEVALLIER, Gabriel. *Clochemerle,* trans. Jocelyn Godefroi (Vintage, Londres, 1936).

CHERRY, Stephen. *Healing Agony: Re-Imagining Forgiveness* (Continuum, Londres & Nova Iorque, 2012).

CHESHIRE, Leonard. *The Light of Many Suns* (Methuen, Londres, 1985).

CHESTERTON, G. K. On household Gods and Goblins, in *Coloured Lands* (Sheed and Ward, Nova Iorque, 1938); <http://inamidst.com/stuff/gkc/goblins>.

CHESTERTON, G. K. The Mercy of Mr. Arnold Bennett, *Fancies vs. Fads* (Dodd, Mead & Co., Nova Iorque, 1923).

CHESTERTON, G. K. *St. Francis of Assisi* (Hodder and Stoughton, Londres, 1923).

CHESTERTON, G. K. *St. Thomas Aquinas* (Hodder and Stoughton, Londres, 1943).

CHESTERTON, G. K. *Orthodoxy* (Hodder and Stoughton, Londres, 1996).

CIPRIANO, São. The Benefit of Patience, *A Library of the Fathers,* trans. members of the English Church, vol. III, ed. John Henry Parker et al. (Oxford University Press, Oxford, 1839).

CISEK, sj, Walter, com FLAHERTY, sj, Daniel. *With God in Russia* (Doubleday, Nova Iorque, 1966).

COAKLEY, Sarah. *God, Sexuality and the Self: An Essay 'On the Trinity'* (Cambridge University Press, Cambridge, 2013).

COLLISTER, Rupert Clive. *A Journey in Search of Wholeness and Meaning* (Peter Lang, Berna, etc, 2010).

COMPAGNONI, op, Francesco, & ALFORD, op, Helen, eds. *Preaching Justice: Dominican Contributions to Social Ethics in the Twentieth Century* (Dominican Publications, Dublin, 2007).

CONGAR, op, Yves. *Journal d'un théologien: 1946-1956*, ed. Etienne Fouilloux (Éditions du Cerf, Paris, 2000).

COREY, Chet. Footwashing, *National Catholic Reporter*, 9 de abril de 2004.

COTTRELL BOYCE, Frank, What is the point of Culture in Brexit Britain. *Guardian*, 15 de julho de 2016; <https://www.theguardian.com/music/2016/jul/15/ frank-cottrell-boyce-proms-lecture-what-point-culture-in-brexit-britain>.

COX, Harvey. *The Market as God* (Harvard University Press, Cambridge, MA, 2016).

CRANE, Tim. Reduced to Clear: What happens When a Religious leader Takes on Consciousness, *Times Literary Supplement* [*TLS*], 27 de julho de 2018.

DANTE, Alighieri. *The Divine Comedy*, trans. John d. Sinclair (Oxford University Press, Oxford, 1961).

D'AOÛT, Kritiaan, & AERTS, Peter. The evolutionary history of the human foot: <http://citeseerx.ist.psu.edu/viewdoc/download?doi=10.1.1.499.2010&rep=rep1&type=pdf>.

DAY, Dorothy. *The Duty of Delight*, ed. Robert Ellsberg (Image Books, Nova Iorque, 2008).

DAY-LEWIS, C. *Complete Poems* (Sinclair Stevenson, Londres, 1992).

DEAR, Father John, & BUTIGAN, Ken. An overview of Gospel nonviolence in the Christian Tradition; <https://nonviolencejustpeacedotnet.files.wordpress.com/2016/05/our_nonviolence_tradition.pdf.>.

DICKINSON, Emily. *The Complete Poems* (Faber, Londres, 2016).

DILLARD, Annie. *Pilgrim at Tinker Creek* (Harper Perennial, Nova Iorque, 1988).

DODDS, E. R. *Pagan and Christian in an Age of Anxiety: Some Aspects of Religious Experience from Marcus Aurelius to Constantine* (Cambridge University Press, Cambridge, 1965).

DOERR, Anthony. *All the Light We Cannot See* (Fourth Estate, Londres, 2015).

DONOGHUE, Emma. *Room* (Picador, Londres, 2010).

DOSTOÉVSKY, Fiódor. *The Brothers Karamazov*, trans. Richard Pevear & Larissa Volokhonsky (North Point Press, São Francisco, 1990).

DYSON, Freeman A. *Weapons and Hope* (Harper & Row, Nova Iorque, 1984).

EAGLETON, Terry. *How to Read a Poem* (Blackwell, Oxford, 2007).

EAGLETON, Terry. *On Evil* (Yale University Press, New Haven, CT, & Londres, 2010).

EAGLETON, Terry. *Radical Sacrifice* (Yale University Press, New Haven, CT, 2018).

EARLE, Samuel. Vatican 2.0: how Technology Companies Think That They Can Become God, *TLS*, 17 de novembro de 2017.

EGAN, Jennifer. *A Visit from the Goon Squad* (Constable and Robinson, Londres, 2010).

EGGERS, Dave. *What Is the What* (Penguin, Londres, 2008).

ELIE, Paul. *The Life You Save May Be Your Own: An American Pilgrimage* (Farrar, Straus and Giroux, Nova Iorque, 2003).

ELIOT, George. *Middlemarch* (Wordsworth Classics, Ware, 1994).

ELIOT, T. S. *The Complete Poems and Plays* (Faber, Londres, 1973).

ERDRICH, Louise. *The Last Report on the Miracles at Little No Horse* (Harper Perennial, Londres, 2002).

ERNST, op, Cornelius. *Multiple Echo*, ed. Fergus Kerr, op, & Timothy Radcliffe, op, with foreword by Donald MacKinnon (Darton, Longman and Todd, Londres, 1979).

EUSÉBIO. *The History of the Church*, trans. G. A. Williamson (Penguin, Londres, 1996).

FERGUSON, Ron. *George Mackay Brown: The Wound and the Gift* (St Andrew Press, Edimburgo, 2011).

FERRANTE, Elena. *My Brilliant Friend* (Europa Editions, Nova Iorque, 2012).

FISCHER, Louis. *The Life of Mahatma Gandhi* (HarperCollins, Londres, 1997).

FITZGERALD, Penelope. *The Knox Brothers*, intr. Richard Holmes (Fourth Estate, Londres, 2013).

FITZMEYER, sj, Joseph A. *The Gospel according to Luke, X-XXIV*, Anchor Bible (Doubleday and Company, Nova Iorque, 1985).

FONTANA, Michael. *Matteo Ricci: A Jesuit, Scientist and Humanist in China* (De Luca Editori d'Arte, Roma, 2010).

FOREST, Jim. *At Play in the Lions' Den: A Biography and Memoir of Daniel Berrigan* (Orbis Books, Maryknoll, 2017).

FORSTER, E. M. *A Passage to India* (Hodder and Stoughton, Londres, 2010).

FOUCAULT, Michel. *Collège de France: ordre du discours* (Gallimard, Paris, 1971).

FROST, Robert. *The Collected Poems*, ed. Edward Connery Lathem (Vintage Books, Londres, 2013).

FRANCISCO, Papa. *Evangelii Gaudium*, Exortação apostólica, 24 de novembro de 2013.

GAITA, Raymund. *A Common Humanity: Thinking about Love and Truth and Justice* (Routledge, Londres & Nova Iorque, 2002).

GARCÍA-RIVERA, Alex. *St Martin de Porres: The 'Little Stories' and the Semiotics of Culture*, intr. Robert L. Schreiter (Orbis Books, Maryknoll, NI, 1995).

GILBERT, Robert. *Science and the Truthfulness of Beauty: How the Personal Perspective Discovers Creation* (Routledge, Abingdon & Nova Iorque, 2018).

GIBSON, William. *Neuromancer* (Gollancz, Londres, 2016).

GRAEBER, David. *Debt: The First 5000 Years* (Melville House, Nova Iorque, 2011).

GRAVES, Robert. *War Poems*, ed. Charles Mundye (Seren, Bridgend, 2016).

GREENE, Graham. *The Power and the Glory*, new edn (Heinemann and Bodley Head, Londres, 1971).

GREY, Mary C. *The Spirit of Peace: Pentecost and Affliction in the Middle East* (Sacristy Press, Durham, 2015).

GRIEU, sj, Etienne. Discovering Who God is in Caritas, in *Caritas, Love Received and Given: A Theological Reflection,* ed. Oscar Cardinal Rodríguez Maradiaga (Éditions St Paul, Luxemburgo, 2011).

GUARDINI, Romano. *The Last Things*, trans. C. E. Forsyth & G. B. Branham (Pantheon, Londres, 1954).

HAHN, Scott. *The Lamb's Supper: The Mass as Heaven on Earth* (Darton, Longman and Todd, Londres, 2003).

HALÍK, Tomas. *Patience with God: The Story of Zacchaeus Continuing in Us,* trans. Gerard Turner (Doubleday, Nova Iorque, 2009).

HARMLESS, William. *Augustine and the Catechumenate* (Liturgical Press, Collegeville, 2014).

HARTLEY, Olga. *Women and the Catholic Church* (Burns and Oates, Londres, 1935).

HATCH, Senator Orrin G. Children, violence and the media, A Report for parents and policy makers, Senate Committee on the Judiciary, prepared by majority Staff Senate Committee on the Judiciary, 14 de setembro de 1999.

HEANEY, Seamus. *Preoccupations: Selected Prose 1968-1978* (Faber, Londres, 1984).

HEANEY, Seamus, *The Redress of Poetry* (Farrar, Straus and Giroux, Londres & Nova Iorque, 1995).

HEANEY, Seamus. *Finders Keeper: Selected Prose 1971-2001* (Faber, Londres, 2002).

HEANEY, Seamus. *Seeing Things* (Faber, Londres, 2010).

HEDERMAN, Mark Patrick. *Dancing with Dinosaurs: A Spirituality for the Twenty-First Century* (Columba Press, Dublin, 2011).

HEENAN, John Carmel. Cardinal, *Not the Whole Truth* (Hodder and Stoughton, Londres, 1974).

HELLER, Zoë. *The Believers* (Fig Tree, Londres, 2008).

HERBERT, George. *Poet to Poet*, selected by W. h. Auden (Penguin, Londres, 1973).

HILLESUM, Etty. *An Interrupted Life. The Diaries and Letters of Etty Hillesum 1941-1943*, trans, A. J. Pomerans (Persephone Books, Londres, 1996).

HOOPER, John. *The Italians* (Penguin, Londres, 2015).

HOPKINS, sj, Gerard Manley. *Poems and Prose of Gerard Manley Hopkins*, selected and intro. W. h. Gardner (Penguin, Londres, 1985).

HOSNE, Ana Carolina. Friendship among Literati. Matteo, Ricci, sj (1552-1610) in Late Ming China, *Transcultural Studies*, janeiro de 2011: <http://heiup.uniheidelberg.de/journals/index.php/transcultural/article/view/11362/8707>.

HOUGH, Stephen. *The Final Retreat* (Sylph Editions, Londres, 2018).

HOUSELANDER, Caryll. *A Rocking-Horse Catholic: A Caryll Houselander Reader*, ed. Marie Anne Mayeski (Sheed and Ward, Londres, 1991).

HOWATSON, M. C., ed. *The Oxford Companion to Classical Literature*, 2nd edn (Oxford University Press, Oxford, 1993).

HUGHES, Gerry W. *God, Where Are You?* (Darton, Longman and Todd, Londres 1997).

HURLEY, Michael D., & WAITHE, Marcus. *Thinking through Style: Non-Fiction Prose of the Long Nineteenth Century* (Oxford University Press, Oxford, 2018).

HUSSAR, op, Bruno. *When the Cloud Lifted* (Veritas Publications, Dublin, 1989).

HYDE, Lewis. *The Gift: How the Creative Spirit Transforms the World* (Canongate, Edimburgo, 2006).

JACKSON, Stephen. Catastrophism is as much an Obstacle to Addressing Climate Change as denial, openDemocracy, 6 de setembro de 2016; <https://www.opendemocracy.net/author/stephen-jackson>.

JAMES, Clive. *Sentenced to Life: Poems 2011-2014* (Picador, Basingstoke & Oxford, 2015).

JAMES, Marlon. *A Brief History of Seven Killings* (Oneworld Publications, Londres, 2015).

JARRETT, Bede. *Letters of Bede Jarrett*, ed. Aidan Bellenger and Simon Tugwell (Downside Abbey & Blackfriars Publications, Bath & Oxford, 1989).

JEREMIAS, Joachim. *The Eucharistic Words of Jesus* (SCM Press, Londres, 1966).

JOÃO DA CRUZ. *The Collected Works of St John of the Cross*, trans. K. Kavanaugh & R. Rodriguez (Institute of Carmelite Studies, Washington DC, 1979).

JOHN HEMMER, John. What Theologies of vocation Are To Be found in the Bible?, in *The Disciples' Call: Theologies of Vocation from Scripture to the Present Day*, ed. Christopher Jamison OSB (Bloomsbury, Londres, 2013).

JOHNSON, Elizabeth. *Ask the Beasts* (Bloomsbury, Londres, 2014).

JONES, David. *The Anathemata* (Faber, Londres, 1952).

JORDAN, Patrick. Every day, Yes or No, in *Not Less than Everything: Catholic Writers on Heroes of Conscience from Joan of Arc to Oscar Romero*, ed. Catherine Wolff (HarperOne, Nova Iorque, 2013).

JOSIPOVICI, Jacob. *The Book of God: A Response to the Bible* (Yale University Press, New Haven, CT, & Londres, 1988).

KALINITHI, Paul. *When Breath Becomes Air* (Vintage, Londres 2016).

KAZANTZAKIS, Niko. *The Last Temptation of Christ*, trans. P. A. Bien (Simon and Schuster, Nova Iorque, 1998).

KENNY, Sir Anthony. *Brief Encounters: Notes from a Philosopher's Diary* (SPCK, Londres 2018).

KERR, op, Fergus. Charity as Friendship, in *Language, Meaning and God: Essays in Honour of Herbert McCabe, op*, ed. Brian Davies, op (Geoffrey Chapman, Londres, 1987).

KING, Martin Luther, Jr. *The Autobiography of Martin Luther King Jr.*, ed. Clayborne Carson (Abacus, Londres, 2000).

KING, sj, Nicholas. *The Scandal of Christian Disunion* (Kevin Mayhew, Stowmarket, 2017).

KLEIN, Naomi. A Radical Vatican, *The New Yorker*, 10 de julho 2015.

KLEIN, Naomi. *This Changes Everything: Capitalism versus the Climate* (Penguin, Londres, 2015).

KUYPER, Abraham. *Abraham Kuyper: A Centennial Reader*, ed. James d. Bratt (Eerdmans, Grand Rapids, MI, 1998).

LAGRANGE, op, Marie-Joseph. *Evangile selon St Marc* (Éditions du Cerf, Paris, 1947).

LARKIN, Philip. *Collected Poems* (Farrar, Straus and Giroux, Nova Iorque, 2001).

LASH, Nicholas. *Believing Three Ways in One God: A Reading of the Apostles' Creed* (SCM Press, Londres, 1992).

LAWRENCE, D. H. *Poems*, selected and intro. Keith Sagar (Penguin, Londres, 1975).

LAWRENCE JR., Raymond J. *Sexual Liberation: The Scandal of Christendom* (Praeger, Westport, 2007).

LE GOFF, Jacques. *The Fontana Economic History of Europe: The Middle Ages* (HarperCollins, Londres, 1971).

LEVI, Primo. *If This Is a Man/ The Truce* (Abacus, Londres, 1987).

LEWIS, C. S. *Discarded Image* (Cambridge University Press, Cambridge, 1964).

LEWIS, C. S. *Letters of C. S. Lewis*, ed. W. H. Lewis (Harcourt Brace and World, Nova Iorque, 1966).

LEWIS, C. S. *The Weight of Glory* (Macmillan, Nova Iorque, 1966).

LEWIS, C. S. *Reflections on the Psalms* (Harcourt Brace Jovanovich, Nova Iorque, 1986).

LEWIS, C. S. *Surprised by Joy* (Collins, Londres, 1987).

Liber Constitutionum et Ordinationum Fratrum Ordinis Praedicatorum (Curia Generalitia, Roma, 2010).

LOEWEN, Peter. *Music in Early Franciscan Thought* (Brill, Leiden, 2013).

LYNCH, sj, William. Theology and imagination, *Thought* 29/112, primavera de 1954.

LYNCH, sj, William. *Christ and Apollo: The Dimensions of the Literary Imagination*, intro. by Glenn C. Arbery (ISI Books, Wilmington, 2004).

MCBRIDE, Denis. *The Parables of Jesus* (Redemptorist Publications, Alton, 1999).

MCCABE, op, Herbert. *Law, Love and Language* (Sheed and Ward, Londres & Sydney, 1968).

MCCABE, op, Herbert. *God Matters* (Geoffrey Chapman, Londres, 1987).

MCCABE, op, Herbert. *Hope* (Catholic Truth Society, Londres, 1987).

MCCABE, op, Herbert. *Faith within Reason*, ed. & intro. Brian Davies, op (Continuum, Londres & Nova Iorque, 2007).

MCCARTHY, Cormac. *The Road* (Picador, Basingstoke & Oxford, 2006).

MCCULLERS, Carson. *The Member of the Wedding* (Penguin, Londres, 1962).

MACCULLOCH, Diarmaid. The *Reformation: Europe's House Divided 1490-1700* (Penguin, Londres, 2003).

MCDERMOTT, op, Thomas. *Catherine of Siena: Spiritual Development in Her Life and Teaching* (Paulist Press, Nova Iorque, 2008).

MCDONAGH, Enda. Shared Despair, *The Furrow*, maio de 2002.

MACFARLANE, Robert. *Landmarks* (Hamish Hamilton, Londres, 2015).

MCGAHERN, John. *Memoir* (Faber, Londres, 2005).

MCGREAL, op, Mary Nona. *Samuel Mazzuchelli: American Dominican* (Ave Maria Press, Notre Dame, IN, 2005).

MACGREGOR, Neil. *Living with the Gods: On Beliefs and Peoples* (Allen Lane, Londres, 2018).

MACINTYRE, Alasdair. *After Virtue: A Study in Moral Theory*, 2nd edn (Duckworth, Londres, 1981).

MCVEY, op, Chrys. *Dialogue as Mission: Remembering Chrys McVey*, ed. Prakash Anthony lohale, op, & Kevin Toomey, op (New Priory Press, Chicago, 2014).

MANDELA, Nelson. *Long Walk to Freedom* (Abacus, Londres, 1995).

MARAVAL, Pierre. The earliest phase of Christian pilgrimage in the near east before the Seventh Century, *Dumbarton Oaks Papers*, n. 56, 2002.

MARQUAND, David. *Mammon's Kingdom: An Essay on Britain Now* (Penguin, Londres, 2013).

MARSH, Henry. *Do No Harm: Stories of Life, Death and Brain Surgery* (Weidenfeld and Nicolson, Londres, 2014).

MARTEL, Frédéric. *In the Closet of the Vatican: Power, Homosexuality, Hypocrisy* (Bloomsbury, Londres, 2019).

MARTIN SOSKICE, Janet. *The Kindness of God: Metaphors, Gender, and Religious Language* (Oxford University Press, Oxford, 2007).

MATHEW, Thomas F. *The Clash of Gods: A Reinterpretation of Early Christian Art*, rev. and expanded edn (Princeton University Press, Princeton & Oxford, 1999).

MAWER, Simon. *Tightrope* (Abacus, Londres, 2016).

MEANEY, Thomas. Politics vs Aesthetics, *TLS*, 6 de abril de 2018.

MENDONÇA, José Tolentino. *No Journey Will Be Too Long: Friendship in Christian Life*, trans. Mary John Ronayne, op (Paulist Press, Mahwah, NJ, & Nova Iorque, 2012).

MERTON, Thomas. *Conjectures of a Guilty Bystander* (Doubleday, Nova Iorque, 1966).

MERTON, Thomas. *Asian Journal* (New Directions, Nova Iorque, 1973).

MERTON, Thomas. *Hidden Ground of Love: Letters*, selected and ed. William Henry Shannon (Farrar, Straus and Giroux, Nova Iorque, 1985).

MICHAELS, Anne. *Fugitive Pieces* (Bloomsbury, Londres, 1997).

MIDGLEY, Mary. *Science as Salvation* (Routledge, Abingdon, 1994).

MIŁOSZ, Czesław. *Selected and Last Poems: 1931-2004*, selected by Robert Hass and Anthony Milosz (Penguin, Londres, 2014).

MORGAN, Ben. *Late Medieval Mysticism and the Modern Self* (Fordham University Press, Nova Iorque, 2013).

MURDOCH, Iris. *The Sovereignty of the Good* (Routledge, Abingdon, 1970).

MURPHY-O'CONNOR, Cormac, Cardinal. Fiftieth Anniversary of Priesthood, in Daniel P. Cronin, *Priesthood: A Life Open to Christ* (St Pauls Publishing, Londres, 2009).

MURPHY-O'CONNOR, Cormac, Cardinal. *An English Spring: Memoirs* (Bloomsbury, Londres, 2015).

MURRAY, op, Paul. *Rites and Meditations* (The Dolmen Press, Dublin, 1982).

MURRAY, op, Paul. *The New Wine of Dominican Spirituality: A Drink Called Happiness* (Continuum, Londres & Nova Iorque, 2006).

MURRAY, op, Paul. *Scars: Essays, Poems and Meditations on Affliction* (Bloomsbury, Londres, 2014).

NICOLÁS, sj, Adolfo. Depth, Universality and learned ministry: Challenges to Jesuit higher education Today, conferência na Cidade do México, 23 de abril de 2010; <http://www.sjweb.info/documents/ansj/100423_mexico%20City_higher%20education%20Today_enG.pdf>.

NIFFENEGGER, Audrey. *The Time Traveler's Wife* (Vintage, Londres, 2005).

NOUWEN, Henri. *The Return of the Prodigal Son: A Story of Homecoming* (Darton, Longman and Todd, Londres, 1994).

NUSSBAUM, Martha. Sewage Lagoon, *TLS*, 12 de outubro de 2012.

OBERMAYER, Bastian, & OBERMAIER, Frederik, *The Panama Papers: Breaking the Story of How the Rich and Powerful Hide Their Money* (Oneworld Publications, Londres, 2016).

O'CONNOR, Flannery. *The Habit of Being: Letters of Flannery O'Connor,* selected and ed. Sally Fitzgerald (Farrar, Straus and Giroux, Nova Iorque, 1988).

OKLOT, Michal. Maturing into Childhood: An Interpretive Framework of a Modern Cosmogony and Poetics, *Alif: Journal of Comparative Poetics*, American University Cairo, vol. 27, 2007.

OSHIDA, op, Shigeto. *Takemori Sōan: Teachings of Shigeto Oshida, a Zen Master*, compiled by Claudia Mattiello (Continente, Buenos Aires, 2007).

OSHIDA, op, Shigeto. Zen: The Mystery of the Word and Reality; <http://www.monasticdialog.com>.

OZ, Amos. *A Tale of Love and Darkness* (Vintage, Londres, 2005).

PAGOLA, José A. *Jesus: An Historical Approximation*, trans. Margaret Wilde (Convivium, Miami, 2009).

PAMUK, Orhan. *My Name Is Red,* trans. Erdag M. Göknar (Faber, Londres, 2001).

PÉRENNÈS, op, Jean-Jacques. *A Life Poured Out: Pierre Claverie of Algeria,* trans. Phyllis Jestice & Matthew Sherry (Orbis Books, Nova Iorque, 2007).

PÉRENNÈS, op, Jean-Jacques. *Passion Kaboul: le père Serge de Beaurecueil* (Éditions du Cerf, Paris, 2014).

PERRY, Seamus. The Ear and the Air, *TLS*, 30 de novembro de 2018.

PICKSTOCK, Catherine & MILBANK, John. *Truth in Aquinas* (Routledge, Londres, 2001).

PICKSTOCK, Catherine. Liturgy, Art and Politics, *Modern Theology*, 17 de dezembro de 2002.

PIEPER, Josef. *Faith, Hope, Love* (Ignatius Press, São Francisco, 1997).

PIERCE, Brian. *We Walk the Path Together: Learning from Thich Nhat Hanh and Meister Eckhart* (Orbis Books, Maryknoll, NI, 2005).

PIERCE, op, Brian. *Jesus and the Prodigal Son: The God of Radical Mercy* (Orbis Books, Maryknoll, NY, 2015).

PHILPOT, Anthony. *Priesthood in Reality: Living the Vocation of a Diocesan Priest in a Changing World* (Kevin Mayhew, Bury St Edmunds, 1998).

PINCKAERS, op, Servais. *The Sources of Christian Ethics*, trans. Sr Mary Thomas Noble, op (T. & T. Clarke, Edimburgo, 1995).

POSTMAN, Neil. *The Disappearance of Childhood* (Vintage Books, Nova Iorque, 1994).

POSTMAN, Neil. *The End of Education: Redefining the Value of School* (Vintage Books, Nova Iorque, 1996).

PREJEAN, Sister Helen. *Dead Man Walking: An Eyewitness Account of the Death Penalty in the United States* (Vintage Books, Nova Iorque, 1996).

PUEBLA PEDROSA, op, Ceferino, ed. *The Witnesses of the Faith in the Orient: Dominican Martyrs of Japan, China and Vietnam* (Dominican Province of Our Lady of the Rosary, Hong Kong, 1989).

QUASH, Ben. *Abiding* (Bloomsbury, Londres, 2012).

RACHMAN, Tom. Writers Gonna Write, *TLS*, 19 de janeiro de 2018.

RADCLIFFE, op, Timothy. The Coming of the Son of Man: Mark's Gospel and the Subversion of the Apocalyptic Imagination, in *Language, Meaning and God: Essays in Honour of Herbert McCabe OP*, ed. Brian Davies, op (Geoffrey Chapman, Londres, 1987).

RADCLIFFE, op, Timothy. Time and Telling: How to Read Biblical Stories, in *I Call You Friends* (Continuum, Londres, 2001).

RADCLIFFE, op, Timothy. *Seven Last Words* (Continuum, Londres & Nova Iorque, 2004).

RADCLIFFE, op, Timothy. *Why Go to Church? The Drama of the Eucharist* (Continuum, Londres, 2008).

RADCLIFFE, op, Timothy. *Take the Plunge: Living Baptism and Confirmation* (Bloomsbury, Londres, 2012).

RADCLIFFE, op, Timothy. *Stations of the Cross*, with art by Martin Erspamer (Liturgical Press, Collegeville, 2014).

RAE, John. *The Agnostic's Tale* (Thistle Publishing, Londres, 2013).

RAHNER, sj, Hugo. *Man at Play, or Did You Ever Practise Eutrapelia?*, trans. Brian Battershaw & Edward Quinn (Burns and Oates, Londres, 1965).

REBANKS, James. *The Shepherd's Life: A Tale of the Lake District* (Penguin, Londres, 2015).

RILKE, Rainer Maria. *Briefe aus den Jahren 1907-1914*, ed. Ruth Sieber-Rilke & Carl Sieber (Insel, Leipzig, 1933).

RILKE, Rainer Maria. *Duino Elegies*, trans. David Young, bilingual edn (W. W. Norton & Co., Nova Iorque & Londres, 2006).

RILKE, Rainer Maria. *Selected Poems with a Parallel German Text*, new trans. By Susan Ranson & Marielle Sutherland (Oxford University Press, Oxford, 2011).

ROBERTS, Alexander, et al., ed. Athenagoras, A Plea for the Christians, in *Ante-Nicene Fathers: The Writings of the Fathers down to A.D. 325*, vol. 2 (Eerdmans, Grand Rapids, MI, 1983).

ROBERTS, Jennifer. The Power of Patience: Teaching Students the Value of Deceleration and immersive Attention, *Harvard Magazine*, novembro-dezembro de 2013.

ROBINSON, Marilynn. *Gilead* (Farrar, Straus and Giroux, Nova Iorque, 2004).

ROTHFELD, Becca. Kangaroo nunchakus: A patchwork of desperate Quirkiness, a review of David Sedaris, *Calypso* (Little, Brown, Nova Iorque, 2018), in *TLS*, 22 de junho de 2018.

ROTHSCHILD, Hannah. *The Improbability of Love* (Bloomsbury, Londres, 2015).

RUMMEL, Erika. *Erasmus as a Translator of the Classics* (University of Toronto Press, Toronto, 1985).

RYNNE, Terrence. Contemporary Scriptural exegesis ethics on Jesus nonviolence; <nonviolencejustpeacedotnet.files.wordpress.com/2016/05/ contemporary_scriptural_exegesis_ethics_on_jesus_nonviolence.pdf>.

SACKS, Jonathan. *Not In God's Name: Confronting Religious Violence* (Hodder and Stoughton, Londres 2015).

SANDEL, Michael. *What Money Can't Buy: The Moral Limits of Markets* (Allen Lane, Londres, 2012).

SAFRAN FOER, Jonathan. *Extremely Loud and Incredibly Close* (Penguin, Londres, 2006).

SCHALL, sj, James V. Matteo Ricci's "maxims" and friends: The methods of the 16th-Century Jesuit missionary to China offer lessons for Christians living in Suspicious or hostile Cultures; <http://www.catholicworldreport.com/item/3966/matteo_riccis_maxims_and_friends.aspx>.

SCHILLING, Derek. L'Éternel et l'éphémère: temporalités dans l'œuvre de Georges Perec, *French Studies* (Oxford University Press, Oxford), vol. 66, n. 1, janeiro de 2012.

SCHMIDT, Peter. *The Adoration of the Lamb*, trans. Lee Preedy (Davidsfonds, Lovaina, 2005).

SCHÜSSLER FIORENZA, Elizabeth. *Discipleship of Equals: A Critical Feminist Ekklesialogy of Liberation* (Crossroad, Nova Iorque, 1993).

SCRUTON, Roger. *The Soul of the World* (Princeton University Press, Princeton, 2014).

SENNETT, Richard. *Together: The Rituals, Pleasures and Politics of Cooperation* (Penguin, Londres, 2012).

Seven Last Words Live at Exeter Cathedral and Buckfast Abbey, Notre Dame RC School, Plymouth. Musical director and Arrangements: I. Bailey; Artistic director: A. Casey. 2012.

SHANNON, William H. *Seeds of Peace: Contemplation and Non-Violence* (Crossroad, Nova Iorque, 1996).

SIMMONDS, cj, Gemma, ed. *A Future Full of Hope* (Columba Press, Dublin, 2012).

SMITH, Zadie. *Swing Time* (Hamish Hamilton, Londres, 2016).

SPENCER, Nicholas. Voyage from Faith, *The Tablet,* 14 de fevereiro de 2009.

SPOHN, William C., *Go and Do Likewise: Jesus and Ethics* (Continuum, Nova Iorque & Londres, 2007).

SPUFFORD, Francis, *Unapologetic: Why, Despite Everything, Christianity Can Still Make a Surprising Emotional Sense* (Faber, Londres, 2012).

SPUFFORD, Francis. *Golden Hill* (Faber, Londres, 2016).

STACKHOUSE, Ian. *The Day Is Yours: Slow Spirituality in a Fast-Moving World* (Pater Noster, Milton Keynes, 2008).

STACKHOUSE, Ian. *Praying the Psalms: A Personal Journey through the Psalter* (Cascade Books, Eugene, OR, 2018).

STEEVES, sj, Nicolas. *Grâce à l'imagination: intégrer l'imagination en théologie fundamentale* (Éditions du Cerf, Paris, 2016).

STEINBECK, John. *East of Eden,* intro. David Wyatt (Penguin Books, Londres, 1992).

STRAWSON, Galen. Brimming with X: LSD, Love and Losing the "Fat Relentless Ego", *TLS,* 10 de agosto de 2018.

STUDZINSKI, Raymond. *Reading to Live: The Evolving Practice of Lectio Divina* (Cistercian Publications, Kalamazoo, 2009).

SWEENEY, Jon M. *The Lure of Saints: A Protestant Experience of Catholic Tradition* (Paraclete Press, Cape Cod, 2004).

SWIFT, Graham. *Mothering Sunday: A Romance* (Scribner, Londres & Nova Iorque, 2016).

TAYLOR, Charles. *A Secular Age* (Harvard University Press, Cambridge, MA, & Londres, 2007).

TAYLOR, Justin. C. S. Lewis on the Theology and Practice of Worship; <https://www.thegospelcoalition.org/blogs/justin-taylor/c-s-lewis-on-the-theologyand-practice-of-worship/>.

THATCHER, Adrian. *Theology and Families* (Blackwell, Oxford, 2007). Thien, Madeleine, *Do Not Say We Have Nothing* (Granta, Londres, 2016).

THOMAS, R. S. *Collected Poems: 1945-1990* (Phoenix, Londres, 1993).

TIRRI, Sarah. *Is This the Best That God Could Do?* eBookIt.com, 2011.

TORRELL, op, Jean-Pierre. *Spiritual Master,* vol. 2, trans. Robert Royal (Catholic University of America Press, Washington DC, 2003).

TRAHERNE, Thomas. *Selected Poems and Prose,* ed. A. Bradford (Penguin, Londres, 1991).

TREMAIN, Rose. *Music and Silence,* new edn (Vintage, Londres, 2000).

TUGWELL, op, Simon. *Reflections on the Beatitudes* (Darton, Longman and Todd, Londres, 1980).

TUGWELL, op, Simon, ed. *Early Dominicans: Selected Writings* (Paulist Press, Mahwah, NJ, 1982).

TURNER, Denys. *Thomas Aquinas: A Portrait* (Yale University Press, New Haven, CT, & Londres, 2013).

TYLER, Peter. The Psychology of Vocation, in *The Disciples' Call: Theologies of Vocation from Scripture to the Present Day,* ed. Fr Christopher Jamison OSB (Bloomsbury, Londres, 2013).

UNICEF. *No Place for Children,* 14 march 2016; <https://reliefweb.int/sites/reliefweb.int/files/resources/SyRiA5y_Report_CoB.pdf>.

VANIER, Jean. *Our Journey Home: Rediscovering a Common Humanity beyond our Differences,* trans. Maggie Parham (Hodder and Stoughton, Londres, 1997).

VANIER, Jean. *Essential Writings*, selected and intro. Carolyn Whitney-Brown (Darton, Longman & Todd, Londres, 2008).

VERGHESE, Abraham. A Doctor's Touch; <https://youtu.be/sxnlvwprf_c>.

VERGHESE, Abraham. *Cutting for Stone* (Vintage Books, Londres, 2010).

WARD, Benedicta. *The Sayings of the Desert Fathers: The Alphabetical Collection*, trans. with a foreword by Benedicta Ward (Cistercian Publications, Dubuque, 1975).

WATSON, Francis. *Gospel Writing: A Canonical Perspective* (Eerdmans, Grand Rapids, MI, & Cambridge, 2013).

WAUGH, Evelyn. *Brideshead Revisited* (Little, Brown & Co., Boston, 1973).

WEIGEL, George. *Witness to Hope: The Biography of Pope John Paul II* (HarperCollins, Londres, 2009).

WEIL, Simone. *Waiting on God*, trans. Emma Crauford (Routledge and KeganPaul, Londres, 1951).

WEIL, Simone. *Waiting for God* (Harper & Row, Nova Iorque, 1973).

WEIL, Simone. *The Need for Roots: Prelude to a Declaration of Duties towards Mankind*, trans. Arthur Wills (Routledge, Londres, 2010).

WHITE, Patrick. *Riders in the Chariot* (Vintage Books, Londres, 1996).

WHITFIELD, Joshua J. *The Crisis of Bad Preaching: Redeeming the Heart and Way of the Catholic Preacher* (Ave Maria Press, South Bend, IN, 2019).

WHITMAN, Walt. *The Complete Poems* (Penguin, Londres, 2004).

WIESEL, Elie. *Souls on Fire: Portraits and Legends of Hasidic Masters* (Summit Books, Nova Iorque, 1972).

WILLIAMS, Rowan. *Open to Judgement: Sermons and Addresses* (Darton, Longman and Todd, Londres, 1994).

WILLIAMS, Rowan. *Christ on Trial: How the Gospel Unsettles Our Judgement* (Fount, Londres, 2000).

WILLIAMS, Rowan. *The Poems of Rowan Williams* (Eerdmans, Grand Rapids, MI, 2002).

WILLIAMS, Rowan. *Silence and Honey Cakes: The Wisdom of the Desert* (Lion Books, Oxford, 2003).

WILLIAMS, Rowan. *The Lion's World: A Journey into the Heart of Narnia* (SPCK, Londres, 2012).

WINTERSON, Jeanette. *Why Be Happy When You Could Be Normal?* (Jonathan Cape, Londres, 2011).

WINTON, Tim. *Breath* (Picador, Londres, 2008).

WITTGENSTEIN, Ludwig. *Philosophical Investigations* (Basil Blackwell, Oxford, 1963).

WITTGENSTEIN, Ludwig. *Culture and Value*, rev. edn (John Wiley and sons, Hoboken, 1998).

WOLFE, Tom. *The Bonfire of the Vanities* (Picador, Londres, 1990).

WOODS, op, Richard. *Wellness: Life, Health and Spirituality* (Veritas, Dublin, 2008).

WOODS, op, Richard. *Meister Eckhart: Master of Mystics*, intro. Timothy Radcliffe (Continuum, Londres & Nova Iorque, 2011).

WOOLF, Virginia. On Being Ill, *The New Criterion*, janeiro de 1926.

WRIGHT, Scott. *Oscar Romero and the Communion of Saints* (Orbis, Nova Iorque, 2009).

YANAGIHARA, Hanya. *A Little Life* (Picador, Londres, 2015).

YARNOLD, sj, Edward. *They Are in Earnest: Christian Unity in the Statements of Paul VI, John Paul I, John Paul II* (St Paul Publications, Slough, 1982).

YOUNGE, Gary. *Another Day in the Death of America* (Guardian Books, Londres, 2016).

ZBOROWSKI, Mark & HERZOG, Elizabeth. *Life Is with People: The Culture of the Shtetl*, 5th rev. edn (Schocken Books, Nova Iorque, 1995).

ZELDIN, Theodore. *An Intimate History of Humanity* (Vintage, Londres, 1994).

Rua Dona Inácia Uchoa, 62
04110-020 – São Paulo – SP (Brasil)
Tel.: (11) 2125-3500
http://www.paulinas.com.br – editora@paulinas.com.br
Telemarketing e SAC: 0800-7010081